Brillant formulieren, stets die passende Wendung finden und professionell mit Bildern und Begriffen jonglieren – das möchte jeder können, der gerne oder viel schreibt. Doch diese Gabe ist nicht jedem gegeben. Viele müssen sich »ihren« Stil mühsam erarbeiten. Anhand zahlreicher Beispiele aus dem Journalismus macht das Lesebuch für Schreiber auf nicht selten amüsante Weise sensibel für den richtigen Umgang mit der Sprache. Es reflektiert über die Aufgabe der Journalisten, demonstriert den angemessenen Ton in unterschiedlichen Genres und belegt, dass sich auch Profis gelegentlich vertippen.

Die Autoren wenden sich dabei nicht nur an »Berufsschreiber«, sondern auch an Leser, die auf unterhaltsame Weise etwas über journalistisches Schreiben und die »Kunst des Zeitunglesens« wissen wollen.

Rudolf Gerhardt, geb. 1937, arbeitete nach dem Studium der Rechtswissenschaften und der Zulassung als Rechtsanwalt lange als Journalist, vor allem für die *Frankfurter Allgemeine Zeitung*, *DIE ZEIT* und die *ARD*. Der Autor zahlreicher Bücher lehrte zuletzt als Professor für Journalismus in Mainz.
Hans Leyendecker, geb. 1949, lernte das Journalistenhandwerk in Dortmund, war 18 Jahre beim *Spiegel* und schreibt seit 1997 für die *Süddeutsche Zeitung*. Der Chronist zahlreicher Affären gilt in Deutschland als Vorreiter des investigativen Journalismus.

Rudolf Gerhardt
Hans Leyendecker

Lesebuch
für Schreiber

Vom richtigen Umgang mit der Sprache
und von der Kunst des Zeitunglesens

Fischer Taschenbuch Verlag

Komplett überarbeitete und ergänzte Neuausgabe
Veröffentlicht im Fischer Taschenbuch Verlag,
einem Unternehmen der S. Fischer Verlag GmbH,
Frankfurt am Main, Mai 2005

Satz: Fotosatz Otto Gutfreund GmbH, Darmstadt
Druck und Bindung: Druckerei C. H. Beck, Nördlingen
Printed in Germany
ISBN 3-596-16411-7

Unsere Adressen im Internet: www.fischerverlage.de
www.hochschule.fischerverlage.de

Inhalt

Rudolf Gerhardt

Dieses Buch ist eine kritische Liebeserklärung an den Journalismus. Es spiegelt meine Erfahrungen, die ich in rund vierzig Jahren sammeln konnte – im Fernsehen, beim Hörfunk und bei der *Frankfurter Allgemeinen Zeitung*. Geschrieben habe ich es aber als Professor, als meine Studenten mich zwangen, über meine Erfahrungen nachzudenken – sie zu »reflektieren«. Diesen Studenten danke ich für manche Erkenntnisse. Ihre Fragen, ihre Zweifel, der Austausch von Gedanken in vielen Lehrveranstaltungen, dies alles verscheucht so manche professoralen Gewissheiten. Bisweilen gelingt dies sogar meiner Frau. Und ich beeile mich anzumerken, dass ich in dem ganzen Buch – natürlich – zugleich an die Student*innen* denke, wenn von Studenten die Rede ist. Danken möchte ich auch den Kollegen Dr. Rolf Lamprecht (früher *Spiegel*) und Dr. Helmut Kerscher (*Süddeutsche Zeitung*) und Kirsten Rademacher (*Hessischer Rundfunk*). Sie haben mein Manuskript gelesen und mir jedenfalls nicht von einer Veröffentlichung abgeraten. Alle Fehler und Irrtümer gehen, wie immer, auf mein Konto.

Rudolf Gerhardt

Rudolf Gerhardt
Von der Kunst des Zeitunglesens

>»Schreibst du, wie's in der Zeitung steht oder wie's im
>Leben ist?«
>
> *(Reiner Kunze)*

Wenn es einen Preis für weltvergessenes Zeitunglesen gäbe, wäre er einem früheren Chefredakteur des *Prager Tagblatts* zuzusprechen. Dieser Mann hatte sich auf dem Deck eines Dampfers soeben häuslich eingerichtet, wo er – erstmals – eine Nilfahrt gebucht hatte. Nach einem kurzen Rundblick auf den Fluss und seine Ufer zog er sein geliebtes »Tagblatt« aus der Jackentasche und versenkte sich in dessen Seiten. »Ach was«, soll er zuvor noch gemurmelt haben, »hier komme ich schon wieder einmal her.«

Friedrich Torberg hat uns diese Anekdote überliefert, und man kann schon verstehen, was in dem Mann auf seinem Deckstuhl damals vor sich ging: Frische Zeitungen riechen so gut wie frische Brötchen. Aber auch wenn das Zeitunglesen nicht zur Sucht entartet, kann es wenigstens eine Leidenschaft sein. Und Leidenschaften sind, wie wir alle wissen, dem klaren Blick selten zuträglich.

Für den Zeitungssüchtigen ist es einigermaßen einerlei, was da alles auf dem angeblich so geduldigen Papier geschrieben steht. Er wandert mit den Augen unverdrossen durch die Buchstaben, bis er endlich den Zeitungsrand erreicht. Herbert Rosendorfer hat uns einen solchen Typ geschildert. Der wurde am Kaffeetisch dabei angetroffen, wie er die Kleinanzeigen nach Gebrauchtwagen durchstöberte. Ob er denn ein Auto kaufen wolle, wurde er gefragt. Nein, sagte er, aber alles andere habe er schon gelesen.

Auf der Suche nach Anzeichen für eine echte Zeitungssucht haben wir unserer lesenden Umwelt neugierig über die Schulter geschaut. Zwar gibt es auch den lupenreinen Süchtigen, aber von ihm allein könnten die Zeitungen nie und nimmer leben. Die solide Basis aller Gazetten sind vielmehr die Gewohnheitsleser, die ihre Zeitung morgens in der einen Hand halten, während sie mit der anderen die Kaffeetasse zum Munde führen. Manche sparen sich ihre Neugier auf das Weltgeschehen auch bis zum

Arbeitsplatz auf, wo sie sich dann, vom Ehepartner ungestört, endlich ins Gedruckte versenken können. Ist es doch, wie einmal gesagt wurde, gerade das zufriedene Gesicht des Mannes beim Zeitunglesen, das Ehefrauen derart auf die Palme bringt.

Und dann kennen wir alle die ambulanten Leser, die ihre Druckseiten auf dem Weg zur Arbeit hantieren. Das sind dann die Zeitgenossen, die uns in öffentlichen Verkehrsmitteln mit ihren Zeitungen dauernd den Blick versperren und immer gerade dann umblättern, wenn wir uns irgendwo eingelesen haben. Manche unterbrechen ihre Lektüre selbst dann nicht, wenn sie die Straße überqueren. Aber die gehören dann schon zu den gefährlichen Gewohnheitslesern. Schließlich gibt es die professionellen Zeitungsleser. Meist sind sie zugleich auch professionelle Zeitungsschreiber. Deshalb sind sie aus Erfahrung nicht so leichtfertig, einer einzigen Zeitung zu vertrauen. Sie springen, als Gourmands unter den Lesern, zwischen den Zeitungen hin und her, wie die Saatkrähen zwischen den frischen Ackerfurchen. Und meist geben sie sich erst dann zufrieden, wenn sie feststellen, dass die anderen wieder einmal auch nur mit Wasser gekocht haben.

Vom Aussterben bedroht scheint inzwischen der Typ des Zeitungs-Gourmets. Was sein Lesen anbelangt, ist er meist monogam und betreibt es als eine ähnlich ernsthafte Sache wie etwa das Rasenmähen oder das Zigarrenrauchen oder die Teezubereitung. Genussvoll wandert er von Seite zu Seite durch die Ebene der Tagespolitik über die Höhen des Feuilletons zu den Spitzen des Sports, und niemals würde er so tief sinken, die verschiedenen Teile seiner Zeitung achtlos durcheinander zu mischen oder ihre Seiten mit einem hektischen Rasseln umzublättern. Oder gar im Freien zu lesen, wo der Wind das gedruckte Weltgeschehen zusätzlich aufbauscht. Was immer ihm die Zeitung auftischt, er nimmt es zu sich wie die Gänge in einem Drei-Sterne-Lokal.

Zeitungs-Gourmand, Zeitungs-Gourmet, Kunst des Zeitunglesens: Klingt das nicht hoffnungslos nostalgisch, wenn man an die gegenwärtige Flut von Informationen denkt, die manchen von uns längst in Seenot bringt? Oder uns immerhin, wie Neil Postman die Dinge sieht, auf dem Wege des Amüsements mit dem Tode bedroht?

Nostalgie ist die Erinnerung an eine Vergangenheit, die *so* nie war. Und höchstwahrscheinlich hat auch jener Chefredakteur sich ausführlich auf dem Nil und in seiner Umgebung umgeschaut, ganz abgesehen davon, dass das *Prager Tagblatt* damals dort kaum im Postabonnement zugestellt wurde.

Aber von der »Kunst des Zeitunglesens« soll in diesem Buch die Rede sein, und es wäre schön, wenn seine zahlreichen Beispiele für einen guten Zeitungsstil auch so etwas wie Leidenschaft wecken würden – Leidenschaft für das gedruckte Wort, für die »in Zeilen gepresste Welt«, deren mehr oder weniger getreues Abbild in ihnen vermittelt werden soll. Und wenn es etwas Licht auf die Menschen werfen würde, die tagtäglich an diesem Bild malen oder pinseln und es gelegentlich auch bekleckern: auf die Journalisten also, diese schillernde Spezies von Menschen, die die Medien bevölkern und ihren Teil dazu beitragen, dass das Geschehen in der Politik, der Wirtschaft, der Kultur im Alltag sichtbar, hörbar, lesbar wird.

Dieses Buch will die Medien und die Menschen in den Medien weder verengeln noch verteufeln. Journalisten sind nicht besser als die Welt, über die sie berichten – aber auch nicht schlechter. Und die Medienwelt ist weder »heil« noch »unheil«. Sie ist selbst ein *Spiegel* der Welt, die sie spiegeln soll. Und wenn dabei ein Zerrbild entsteht? Es wäre schon viel, wenn die folgenden Seiten Leselust wecken und ihren Teil dazu beitragen würden, Bild und Abbild ein wenig wirklichkeitsgetreuer zu machen.

I. Vom Beruf des Journalisten

»Sprechen – und noch vielmehr Schreiben –
das ist etwas höchst Verantwortliches.«
(Karl Popper)

Joseph Roth, der nicht nur ein großer Schriftsteller war, sondern auch ein großer Journalist, hat einmal erzählt, wie er zum Journalismus gekommen ist. Dieser Berufswunsch wurde in ihm wach, nachdem er herausgefunden hatte, dass sämtliche anderen Berufe nicht in der Lage waren, ihn auszufüllen. Was da zunächst wie eine Verlegenheitslösung klingt, ist im Grunde eine große Liebeserklärung: Journalismus ist tatsächlich ein Beruf, in dem viele Berufsbilder zusammenströmen.

Journalisten bleiben ein Leben lang Zaungäste, aber sie kommen dabei an vielen Zäunen vorbei, hinter denen sie von weitem, manchmal allerdings auch aus der Nähe, vieles sehen. Und so enthält der Satz von Joseph Roth im Grunde genommen die liebenswürdige Umkehr einer abfälligen Bemerkung, die Bismarck einmal auf uns gemünzt hatte. Journalisten sind Menschen, so hatte er gesagt, die ihren Beruf verfehlt haben.

Ja, wir verfehlen so manchen Beruf, den des Politikers, Wirtschaftsmanagers, Sportfunktionärs oder Sozialarbeiters. Aber wir finden uns, wenn auch in der Rolle des Beobachters, in manchen dieser Tätigkeiten wieder. Deshalb hat die gelegentlich so leicht dahingesagte Floskel, man habe halt seinen Beruf zum Hobby gemacht, hier ihren guten Sinn. Einigermaßen traurig wäre es dann allenfalls, wenn man eines Tages feststellen müsste, dass man auch den Beruf des Journalisten verfehlt hat.

Übrigens muss Bismarck seine Meinung über unseren Berufsstand irgendwann einmal wohlwollend überprüft haben. Jedenfalls sagte er eines Tages, aus einem guten Journalisten ließe sich jederzeit ein guter Staatssekretär machen. Und unsere Zeit hält ja dafür so manche Beispiele bereit.

Journalismus ist in erster Linie eine Lebens*form* und dann erst ein Beruf, und eine Redaktion ist zunächst einmal ein Lebens*raum* und dann ein Arbeitsplatz. Einer seiner großen Reize liegt sicherlich darin, dass dieser Beruf uns eine lebenslange Neugier erlaubt, dass wir, wie Marie-Luise Scherer einmal bekannte, »fast wütend vor Neugier« sind. Und dass wir aller Welt mit unserer Neugier ungestraft auf die Nerven fallen dürfen. Die ewigen Kinderfragen: Was ist das? Warum ist das so? Wer hat das getan? begleiten uns vom ersten bis zum letzten Berufstag. Der französische Schauspieler Jean-Louis Barrault sprach einmal von der »Welt der ewigen Kindheit, wissbegierig, erstaunt, verwundert«. Genauso können, sollen, müssen Journalisten sein: immer wissbegierig, immer erstaunt und fast immer verwundert. Gefährlich wird es für uns eigentlich erst dann, wenn uns statt Fragen nur noch Antworten einfallen. Verliebt in das In-Frage-Stellen dürfen wir sein, ein wenig Sokrates, immer darum bemüht, uns gegen voreilige Gewissheiten aller Art zu wehren.

Vielleicht deshalb, weil wir diesen Teil der Kindheit durch unser ganzes Berufsleben hindurchretten können, werden Journalisten auch selten alt, und das in einem doppelten Sinne: Wir haben eine schlechte Lebenserwartung, fast so schlecht wie die der Wirte, in deren Gaststuben wir ja auch einen gewissen Teil unseres Lebens verbringen. Zugleich allerdings bleiben die meisten Journalisten auf eine schwer bestimmbare Weise jugendlich, ebenso wie viele Schauspieler und Dirigenten. Ein Beruf, der so in Spannung hält, sorgt auch dafür, dass das Temperament, dass Lebensenergie erhalten bleibt, bis uns dann doch einmal der Bleistift aus der Hand genommen wird. Als Journalist hört man erst auf, der Satz stammt von Gerhard Löwenthal, »wenn der liebe Gott das bestimmt«.

Dieser Beruf sorgt auch dafür, dass wir unter Menschen herumkommen. Wer Menschen gegenüber nicht offen ist, nicht bereit zu einer neuen Begegnung mit allen ihren Risiken, wird kaum ein guter Journalist werden. Essayisten, die in stiller Stube kluge Gedanken umwenden, werden im Alltag der Redaktion nur selten gebraucht. Wen die stumme Welt der Gedanken mehr interessiert als die wimmelige Welt der Menschen, der sollte lieber Wissenschaftler werden – wobei freilich auch die meisten Wissenschaftler längst ihren Elfenbeinturm verlassen haben.

Von einem Reporter, von Egon Jameson, stammt der von Walther von LaRoche überlieferte Rat: »Lerne täglich drei neue Menschen kennen!« Goethe war da schon bescheidener: Ein Tag ist verloren, so hatte er einmal gesagt, an dem man nicht wenigstens *einen* neuen Menschen kennen lernt. Diese Ratschläge mögen ein wenig übertrieben sein und sollten wohl auch kaum so wörtlich verstanden werden. Aber auf Menschen zugehen, die Beziehung zu Menschen pflegen, mit Menschen umgehen können – diese

Fähigkeit ist ein wichtiges Kapital für jeden Journalisten, und diese Möglichkeit der fortwährenden Kommunikation macht diesen Beruf so reizvoll. »Mich interessieren die Menschen einfach nicht mehr so wie früher«, hat George Grosz einmal gesagt, nachdem er herausgefunden haben wollte, dass sie einander doch letztlich glichen wie ein Ei dem anderen. Wäre Grosz Journalist gewesen und nicht Maler, hätte er nach dieser Erkenntnis am besten seine Rente eingereicht.

Als Aristoteles den berühmten Satz vom Menschen als Gesellschaftstier niederschrieb, hat er ganz sicher nicht an die späteren Journalisten gedacht. Aber wenn wir einmal von diesem »tierischen« Bild ausgehen, so ist unter den Journalisten die Artenvielfalt wiederum ganz erstaunlich: Es gibt hier die Ameisen, die Stück für Stück die Informationen einsammeln, es gibt die Meinungslöwen, die ihre Urteile herausbrüllen, es gibt die Leithammel, die mit der Feder soziale Wirklichkeit gestalten wollen, die aktiv eingreifen möchten ins politische, wirtschaftliche, kulturelle Geschehen. Und es gibt halt leider auch den einen oder anderen Hornochsen – aber wo gibt es den denn nicht?

Beißt, kratzt, spuckt: Dieses Schild könnte man wohl verbreitet an einem Tiergehege antreffen, wenn dort Journalisten gehalten würden. Besonders gewarnt werden müsste aber vor dem *geborenen* Leithammel – vor dem gegen alle Selbstzweifel gefeiten Missionar an der Schreibmaschine. Denn Journalisten sind Beobachter, sie sind Zuschauer, sie sind Betrachter und gerade keine Akteure. Der Schriftsteller Wolfgang Koeppen hat von sich gesagt, er sei Schriftsteller geworden, weil er kein Handelnder sein wollte. Und von Rudolf Augstein stammt der Satz: »Ich wollte nicht mitgestalten, wie so viele. Aber meinen Daumen im Brei wollte ich schon haben.«

Das ist ein recht gutes Bild: Wir Journalisten haben unseren Daumen im Brei, ob wir es wollen oder nicht. Aber unser Platz ist nicht auf der Bühne, sondern in irgendeiner Loge neben der Szene. Und von dort aus betrachten wir die Stücke, die vor unseren Augen gespielt werden, aber auch die, die auf der Hinterbühne und fern von den Augen des Publikums ablaufen. Und von dort aus sind wir dann freilich auch »Störenfriede« und »Zwischenrufer« (H. J. Schultz). Unsere Hauptaufgabe ist also beobachten, nachprüfen, berichten, ist, dies alles zusammenfassend, das eine: das Herstellen von Öffentlichkeit. Oder, mit einem Wort von Friedrich Schlegel gesagt, die Aufgabe, den »Kreis des allgemein Verständlichen (zu) erhöhen«.

Wir müssen auch Machtentfaltung kontrollieren, müssen sie schwierig machen. Und müssen dabei zu allen Machtträgern in kritischer Distanz bleiben, wenn wir glaubwürdig bleiben wollen. Denn ein Journalist, so hat dies Axel Eggebrecht einmal gesagt, ist jemand, »der die Macht nicht lieb hat«. Auch wenn dies angesichts der Wirklichkeit ringsum naiv anmuten mag: Wir dürfen uns nicht in Interessen einbinden und schon gar nicht einfangen lassen, nicht einmal durch Komplimente, was zu allen Zeiten die sublimste Form der Bestechung war. »Im Ernst wird kein Journalist dieser Welt behaupten«, schrieb Herbert Riehl-Heyse einmal, »er sei nicht zu beeindrucken durch persönliche Zuwendung, durch Charme, durch klug dosierte Information.« Schon Max Weber hat in seiner Analyse »Politik als Beruf« solche Umgarnung von Journalisten sichtbar gemacht und zugleich ihren Realitätssinn wieder zurechtgerückt:

> »Es ist durchaus keine Kleinigkeit, in den Salons der Mächtigen der Erde auf scheinbar gleichem Fuß, und oft allgemein umschmeichelt, weil gefürchtet, zu verkehren, und dabei zu wissen, dass, wenn man kaum aus der Tür ist, der Hausherr sich vielleicht wegen seines Verkehrs mit den Pressebengeln bei seinen Gästen besonders rechtfertigen muss.«

Und um noch einmal George Grosz zu zitieren: Künstler würden schnell weich, hatte der einmal gesagt, wenn sie der Macht nahe kämen, weil sie nun einmal ehrgeizig seien. Wie wahr: Die Zeit liegt ja noch nicht lange zurück, in der sich manche von uns den Vorwurf zuzogen, sie seien »der Macht zu nahe« gewesen, wenn es denn nichts Schlimmeres war.

Das ist das kleine Kunststück, das da von uns verlangt wird: Wir müssen in der Nähe der Macht sein, schon damit wir den Mächtigen auf die Finger sehen können. Aber diese Macht darf uns nicht »weich« machen, die Erotik, die von Macht ausgehen kann, darf uns nie die Sinne benebeln. Und wir sollten uns nicht »gemein machen«, auch nicht mit der »guten Sache«, wie Hanns-Joachim Friedrichs dies so eindringlich sagte. Schon weil wir nicht so genau wissen, was denn das ist, die »gute Sache«.

Alfred Rapp, der langjährige Korrespondent der *Frankfurter Allgemeinen Zeitung* in Bonn, hat dies einmal auf eine schöne Formel gebracht: »Immer dabei sein, aber nie dazugehören.« Wir dürfen deshalb nie dazugehören, weil es unsere Aufgabe ja gerade ist, mit wachem Blick zu beobachten, welchen Gebrauch die Mächtigen von ihrer Macht machen. »Na, könnt ihr nicht in den Leitartikeln und Kommentaren ein bisserl für uns schreiben«, soll ein österreichischer Parteivorsitzender zu einem Chefredakteur gesagt haben. Also *so* deutlich wird das ja nun meist wirklich nicht gesagt. Aber deutlich *gemeint* wird es manchmal doch.

Der Schauspieler Danny de Vito war es, der sich einmal darüber wunderte, dass die meisten Journalisten in Hollywood mit Leuten »schmusen, über die sie eigentlich kritisch schreiben müssten«. Er wunderte sich deshalb, weil sie damit ihre eigene Glaubwürdigkeit untergraben. »Die besten Journalisten arbeiten in totaler Isolation. Von ihnen sehe ich nichts, außer ihren Texten. Das sind die Leute, vor denen sich Hollywood fürchtet.«

Ob man uns unbedingt *fürchten* muss, sei dahingestellt. Aber um *glaubwürdig* zu bleiben, brauchen wir ein gesundes berufliches Misstrauen und eine wache Skepsis, die sich nie einlullen lassen darf. »Klar sieht, wer von Ferne sieht, und nebelhaft, wer Anteil nimmt«: Auch Laotse, der chinesische Philosoph, von dem dieses Wort stammt, hat sicher nicht an Journalisten gedacht. Aber es lässt sich für unsere Arbeit zuschleifen: Anteil nehmen, aber aus der Ferne, damit die klare Sicht nicht getrübt wird. »Mit verweinten Augen kann man nicht scharf sehen.« (Winfried Scharlau)

In einem Fernsehgespräch ist Rudolf Augstein einmal der Satz entschlüpft, wie die politischen Dinge nun einmal liegen, sei es für einen Journalisten lebensgefährlich, kein Zyniker zu sein.

Wenn er unserem Berufsstand damit ganz allgemein zu Zynismus raten wollte, dann wäre der Rat nicht gut. Denn einerlei, auf welch verschlungenen Pfaden ein Mensch an seinen Zynismus gerät: Hat er erst einmal von ihm Besitz ergriffen, schleicht sich unweigerlich arktische Kälte ins Gemüt, bleibt die Empfindsamkeit auf der Strecke, die wir bei der Beobachtung und bei der Gestaltung so dringend benötigen. Und dann wird auch manchmal aus einem grünen Ast ganz unversehens ein dürrer Zweig. »Als ich ein junger Mann war, war der Whisky die größte Schwäche der Journalisten, heute ist es der Zynismus«, erinnert sich Paul Simon, ein amerikanischer Politiker, der früher Journalist war. Und Stefan Kornelius schrieb in der *Süddeutschen Zeitung*, dass Journalisten in den USA – wie überall auf der Welt – als »arrogant, zynisch und destruktiv« wahrgenommen werden.

Da stimmt ein Geburtstagsgruß freilich optimistischer, der in der *Neuen Zürcher Zeitung* einem Kollegen galt: »Ein Leben lang widerstand er der Gefahr seines Berufs, ein Zyniker zu werden. Er bewahrte die Gabe, ob der Leistungen der von ihm anerkannten Könner – ob sie Filme drehten, Häuser bauten, Hotels führten, Gipfel bestiegen oder in Küche und Kellern wirkten – lachend Freude zu zeigen und ins schnelle Schwärmen zu geraten.« Die Dinge, für die er *schwärmt*, sollte sich ein Journalist jedenfalls beruflich sehr gut aussuchen. Aber *Freude zeigen*, wenn ihm eine Leistung imponiert, das sollte er sich und den anderen durchaus gönnen – statt jenes gewissen schmallippigen Lächelns voller Überdruss.

Möglichst keinen Zynismus, also, aber Skeptiker, das müssen wir sein oder bleiben oder werden, und meist bekommt es dieser Skepsis gut, wenn ihr eine Portion Ironie beigemischt wird. »In deinen geschäftlichen Angelegenheiten lasse Vorsicht walten; denn die Welt ist voller Betrug. Aber nichts soll dich blind machen gegen gleichermaßen vorhandene Rechtschaffenheit.« Dieser Wandspruch aus dem Jahre 1692, der sich in der alten Saint-Pauls-Kirche in Baltimore findet, zeigt einen gangbaren Weg.

Am Straßburger Münster steht neben vielen gotischen Sandstein-Figuren auch der »König der Welt«: von vorne betrachtet ein ansehnlicher Edelmann, von hinten eher eine Schreckensgestalt mit einem Geflecht aus Schlangen und Otterngezücht. So schlimm ist die Wirklichkeit nun auch wieder nicht, die vor Journalisten nach Kräften verborgen wird. Aber uns wird doch, noch mehr als im Leben sonst, meist nur die noble Vorderseite vorgeführt. Und unsere berufliche Aufgabe ist es dann, so lange um unsere Informanten herumzugehen, bis wir wissen, was sich auf ihrer Rückseite verbirgt.

Vor allem dürfen wir nicht vertrauensselig sein, auch wenn uns jemand etwas »anvertraut«. »Wage zu zweifeln, vertraue keiner Autorität. Glauben verdient allein die Vernunft« (Lessing). Aber wir sollten auch das Misstrauen nicht übertreiben. Man mische ein gesundes Maß an *Misstrauen* in sein gesundes *Vertrauen* hinein – daraus könnte sich eine bekömmliche Rezeptur ergeben. Denn selbst in der härtesten Dissonanz sollte ein »Rest des Vertrauens« übrig bleiben (Kant). Nicht jeder, der ein Ehrenwort gibt, muss ein Lügner sein. Was uns da auf Pressekonferenzen oder im Verlauf unserer Recherchen mitgeteilt wird, nehmen wir zunächst einmal zur Kenntnis: Vieles ist wahr, mehr noch ist halbwahr, manches ist schlichte Lüge. Und unser Beruf bringt es mit sich, dass wir, neben glatten Lügen, oft auch Halbwahrheiten weitergeben. Aber wir müssen jedenfalls versuchen, die ganze Wahrheit herauszufinden. Deswegen brauchen wir ein Netz von Informanten, denen wir ein gutes Stück Vertrauen schenken können und die uns nicht mit Lügen aufwarten. Zwar können wir nicht verhindern, dass man uns belügt. Aber wir können verhindern, dass wir zweimal auf denselben Lügner hereinfallen. Natürlich darf man unseren Fragen ausweichen, natürlich darf man sich die günstigsten Antworten auf unsere Fragen heraussuchen: Aber unser Gegenüber sollte immer wissen, dass man uns nicht ungestraft die Unwahrheit sagen darf.

Bleibt die Frage, ob es auch zu den Voraussetzungen unseres Berufes gehört, dass man »gerne schreibt«. Erstaunlicherweise behaupten das manche Schriftsteller, etwa wenn sie im ehemaligen Magazin der *Frankfurter Allgemeinen Zeitung* die Frage nach ihrer Lieblingsbeschäftigung beantworten. Auch Astrid Lindgren hat in einem Gespräch mit der *WELT* einmal gesagt: »Es hat mir große Freude gemacht, Bücher zu schreiben. Ich habe dieses Geschäft immer als ein Vergnügen empfunden. Es gibt ja Autoren, die müssen sich gewissermaßen Gewalt antun, wenn es ans Schreiben geht. Sie finden alle möglichen Entschuldigungen, um nicht zu schreiben. Aber für mich war es immer so, dass ich jeden Abend dachte: ›Oh, wenn es doch nur schon Morgen wäre! Dann könnte ich endlich mit dem Schreiben fortfahren.‹ Sie haben mich zu Anfang gefragt, was Glück sei. Für mich war auch das Glück, nämlich schreiben zu dürfen. Das reine Glück.«

Nun sind Journalisten keine Schriftsteller, und auch Astrid Lindgren räumte ja ein, dass es sogar unter den Schriftstellern solche und solche gibt – Ephraim Kishon etwa, der einmal behauptete, er habe das Schreiben stets als Fron und Strafe empfunden. Auch wer nicht die ganze Nacht lang dem nächsten Dreispalter entgegenfieberte, kann ein hervorragender Journalist werden. Nur, eine dauernde Quälerei sollte das Schreiben auch nicht gerade sein. Eher schon dies: eine dauernde Herausforderung. In Bert Brechts Sommerhaus in Buckow stand auf irgendeiner Inschrift, was er alles tue, um sich vor dem Schreiben zu drücken. Und Eugen Roth hat in einem seiner so menschlichen Gedichte von dem Menschen erzählt, der – vom Kaffeekochen angefangen – tausend Beschäftigungen beginnt, nur damit er nicht mit dem Dichten anfangen muss.

Um zu den *Journalisten* zurückzukommen: »Der Teufel hat viereckige Augen«, hat Sigi Sommer, der große Münchner Flaneur, einmal gesagt und dabei das leere Blatt Papier gemeint, das vor ihm liegt und ihn herausfordernd anstarrt – als horror vacui, als Schrecken vor dem Leeren. Aber dann hat er den Teufel wohl immer wieder bei den Hörnern gepackt und so einfühlsame Geschichten geschrieben.

»Jeden Abend ein neues Kind«

Der Beruf des Journalisten ist so abwechslungsreich wie kaum ein anderer. Zwar gibt es auch hier die Routine: »das Blatt machen«, also die Zusammenstellung einer Zeitungsseite, freilich, zusammen mit dem einfühlsamen Redigieren fremder Texte, eine der anonymen, aber ganz besonders wichtigen Aufgaben in einer Redaktion. Oder den Weg zur Börse, wenn man dafür zuständig ist, oder den Gang zu Pressekonferenzen, auf denen ja nicht immer nur Weltereignisse gehandelt werden – der ganze Terminjournalismus, also. Aber *was* auf der Börse geschieht oder *was* während der Pressekonferenz gesagt wird und *was* dann im Blatt steht, das ist dann doch immer wieder etwas anderes. »Wir haben jeden Abend ein neues Kind«, sagte der damalige Chef vom Dienst bei der *Frankfurter Allgemeinen Zeitung*, wenn er einen neuen Kollegen am ersten Arbeitstag im Haus herumführte. Und – wir haben, wenn dieser Blick aus der Froschperspektive einmal erlaubt ist, meist auch Gesprächspartner auf »hoher Ebene«. Nicht im Sinne von »großen Tieren«, sondern im Sinne von Sachkompetenz. Was freilich auch bedeutet, dass wir oft auf Gesprächspartner stoßen, die uns an Kompetenz überlegen sind. Auch daran sollten wir denken, wenn uns gelegentlich das Selbstbewusstsein übermannt.

Wenn man liest, was das Bundesverfassungsgericht im Laufe der Jahre über die Bedeutung der Medien in seinen Entscheidungen gesagt hat, müssten wir eigentlich rote Ohren bekommen. Die Pressefreiheit ist für die Demokratie ein »schlechthin konstituierendes Grundrecht«: So können wir dort wieder und wieder lesen, und dann stellen wir fest, dass irgendwo in den verschlungenen Instanzen der Redaktionshierarchie auch uns das so wichtige Grundrecht mit anvertraut ist. Wir stellen die »mittelbare Öffentlichkeit« her, wir machen, indem wir das politische Geschehen sichtbar werden lassen, Demokratie erst möglich. Und so wundert es denn nicht, dass manchem Journalisten, wie es scheint, diese Bedeutung ein wenig zu Kopf gestiegen ist. Journalismus ist aber ein eigener Beruf und nicht der Superlativ anderer Berufe: Wir sind nicht Oberrichter, Oberdichter oder Oberpolitiker, sondern wir sind kritische Wegbegleiter von Zeitgenossen, deren Wirken sich in der Öffentlichkeit entfaltet. Dies aber führt uns zu den Stichworten Narzissmus und Eitelkeit und damit, wenn wir einmal bei dem Bild vom »Herrscher der Welt« bleiben, zu unserer dunklen Schattenseite.

Ganz ohne Eitelkeit, ganz ohne Narzissmus wird man kein guter Journalist. Denn der Beruf des Journalisten spielt sich vor Publikum ab, und alle Berufe, die vor Publikum spielen, brauchen eine Prise Selbstgefallen als Lebenselixier, brauchen auch die »Droge des Applauses«, der dieselbe Wirkung haben kann wie ein paar Flaschen Champagner (Harald Juhnke). Leistung als »Rauschtrunk« wie *Erhart* – nicht *Erich* – Kästner das nennt. »Ich will auch 'Plaus haben«, quengelte einmal ein Kind, als es spürte, wie jemand in seiner Umgebung unter irgendeinem Applaus aufblühte. Und solchen »'Plaus« genießen ganz besonders auch wir Journalisten.

Bismarck hat einmal gesagt, Eitelkeit sei die Hypothek auf dem Grund und Boden des Politikers – sie ist aber auch die Hypothek auf dem Grund und Boden des Journalisten, und ein Leben lang zahlen wir daran ab. Bekanntlich wird eine Theateraufführung gut, wenn auch der letzte Statist meint, das Publikum sei eigentlich nur seinetwegen gekommen. So ist es im Grunde auch bei den Medien: Jeder Journalist sollte meinen, alle Leser, alle Zuhörer und Zuschauer interessierten sich nur für seinen Beitrag. Allerdings nur, was die Qualität der Arbeit anbelangt, also die sorgfältige Recherche, die Aufbereitung des Materials und das ewige Ringen um Stil, Gestaltung und Darstellung. Pathologisch oder wenigstens lästig wird die Eitelkeit aber dann, wenn sie niemanden neben sich bestehen lässt.

Es gibt Leute, so schrieb Katja Mann in ihren hinreißend geschriebenen »ungeschriebenen Memoiren«, die das Gefühl haben, es gäbe nur ein gewisses Maß an Erfolg in der Welt, »und hat ein anderer den Erfolg, nimmt er ihn weg«. So ist es – genauer: So ist es gerade nicht. Es gibt so viel Erfolg in der Publizistik, dass wir ihn getrost unter uns aufteilen können. Aber hier liegt eine Erbsünde unseres Berufes: Manche Journalisten lodern geradezu vor Ich-Besessenheit, und diese Egomanie kann dann zu einer Art von Krankheitssymptom werden. Das Bedürfnis, sich »mit Applaus abzufrottieren« (Ingmar Bergman), kann dann schon einmal das Klima in der Redaktion verderben, kann zu Neid und Rivalitäten führen, die manchem das Leben sauer machen.

Alle Traumberufe haben gemeinsam, so sagte einmal ein Kenner der Szene, dass ihr Betriebsklima ein Albtraum ist – Oper, Theater, Medien. Und mag dies auch eine Übertreibung sein, eine Redaktion ist nun einmal keine beschützende Werkstatt. Besonders harmonisch geht es jedenfalls bei den elektronischen Medien nicht zu, vor allem nicht beim Fernsehen, wo nicht selten das »Gesetz von Hieb und Biss« (George Grosz) gilt. Wer Harmonie sucht, so könnte man einen von Norbert Blüm auf die Politik gemünzten Satz umwandeln, muss halt einem Gesangverein beitreten. Wer in eine Redaktion eintaucht, sollte zwar sensibel sein, aber nicht allzu zart besaitet.

Man braucht kein gelernter Psychologe zu sein, um dahinter zu kommen, was übersteigerte Eitelkeit alles so zudecken soll. Jedenfalls kann ein angenehmes Echo nach einem Fernsehauftritt, nach einem gelungenen Artikel der Tropfen Balsam auf die berühmte narzisstische Wunde sein, kann uns für einige Zeit über das dumpfe Gefühl hinwegtrösten, dass wir vielleicht doch nicht der große Zampano in allen Lebenslagen sind. »Die Sehnsucht nach Bewunderung ist unstillbar«, hat Milan Kundera gesagt. Gerade deswegen tun wir alles Mögliche, um sie zu stillen – und die Verfasser nehmen sich von dieser Sehnsucht keinesfalls aus.

Deshalb müssen wir auch lernen, mit unserem Selbstbewusstsein, mit unserem Erfolg, mit unserem Abbild richtig umzugehen. Gerade das Letzte ist beim Fernsehen ganz wörtlich zu verstehen: Es gibt Kollegen, die den Blick nicht von sich lassen können, wenn sie in einer Aufzeichnung auf dem Bildschirm erscheinen. Und man kennt auch andere, die am liebsten wegsehen möchten und gewissermaßen nur den scheuen Seitenblick durch die Finger auf sich riskieren. Auch mit der eigenen Stimme kann man so seine Schwierigkeiten haben, wenn man sie zum ersten Mal im Rundfunk hört und sich ganz fremd vorkommt. Aber fremd kommt man wirklich nur sich selbst vor: Denn alle anderen hören uns ohnehin so, wie wir uns jetzt vernehmen.

Wichtig ist, dass wir verfolgen, wie Kollegen die gleiche Arbeit bewältigen, wie sie das gleiche Thema in der Zeitung, im Hörfunk, im Fernsehen dargestellt haben. Wir müssen es auch ertragen, wenn sie besser waren als wir – dann können wir ja immerhin von ihnen lernen. Vielleicht sind sie es ja, die das nächste Mal dann von uns profitieren. Kurz gesagt: Wir müssen uns bemühen, das Beste zu leisten, aber Augen und Ohren dafür offen zu halten, dass auch andere das tun – und nicht selten auch einmal das Bessere.

»Meister der totalen Halbbildung«

Werner Höfer, der frühere Programmdirektor des *WDR* und jahrzehntelanger Gastgeber des sonntäglichen »Frühschoppens«, hat einmal von sich gesagt: »Ich bin ein Meister der totalen Halbbildung.« Und genau dies, Meister der totalen Halbbildung, sind viele Journalisten – wenn sie gute Journalisten sind. Und wir können auch gar nicht anders, als im Zustand der Halbbildung zu verbleiben, wenn wir nicht Fachjournalisten werden wollen. Fachidioten werden wir ohnehin nicht. Denn vielleicht ist Journalismus der einzige Beruf, den man zehn oder mehr Stunden am Tag ausüben kann, ohne in diese Gefahr zu laufen. Doch selbst im Fach-Journalismus sind die Fächer ja inzwischen so groß geworden, dass es meist auch wieder nur zu einem gehobenen Generalisten reicht. Aber wenigstens als Generalisten müssen wir dann gut sein: rasch begreifen, rasch einordnen und rasch schreiben. Innerhalb der Medien gibt es nämlich wiederum eine Abstufung der Oberflächlichkeit, die durch die Art der Präsentation und durch den für die Beiträge zur Verfügung stehenden Raum bestimmt ist. Und wenn wir schon – unvermeidbar – oberflächlich sind, sollten wir dies wenigstens bewusst und mit schlechtem Gewissen sein.

Noch immer bietet die »gute alte« Zeitung die Möglichkeit, am tiefsten unter die Oberfläche zu tauchen. Sie ist am intellektuellsten, hat Platz für Berichte verschiedener Länge, trennt noch am gewissenhaftesten zwischen Meinung und Tatsachen, und ihr Inhalt verflüchtigt sich auch nicht so rasch im Äther, obwohl sie ja schließlich doch auf den seltsamsten Örtchen endet.

Auf der Stufenleiter der Oberflächlichkeit folgt dann der Hörfunk: Jedenfalls in der Vergangenheit ging er verhältnismäßig gründlich mit Informationen und der Analyse von Ereignissen um, bevor er sich dann dem eigenartigen Ehrgeiz verschrieb, es den privaten Sendern gleichzutun und das, was man für schwere Kost hält, in leichten Flocken unter die Leute zu bringen. Noch immer gibt es aber, und dies nicht nur im *Deutschlandfunk*, ausführliche Dokumentationen, gründliche Sendungen, gibt es längere Berichte und nachdenkliche Kommentare, von den Abendessays einmal ganz abgesehen, die zwar nur wenige, aber treue Hörer haben, und noch gibt es einen Stamm hervorragender Mitarbeiter. Freilich wird auch im Hörfunk der Wortanteil immer kleiner, schrumpfen die anspruchsvolleren Beiträge immer mehr zu kleinen Text-Inseln in einem Ozean der Unterhaltung, versucht man immer häufiger, die Zuhörer in einen riesigen Musikteppich einzurollen.

Doch ist es immer noch reizvoll, die verbliebenen Wortbeiträge zu gestalten: Berichte im Hörfunk erlauben oft eine lebendigere Sprache als manche formalisierten Berichte in der Zeitung, und selbst in Kurzbeiträgen lassen sich Originaltöne und verbindender Text zu Mini-Features zusammenfügen, die trotz ihrer Standards einigen Gestaltungsspielraum offen lassen.

Am flüchtigsten ist freilich das Fernsehen, jedenfalls dort, wo in seinen aktuellen Sendungen das Weltgeschehen auf eine Sendezeit von einer Minute dreißig Sekunden zusammenschrumpft, die jeden Gedanken begrenzt und zu einem Vereinfachen zwingt, das dem Thema nicht immer gut tut – und bisweilen auch nicht dem Journalisten. Hinzu kommt, dass Fern-Sehen halt wesentlich mit dem Sehen zu tun hat und die Bilder, die es da zu sehen gibt, in ständiger Konkurrenz mit dem Wort stehen. Sind es starke Bilder, so lösen sie Emotionen beim Betrachter aus und übertönen die Wortbotschaft so laut, bis sie kaum noch zu vernehmen ist. Sind es, wie oft, Verlegenheitsbilder, so lenken sie immerhin vom Wort ab, indem sie dem Betrachter das Kunststück abverlangen, sich alle paar Sekunden auf einen neuen Raum, auf einen neuen Menschen, auf eine neue Szene einstellen zu müssen, während ihm zusätzlich Worte ins Ohr tropfen. Stimmen Wort- und Bildbotschaft nicht überein, spricht man von der Wort-Bild-Schere. Oder anders gesagt: Der Zuschauer erlebt einen Dauer-Spagat im Kopf.

Entsprechend ist auch die Typologie der Journalisten, die in diesen Medien zu finden sind. Die nachdenklicheren, intellektuelleren findet man bei der Zeitung und beim Hörfunk, während das Fernsehen vor allem solche Kollegen anzieht, für die Darstellung immer auch untrennbar mit Selbstdarstellung verbunden ist und die bisweilen der Meinung sind, man habe schon dann eine Aussage gemacht, wenn man einen Effekt setzt. Im Bereich der Dokumentarfilme, mancher Diskussionsrunden und kritischer Magazine kann das Fernsehen allerdings noch immer ein großartiges Medium sein, in dem gescheite Kollegen niveauvolle Sendungen mit gewaltiger Breitenwirkung gestalten. Und außerdem kann es durchaus auch eine eigene Kunst bedeuten, wenn Korrespondenten in »Tagesschau«– oder »Heute«– oder in anderen Nachrichtensendungen den rohen Stein einer Nachricht so lange ausschleifen, bis da schließlich auf dem Bildschirm etwas funkelt, was ja nicht gleich ein Juwel sein muss, aber wenigstens ein Bergkristall.

»Journalismus ist Literatur in Eile«

Journalismus ist ein hektischer, ein vom Stress gezeichneter Beruf – auch wenn man dies nicht mehr merkt, wenn die Buchstaben erst einmal geduldig auf dem Papier stehen oder ein Reporter den *On-Teil* seines Berichtes gelassen in den Raum spricht. »Journalismus ist Literatur in Eile«: An diesem Satz stimmt zumindest das Wort von der Eile. Freilich ist es nicht immer Literatur, was diese Eile gebiert. Aber wenn es einmal eilt, dann eilt beim Journalismus einfach alles. Dabei kann das äußere Bild oft trügen, das sich auf den ersten Blick in den Redaktionen darbietet. Man sollte sich davon nicht täuschen lassen, wenn man als flüchtiger Gast oder als der »Neue« die Räume durchwandert. Von der Hektik einmal abgesehen, wirkt fast alles lässig, salopp, kollegial. Oder vielleicht sollte man sagen: wirkte, weil auch Redaktionen längst nicht mehr das sind, was sie einmal waren. Vor geraumer Zeit saßen da Journalisten hinter ihren Schreibmaschinen, flankiert von Leimtöpfen und Papierscheren und gelegentlich auch einmal von der einen oder anderen Rotweinflasche und mit einem Bleistift in der Hand, wenn es darum ging, den Schriftgrad an den Rand eines Manuskriptes zu kritzeln, nachdem man mit den Korrekturen zu Ende war. Dann trat der Computer seinen Siegeszug an, vereinfachte vieles, komplizierte manches und verdrängte jedenfalls vieles von dem, was die Atmosphäre in einer Redaktion spritzig, kreativ, chaotisch, was sie, wenn man so will, sinnlich machte.

Ja, sinnlich. Alle Filmarbeit, so schreibt Ingmar Bergman in seinen Lebenserinnerungen, ist notwendig mit Erotik geladen. Und so, erotisch in einem weit verstandenen Sinne, ist eigentlich auch die Luft in allen Redaktionen der Welt, sei es Fernsehen, Hörfunk oder Zeitung. Nur hat davon nicht mehr allzu viel überleben können in einer Medienwelt, wo die Journalisten nur noch Augen für die flimmernden Zeilen auf den Bildschirmen der Computer haben und ihnen nicht einmal mehr die Stofflichkeit eines Blattes Papier gegönnt wird. Und so mag sich denn heute eine Redaktion auf den ersten Blick nicht allzu deutlich von, sagen wir einmal, einem Postscheckamt oder dem Großraumbüro einer Versicherungsgesellschaft unterscheiden, während sie damals eher eine Mischung aus Kneipe, Modeboutique und Dichterklause war – also noch ein bisschen von dem legendären Wiener Kaffeehaus bewahrt hatte, in dem Friedrich Torberg ohnehin den richtigen Ort sah, wo sich ein anständiger Journalist vorwiegend aufzuhalten hatte.

Freilich trügt die Idylle von gestern und wohl auch die Nüchternheit von heute: Denn noch immer sind Redaktionen Kreuzpunkte, wo schnullige Individualisten ihr ungebärdiges Temperament von disziplinierteren Kollegen und geduldigen Sekretärinnen zügeln lassen und wo sich täglich das biblische Wunder wiederholt, dass aus wüstem Chaos im Laufe eines Tages eine einigermaßen bewohnbare Welt wird – eine Zeitung oder eine Fernsehsendung.

Journalisten müssen dabei eine ganz besondere Eutonie entwickeln, also einen harmonischen Spannungszustand im Inneren eines Menschen, von dem uns unser Beruf eigentlich nur wenig übrig lässt. Denn in der Redaktionsarbeit wechseln Zeiten höchster Anspannung mit einer geradezu provozierenden Entspannung, die freilich nur das Ventil ist für die Konzentration, die uns abverlangt wird, wenn es auf die Sendung oder auf den Umbruch zugeht. Dem Bullterrier, jenem derart in Verruf geratenen Hund, sagt man nach, er könne aus dem Stand meterhoch springen. Und ein bisschen von dieser Fähigkeit wird auch uns abverlangt, wenn wir aus all dem Geflirr des Smalltalks, in das wir da versunken waren, plötzlich wieder auftauchen müssen, weil das leere Blatt vor uns zur Pflicht ruft – oder das Rotlicht eines Studios.

Eine kleine Anekdote aus uralter Zeit, nämlich aus der Schatulle Friedrich Torbergs, fängt dies nostalgisch ein: Dort hatte eine Redaktion bis in den späten Abend hinein gefeiert, nur der Chefredakteur sprach gelegentlich davon, dass er noch etwas zu tun habe. Seine Worte gingen indessen in der allgemeinen Fröhlichkeit immer wieder unter. Schließlich, nach Stunden, fragt ihn jemand, was er denn noch zu schreiben habe. Seine Antwort: »Ach, nur einen Leitartikel, der Kaiser ist vorhin gestorben.« Das war im Jahre 1917. Heute stirbt so schnell kein Kaiser mehr, aber es passieren doch immer wieder die unglaublichsten Dinge, die sich den Teufel um den Redaktionsschluss scheren. Und so leben wir denn, wie jener Bullterrier, immer vor dem großen Sprung. Deswegen, so hat einer seiner Freunde einmal geschrieben, sei Karl Marx kein Journalist und werde auch nie einer werden. »Er braucht den ganzen Tag für einen Leitartikel, den unsereiner in zwei Stunden schreibt, als hätte er ein tiefes philosophisches Problem zu lösen. Er feilt und ändert und verbessert das Verbesserte und wird nie fertig« (Stefan Born).

Nein, so besser nicht, obwohl wir einen solchen Perfektionismus durchaus nachempfinden können. Aber Journalismus ist, wie gesagt, ein Beruf in Eile: in der Eile des Auffassens, in der Eile der Recherche, in der

Eile des Umsetzens. »Verstehen Sie mich bitte nicht *zu* schnell«, hat Theodor W. Adorno einmal gesagt. Solchen Satz kann sich ein Philosophie-Professor leisten, für einen Journalisten gilt eher die Vorgabe: Bitte verstehen Sie mich möglichst schnell. Aber *glauben* Sie mir bitte nicht *zu* schnell – so wäre dieser Satz zu ergänzen. Und dennoch ist Journalismus ein Beruf, der bei aller Eile eine immense Gründlichkeit verlangt: Oberflächlichkeit mit Tiefgang.

Und noch eines, bevor wir uns endgültig der Arbeit am Text und den praktischen Beispielen zuwenden: Journalisten müssen mit wachem Auge wahrnehmen, was ihre Kollegen so alles fabrizieren. Eine Zeitung wird dann schlecht, so sagte Erich Welter, der Gründungsherausgeber der *Frankfurter Allgemeinen Zeitung*, wenn die eigenen Journalisten sie nicht mehr lesen. Und es ist wirklich ganz erstaunlich, mit wie wenig Zeitungslektüre manche auskommen – oder auszukommen glauben. In Fernseh-Kreisen kann es gelegentlich sogar einmal als schick gelten, wenn man möglichst wenig davon Notiz nimmt, was die anderen so produzieren. Nun hat sich beim Fernsehen, anders als bei der Zeitung, nie das berühmt-berüchtigte »Wir-Gefühl« entwickelt, die Gewissheit, mit allen Kollegen in einem Boot zu sitzen, wenn abends die Zeitung in den Andruck geht. Wenigstens Zeitungen aber müssen wir lesen – und mehr als nur die eigene.

»Zeitungen haben mich immer fasziniert, von meiner Jugend bis heute«, hat Thomas Bernhard einmal gesagt. »Es war mir kaum erträglich, einen Tag ohne Zeitung zu verbringen.« Diese Sucht sollte uns vertraut sein: Wer die Lektüre von Zeitungen nicht genießt, verdient es eigentlich gar nicht, Journalist zu sein. Und zugleich bringt er sich um einen der reizvollsten Lebensgenüsse überhaupt. Zeitunglesen kann wenigstens eine ebenso liebenswerte Zeremonie sein wie das Teetrinken oder das Pfeifestopfen, von anderen sinnlichen Erlebnissen einmal abgesehen, die nicht hierher gehören. Und es hat jedes Mal wieder seinen neuen, fast könnte man sagen erotischen Reiz, wenn man eine frische Zeitung in die Hand nimmt, sich auf seinem Stuhl zurücklehnt und sie erwartungsvoll entblättert – und sich dann von Seite zu Seite schwingt, wie das berühmte Eichhörnchen von Ast zu Ast. Mich jedenfalls versetzt es stets in wachsende Verzweiflung, wenn ich im Frühstückszimmer eines fremden Hotels zusehen muss, wie da jemand das letzte Exemplar der Tageszeitung achtlos neben dem Marmeladenbrötchen liegen lässt, während ich ohne weiteres das Frühstücksei kalt werden ließe, wenn ich nur einen einzigen Blick in dieses Blatt werfen dürfte. Natürlich weiß ich, dass dies ernsthafte Symptome von Zeitungssucht sind. Aber zu meiner Gewissheit ist diese Sucht verbreitet: So hat sich etwa Joschka Fischer als »altmodischer Suchtleser« *geoutet*: »täglich sieben Zeitungen!«

Lesen und Querlesen

Wie soll man Zeitung lesen, von der Frage des stilvollen Umgangs mit dem gedruckten Papier einmal abgesehen? Absolut fahrlässig wäre es natürlich, wenn wir uns blind nur einer Zeitung anvertrauen würden, auch – und schon gar nicht – der »eigenen«. Drei oder vier Zeitungen täglich, darunter geht es beim besten Willen nicht, wobei selbstverständlich nicht erforderlich ist, dass wir sie alle mit der gleichen Gründlichkeit lesen. Eine Zeitung sollte gewissermaßen die Basis-Information sein, das »Leib- und Magen-Blatt«, wie dies bisweilen so betulich hieß. Dann sollten wir die anderen Zeitungen zu uns nehmen, nach ihrer uns bekannten Tendenz abwechselnd und über Kreuz, wie die Hühner der Witwe Bolte die Brotbrocken – allerdings ohne die dort bekannten Folgen.

Auch seine »Basis-Zeitung« sollte man gelegentlich wechseln, aber ihr könnte man während dieser Zeit immerhin das feste Gerüst der Nachrichten entnehmen, an das alle anderen Beiträge, die Glossen und Leitartikel, die Reportagen und Features, die Rezensionen und Feuilletons aufgehängt sind. Diesen ganzen, riesigen Rest können wir dann rundum selektiv lesen: Jeder hat ja seine Autoren, die er sich aus Zuneigung oder tiefer Ablehnung nicht entgehen lässt, jeder hat seine Themen, die er bei dieser Zickzackwanderung durch den Blätterwald vertieft. Vor allem aber müssen wir neugierig verfolgen, wie die Zeitungen mit ihren so verschiedenen politischen und weltanschaulichen Grundlinien ein bestimmtes Thema behandeln. Bisweilen kommt man aus dem Staunen nicht heraus, welche Meinungsvariationen man einer einfachen Grundmelodie abgewinnen kann.

II. Von der Sprache des Journalisten

»Das Schwere ganz leicht zu sagen, das ist mein Sinn.
Mehr ist nicht drin.«

(N. N.)

»Ich bemühe mich konsequent, aus hundert Zeilen
zehn zu machen.«

(Alfred Polgar)

»Lassen Sie die Dinge ruhig auf sich wirken,
und suchen Sie den bezeichnenden Ausdruck.«

(Rat eines Kollegen an Benno Reifenberg)

Es gibt eine ganze Reihe hervorragender Bücher, die sich mit der Verbesserung der Sprache befassen – und vielleicht gibt es deren immer noch nicht genug. Dieses Buch hat aber nicht den Ehrgeiz, eine Stilfibel für gutes Deutsch zu sein. In schicklicher Bescheidenheit beschränkt es sich vielmehr darauf, vor schlechtem Deutsch zu warnen und einige Beispiele zu liefern – auch für gutes Deutsch.

Von den zeitgenössischen Philosophen gebührt Karl Popper, auch wenn es um die Pflege der Sprache geht, ein Platz auf einem Denkmalsockel. Wie er schrieb, hatte er es stets als seine »Pflicht« empfunden, so einfach und klar wie möglich zu formulieren. Und er fügte hinzu: Wer es nicht klar und einfach sagen kann, möge sich hinsetzen und den Mund halten, bis er es kann.

Nun verbietet uns Journalisten der Zeitdruck, unter dem wir, anders als die Philosophen, stehen, uns allzu lange hinzusetzen und nachzudenken, bevor wir uns an die Arbeit machen. Einfach und klar formulieren: Dieses Gebot muss uns aber dennoch so sehr in Fleisch und Blut übergehen, dass wir das Gegenteil, nämlich einen schwierigen und verquasten Stil, einfach nicht mehr zu Papier bringen. »Guter Stil ist ein Ringkampf mit den Gedanken« (Richard Marius). Und wir sollten ihn, wenn irgend möglich, gewinnen. Wenn uns aber einmal etwas so kompliziert erscheint, dass wir es beim besten Willen nicht in Journalistendeutsch fassen können, dann sollten wir uns mit dem bekannten Satz Ludwig Wittgensteins bescheiden: Über das, worüber man nicht zu reden vermag, sollte man schweigen.

Einfach, einfacher, am einfachsten: Auch die Journalistensprache lässt sich steigern, je nachdem, für welches Medium wir arbeiten. Am einfachsten muss die Sprache in den Nachrichten des Fernsehens sein: Sie tritt hier gegen das Bild an und darf ihm, das der Zuschauer ja erst mit den Augen verarbeiten muss, nicht die Schau stehlen.

Einfach muss auch die Sprache des Hörfunks in Sendungen sein, wo sie Informationen vermittelt und nicht etwa in den Essays eines geruhsamen Abendstudios. Und einfach, wenn auch vielleicht nicht ganz so einfach, muss in seinen Berichten der (Zeitungs-)Journalist formulieren, der bekanntlich den Vorteil genießt, dass seine Leser die Geschwindigkeit selbst bestimmen können, in der sie die Informationen aufnehmen – und notfalls den Artikel noch einmal von vorne beginnen können.

Einfach zu schreiben bedeutet aber nicht, ungenau zu schreiben, sondern eigentlich das Gegenteil. Journalisten müssen versuchen, Genauigkeit auf eine sehr eigene Weise zu verwirklichen: nicht im Detail, wie es in der bildenden Kunst etwa die Radierung vermag, sondern eher mit der Geradlinigkeit des Holzschnittes. »Wer es mit dem Wort nicht genau nimmt, der hat meistens seine bewussten oder unbewussten Gründe dafür.« Diese Mutmaßung, die Erich Fried formuliert hat, dürfen Journalisten nicht auf sich sitzen lassen. In einer kleinen Bilderserie stellt Pablo Picasso den Stier vor: erst als einen Umriss in knappen, klaren Linien, dann werden Fleisch und Muskeln sichtbar, und schließlich steht ein Bulle vor dem Betrachter, dem man in der Arena nicht gerne begegnen würde. In den Gestaltungsformen des Journalismus wäre die erste Zeichnung die knappe Nachricht, die zweite der (Hintergrund-)Bericht und der komplette Stier dann die Reportage oder das Feature.

Das Talent zum Schreiben, so hat Honoré de Balzac gesagt, hat vor allen Dingen etwas mit dem Sitzfleisch zu tun. Und wesentlich deftiger formulierte Paul Schuster, der eine Art von Schreibschule betreibt: »Das Talent sitzt nicht im Kopf, sondern im Arsch. Wenn du nicht sitzen kannst, kannst du auch nicht schreiben.« Und er gab seinen Schülern den entsagungsvollen Rat, man müsse bereit sein, eine halbe Stunde an einem Satz zu knobeln, um ihn dann wegzuwerfen.

Freilich reicht erstens ein dicker Hintern allein nicht aus, und zweitens muss man schon sehr viele Sätze niedergeschrieben haben, bevor eine Zeitung einem Journalisten einen derart luxuriösen Umgang mit der Zeit erlaubt. Denn eine so filigrane Arbeit mit der Sprache wird nur solchen Journalisten vorbehalten sein, denen das Glück beschieden ist, in Ruhe und Beschaulichkeit an ihren Texten zu feilen. Der journalistische Alltag verlangt da bei der Textabfassung schon raschere Entschlüsse. Und dieser Teil des Journalismus, das Abfassen klarer, schnörkelloser, informativer Texte ist lehrbar und lernbar, ist Handwerk, kann in Fleisch und Blut übergehen. Niemals durch »Sprachverschmutzung« Tiefe vortäuschen, wie Karl Popper dies fordert, und einfach schreiben, aber nicht simpel – wer sich diesen einfachen, aber nicht simplen Satz eines namhaften Wirtschaftsjournalisten zu Herzen nimmt, dem kann auf dem Schlachtfeld der Buchstaben schon nicht mehr allzu viel passieren. Und immer sollten wir uns an Georg Friedrich Lichtenberg erinnern, der den sarkastischen Rat gab: »Wenn dein Bisschen schon nichts Sonderbares ist, dann sage es wenigstens ein bisschen sonderbar.« Ein Rat, von dem Lichtenberg seinen Lesern natürlich in Wirklichkeit *abraten* will. Wörter sind meine Fallschirme, hat der Schriftsteller Horst Bienek einmal gesagt. »Mit denen springe ich ab.« Journalisten sind keine Dichter, aber auch wir hängen bisweilen an unseren Worten wie an einem Fallschirm.

Die folgenden Ratschläge können nur sehr mittelbar zu einem besseren Deutsch verhelfen, indem anhand von Beispielen versucht wird, schlechtes Deutsch zu verhindern – oder, um mit dem Wortbild von Horst Bienek zu sprechen: um besser springen zu können.

Sprach-Moden

Da gibt es zunächst die Modewörter einer Sprache, die – wie die Herbst- oder Frühjahrskollektion in den Boutiquen – unweigerlich auch in der Sprache auftauchen. Wörter werden da neu geschnitten, knielang oder kniebedeckt, dekolletiert oder hochgeschlossen, jedenfalls in ihrem Aussehen verändert und stolzieren dann für eine bestimmte Zeit über die Laufstege der Medien. »Gegen solche Modewörter kämpfen Götter selbst vergebens«, wie ein Glossist der *Frankfurter Allgemeinen Zeitung* einmal resigniert schrieb. Und er spießte gleich ein solches Modewort auf, das ihm besonders gegen den Strich ging: das gute alte Wort »denken«. Ohne das Wort »ich denke« komme heute kein Diskutant mehr aus. Aber denke er überhaupt, so wird gefragt, wenn er »ich denke« sagt? Längst taucht nämlich das Wörtchen »denken« in mannigfacher Maskerade auf. Es wird angedacht, vorgedacht, quergedacht und dabei bisweilen vergessen, dass erst einmal nachgedacht werden muss – meist allerdings von Politikern, deren Sprechblasen dann aber unweigerlich auch durch die Medien blubbern.

Eine Sprachglosse in der *Frankfurter Allgemeinen Zeitung* warnte einmal vor modischen Verdoppelungen, wie sie in Gestalt der »Volksdemokratie« soeben ja gerade weltweit abgeschafft worden ist.

»Mittlerweile wird vorgeplant und vorprogrammiert, vorgewarnt und auseinanderdividiert, zusammen- und hinzuaddiert. Warum auch nicht, wenn Querdenker eines Tages vielleicht doch darauf verfallen sollten, zusammenzudividieren, zurückzuprogrammieren oder auseinanderzuaddieren? Misslich ist nur die Halbherzigkeit, die diesen verheißungsvollen Prozess aufzuhalten droht. Weshalb wird nicht wegsubtrahiert oder vervielmultipliziert? Die Sprachlogik verlangt gebieterisch ihr Recht.«

Eine andere Redewendung, die sich vor allem in die Sprache unserer Politiker eingeschlichen hat, ist das mit Freimütigkeit protzende Sätzchen: »Ich sag' das mal so.« Die *ZEIT* hat diese Redewendung, die freilich ebenfalls nicht von Journalisten erfunden wurde, einmal liebevoll glossiert:

»Herr Waigel ist, ich sag' das mal so, ein politischer Rabauke. Und der Herr Rühe – jetzt mal ganz ungeschützt – ist doch nicht mal schlau!« Und der Glossist findet darin jene Schläue wieder, wie ein Kind das Verbot umgeht, unanständige Wörter in den Mund zu nehmen. Etwas »in aller Deutlichkeit« sagen oder »in aller Öffentlichkeit«, das sind Modismen von Politikern, die in unseren Mund schon deshalb nicht hineingehören, weil wir ja immer »deutlich« und »öffentlich« sprechen.

Eine andere Redewendung, die noch immer »Konjunktur« hat, ist das »Absegnen«. Parteitage müssen da etwas absegnen, Orts- oder Kreisvereine, bisweilen auch der Bundeskanzler, gelegentlich auch das Bundesverfassungsgericht. Es hört gar nicht mehr auf mit dem »Absegnen«, heißt es dazu in der *Frankfurter Allgemeinen Zeitung*, »weil Politiker wieder einmal ein Wort in Umlauf gebracht haben. Und was Politiker vorsprechen, wird vom Fernsehen, vom Rundfunk und von den Nachrichtenagenturen sofort nachgesprochen.«

Nicht alles, gestrenger Herr Kritiker, aber immerhin so manches. »Abnicken«, zum Beispiel, kann ein ganz treffendes Wort sein, wenn damit eine Runde von Menschen gemeint ist, die treu und brav einem Vorschlag folgen – als »Abnicker«, also, manchmal sogar mit einem »gnädigen Abnicken«.

Aus dem Sprachgebrauch des Rundfunks hat sich der »Originalton« in die Zeitung hineinverirrt, obwohl er dort eigentlich nichts zu suchen hat. Wer schreibt »Originalton Gerhard Schröder« oder »Joschka Fischer«, zeigt nur, dass es ihm nicht gelingt, ein Zitat auf schlichtere Weise einzuleiten. So sympathisch ein solcher Mensch auch sein mag: Das Wort Sympathieträger ist nicht mehr taufrisch. Und auch das Wort vom »Hoffnungsträger« ist inzwischen schon ziemlich verbraucht. Zwar mag es einmal ein guter Einfall gewesen sein, weil die Hoffnung sicherlich zu den angenehmsten Lasten zählt, die es im Leben zu tragen gibt. Und »Hoffnungsträger« gibt es gottlob immer wieder einmal. Als etwa der damalige UN-Generalsekretär Perez de Cuellar am Vorabend des Golfkriegs in letzter Minute noch vermitteln wollte – da leuchtete dieses Wort tatsächlich für einen kurzen, trügerischen Augenblick. Oder der eine oder andere Vermittler im Kosovo-Krieg. Man sollte aber nur in wirklich großen Krisen vom Hoffnungsträger sprechen. Denn auch geglückte Modewörter haben ihre Zeit, und wenn sie überall vorgezeigt werden, teilen sie das Schicksal jeder Mode, nämlich endgültig in den Schrank zu gehören, wenn ihre Zeit vorbei ist.

Kein Modewort, aber eine Sprachstelze ist die »Gattin«, die mit irgendeinem wichtigen Zeitgenossen irgendwo aufgetreten ist, besonders gerne an Wahlabenden, und die dann – wen wundert's, denn wäre sie denn sonst geheiratet worden – unweigerlich auch »charmant« ist und über einen »Göttergatten« verfügt. Inzwischen ist in einer Regionalzeitung auch die Gattin des Chefeinkäufers und sogar die »Gattin des Kranführers« gesichtet worden. Es gibt Gatten, die »auf Prügel pochen« (*Süddeutsche Zeitung*), es gibt einen Gatten, der wegen Misshandlung von Frau und Kind in Untersuchungshaft sitzt, es gibt eine Frau, die mit einem fremden Mann schlief, dabei aber erstaunlicherweise dachte, es handle sich um ihren *Gatten,* und es gab sogar den »Gattenmord von Fürth« (*Bild*). Und dann gibt es in der Person von Verona Feldbusch (heute: Pooth) auch die »Kurzzeitgattin« – und, nein nicht die Busengattin, aber immerhin die »Busenwitwe« eines verstorbenen Schönheitschirurgen. Aber diese neuen Arten in der Gattenwelt sind natürlich nicht ernst gemeint, sondern spielen mit der Schablone.

Überlassen wir sie, nein, nicht die Gattin, sondern das Wort, getrost dem sprichwörtlichen Metzgermeister, der sie angeblich gleich als seine »Frau Gattin« vorstellt, und sprechen wir von ihr bis hinauf zu allerlei »Illustritäten« und der Frau des Bundespräsidenten getrost als Ehefrau –

das ist, bei aller Emanzipation, ja noch immer keine Beleidigung. Und allenfalls neben gekrönten Häuptern kann einmal die »Gemahlin« oder der »Gemahl« zu finden sein, etwa bei dem früheren belgischen Königspaar Baudouin und Fabiola. Oder wenn es so schön lange her ist, etwa wenn es heißt, dass Jeanne de Bourbon »neben ihrem Gatten liegt, dem 1380 gestorbenen Karl V.« (*Frankfurter Allgemeine Zeitung*). Und hübsch ist der – selbstironische – Einfall, Gattin als »Beruf« anzugeben – wie es Hannelore Kohl in einem Fragespiel tat.

Demgegenüber sind die kleinen Modewörter eher Eintagsfliegen, die – wie etwa das Wörtchen »gleichwohl« – plötzlich über die Zeitungsspalten oder die Mattscheiben schweben. »Gleichwohl« sollte man auch sie sich besser verkneifen, vor allem wenn sie zugleich angestaubt wirken – wie das »Fürderhin« oder das uralte »Sowie«, falls es überflüssigerweise das »Und« ersetzt. Oder das nicht totzukriegende Wörtchen »Quasi«, das sich ebenso wie das »Per saldo« aus der Kontor-Sprache ins Zeitungsdeutsch verirrt hat.

Eine kleine Sternschnuppe ist auch das Wörtchen »light«, das eines Tages am Sprachhimmel auftauchte. Ursprünglich mit limonadenartigen Getränken verbunden, erschien es nun in ganz anderem Zusammenhang, vor allem bei der Umschreibung kultureller Ereignisse: Vom »Verleger light«, der »Haftanstalt light« und der »Scheidung light« bis hin zu »Beethoven light« oder »Hamlet light«, der am besten dann mit den Worten »alles wird gut« geendet hätte, statt mit dem düsteren »der Rest ist Schweigen«. Man sollte dem Wort durch »Freud und light« die Treue halten – aber nicht mehr allzu lange.

Auch ein anderer Satz aus der Getränkebranche hat längst den Weg vom hübschen Einfall zur Universalfloskel genommen: »Nicht immer, aber immer öfter.« »Morgens um sieben ist die Welt noch in Ordnung«, so hieß einmal ein Film. Und Hellmuth Karasek hat sarkastisch gezeigt, wie dieser Satz eine Zeit lang zur Anfangsfloskel vieler Beiträge im »Magazin« geworden ist. Ja, wenn man nur wüsste, welches »Magazin« er meint und was an diesem Buch Dichtung, was Wahrheit ist?

Ein wahrer Evergreen unter den Modewörtern ist das Wörtchen »tragisch«. Die meisten Verkehrsunfälle sind traurig, die wenigsten tragisch. Oder: Was, bitte, ist daran tragisch, wenn sich für eine bestimmte Firma die geschäftlichen Erwartungen nicht erfüllen? Und tragisch, gar »unsäglich tragisch« ist es nun wirklich nicht, wenn es einmal hieß, dass Politiker aus der früheren DDR im vereinigten Deutschland keine Karriere machen können, weil sie ins Netz der Stasi verstrickt waren.

Schrecklich ist es, wenn eine Dompteuse von Schwertwalen während einer Vorstellung vor den Augen der entsetzten Zuschauer getötet wird – schrecklich, aber immer noch nicht tragisch. Und traurig ist es, wenn ein Jäger in Russland zwei Jagdfreunde erschießt, weil er sie mit einem Elch verwechselt hat. Aber »tragisch«? »Tragisch« in einem Alltagssinn kann es aber sein, wenn einem jungen Mann, wie berichtet wurde, nach mehreren Fluchtversuchen aus der Ex-DDR endlich der Weg über Ungarn gelingt und er in dem Augenblick an einer Herzattacke stirbt, als er seiner Freundin erschöpft um den Hals fällt. Auch Krankheiten sind traurig, aber selten tragisch. Tragisch ist es aber, wenn Kinder im Mutterleib AIDS bekommen, weil der Papst den Gebrauch von Kondomen selbst erkrankten Eheleuten verbietet. Und einen Zug von Tragik kann es auch haben, wenn ein vierjähriges Kind die Handbremse des Autos löst und die Mutter bei dem Versuch, ihr Kind zu retten, vom rollenden Fahrzeug getötet wird. Und eine tragische Verkettung von Umständen kann es sein, die zum Freitod des britischen Wissenschaftlers Kelly führte, der die amtliche Begründung für den Irak-Krieg sehr skeptisch beurteilt hatte.

Sehr hübsch wurden einige bereits in die Jahre gekommene Modewörter einmal aneinander gereiht, um den alten Luther-Satz: »Hier stehe ich, ich kann nicht anders, Gott helfe mir« zu aktualisieren. »Dies ist mein Statement. Ich sehe keine Alternative. Der Superboss von Heaven möge mir assistieren. Und tschüs!« (Ehrfried Siewers, *Süddeutsche Zeitung*).

Der Warnung vor dem Modewort soll aber zugleich eine Warnung vor der Warnung mit auf den Weg gegeben werden: Mode ist ja auch ein Zeichen von Lebendigkeit, und wäre das zum ewigen (aber falschen) Modewort gewordene »schwache Geschlecht« nicht doch farbloser ohne sie? Und so sind auch Modewörter für die Sprache bisweilen ein Zeichen von Lebendigkeit. Manche »Klassiker« in unserem Sprachschatz sind einmal *modisch* gewesen. Auch Wörter müssen ihre Chance haben. Ob sie sich in der Sprache halten, darüber entscheidet ohnehin das unbestechliche »Weltgericht der Zeit« – Abteilung Sprache.

Sprach-Schablonen

In einem ganz bestimmten Sinne ist die Nachrichtensprache auf Schablonen angewiesen (siehe S. 31). Das klassische Aufbauprinzip des Wer, Was, Wie, Wo, Wann und Warum macht Versatzstücke unverzichtbar. In diesem

Sinne ist Nachrichtensprache damit zugleich austauschbar. Wer Nachrichten schreibt, muss auf einen großen Teil seiner stilistischen Individualität verzichten. Und so werden die bunt gemischten Menschen, die sich bei Veranstaltungen versammeln, in der Nachrichtensprache wohl unvermeidbar zu den Schattenrissen jener »*Persönlichkeiten aus Wirtschaft, Politik und Kultur*« werden, die sich pausenlos und unablässig irgendwo versammeln.

Von dieser Schablone, die im selbst auferlegten Verzicht auf Eloquenz und Eigenwilligkeit besteht, ist aber jene Schablone zu unterscheiden, die sich in wohlfeilen Metaphern verirrt. Das sind die *Dickhäuter, Nobelherbergen, Nobelorte, Nobelmarken, Nobelkarossen* und was alles sonst noch so manchmal am Himmel glitzert, der sich über der *großen Welt* spannt, die bisweilen von den *Söhnen Nippons* erobert wird. Das ist aber auch die *Naschkatze* und die *holde Weiblichkeit*, der *Nimrod* und der *Floriansjünger*, der *Tastenlöwe*, der *Bruder Leichtfuß* oder der *Alkoholteufel*, der manchmal seine Hand im Spiel hat, wenn jemand vor dem Strafrichter endet. Zu den Billig-Metaphern zählt etwa auch der unsterbliche *Otto Normalverbraucher*, der *Große Teich*, die *Badenixe im kühlen Nass*, die *Wasser- oder Leseratte,* der *Wonnemonat* oder *Freud und Leid in Stadt und Land* oder das *bunte Treiben.* Fast bekommt man Mitleid mit den armen *Lachmuskeln, die* immer wieder *strapaziert* werden. Und das gute alte *Dampfross* hat allenfalls als Unterschrift unter einem Bild etwas zu suchen, das eine vor dem Ersten Weltkrieg gebaute Lokomotive zeigt. Nur die *öffentlichen* Hände werden wohl weiter ausgestreckt bleiben, solange der *Vater Staat* Steuereinnahmen braucht, sich *Spendierhosen* nicht leisten kann und stattdessen dem Bürger *tief in die Taschen greift.* Aber es gehört schon eine an Unverfrorenheit grenzende Leichtfertigkeit im Umgang mit Wörtern dazu, wenn man von Johann Sebastian Bach als dem *Tausendsassa aus Leipzig* spricht. Wenn aber ein Kritiker den Pianisten Justus Frantz einmal als *Tele-Tausendsassa* bezeichnete, dann ist der in einem Leserbrief geäußerte Verdacht sicher nicht ganz fern liegend, das Wort sei nicht nur wohlwollend gemeint gewesen. Und wer Mstislav Rostropowitsch zum *Weltmeister* unter den Cellisten ernennt, flapst gerade noch an der Grenze.

Wer sich seine Schablonen aus der Literatur ausleiht, sollte wissen, dass er mit geborgten Juwelen umgeht. Es ist schon eine ziemliche Unverfrorenheit, von »Goethes Plattitüde von den *zwei Seelen* in *einer Brust*« zu sprechen. Und dieses – echte – Zitat erinnert ein wenig an die unechte Geschichte von dem Mann aus der Provinz, der nach einer Faustaufführung seiner Frau den Satz zuwarf: »So doll ist dieser Goethe ja nun wirklich nicht. Das meiste war doch längst bekannt!«

Und wenn klassische Zitate oder andere Sprachbilder wirklich einmal allzu abgegriffen sind? Dann kann man sie immer noch mit den Worten weiterreichen: »... wie es so schön heißt«.

Jedenfalls ist es die Aufgabe der Journalisten, aus den zahllosen Sprachschablonen, die den Politikern täglich wie die Sprechblasen in Comicstrips entweichen, lesbares Deutsch zu machen oder sie als das zu entlarven, was sie sind: eben genau das. Sprechblasen. Dass zu den Sprachschablonen auch die *charmante Gattin* zählt, wurde schon gesagt. Und verkneifen sollte man sich unbedingt auch all die Damen, die auf irgendwelchen Bällen mit den »*Herren der Schöpfung*« unermüdlich *das Tanzbein schwingen*. Richter tragen, je nachdem in welcher Etage sie der Gerechtigkeit ihren Lauf lassen, ein schwarzes oder rotes Gewand. Wer sie deshalb »*Schwarzroben*« oder »*die roten Roben*« nennt, rückt ihren Auftritt ein wenig in die Nähe einer Modenschau. Aber immerhin vermeidet er zugleich eine verbale Aneinanderreihung der »Verfassungsrichter«.

Von einem »*Geburtstagskind*« und einem »*Jubeltag*« sollte auch dann nicht die Rede sein, wenn es der Bundeskanzler persönlich ist, der da 60 Jahre alt wird. Auch um den »*Gottesmann*« sollte man – sprachlich – lieber einen Bogen machen, ebenso wie um all die »*Vierbeiner*«, solange man sie nicht selbst an der Leine hält.

Irgendeinem Vorhaben »*grünes Licht geben*«, einem Projekt »*die Weichen stellen*« oder ein Gesetz über die »*parlamentarischen Hürden bringen*« – das alles sind recht abgegriffene Münzen, die man gelegentlich einmal »*aus dem Verkehr ziehen sollte*« – oder jedenfalls »*signalisieren*«, dass sie nicht mehr »*auf den Tisch*« gehören, wie die *Frankfurter Rundschau* schrieb.

Der dpa-Mitarbeiter Rudolf Grimm hat eine Liste weiterer Wörter zusammengestellt, die die zunehmende Neigung deutlich machen, die Sprache aufzublähen: Ein Vorgang überrascht nicht mehr, sondern löst Überraschung aus, man beschuldigt nicht mehr so gerne, sondern weist lieber Schuld zu. Man arbeitet nicht mehr in der Textilindustrie, sondern im Bereich der Textilindustrie. In einer Sendung des Landfunks hieß es einmal statt: »Es wird mehr Vieh geschlachtet« gravitätisch: »Der Schlachtviehanfall ist im Steigen begriffen.« Und wenn einer Lokalzeitung das Wort Vorstand für einen Musikverein nicht fein genug ist, spricht man stattdessen lieber von der »Vorstandsschaft.«

Sprachverschluderung ist aber, wie unlängst wieder einmal ein Journalist warnend schrieb, stets der Vorreiter der Gedankenverschluderung. Schneider hat einmal eine Reihe anderer Sprach-Schablonen auf die Anklagebank der Ironie gesetzt, indem er einen ganzen Beitrag aus Plastikwörtern zusammensetzte:

»Hinter Ihnen steht was! Ein Problem. Wo steht es? Im Raum. Und wo stehen Sie? Auf hartem Boden – dem der Tatsachen. Dabei wollten Sie doch auf dem Teppich bleiben. Geht eben nicht immer. Es kann sogar noch schlimmer, nämlich das Problem zum Tragen kommen. Binden Sie das Problem doch lieber ein oder an.«

Die *Globallösung*, das *Denkmodell*, das *echte Anliegen*, der *Stellenwert* – all dies sollte man, so empfiehlt er, lieber »außen vor« lassen.

Und ein Streiflicht der *Süddeutschen Zeitung* hat in »unserem Großbetrieb für Wörter« andere Fertigphrasen aufgespürt: Den *Schwarzen Peter* etwa, die *Schützenhilfe* und die *Spitze des Eisbergs*, aber auch eine Reihe von Adjektiven, wie *gebührend* oder *wohlverdient*. Aber, verehrte Kollegen, wer wirft denn da den ersten Stein?

Ach ja, *hochkarätig*. Die Welt wimmelt längst von lauter solchen Menschen, von *hochkarätigen Gesprächsteilnehmern*, *hochkarätigen Kulturveranstaltungen* und *hochkarätigen Existenzen*. Inzwischen wurden auch die ersten »*hochkarätigen Ehrungen*« gesichtet, etwa die Verleihung des Doktortitels ehrenhalber. Von einem »*hochkarätigen Angeklagten*« war die Rede (Erich Honecker), einem »*hochkarätigen Geheimnisverräter*«, einem »*hochkarätigen Modexperten*«, ja sogar von einem »*hochkarätigen Puff*« (*Frankfurter Allgemeine Zeitung*). Hochkarätige Journalisten machen um dieses Wort jedenfalls einen großen Bogen. Denn wer könnte schon ganz ernst bleiben, wenn in einem Leitartikel ganz ernsthaft (?) gefragt wird, »welch hochkarätiger Fisch sich künftig in den Alpen tummeln wollte«. Hochrangig – dies hingegen können zwar keine Fische, aber manche Zeitgenossen sein.

Auch in der *Frankfurter Allgemeinen Zeitung* wurde einmal eine Reihe abenteuerlicher Wortschöpfungen aus der Sprache der Gastro-Kritiker anklagend zusammengestellt. Da ist die Rede von »sensationellen Tomatenessenzen«, von »traumhaften Cassoulets«, von »hinreißend«, »wolkenzart« und »gottbegnadet«. Da schmeckt es zum »Niederknien«, da kommt man in eine »Kathedrale des Wohlgeschmacks«, da wird der eine zum »Buddha der deutschen Gastronomie«, der andere zum Wolfgang Amadeus Mozart der Kochkunst ernannt, und da schwärmt ein Tester gar von einem Petersilienwurzelschaum, »der so frisch und leicht war wie eine weiß gekleidete Prinzessin vor ihrer ersten Kommunion«. Und da ist einem am Ende vor lauter Wohlgeschmack ganz schlecht. Eine Glosse über die Sprache, also. Aber auch hier ist die Realität der Satire auf den Fersen. In einer Tageszeitung konnte man einmal ähnliche Ergüsse lesen – ohne das Wort »Anzeige« über dem Text, obwohl das Lokal beim Namen genannt wird:

> »Nun umarmen sich auf dem Teller West und Ost. Das hausgebackene Olivenbrot stimmt ein auf einen Crabcake, den es auch in New England nicht lockerer und »crabbiger« geben dürfte. Er ruht auf Gurkensalat mit eingelegtem Ingwer in leicht süßer Marinade: einfach, köstlich, genial. Die Bärlauchsuppe ersetzt mit nachdrücklichem Aroma glatt einen Waldspaziergang, die Garnelen mit Speck und feuriger Chili-Honigsauce den Karibik-Trip. Klassiker wie Chateaubriand mit Morcheln oder Lammcarrée mit Aprikosen-Feigenkompott und Couscous für zwei Personen werden vorbildlich am Tisch tranchiert.«

Bekanntlich wird auch das Wort »*bekanntlich*« oft gedankenlos gebraucht, wenn nicht gar vom hohen Ross des Wissenden. Denn bekanntlich ist, worauf schon Benno Reifenberg junge Journalisten stets hinwies, so manchem Leser sehr wenig bekannt, womit der Schreiber gelassen hantiert. Deshalb sollte das Wort dem wirklich bekannten Wissensstoff vorbehalten bleiben. Ob die Mitteilung freilich sehr aufschlussreich ist, dass es bekanntlich am Tag meist hell und nachts meist dunkel ist, steht auf einem anderen Blatt. Und so ist denn der Satz in einer Fernsehvorschau zweifelhaft, Beethoven sei »bekanntlich« am 26. März 1827 verstorben. An den Wochentag werden sich die wenigsten erinnern. Und das Jahr? Richtig bekannt ist eigentlich nur, dass Beethoven irgendwann einmal starb.

Der Altgermanist Peter Wapnewski hat einmal in einer Kolumne in der *WELT* in bissiger Glossierung einen ganzen Katalog von Sprachmodismen und Sprachschablonen zusammengetragen:

> »So hüte man sich denn vor Menschen, die ihr Auto, statt es ›Auto‹ zu nennen, als ›fahrbaren Untersatz‹ bezeichnen. Es sind die gleichen, die ihren Chef als ›Brötchengeber‹ ehren; ›schlicht und ergreifend‹ sagen, wenn es ihnen ›durch Mark und Pfennig‹ geht. Sie fragen die Freundin freundlich, wo sie denn ›ihren Göttergatten‹ oder ›die bessere Hälfte‹ gelassen habe, und rühmen das ›schwache Geschlecht‹. Zeigt sich ihnen ein Rücken, so reimen sie: er könne auch entzücken. Ferner sagen sie wie die dressierten Stewardessen in ihren gedrechselten Plastikwen-

dungen nicht ›sonst‹, sondern ›ansonsten‹, und sie sagen nicht ›nein‹, sondern ›mitnichten‹ und sagen nicht ›weil‹, sondern ›alldieweil‹, und statt ›trotzdem‹ bemühen sie ein ›nichtsdestotrotz‹. Wenn es aber um Zeitangaben geht, dann kennen sie etwas, das ›schlussendlich‹ heißt, es mag das Gleiche sein wie ›letztendlich‹, und wer ›noch und nöcher‹ zurechnet, kennt auch ein ›zwischenzeitlich‹ und ahnt nicht, dass er mit diesem Formelkrampf dem empfindlichen Partner ›auf die Hühneraugen tritt‹, was ähnliche Gefühle auslösen mag wie das Glück, sich einen oder eine oder etwas ›unter den Nagel zu reißen‹.«

Zwar tauchen diese Worte mit den abgetretenen Absätzen oft auf, aber nur selten im Sprachgebrauch von Journalisten – jedes von ihnen wäre eines zu viel.

Und wahrscheinlich hätte Wolf Schneider, der immer wieder vor dem unbedachten Gebrauch von Austauschwörtern warnt, seine helle Freude an einem Brief an die Herausgeber der *Frankfurter Allgemeinen Zeitung* gehabt, in dem ein Leser die bekannten Synonyme für Sportgrößen ironisiert. Er erwähnt zunächst den Tennisspieler Steeb, »dessen Name auf das Angenehmste durch Davis-Cup-Spieler, Linkshänder und Stuttgarter ersetzt wird«, und wendet sich dann der sprachlichen Vermarktung von Boris Becker zu:

»Siebenmal Becker in Folge ist zu viel. Ich schlage deshalb außer dem Leimener noch weitere Synonyme für Becker vor: der Nordbadener, der Südwestdeutsche, der deutsche Tennisprofi, der 23-jährige Rechtshänder, der blonde Tiriac-Schützling, der Weltranglisten-Zweite, der dreimalige Wimbledon-Sieger, der deutsche Spitzenspieler. Ganz unbegreiflich finde ich folgenden Satz: ›Einen schlechten Start hatte der Zweite der Weltrangliste, Boris Becker aus Leimen‹, weil Sie dabei in einem Satz zwei Synonyme vergeuden, die Ihnen im weiteren Text fehlen können. Ich bitte Sie, meine Vorschläge wohlwollend zu prüfen.«

Und das wollen wir auch gerne versprechen – wissen wir doch, wie sie gemeint sind.

Besonders risikoreiche Sprachschablonen, die zugleich Sprachmanipulationen sein können, hat Erhard Eppler in seinem Buch »Kavalleriepferde beim Hornsignal« zusammengestellt. Darin entlarvt er eine ganze Reihe von Begriffen als vertuschende Leerformeln, mit denen Politiker tagtäglich hantieren. »Ich gehe davon aus«, »Entwicklung«, »Lage und Situation«, »Herausforderung« und »Problemlösung«: Das sind nur einige Wort-Beispiele für das, was er »Die Krise der Politik im Spiegel der Sprache nennt«. Da hat also ein Politiker anderen Politikern den Sprach-Spiegel vorgehalten – und damit auch unser Geschäft besorgt, das der Journalisten.

Wo bleibt das Positive?, die alte Frage an Erich Kästner. Ja, das gibt's natürlich auch, und es würde den Umfang dieses Buches sprengen, wenn wir all die originellen Spracheinfälle aufzählen würden, die tagtäglich in den Zeitungen aufblitzen. Deshalb nur einige Beispiele:

Der Achtzehnjährigste weit und breit ist eine bildhafte Überschrift über einem Beitrag, der sich mit Daniel Küblböck befasst. Auf derselben Ebene liegt es, wenn über einen US-Soldaten gesagt wird: »Er hat einen massigen Körper, aber sein Gesicht scheint irgendwo im schulpflichtigen Alter stehen geblieben zu sein.« Es *»passt«*, wenn ein Journalist von dem *nach allen Seiten ragenden Helmut Kohl* spricht, der ja bisweilen auch als *raumgreifende Persönlichkeit* dargestellt wird. Der höchst umstrittene frühere Bischof von St. Pölten, der Mann mit dem *Betonkragen*, verkünde immer *argumentenfrei die ›Wahrheit‹ seiner Kirche* – dies ist, in wenigen Worten, ein klarer Kommentar. Und es ist ein hübsches Sprachbild, wenn eine Frau über eine andere Frau schreibt, in ihrem Haar stecke eine Sonnenbrille als Halter und *glotzt insektenhaft über uns hinweg*, und von den Augen sagt, sie würden dermaßen hellblau leuchten, dass man sich *bienenflink aufmachen und den Himmel suchen will, von dem sie die Farbe geklaut hat*. Gemeint ist eine ehemalige Edelhure, die inzwischen zur Bestsellerautorin geworden ist. Wer hier auf der *Jagd nach dem richtigen Wort* war, wie ein früherer Chefredakteur einmal beschrieben wurde, hat immerhin getroffen. Und da wir gerade bei der Jagd sind: Das Bild von der *rehscheuen* Susanne Juhnke, die ihr Buch in verschiedenen Talkshows vorstellt, kommt wohl nicht aus einem bösen Blick. Und es stimmt auch, dass ein solcher Talk in der *blauen Stunde vor Mitternacht* bisweilen auf einem *butterglänzenden Nettigkeitsniveau* landen kann.

Sprach-Mumpitz

Zeitungssprache ist zwar Umgangssprache, aber beim Umgang kommt es »bekanntlich« darauf an, wer wie mit wem umgeht. Bestimmte Saloppheiten, die im Gespräch niemandem aufstoßen würden, gehören nicht in eine Zeitung – das gesprochene und das gedruckte Wort haben ein verschiedenes Ambiente. Wer von seinem »Boss« in der Firma redet, spricht, wie ihm der Schnabel gewachsen ist. Weniger schön ist es aber, dass es auch in den Zeitungen von »Bossen« inzwischen nur so wimmelt: von Drogen-Bossen, Gewerkschafts-Bossen, Wirtschafts-Bossen, Auto-Bossen, Partei-Bossen, bis hinauf zum »Regierungs-Boss« oder dem »Boss der Bosse«, was ja wohl nicht dasselbe ist. Bei Gewerkschaften oder Parteien sollte man stattdessen die Funktion nennen, die die Betroffenen bekleiden. Und die Menschen, die mit ihren Drogen die Menschheit ruinieren, sind doch wohl eher Gangster als »Bosse«! Wer den Boss noch steigern will, spricht von »Bonzen«, aber er muss dann wissen, dass das Wort von den (IG) »Metaller-Bonzen« einen ganzen Kommentar enthält, und beileibe keinen liebevollen. Sogar ein »Gerichtsboss« wurde inzwischen gesichtet – es wäre schlimm um die Justiz bestellt, wenn Richter zu ihrem Vorsitzenden als zu einem »Boss« aufblicken würden.

Man sollte auch nicht von »führenden Figuren des Kongresses« sprechen, wenn man einflussreiche Abgeordnete meint, und dass Aktien an der Börse »verhökert« werden, kann man nur dann schreiben, wenn irgendwelche Wirtschaftskriminelle am Werk sind. Sonst werden Aktien schlicht und einfach »verkauft«.

Auf den Scheiterhaufen des Sprach-Gerichts gehört seit langem auch das Wort »Top«, das sich als Allzweckwaffe längst entwertet hat. Der »Top-Manager«, die »Top-Veranstaltung« oder der »Top-Sportler« sind nichts anderes als Top-Sprachschlampereien. Ganz zu schweigen vom Top-Terroristen, der deutlich macht, welche Vorstellung manche Leute von einer beruflichen Karriere haben.

Nur vor dem »Top-Journalisten« sind wir lange verschont geblieben – vielleicht weil wir einander einen solchen Superlativ nur zögernd gönnen. Inzwischen wurden aber immerhin die ersten gesichtet. Bisweilen wird einmal vom »Top-Spion« gesprochen, wenn ein Journalist einmal in Spionageverdacht gerät. »Top« heißt, aus dem Englischen übersetzt, unter anderem »Spitze«, und wenn es nicht gerade um den Top-Terroristen geht, lässt sich mit dieser Vorsilbe ja auch einigermaßen leben. Aber selbst das Top-Model wäre dem einen oder anderen *topless* noch lieber.

Und dann gibt es – unausrottbar – den »Star«: den »Star-Verteidiger«, den »Star-Dirigenten«, seit neuestem sogar den »Star-Richter«. Nur der »Star-Verbrecher« ist bisher gottlob nicht gesichtet worden und auch selten der »Star-Journalist« (Gründe s. o.). Wie vielversprechend in seinem Unterhaltungswert liest es sich aber, wenn ein »Star-Spion« von einem »Star-Verteidiger« verteidigt wird.

Sprach-Schlampereien, die ja häufig Denk-Schlampereien sind, können jedem unterlaufen, und dagegen gibt es den Kollegen, der das Manuskript »gegenliest«. Trotzdem können sie auch diese Kontrolle oft ungehindert passieren, und dann betritt man das weite Feld des unfreiwilligen Humors: Dann liest man, im »Hohlspiegel« des *Spiegel* oft liebevoll zusammengestellt, etwa vom Mann, der »seine zerstreute Familie« in der Oberpfalz wiederfindet, von der Immunschwäche AIDS, »der man eine große Verbreitung wünschen kann«, oder von den Füßen, die »nicht auf die leichte Schulter« genommen werden dürfen. Und es muss schon ein vertrackter Bösewicht gewesen sein, der in einem Auto erwischt wurde und über den es in einer Meldung hieß: »Die fällige Überprüfung ergab, dass der Fahrer weder Führerschein noch Alkohol im Blut hatte.«

Ohne ein gewisses Quantum von Mumpitz geht es nicht, das hat Theodor Fontane einmal gesagt. Journalisten sollten aber darauf achten, dass sie den Mumpitz bewusst fabrizieren und ihm nicht erliegen, wie weiland Friederike Kempner, der berühmte schlesische Schwan. Unfreiwilliger Mumpitz könnte es sein, wenn ein Autor schreibt: »Jetzt saß er zu Füßen des abgeschlagenen Kopfes seines Gönners.« Und sicher hatte der Journalist schon einen anstrengenden Arbeitstag hinter sich, als er schrieb, in einem bestimmten Hotel »nächtigten oft die sechs- bis siebenfache Zahl der dort stehenden Betten«. Bewusst eingesetzt kann ein Lapsus allerdings einmal zum Stilmittel werden, wenn man ihn zugleich beim Namen nennt: »Hans-Dietrich Genscher musste sich, das etwas schiefe Bild sei erlaubt, am Rande der Wüste auf Glatteis bewegen.«

Bildung ist ja an sich etwas Schönes, nicht nur beim Lesen aufwendiger Speisekarten, wie Charles Bukowski einmal sarkastisch anmerkt. Allerdings muss man beim Artikelschreiben darauf achten, dass sie nicht unversehens mit einem durchgeht. Dies gilt auch für Zitate, und der Verfasser ist sich nicht ganz klar darüber, ob er selbst vielleicht zu großzügig mit ihnen um sich wirft. Zitate, wörtlich oder sinngemäß, sind wie Suppenwürze – wenn man zu viel davon verwendet, verderben sie den Geschmack. Und so ist es sicher übertrieben, wenn man bei der Wahl des Oberbürgermeisters einer Mittelstadt nicht nur die »Rubikon-Legende des Julius Cäsar« als Vergleich heranzieht, sondern dann in vollem Schwung fortfährt: »Seine persönlichen Worte lassen aber ohne weiteres die Erinnerung an antike Tragödien à la Ödipus wach werden: Die schicksalhafte Verstrickung des glorreichen Helden ... in heimatlicher Abwandlung.« Oder wenn ein sonst recht bescheidener Bericht über eine andere Bürgermeisterwahl mit einer

»heiter-nachdenklichen Passage aus Goethes Faust« endet: »ihr naht euch wieder, schwankende Gestalten, die früh sich einst dem trüben Blick gezeigt.«

Und besonders auf der Hut sein müssen wir vor lateinischem Zierrat, auch wenn er den kleinen Oberlehrer in uns noch so sehr erfreut. »Quo vadis«, »videant consules«, »alea iacta est« – wenn wir uns schon so gebildet mitteilen möchten, sollten wir es wenigstens auf deutsch tun. So ist denn eine Übersetzung das mindeste, was uns jemand schuldet, der lässig schreibt: »Qui asinum non potest, stratum caedit.« Denn irgendwo haben wir das schon einmal gehört: »Wer den Esel nicht schlagen kann, schlägt den Sattel.« Warum nicht gleich so? Und wer Paracelsus mit seinem Wort »dosis facit venenum« zitiert, tut gut daran, wenn er auf Deutsch hinzufügt, dass halt alles auf das rechte Maß ankommt.

Allerdings brauchen wir auch nicht alles zu verstecken, was wir wissen. Ganz anschaulich endete ein Leitartikel, der sich mit dem durch den Krieg »gequälten Golf« und der dortigen Ölpest befasste, mit einem leicht abgewandelten Goethe-Wort: »Seele des Menschen, wie gleichst du diesem Wasser!« Und warum sollte man sich beim Abgang von Lothar de Maizière nicht an Shakespeares Julius Cäsar erinnern und schreiben: »Was Menschen Übles tun, geht ihnen nach, das Gute wird mit ihnen oft begraben.«

Freilich sollten wir, vor allem wenn wir auf Sprach-Mumpitz und Sprach-Schnitzer aller Art treffen, nicht allzu überheblich werden, da bekanntlich niemand so gut Skat spielt wie der Kiebitz. Und vor allem bei Livesendungen im Hörfunk und Fernsehen sind allerlei Patzer möglich, die wir im Wiederholungsfall sicher streichen würden.

Eine wahre Fundgrube von Sprach-Moden, -Schablonen und -Mumpitz sind manche Anzeigen, die für Kinofilme werben. »Romeo und Julia« wurde einmal mit folgenden Worten angepriesen:

»Eine Love-Story, die uralt und trotzdem hypermodern ist. Romantisch. Cool. Tragisch. Kultverdächtig – Liebe war noch nie so aufregend.«

Ein solcher Text regt dazu an, die berühmte Abschiedsszene der Liebenden in einen echt coolen Dialog zu übertragen. Bei Shakespeare heißt es:

»Drei Worte, Romeo, dann gute Nacht!
Wenn deine Liebe, tugendsam gesinnt,
Vermählung wünscht, so lass mich morgen wissen
durch jemand, den ich zu dir senden will,
dass du und wann die Trauung willst vollziehen.

Dann leg' ich dir mein ganzes Glück zu Füßen
und folge durch die Welt dir als Gebieter.«
Und was halten Sie von folgendem Text:

ROMEO: Hey, July, Bock auf 'ne heiße Nummer?
JULIA: Echt geile Idee, ey! Komm rauf. Aber mach 'nen Bogen um
Daddy!

Oder doch lieber Shakespeare, original?

Sprach-Takt

Die Sprache ist ein scharfes Messer: Wer es schwingt, kann tiefe Wunden schlagen. Manchmal ist das auch durchaus nötig, wenn der Angegriffene es verdient. Darüber wird unter dem Stichwort »Satire« noch zu reden sein (siehe S. 195 ff.). Hier geht es um den Sprach-Takt – und der ist, wie Takt überhaupt, so etwas wie Fingerspitzengefühl im schriftlichen Umgang miteinander.

Mag der, über den wir schreiben, auch noch so mächtig sein: Wenn wir an der Schreibmaschine sitzen, ist er auf bestimmte Weise wehrlos, wenn nicht der gegenlesende Kollege, irgendein Gericht oder die eigene Sensibilität ihn schützen. Am besten ist man dabei immer noch bei der eigenen Sensibilität aufgehoben, weil sie Fremdkontrollen entbehrlich macht.

Freilich hat man oft die Lacher auf seiner Seite, wenn man jemanden lächerlich macht. Aber diese Lacher sind nicht unbedingt die erfreulichsten Leser, und vor allem vergeht ihnen das Lachen meist sehr schnell, wenn sie selbst einmal zur Zielscheibe werden. »Dies ist freilich ärgerlich – Hehe! – aber nicht für mich!«: So freut sich der feiste Herr Schlich bei Wilhelm Busch, bis es ihm dann am Ende selbst an den Kragen geht.

Denken wir stets daran, dass uns eine Person, bisweilen gar eine Persönlichkeit in die Hand gegeben ist, wenn wir uns über jemanden lustig machen. Dies gilt besonders dann, wenn es um Körpermerkmale oder um kleine Schwächen großer Leute geht. Ein mildes Lächeln mag hier gerade noch hingehen, nicht aber greller Spott.

Journalisten müssen die Welt nicht unbedingt liebevoll betrachten, aber es klingt doch ein wenig lieblos, wenn über Otto Graf Lambsdorff gesagt wird, »er humpelte hilflos« hinter seinem agilen Parteifreund Genscher her. Freilich, Lambsdorff humpelt, aber er wirkt im Allgemeinen auch dann nicht hilflos, wenn er dies tut. Um bei Hans-Dietrich Genscher zu bleiben: Dass er bemerkenswert große Ohren hat, ist für alle Welt sichtbar, und recht amüsant war einmal die Bemerkung eines Journalisten, er warte nur auf den Augenblick, wo Genscher einmal sage: Ich bin ganz Ohr. Auch bei Prinz Charles kann man durchaus von den »gewaltigen Ohren« sprechen, aber weder galant noch irgendwie zutreffend ist, wie der *Corriere della Sera* einmal schrieb, Steffi Graf sei ganz einfach »hässlich«. Und – »gänseäugig« sei Lady Di, so wurde vor langer Zeit einmal geurteilt. Der Journalist, der dieses schrieb, wird seinen Beitrag heute nicht mehr gern in seiner Autorenmappe lesen.

Und ist es etwa galant, von einer der berühmtesten Frauen der Welt zu sagen, sie habe eine »Grinsrübe«? Allenfalls dann, wenn dieses Wort im »Streiflicht« der *Süddeutschen Zeitung* steht und sich auf das Modell der Mona Lisa bezieht. Und wenn über Julia Roberts geschrieben wird, sie habe sich *auf den ersten Platz gegrinst* – zum *schönsten Menschen*. Aber hat sie sich nicht eher mit schönen Lippen hinaufgelächelt? Und wenn Franziska van Almsick zur *Franzi van Speck* umgetauft wurde, zum *Molch, der kein Gold holt*, so liest sich dieser Satz ganz sicher nicht als verbaler Handkuss.

Demgegenüber ist etwa das Wort »schlitzohrig« eher als Kompliment gemeint, auch wenn die Zufügung eines Schlitzohrs im Mittelalter einmal als Brandmarkung für Übeltäter gedacht war. Denn das ist graue Vergangenheit, und heute drückt das Wort eher Respekt aus:

> »Wenn Helmut Thoma nicht wäre, der schlitzohrige und immer noch scharfzüngige Programmdirektor, die Jahrespressekonferenzen des Privatsenders *RTL-Plus* würden, wie andere auch, in grauer Ankündigungstheorie versanden.«

Sicher hatte Helmut Thoma in seiner guten Zeit so eine Pressenotiz zufrieden abgeheftet. Gibt es doch längst das »goldene Schlitzohr des Jahres« – und Thomas Gottschalk fühlte sich einmal »geehrt«, dieser Auszeichnung teilhaftig geworden zu sein. Ein waschechter Bayer würde jedenfalls auch keine Beleidigungsklage anstrengen, wenn er von sich als einem »verreckten Hund« lesen würde. Freilich habe ich dafür keinen Textbeleg zur Hand.

»Vielleicht ist es aber auch dieses Gesicht auf diesem unvergleichlich strammen Hals ... mit Ohren wie Henkel an einem Topf und einer Haut, die glänzt wie glacierte Karotten« – Bocuse, der französische Meisterkoch, den ein »Streiflicht« so beschreibt, mag sich bei dem Gedanken beruhigen, dass er offenbar einem seiner besten Tellergerichte ähnlich sieht – was die Glosse hier auch sagen will. Und dass Hella von Sinnen »schrill, fett, lesbisch und laut« ist, wie die *Frankfurter Allgemeine Zeitung* einmal schrieb, macht ja auch nur den Markenartikel sichtbar, zu dem sich diese Dame selbst stilisiert hat.

Auch ein Porträt des Filmschauspielers Gérard Depardieu beginnt für ihn nicht gerade schmeichelhaft:

»Nur sein Äußeres erinnert noch immer an einen ungehobelten Raufbold: Hände so mächtig wie Bärenpranken, eine knubbelige Knollennase, die das breitflächige, grobporige Gesicht noch mehr verunziert. Dazu hängen die aschblonden Haare meist wie Schnittlauchlocken wirr und schmierig über die breiten Schultern. Auch der massige Körper (125 kg) lässt Frauen auf den ersten Blick nicht gerade die Sinne schwinden vor Lust.«

Aber es endet dann für das Privatleben dieses Mannes dennoch eher positiv:

»Doch nur auf den ersten Blick. Allen optischen Widrigkeiten zum Trotz ist der Franzose auf der Kinoleinwand die Fleisch gewordene Versuchung – und raubte Filmpartnerinnen wie Catherine Deneuve, Isabelle Adjani, Maruschka Detmers oder Jamie Lee Curtis den Verstand (manchmal nicht nur beruflich).«

Süffisant und amüsant zugleich liest sich die Szene, in der jene Monica Lewinsky beim Signieren ihrer »Memoiren« beschrieben wird:

»Die Barbiepuppe namens Monica sagt ›Hi‹. Sie kann auch mit lauter Stimme ›Thank you‹ oder ›Thank you very much‹ oder ›How are you?‹ sagen. Aber das ist noch längst nicht alles: Monibarbie kann schreiben. Sie kann ihren Vornamen und Nachnamen schreiben, und das ist augenblicklich ihr Lebenszweck. Sie schreibt ihren Namen in dicke Bücher mit rotem Schutzumschlag, wohl mehrere hundert Male am Tag, und wenn sie mit einem fertig ist, macht sie einen reizenden Augenaufschlag, knipst ein lippenrotes Lächeln an, schiebt das signierte Buch zu seinem Besitzer zurück und sagt: ›Enjoy it‹ – viel Spaß beim Lesen.«

Ein »lippenrotes Lächeln« – das muss einem in der Eile erst einmal einfallen.

Und einigermaßen »schmackhaft« ist die Ironie, die ein Arbeitsessen beschreibt und dabei das Menü und die Tagesordnung in einen Sinnzusammenhang bringt:

»Bei einem Soufflé von Bachsaibling und Lamm an Madeira-Jus, einem Riesling von der saarländischen Mosel und einem kräftigen Brunello wird ergebnisoffen diskutiert. In der Presseerklärung heißt es später zusammenfassend: Alles, was dem Ziel dient, das Elend der Massenarbeitslosigkeit zu überwinden, hat Priorität.«

Wobei freilich zu sagen ist, dass die Herren zum Abbau der Arbeitslosigkeit nicht entscheidend beigetragen hätten, wenn sie statt des Bachsaiblings Kartoffelsuppe gegessen hätten.

Da sitzen sie vor mir, aufgereiht wie die Hühner auf der Stange: So etwa stellte ein Fernsehmann einmal zwei durchaus prominente Schauspielerinnen vor, die sich zu früher Stunde an der Theke eines Zeitungscafés zu etwas eingefunden hatten, was wohl als Plauderei gedacht war. Der Satz war ebenso passend wie es zwei Eiswürfel im Cappuccino gewesen wären.

Vielleicht gelingt es ja wirklich einer Frau am besten, die Beinhaltung einer anderen Frau zu beschreiben, wenn sie vor der Kamera posiert, wie Sabine Christiansen oder Maybrit Illner. »Frau Christiansens Beine wirken deshalb so elegant, weil sie a) sehr schlank sind, b) zur Betonung ihrer Schlankheit häufig in kurzen Röckchen stecken und c) weitgehend steil abgewinkelt stehen. Wenn aber Maybrit Illner ihre Beine übereinander schlägt, was sie also auch kann, so wirkt das nicht elegant, sondern sportlich. Und dies nicht nur, weil sie in Anzughosen versteckt sind, sondern auch »steiler stehen« (*Frankfurter Rundschau*).

Eine Frau, so heißt es ja, sieht bei einer anderen auf den ersten Blick alles, während Männer dazu bedeutend länger brauchen und auch dann oft gar nichts sehen. Gar nichts?

Sprachlich ganz einfach taktlos ist es hingegen, darüber zu spekulieren, ob ein bekannter Popsänger einer Frau »drei Kinder gemacht« habe – oder auch nicht.

»Stöckchen schwingend« sei ein früherer Verfassungsrichter durch die Gänge gegangen, wollte ein Journalist beobachtet haben. Dieses kleine Beiwort hatte damals mehr Verstimmung ausgelöst als der sehr kritische Bericht. Denn das harmlose Wörtchen hatte die Stimmung geweckt, der Richter sei fröhlich über eine von ihm mitgetragene Entscheidung gewesen, die vielen anderen schwer im Magen lag. In Wirklichkeit war er leicht gehbehindert, und das Stöckchen schwang nicht übermütig in der Luft, sondern suchte nach jedem Schritt wieder Bodenhaftung.

Auch einen Bundeskanzler braucht ein Journalist – natürlich – nicht liebevoll zu betrachten, aber es ist immerhin aufschlussreich, dass einer Journalistin bei der Personenbeschreibung von Helmut Kohl nicht nur die beginnende »Kahlköpfigkeit« auffiel, sondern auch, dass er »adipös« geworden sei. Aufschlussreich deshalb, weil der Duden für dieses Wort die

Übersetzung »verfettet« anbietet und sich die Journalistin denn doch gescheut hatte, dies so unverblümt niederzuschreiben. »Adipös« ist indessen ein Wort, das selbst manche von den Lesern, die sich für einigermaßen gebildet halten, erst einmal nachschlagen müssen. »Wohlbeleibt« oder »schwergewichtig« hätte da wohl auch ausgereicht oder das Wörtchen »raumgreifend«, das ja ein hübscher Einfall ist.

Um gleich beim früheren Bundeskanzler zu bleiben. »Er nestelte wie immer fahrig an seinem Schlips herum, zerriss Papierschnipsel und setzte sein verkrampftes Lächeln auf, das Unsicherheit verrät«: Wer als erster Geiger auf der Regierungsbank sitzt, muss es selbstverständlich hinnehmen, dass seine Körpersprache gedeutet wird, wie jeder sie auf seine Weise versteht.

Gänzlich taktlos, absolut geschmacklos, wäre ein Plakat gewesen, dessen Veröffentlichung in der *taz* immerhin einmal diskutiert wurde. »Aufstehen für Deutschland«, sollte darunter stehen, und abgebildet sollte sein – Wolfgang Schäuble. Da scheint es eigentlich eine Selbstverständlichkeit zu sein, dass diese »Idee« schließlich verworfen wurde.

Grenzenlos geschmacklos ist der Satz: »Lambsdorff will das demnächst mit Schäuble beim Joggen durchsprechen.« Und auf demselben Tiefpunkt der Geschmacksskala war eine Szene beim Fernsehen, als zwei drahtige Herren aufstanden und einen dritten anherrschten: »Komm, wir gehen!«, während die Kamera auf ihn schwenkte und ihn gleichfalls im Rollstuhl zeigte.

Es ist ja leider so, dass so manche Show inzwischen den Zynismus »kultiviert« und, wenn man so will, salonfähig macht. Journalisten, die sich vor den Karren grober Geschmacklosigkeiten spannen lassen, tragen ihren Teil dazu bei, wenn das Mitempfinden immer mehr auf der Strecke bleibt.

Wenn dies auch auf einer anderen Ebene liegt: Wenigstens streiten kann man aber über die Überschrift, mit der die *taz* anzeigte, dass sich die englische »Queen Mum« beim Sturz eine Hüfte gebrochen hatte:
»The Royal Fluch: Morsche Knochen im Königshaus«
stand da zu lesen. Zwar ist »der Palast« längst an viel deftigere Meldungen gewöhnt: Aber ginge es nicht wenigstens ein bisschen dezenter?

Darf man die Mitglieder eines altehrwürdigen Ordens »alte Knacker« nennen? Das kommt darauf an, aber ganz sicher darf man es, wenn es so anschaulich als Zitat verpackt ist:
»›Bestimmt ein katholischer Orden‹, resümiert die ältere Frau und seufzt bedauernd: ›Aber alles alte Knacker.‹ Es ist der Ritterorden vom

Heiligen Grab zu Jerusalem, der zur Kirche zieht, Investitur zu feiern –
und er hat Nachwuchssorgen.« (*WELT*)

Natürlich darf man Behinderungen sichtbar machen, wenn sie für einen
Menschen prägend sind. Dezent ist etwa die Passage, die auf ein »Handi-
cap« von Lord Showcross hinweist, dem Chefankläger im Nürnberger
Kriegsverbrecher-Prozess:

> »Sir Hartley, eher klein von Wuchs, hielt sich sehr aufrecht, wenn er
> plädierte. Er hatte als Kind einmal einen Kletterunfall gehabt, bei dem
> die Wirbelsäule geschädigt wurde. Und niemand hätte geahnt, dass der
> Mann, der stundenlang redete, unter der Robe ein Stützkorsett trug.«

Hüten sollte man sich vor dem Wort »grinsen«, vor allem, wenn man einen
Angeklagten vor Gericht beschreibt. Denn ein Lächeln muss schon aus der
Seele heraus schief sein, bevor es zum Grinsen wird. »Ausgegrinst« konnte die *taz* einmal unter ein Bild von Egon Krenz schreiben, das ihn ausnahmsweise einmal mit ernstem Gesichtsausdruck zeigte. Sonst aber
reicht, wenn man einen Gesichtsausdruck absolut nicht verknusen kann,
ein »feistes Lächeln« meist aus, auch wenn es sich auf dem siegreichen
Gesicht eines weltbekannten Fußballspielers spiegelt. Und obwohl wir es
ja nicht wissen, wollen wir nicht hoffen, dass der Staatsanwalt wirklich
»gegrinst« hat, als die Richterin verkündete, dass der Boxweltmeister Mike
Tyson wegen Vergewaltigung für sechs Jahre ins Gefängnis muss.

Durchaus eindrucksvoll ist es auch, mit welchen Adjektiven das Grinsen oft noch gesteigert wird. Da gibt es das »breite Grinsen«, das »Grinsen
über das ganze Gesicht«, das »genussvolle Grinsen« das »vielsagend-spöt-
tische Grinsen« oder die »grinsbereiten Beißzähne auf der Unterlippe«,
und ein hoher Politiker wurde sogar einmal dabei beobachtet, wie er
jemanden »mit breitem Grinsen anbellte«. Mephisto war es, wenn man
Goethe glauben kann, der »gelassen« über das Schicksal vieler Gretchen
»grinste«.

Aber auch ein Lächeln, das auf dem Weg zum Grinsen ist, lässt sich viel-
fältig interpretieren – und das zählt durchaus zu den Aufgaben des Beobachters:

> »Alle Scheinwerfer und Kameras nahmen ihn (i. e. Boris Jelzin) ins
> Visier, und Michail Gorbatschow zündete wohl oder übel ein grimmi-
> ges Lächeln in seinem Gesicht an, das in Wahrheit unüberschaubar die
> Botschaft verkündete: Scher dich zum Teufel.«

Neben diesem »grimmigen Lächeln« gibt es das »maliziöse Lächeln«, das
»unnachahmlich süffisante Lächeln«, das Helmut Kohl bisweilen zuge-

schrieben wurde, oder das »tückische Lächeln«, das man im Gesicht der Eiskunstläuferin Tonya Harding entdeckt hatte. In den Gesprächen der Sandra Maischberger sei ihr Lächeln manchmal eine »Guillotine«, wurde einmal gesagt.

Überhaupt, das Lächeln: Es wäre eine wissenschaftliche Untersuchung wert, welche Rolle das Lachen oder wenigstens das Lächeln in Demokratien spielt, wo der Gesichtsausdruck im Fernsehen oft über das Wahlergebnis mitbestimmt. Wer nicht lächeln oder lachen kann, solange die Kameras laufen oder die Blitzlichter leuchten, ist schon halb verloren, falls nicht der Ernst der Situation solche Gemütsäußerungen unpassend erscheinen lässt. Da nicht wenige Politiker sich ihr Lachen aufsetzen wie ein schiefes Toupet, ist es durchaus zulässig, die Dinge hier zurechtzurücken, etwa wenn es über den amerikanischen Politiker James Wright heißt:

»Er besitzt beispielsweise die Gabe, in diesem Gesicht auf Befehl und in jeder Lebenslage ein Lächeln anzuzünden. Und da James Wright ein höflicher Mensch ist, der gern von allen Menschen dieser Welt geliebt werden möchte, herrscht in seinem Gesicht fast immerwährende Festbeleuchtung. Der Haken und die Tragik im Leben des James Claude Wright: Es gibt nicht sehr viele Menschen, die ihn lieben, und er selbst hat nicht das richtige Gespür dafür, wann das Lächeln in seinem Gesicht fehl am Platze ist. So lacht er oft an falscher Stelle. Und viele finden das nicht sehr lustig. Was noch schlimmer ist: zuweilen entgleitet ihm dieses Lächeln zu einer Karikatur an Fröhlichkeit, zu einem breiten Grinsen. Es ist eine Art von Grinsen, das Boxer zeigen, wenn sie so hart getroffen wurden, dass sie eigentlich schreien möchten. Es ist das Grinsen disziplinierten Schmerzes.« (*WELT*)

Das ist, Grinsen hin, Grinsen her, gut gesehen und gut gesagt, ist fast schon eine Philosophie jenes Muskelspiels zwischen lächeln, lachen und grinsen.

Aber natürlich müssen wir nicht nur das Lächeln einordnen, sondern mit der gebotenen Fairness den Menschen in der konkreten Situation sichtbar machen. Sehr einfühlsam wird hier die fragile Befindlichkeit von Greta Wehner, der Witwe von Herbert Wehner, geschildert:

»Es ist kein Durchkommen. Greta Wehner dreht vergeblich am Regler ihres Hörgeräts und horcht in sich hinein. Ihre Augen spiegeln wider, wie sie in den Ohren nach einer Stimme sucht. Aber sie hört fast nichts, kein Satz kommt bei ihr ganz an. Eben noch war ein scheues Lächeln auf ihren kräftigen Wangen. Nun wirken ihre Züge angestrengt, sogar ein wenig verändert. ›Es hat keinen Sinn, ich kann Sie nicht verstehen‹, ruft sie. ›Es ist einfach zu viel Lärm hier, es gibt zu viele Geräuschquellen‹, sagt sie und beendet unsere Plauderversuche.« (Jens Schneider, *Süddeutsche Zeitung*)

Man *sieht* die Frau *hören*, so könnte man sagen, oder wenigstens ihren Versuch, sich mit dem Frager zu verständigen. Und man empfindet mit.

Behutsam und *sichtbar* zugleich wird *so* die Körpersprache des Schauspielers Helmut Fischer beschrieben:

»Sein Gang und sein Lächeln waren unvergleichlich. Als müsse er alle Energie aus den Schultern holen, setzte sich dieser hochgewachsene, aber kreuzsteife Mann mit rudernden Armen und durchgedrückten Kniegelenken in Bewegung – jeder Aufbruch eine einzige Beschwernis. Und treuherzig schauen wie er konnte keiner. Während stets ein mokantes Lächeln seine Lippen umspielte, sobald er sich die tollsten Galanterien oder die demütigsten Unverschämtheiten erlaubte, schienen seine Augen fortwährend um Verzeihung zu bitten.« (Hans-Dieter Seidel, *Frankfurter Allgemeine Zeitung*)

Kreuzsteifer Mann, »rudernde Arme«, »durchgedrückte Kniegelenke«: Das Wort »Beschwernis« fasst dies noch einmal zusammen.

Den »Menschen menschlich sehen« – Goethes milder Rat gilt ganz besonders beim Blick auf den behinderten Menschen.

Ins Gesicht des damals umstrittenen Richter-Kandidaten für den amerikanischen Supreme Court schaut der Verfasser dieser Zeilen, ohne ihn dabei erbarmungslos bloßzustellen:

»Wer Clarence Thomas beobachtet, weiß, dass es nicht einfach ist, auf diesem Stuhl zu sitzen. Während seine Augen fest auf den mit grünem Filz bedeckten Tisch vor ihm gerichtet sind, greift er mit der linken Hand ganz kurz an den Knoten seiner Krawatte. So als wolle er sich versichern, dass sie immer noch so korrekt sitzt, wie es schon vor vier Minuten der Fall war, als er diese schnelle Bewegung zum x-ten Mal an diesem Vormittag machte. Dann legt er seine Rechte auf die Linke, wie um sie festzuhalten, räuspert sich und sagt ebenfalls nicht zum ersten Mal an diesem Tag: »Senator, wenn ich auf Ihre Frage eine Meinung äußern würde, würde das meine Fähigkeit, unparteiisch zu sein, unterminieren.« (*WELT*)

Kaum jemals war ein hoher amtierender Politiker schonungsloser dem öffentlichen Blick ausgeliefert als Bill Clinton im Verlauf jener Affäre, die unter dem stark übertriebenen Wort »Monica-Gate« – fast – Geschichte gemacht hätte. Hier wurde alles *publik* gemacht, was nach klassischer Lesart zur *Tabuzone* eines Menschen gehört – auch bei einer noch so zeitgeschichtlichen Person. Auch seine Körpersprache wurde nach Strich und Faden analysiert, nicht nur bei jener Anhörung, die zunächst wohl als (gerichts-)interne Videoaufnahme gedacht war. Einigermaßen barmherzig wurde seine Ausstrahlung noch bei einem Gespräch mit Journalisten am Anfang der Affäre festgemacht – an nur zwei Worten:

> »Und jetzt also diese Müdigkeit, diese Lähmung, dieser defensive, fast schon ängstliche Ton. ›No, Sir‹, klingt heute nicht schneidend. ›No, Sir‹, hat nicht die Autorität des Präsidenten. Hier spricht eher ein Kandidat, ein ertappter Schüler, der sich vor seinem Offizier oder seinem Lehrer rechtfertigen muss.« (*Süddeutsche Zeitung*)

Als Moderatorin der »Tagesthemen« war Sabine Christiansen oft genug im Bild zu sehen, bevor sie dann zu einer Art von medialer Bundestagspräsidentin am Sonntagabend arrivierte. Im folgenden Text wird sie aber auch *ohne* Bild für den Leser *sichtbar*:

> »Unterdessen nimmt Sabine Christiansen die Moderatorin-Stellung ein: sie drückt den rechten Unterarm fest auf den Schreibtisch, legt die linke Hand locker auf die Tischkante, schiebt die rechte Schulter leicht nach vorne und hebt ein wenig, nur ganz wenig die Augenbrauen, um dem Fernsehzuschauer gleich nach dem letzten Bild des Vorspanns fest in die Augen blicken zu können.« (*ZEIT*)

Und auch der bayerische Ministerpräsident steht *so* leibhaftig vor uns:

> »So sieht es aus, wenn ein Mensch sich windet: Edmund Stoiber schraubt seinen Oberkörper über das Rednerpult, als wolle er förmlich hineinkriechen in seine Zuhörer ... Sein rechter Arm schiebt sich, den erhobenen Zeigefinger voran, dicht am Ohr vorbei nach oben. Seine Stimme schärft sich zu schneidender Eindringlichkeit ... Aber dann senkt Stoiber die Stimme zu andachtsvollem Raunen ...« (*Süddeutsche Zeitung*)

Besonders heikel sind Geschmacksfragen dort, wo es um den Bericht über Erkrankungen geht. Freilich ist die Krankheit prominenter Menschen, vor allem die Krankheit hochrangiger Politiker, keine Privatsache, und die Bulletins über Krankheit und Sterben von Königen waren früher – als »Staatssache« – auch Sache der Öffentlichkeit. Bevor Kaiser Hirohito von Japan starb, wurde das in Trauer gehüllte Volk regelmäßig über den Krankheitsverlauf unterrichtet. Und als im Vatikan vor einiger Zeit eine Grippewelle herrschte, hieß es in einer Zeitung: »Bis vor wenigen Jahren behielt die Kurie solche Erkrankungen des Papstes für sich. Nur schwere Krankheiten, wie der quälende Schluckauf von Pius XII. oder die Krebserkrankung Johannes XXIII. wurden im letzten Stadium im täglichen Bulletin mitgeteilt.« Aber auch das ist inzwischen »von gestern«: Heute nämlich wird in allen Medien sehr genau beobachtet, wie geschwächt Johannes Paul II. bei seinen Auftritten in der Öffentlichkeit wirkt. Und zum Politikum von höchstem Öffentlichkeitswert wurde der Gesundheitszustand von Erich Honecker während seines Strafprozesses – entschied er doch darüber, wie sich der frühere DDR-Staats- und Parteichef seiner Verantwortung stellen musste. Auch die öffentlich demonstrierte körperliche Verfassung Augusto Pinochets ist wahrlich ein Politikum, weil sie eigenartigerweise schwankt, je nachdem in welchem Stadium sich die strafrechtliche Aufarbeitung seiner Amtszeit befindet.

Aber auch ein Schwächeanfall eines Präsidenten beim Staatsbesuch, die Herzattacke des Außenministers, ein urologischer Eingriff beim Bundeskanzler, eine Nierenoperation eines Ministerpräsidenten, die Gesundheit eines Kandidaten für das Amt des Bundespräsidenten oder die Darmoperation des Papstes sind keine Privatsachen – auch wenn einem nicht recht wohl dabei ist, dass man da jemandem recht ungeniert unter die Wäsche schaut.

Und weil der Verteidigungsminister Peter Struck seinen (leichten) Schlaganfall zum »leichten Schwächeanfall« abstufen ließ, sprachen einige Zeitungen davon, sein »größtes politisches Pfund, seine Glaubwürdigkeit (sei) erschüttert.« Jedenfalls bei Politikern sind Krankheiten längst keine Privatsache mehr.

Der »Blick in die Leibschüssel« war früher tabu, daran hat ein »Streiflicht« in der *Süddeutschen Zeitung* einmal erinnert. Später wurde nicht nur herumposaunt, wann Steffi Graf ihre Periode hatte, sondern auch, welcher Virus sie diesmal beim Tennis beeinträchtigt.

Allerdings braucht man Diagnosen auch nicht immer laut auszurufen, wie ein lange zurückliegendes Beispiel zeigt. Als der Entertainer Lou van Burg schwer erkrankte, wollte er auf Fragen von Journalisten die Art seiner Krankheit nicht nennen – und warum sollte er auch, da dies nun wirklich nicht seine Pflicht war. Allerdings wies er auf Ronald Reagan hin, der die gleiche Erkrankung habe, und fügte hinzu: »Ich möchte das Wort nicht aussprechen.« In der Agenturmeldung übernahm dies dann der Journalist für ihn. Ronald Reagan, so hieß es dort, hatte Darmkrebs.

Es ist in manchen Zeitungen längst üblich geworden, die Todesursache anzugeben. Wissenswert ist dieses nicht immer. Gib jedem seinen eigenen

Tod, so heißt es in einem Gedicht von Rainer Maria Rilke. Und lass ihn diesen Tod so weit wie möglich für sich behalten, so könnte man diese Bitte ergänzen.

Zum Sprach-Takt gehört es nämlich auch, dass man über bestimmte Dinge nicht spricht, auch wenn man sie weiß. Wenn ein Politiker beim Bier einmal mit gelockerter Krawatte und im kleinen Kreis von bestimmten Richtern spricht, die da auf ihren »Hämorrhoiden herumsitzen«, so ist der Öffentlichkeitswert dieser Äußerung gleich Null. Und auch der Vergleich der Leibesfrucht in den ersten Wochen mit einem »himbeerähnlichen Gebilde«, der dem verstorbenen Präsidenten des Bundesverfassungsgerichts, Wolfgang Zeidler, in der Öffentlichkeit viel Verdruss bereitete, war als spontaner Diskussionsbeitrag offensichtlich nur »ins Unreine gedacht«. Es wäre jedenfalls keine Nachrichtenunterdrückung gewesen, hätte ihn der Journalist, der ihn eiligst publik machte, für sich behalten – ebenso, wie die anderen es getan hatten, die als Zaungäste in dieser wenigstens halbprivaten Gesprächsrunde saßen. Wenn aus solchen Kreisen jeder kleine Gedankensplitter nach draußen getragen würde, würden am Ende auch dort nur noch garantiert wasserdichte Formelsätze ausgetauscht.

Sprach-Manipulationen

> »Worte können sein wie winzige Arsendosen:
> Sie werden unbemerkt verschluckt, sie scheinen keine
> Wirkung zu tun, und nach einiger Zeit ist die
> Giftwirkung doch da.«
>
> *(Viktor Klemperer)*

»Der Verderb der Sprache ist der Verderb der Menschen. Seien wir auf der Hut!«, schrieb Dolf Sternberger im Vorwort zum »Wörterbuch des Unmenschen«. Auf der Hut sein müssen Journalisten vor allen Wort-Mauscheleien, also immer dann, wenn die Sprache dazu dient, Dinge anders, schöner zu färben, als sie in Wirklichkeit sind. Recht witzig hat ein Karikaturist der *Süddeutschen Zeitung* eine solche Verharmlosung einmal mit dem Zeichenstift eingefangen, als er einen dicklichen Mann beruhigend in ein Mikrophon sprechen ließ: »Also statistisch gesehen ist das Waldsterben doch nichts anderes als eine einfache Herabsetzung der Baumgrenze von 2000 Metern auf Meereshöhe.« Na also, und dafür die ganze Aufregung?

Zwar wurde der »Waldschadensbericht« inzwischen offiziell in »Waldzustandsbericht« umgetauft. Aber einstweilen ist es noch offen, ob man dem Wald, der einmal so harmlos und schön »aufgebaut dort droben« stand, allein semantisch wieder auf die Beine helfen kann.

Man könnte dies Sprachmanipulation nennen oder verbalen Etikettenschwindel, vielleicht auch schönende Semantik, oder verniedlichend: Sprach-Kosmetik. Bisweilen versuchen wir Journalisten uns selbst in diesem Gewerbe, bisweilen lassen wir uns aber auch derart »bemalte« Begriffe aufdrängen. Geben wir solche Wörter weiter, können wir freilich auch entlarven: entweder uns selbst oder denjenigen, von dem die Sprach-Mauschelei stammt. Wenn wir zeigen wollen, dass wir wissen, welches Kuckucksei der Sprache da ins Nest gelegt wurde, sollten wir wenigstens Anführungszeichen setzen. Damit weisen wir die Verantwortung für das gesprochene Wort dem zu, von dem es stammt.

Denn *eine* Macht haben Journalisten ganz unbestritten: die Definitions-Macht über die Sprache. Wie wir ganz allgemein durch Berichte und Kommentare Realität schaffen, schaffen wir auch *sprachliche* Realitäten. Mit Worten lässt sich ein System bereiten, hat Goethe schon lange vor dem »medialen Zeitalter« gesagt, und wenn sich ein Wort zur rechten Zeit einstellt, wird es schnell zum Begriff. Auch Journalisten haben die Macht, die Begriffe zu »besetzen«, sie können *Täter* oder *Opfer* sprachlicher Verschleierungen sein. Und vor allem können »Politiker und Sprache in einer perfekten Symbiose (stehen) und Journalisten als Katalysatoren in dieser Beziehung (dienen)« (Stefan Kornelius). Sie *können* es, aber sie *sollten* es nicht, jedenfalls nicht ohne kritisches Mit-Denken: Etwa auch bei der Frage, welche militärischen Maßnahmen friedens*erhaltend* sind und welche friedens*schaffend* oder was *ernste* oder *ernsteste*, was *schwere* oder *schwerste* Konsequenzen sind, die im UN-Sicherheitsrat bei Maßnahme gegen ein bestimmtes Land erörtert werden.

Als es – einmal so neutral wie möglich gesagt – um das Hineinhören in Wohnungen ging, stellten sich bald zwei Begriffe ein: »Das Gesetz zur Verbesserung der Bekämpfung der organisierten Kriminalität« und »Großer Lauschangriff«. Der eine Begriff stand später im Gesetzbuch, der andere aber ging durch die Medien: mit mehr oder weniger großen Verrenkungen. Natürlich stammte er nicht von den Befürwortern des Gesetzes. Aber unklar ist weiterhin, wem das Erstgeburtsrecht für das Wort vom »Lauschangriff« zusteht. Natürlich haben sich Politiker gegen das Wort zur Wehr gesetzt. »Ich möchte zunächst einmal darauf hinweisen«, sagte etwa

Günter Verheugen, »dass der Begriff ›Großer Lauschangriff‹ in einem demokratischen Rechtsstaat auf die Liste der absolut unerwünschten Wörter gehört.«

Solcher Protest half wenig, das griffige Wort war da. Zwar sprach die WELT in den Überschriften brav von »Abhöraktionen« und half sich, ebenso wie die *Frankfurter Allgemeine Zeitung*, mit Anführungszeichen – wie damals, wenn sie die DDR beim Namen nannte.

Ein leichter verbaler Juckreiz stellte sich ein, wenn das Lauschen mit »Wanzen« in Verbindung gebracht wurde.

»Bayerns Innenminister Günter Beckstein will notfalls Journalisten verwanzen«,

hieß es einmal in der *Süddeutschen Zeitung*. Und da las man mit gewisser Erleichterung eine ironische Schlagzeile in der *Neuen Zürcher Zeitung*:

»Deutschlands Beichtstühle bleiben wanzenfrei.«

Und »wanzenfrei« blieb zum Schluss ja noch so manches mehr in Deutschland. Nebenbei gesagt: Vorsicht vor dem Wort von der »Blockade«, wenn es um den Gang der Gesetzgebung geht. Wer da wen blockiert und ob es wirklich Blockade ist oder doch die bessere Einsicht – auch aus diesem Begriff lässt sich so manches Kapital schlagen.

»Medien tragen durch nachlässige Wortwahl zum Ausländerhass bei«, hieß es einmal in der *Frankfurter Rundschau*. Und natürlich haben Worte wie »Ausländerschwemme«, »Fluchtwelle« oder »Das Boot ist voll« ihre eigene (Sprach-)Geschichte.

Im Krieg gegen das Jugoslawien des Slobodan Milošević war wieder einmal, wie schon im Golfkrieg gegen Saddam Hussein, von »menschlichen Schutzschilden« die Rede, von Menschen also, die gezwungen wurden, dort buchstäblich mit Leib und Leben strategisch wichtige Einrichtungen zu schützen. Es ist aber ganz und gar unmenschlich, was mit solchen Geiseln geschieht. Und das muss auch in der Wortwahl gesagt werden.

Gar nicht genügend Anführungszeichen kann man vor das Wort von der »ethnischen Säuberung« setzen, wenn man es denn überhaupt gebraucht. Das ist – mindestens – ethnische Vertreibung. Und die damit verbundenen Brutalitäten können den Tatbestand des Genozids, des Völkermordes, erfüllen. Sehr zu Recht wurde es deshalb 1992 zum Unwort des Jahres gewählt. Dennoch geistert es, meist durch das Wörtchen »so genannt« abgepuffert, immer wieder durch die Medien. Aber auch dann noch bleibt es »unsauber«.

Bei versuchten oder geglückten Erpressungen durch Geiselnahme geistert gelegentlich auch die Frage durch die Medien, ob die gefangenen Menschen »geopfert« werden sollten. Diese Sprache bringt die Verantwortlichkeiten in ein schiefes Licht: Nicht der Staat würde jemanden »opfern«, sondern Kidnapper würden jemanden töten.

Ein bezeichnendes Beispiel für die Färbekraft des Wortes war auch der Streit um die Frage, ob die Polizei einen Geiselnehmer erschießen darf, wenn auf diese Weise die Geisel gerettet werden kann. Denn es ist natürlich von erheblichem Unterschied, ob man in einer solchen Kugel einen »finalen Todesschuss«, einen »gezielten Todesschuss« oder den »finalen Rettungsschuss« sieht. »Töten« oder »retten«, das ist für die Gemütslage des Lesers etwas gänzlich anderes und daher auch für die rechtspolitische Stimmung, auf die dieses Reformvorhaben stieß.

Sprachliche Definitionsmacht wird auch ausgeübt, wenn Personengruppen genannt werden, die sich gegen eine bestimmte – staatliche – Ordnung auflehnen. Sind dies Partisanen oder Rebellen, Terroristen oder Freiheitskämpfer, Separatisten oder Aufständische? Genau betrachtet kommen da (völker-)rechtliche Urteile im Gewand von Worten daher. »Das sind keine Selbstmordattentäter. Das sind Märtyrerbomben«, sagte der Hamas-Führer Zahar auf die Frage des Journalisten, was die Hamas den jungen Leuten verspricht, die sich selber in die Luft sprengen. Bei einer früheren Anhörung Augusto Pinochets sagte sein Verteidiger, bei den von der Anklage erhobenen Vorwürfen handele es sich zwar um »unmenschliche und erniedrigende Behandlung«, aber »nicht um Folter«. Ein Verteidiger *darf,* er *muss* verteidigen, auch mit Begriffen. Aber er hat nichts zu *entscheiden.*

Und wie ist es mit dem unbegreiflichen Geschehen in irakischen Gefängnissen und in Guantánamo? Waren es »harte Verhörmethoden«, die Verteidigungsminister Rumsfeld zugelassen hatte? Oder ist es nicht doch *Folter,* wenn sich Gefangene ausziehen müssen, wenn sie mit Hunden eingeschüchtert werden, wenn man sie zu schmerzhaften Körperhaltungen zwingt? Von »wenigstens folterähnlichen Methoden« wird dann geschrieben. Und ist das wirklich »nur eine Frage der Definition«, wie eine Zeitung sagte? Aber diese Überschrift war so natürlich nicht ernst gemeint.

»Wer die Sprache nicht beherrscht, kann nicht herrschen«: Wer dies sagt, hat ganz sicher an Demokratie gedacht und nicht an irgendwelche Diktaturen. Aber auch der Umkehrschluss gilt nicht ganz: Wer die Sprache beherrscht, »herrscht« noch nicht unbedingt. Aber immerhin erleichtert solche Sprachkenntnis die »Herrschaft«. Und Journalisten müssen beim »Herrschen« auch hinter die Sprachmacht schauen.

Und sie müssen Worte enttarnen oder vermeiden, denen irgendwelche Interessenten einen Schleier übergeworfen haben: Das berühmte »Nullwachstum« etwa oder gar das »Minuswachstum«. Mathematiker oder Statistiker werden hier vielleicht einwenden, dass auch etwas Negatives wachsen, also zunehmen kann. In der Alltagssprache, also auch in der Sprache der Medien, wird mit »Wachstum« aber ein *positiver* Zuwachs verstanden – und nicht eine Fahrt bergab. Wenn wir unkritisch solche Mogelworte übernehmen, schnüren wir also mit an irgendeiner Mogelpackung.

So mag die Überschrift »Zuwachsraten der Arbeitslosigkeit« ganz arglos entstanden sein. Aber sie würde dann ungewollt das größte sozialpolitische Problem der Gegenwart durch die Zuckerhülle »Zuwachs« verharmlosen. Denn korrekt müsste es doch heißen: Zahl der Arbeitslosen weiter gestiegen.

Hoffnungen auf irgendeinen Zuwachs, also positive Erwartungen, verbinden sich auch mit dem Wort »erwirtschaften«. Wenn ein Finanzminister sagt, es müsse eine »globale Minderausgabe von 5 Milliarden Euro erwirtschaftet« werden, mag sich deshalb beim Zeitunglesen vielleicht erst nach der zweiten Tasse Kaffee die Erkenntnis einstellen, dass da von globalen Kürzungen die Rede war und nicht von irgendeinem Zuwachs oder Zuschlag.

Eine schöne Wirtschaft ist es auch, wenn irgendwo Verluste oder Defizite »erwirtschaftet« werden – etwa 1995 beim Eurotunnel, oder in vielen deutschen Krankenhäusern oder bei der Zeitung *DIE WELT*. Verluste mögen sich einstellen oder ein Unternehmen *macht* sie oder sie werden schlicht *verbucht*, aber *erwirtschaftet* werden sie nicht. Und dies nicht einmal in einer – echten – Wirtschaft, wo über der Theke der Satz stand: »Dieser Betrieb arbeitet ohne Gewinn. Das war nicht beabsichtigt, das hat sich so ergeben.«

Etwas eigentümlich mutet auch das Wort »Rekord« an, wenn es eine negative Feststellung einleitet. So macht ein »Minus-Rekord« in einer Unternehmensbilanz betroffen, aber auch die Überschriften »Arbeitslosenzahl im November auf Rekordhöhe«, Zahl der Insolvenzen oder Scheidungen »auf Rekordniveau« trompetet in falschen Tönen. Rekord, das sagt uns jedes Lexikon, ist eine Höchstleistung, vor allem im Sport. Eine *Leistung* also auf jeden Fall, und nicht eine deprimierende Erkenntnis.

Eher an die Adresse der Journalisten geht freilich die Warnung vor dem Wort »Inflation«, das sich mit schöner Regelmäßigkeit in den Medien findet. Inflation bedeutet Geldentwertung oder eine wesentliche Erhöhung des Preisniveaus. Auch eine Entwertung der Kaufkraft erheblich unter 2 Prozent ist natürlich, streng genommen, noch immer eine Entwertung. Aber das Wort »Inflation« verdient sie dann doch nicht, sondern allenfalls das vom »Anstieg der Lebenshaltungskosten« oder der »Teuerungsrate«.

»Mit einer Verteuerung der Lebenshaltungskosten um 1,3 Prozent ist in Deutschland die niedrigste Inflationsrate der neunziger Jahre zu verzeichnen.«

Diese Meldung wurde vor einiger Zeit in der *Frankfurter Allgemeinen Zeitung* zitiert, aber auch durchaus einleuchtend kommentiert:

»Im Umfeld eines Messergebnisses von 1 Prozent ist der Gebrauch des Wortes ›Inflation‹... eigentlich nicht mehr angemessen, die 1,3 Prozent hätten wohl für ›Stabilität‹ zu stehen.«

Auch vor den sprachlichen Unklarheiten müssen wir auf der Hut sein, mit denen Politiker Informationen gerne vernebeln, von denen sie eine negative Aufnahme in der Öffentlichkeit befürchten. Was soll etwa ein normaler Zeitungsleser am Frühstückstisch denken, wenn er erfährt, dass der Eintritt eines »nicht beherrschbaren Störfalls«, der berüchtigte Super-Gau, »noch hinreichend unwahrscheinlich« sei. Wahrscheinlich ist, dass dieser Zeitungsleser nicht hinreichend weiß, wie sicher er derzeit noch lebt. Und auch der berühmt-berüchtigte Begriff vom »Restrisiko« steht, wie einmal selbst der Sachverständigenrat für Umweltfragen einräumte, längst im Verdacht der Verharmlosung. Und ein »Steuervergünstigungsabbaugesetz« kann als eine »Ansammlung von Steuererhöhungen« enttarnt werden.

Auch im Arbeitskampf bemühen sich die Verbände auf beiden Seiten nicht selten, uns ein Wort unterzujubeln, das eine Aktion in ein für sie angenehmes Licht taucht. Als Arbeitnehmer einmal während einer Aussperrung in den Betrieben ausharrten, standen zwei Begriffe zur Auswahl: »die Betriebsbesetzung« oder das »weitere Verbleiben im Betrieb«. Keine Frage, dass das Wort »verbleiben« geradezu anheimelnd klingt, fast nach Überstunden, im Vergleich jedenfalls zu dem kämpferischen Wort von der »Besetzung«. Keine Frage auch, wer da welches Wort in die Welt gesetzt hatte.

Wenn man Arbeitslosigkeit als »Kurzarbeit-Null« bezeichnet, schlägt sich dieser Trick vor allem in der amtlichen Statistik nieder und weniger im Leben der betroffenen Menschen. Sie können dann über die Frage nachdenken, wie viele (Rest-)Haare einen Menschen von einer Glatze trennen. Überhaupt ist der Sprachkampf um den Arbeitskampf semantisch recht ergiebig.

»Der Kölner Maschinenbaukonzern (...) will weltweit 6000 Arbeitsplätze vernichten, drei viertel davon in der Bundesrepublik. Hauptopfer sind hier vor allem Angestellte.«

»Vernichten«, »Hauptopfer«: Dies kann man schreiben, muss aber dabei wissen, dass man sich die Sicht der Gewerkschaften, vielleicht die des Betriebsrates, sicher die der betroffenen Arbeitnehmer zu Eigen macht. Wenn die Zeitung als Quelle angibt: »Dies teilte das Unternehmen am Freitag mit«, so ist es aber wenig wahrscheinlich, dass die Firma ihre Maßnahme in dieser Form der Öffentlichkeit bekannt gegeben hat. Wahrscheinlicher ist es schon, dass das Unternehmen von »Stellenstreichungen« sprach, wie dies an anderer Stelle in dem Bericht auch gesagt wird.

Ebenfalls ideologisch gefärbt ist freilich der Begriff »freisetzen«, den die Seite der Arbeitgeber als Lieblingswort benutzt. *Freisetzen*: Dies klingt beinah so, als würden die von den Entlassungen betroffenen Arbeitnehmer fortan dem Müßiggang nachgehen können, den eigenen Feierabend genießen. Am neutralsten ist da das Wort von der »Stellenstreichung« oder vom »Abbau« von Arbeitsplätzen und natürlich auch von der »Entlassung«. Denn auch das Wort vom »Gesundschrumpfen«, das einmal ein Modewort war, verschleiert ja, um wessen Gesundheit es da geht.

Viele Jahre lang machte das Wort von der »Isolationsfolter« die Runde durch die Medien. Gemeint waren die Haftbedingungen für RAF-Gefangene, die in den Hochsicherheitstrakten der Vollzugsanstalten einsitzen. Bis hinauf zum Europäischen Gerichtshof für Menschenrechte in Straßburg waren Juristen mit der Prüfung befasst, ob dieses Kampfwort am Platz war oder nicht und welche juristischen Folgerungen daraus zu ziehen seien. In Berichten und Kommentaren wurde es mit oder ohne Anführungszeichen verwendet, je nachdem, für welche Seite das Herz des jeweiligen Journalisten schlug.

Besonders viel Schindluder wird seit jeher mit dem Wort »Mord« getrieben. Soldaten als potenzielle Mörder, wenn sie ihrer Wehrpflicht nachkommen, Frauen als Mörderinnen, wenn sie straffrei abtreiben lassen – in beiden Fällen wird dann ein emotional aufgeladener Begriff als Kampfruf zur Propagierung einer Weltanschauung missbraucht – wobei am Rande anzumerken ist, dass das Bundesverfassungsgericht zu Unrecht wegen seiner Entscheidung gescholten wurde. Würde ein Gerichtsreporter mit dem juristisch abgegrenzten Begriff »Mord« derart sorglos umgehen, wäre ihm Verdruss sicher, wenn man auch oft genug sehen kann, wie unbekümmert bestimmte Zeitungen dieses »Urteil« einem bislang nur Verdächtigen anheften.

»Im Streit um die Abtreibung zählt auch die Sprache«, hatte es in der WELT einmal geheißen. Gemeint war eine Studie des Landauer Sexualwissenschaftlers Norbert Kluge, die untersuchte, wie sich der Sprachgebrauch der Politiker in den Medien niederschlägt. Folgende Begriffe standen zur Auswahl: Kind, ungeborenes Kind, ungeborenes Leben, Embryo, Fötus, Frucht oder Leibesfrucht. Kluge sieht die Dinge so, dass offizielle CDU-Texte überwiegend die Perspektive des Kindes in den Vordergrund rücken: Die Rede ist hier vom »Kind« oder vom »ungeborenen Kind« und – so wäre zu ergänzen – vom »werdenden Leben«. Die GRÜNEN hingegen bevorzugten distanzierende, biologische Ausdrücke wie »Embryo« oder »Fötus«, um menschliche oder kindliche Charakteristika zu vermeiden.

Eine sehr persönliche Beobachtung: Eine Nonne sagte einmal aufgebracht zu mir, jede Abtreibung sei ein »glatter Mord«. »Warum nicht Tötung ungeborenen Lebens«, wollte ich wissen. Warum sie vom »Morden« spreche? »Das steht doch so in unseren Kirchenzeitungen«, erhielt ich zur Antwort.

Um beim Töten zu bleiben: Der Krieg kann Militärs und Politiker verlocken, seine Gräuel mit geschönten Sprachhülsen zu ummänteln. Dies haben etwa 50 Redakteurinnen und Redakteure des ZDF in einem offenen Brief an Chefredakteur Klaus Bresser beklagt, als sie während des 1. Irak-Krieges davor warnten, unkritisch solche Sprache zu übernehmen. Die Rede sei von »Schlag und Gegenschlag«, »Feuerzauber«, »strategischen Zielen« und »Tonnen-Bomben«, Menschen würden nur nebenbei, mit schlechtem Gewissen erwähnt. Eher spielerisch klingt auch das Wort von den »militärischen Übungen« der rund 500 000 Alliierten, die unmittelbar vor Ablauf des UN-Ultimatums an der irakischen Grenze begannen. Und die Süddeutsche Zeitung spießte in einem »Streiflicht« einmal das Wort vom »ritterlich-verharmlosenden Waffengang« und vom »Enthauptungsgang« auf.

Und auch im Kosovo-Krieg wurden Begriffe wieder mit einer Art von Jacketkronen geschönt: Von »Luftschlägen« statt von »Bombardierung« war da die Rede und von bedauerlichem Irrtum, wenn diese Bomben »zivile« Männer, Frauen und Kinder treffen. Den »Irrtum« nannte man auch »Kollateralschaden«.

Eine besonders interessante semantische Entwicklung hat das Wort vom »Schreibtischtäter« gemacht. Gemünzt einmal auf Verbrecher wie Adolf Eichmann, ist es im Lauf der Zeit in den allgemeinen Sprachgebrauch eingegangen und steht nun als Bezeichnung für Menschen, die lieber andere die Hände für sich schmutzig machen lassen. Ja, das Wort hat seine Vergangenheit inzwischen so weit abgestreift, dass es bisweilen einen geradezu neckischen Beigeschmack bekam, etwa wenn man jemanden einen »Schreibtischtäter« nennt, der zu wenig an die frische Luft geht.

Im Falle des früheren *WDR*-Programmdirektors und jahrzehntelangen Gastgebers des »Frühschoppens«, Werner Höfer, hatte diese Vergangenheit das Wort indessen wieder eingeholt. Höfer war im *Spiegel* als »Schreibtischtäter« bezeichnet worden und hatte sich vor Gericht erfolglos gegen diesen Angriff gewehrt. Im Urteil des Kölner Landgerichts heißt es, »Schreibtischtäter« sei, so gebraucht, keine Tatsachenbehauptung, sondern Meinungsäußerung und Werturteil. Eine Schmähkritik verneinten die Richter.

Im jahrelangen Sprachfluss ist dieses Wort inzwischen rundgeschliffen wie ein Bachkiesel. Bisweilen findet es sich inzwischen sogar schon in Heiratsanzeigen, etwa wenn eine »Witwe, Mitte vierzig« einen Herrn mit gepflegtem Äußeren sucht und dabei »Schreibtischtäter« bevorzugt. Im Deutschen Bundestag kann sich aber immer noch einen Rüffel des Präsidenten einhandeln, wer es einem Parlamentskollegen zumutet. Hingegen scheint sich keiner der Serien-Autoren zu Wort gemeldet zu haben, die Dieter Hildebrandt einmal als »Schreibtischtäter« angefrotzelt hatte.

Wörter als Waffen: Welche Bewandtnis es damit haben kann, wurde auch Mitarbeitern der amtlichen DDR-Nachrichtenagentur ADN spätestens dann klar, als das Ende der sozialistischen Diktatur in der DDR mit Händen zu greifen war. Wie man damals lesen konnte, hatten die Journalisten damit gedroht, keine Meldungen mehr zu verfassen, in denen friedliche Demonstranten als »Randalierer« dargestellt werden sollten. Wobei gleich wieder anzumerken wäre, dass das Wörtchen »drohen« in dieser Meldung, wie Wolf Schneider in anderem Zusammenhang längst dargestellt hat, unbewusst selbst parteiisch sein kann. Denn eine »Drohung« war dies ja allenfalls für die Machthaber, während es für die Journalisten höchstens den Übergang zu einer anständigen Arbeitsweise bedeutete.

Im Zusammenhang mit der Kronzeugenregelung stellte sich bald das Wort »denunzieren« ein, als geschildert wurde, um welchen Preis Straffreiheit oder Strafrabatt zu erlangen war. Wer als Zeuge vor der Staatsanwaltschaft Aussagen macht, die zur Aufdeckung schwerer Straftaten beitragen, kann damit rechnen, dass die Justiz seine Tat mit mildem Blick sieht. Ob er seine früheren Gesinnungsgenossen damit »denunziert« oder ob er gar »singt« oder ob er nur gegen sie »aussagt«, das macht nun allerdings gerade in der Vorstellungswelt der Terroristen einen gewaltigen Unterschied.

Ob man bei dem Unglück im Atomreaktor von Tschernobyl von einer »Havarie« sprach oder einer »Katastrophe«, macht für den Gefühlshaushalt der Leser ohne intime Kenntnisse der christlichen Seefahrt natürlich einen gewaltigen Unterschied, und einen Unterschied macht es auch, ob man von dem »Sturz« oder dem »vorzeitigen Rücktritt« sprach, als Willy Brandt damals seinen Posten als SPD-Vorsitzender aufgab. Es ist auch etwas ganz anderes, ob die Konjunktur einen »Abschwung« macht oder eine »Verschnaufpause« einlegt, denn wer würde nicht jemandem eine Verschnaufpause gönnen, der lange Zeit mit voller Kraft gelaufen ist. Ein Abschwung indessen ist bedeutend weniger populär.

Interessant ist auch die Wortschöpfung vom »Rückbau«: Das klingt aktiv, zupackend, hemdsärmelig und auf eine undurchsichtige Weise aufbauend. In Wahrheit geht es jedoch nur darum, irgendeine Dummheit von gestern wieder auszubügeln, etwa wenn eine Straße wieder verschmälert wird, die man zu einer Rennstrecke ausgebaut hatte.

Ein eher amüsantes Beispiel für die semantische Verzuckerung einer bitteren Pille bot der Kultusminister eines Bundeslandes, der den Universitäten die unangenehme Nachricht überbringen musste, dass es in einem bestimmten Zeitabschnitt weniger Geld geben werde. Freilich hütete er sich, im Landtag von Kürzungen oder Einsparungen zu sprechen. Stattdessen kündigte er eine »Verteilung der globalen Minderausgabe« an, was nun wahrlich ein Glanzstück der Rhetorik darstellt. Dass es hier etwas zu »verteilen« gab, weckte bei den Zuhörern zunächst Hoffnung, und es dauerte dann eine Zeit lang, bis man begriff, dass es diesmal nichts anderes zu verteilen gab als den Mangel.

Es macht einen gewaltigen Unterschied, ob man (harte) Drogen einfach *freigibt* oder streng kontrolliert an schwer Abhängige *abgibt*, wie die *Tageszeitung* einmal mahnte. Über die Abgabe kann man reden, für die Freigabe setzt sich niemand ernsthaft ein.

Einerlei, wie man zu der Frage steht, ob die Enteignungen der Jahre 1946 bis 1949 in der ehemaligen DDR verfassungsrechtlich in Ordnung gehen oder nicht: Für die Grundstimmung in der öffentlichen Diskussion ist es nicht ganz einerlei, ob es »Junker« waren oder Bürger, denen da Eigentum entzogen wurde.

Wer war doch gleich Jürgen Schneider? Ach ja, der Mann, der nach einem Milliardenkonkurs ins Gefängnis musste. Und wie hieß er doch in den Zeitungen: Zunächst der »Baulöwe«, dann der »Boss der Schneider AG«, und dann ging es mit seiner semantischen Karriere steil bergab: Vom »Großpleitier« war die Rede, vom »größten Hasardeur und Blender« und vom »Milliarden-Pleitier«. Wenigstens »Größe«, so zeigt sich, wurde ihm also nicht abgesprochen.

Und wieso wird es eigentlich als »Zahntourismus« oder gar »Zahnersatztourismus« angeschwärzt, wenn Menschen ins benachbarte Ausland fahren, um sich preiswerter die Zähne in Ordnung bringen zu lassen? Warum heißt es in der Überschrift nicht wertfrei »Zahnbehandlung im Ausland«, europäisch wie wir nun einmal inzwischen sind? Darf ein Journalist als »Marschall der Worte« die Sprache derart befehlen, darf er mit interessengetränkten Buchstaben, darf er mit Reizworten so umgehen? Man wird Goggelmoggel danach fragen müssen, von dem gleich die Rede sein wird.

Zuvor sei allerdings des Philosophen Arthur Schopenhauer gedacht, der seinen Hund in Augenblicken des Zornes »Mensch« genannt haben soll. In dieser Definitionsmacht offenbart sich auch eine Sprach-Manipulation. Ob dieser Sprung vom Hund zum Menschen allerdings eine Evolution bedeutet, wollen wir getrost einmal offen lassen.

Jedenfalls beweist ein ungemein aufschlussreicher Dialog in Lewis Carrolls »Alice im Wunderland«, wie man durch den Gebrauch der Sprache Macht ausüben kann:

»Ich verstehe nicht, was Sie mit ›Glocke‹ meinen«, sagte Alice. Goggelmoggel lächelte verächtlich. »Wie solltest du auch – ich muss es dir doch zuerst sagen. Ich meinte: ›Wenn das kein einmalig schlagender Beweis ist!‹« »Aber ›Glocke‹ heißt doch gar nicht ein ›einmalig schlagender Beweis‹«, wandte Alice ein. »Wenn ich ein Wort gebrauche«, sagte Goggelmoggel in recht hochmütigem Ton, »dann heißt es genau, was ich für richtig halte – nicht mehr und nicht weniger.« »Es fragt sich nur«, sagte Alice, »ob man Wörter einfach etwas anderes heißen lassen kann.« »Es fragt sich nur«, sagte Goggelmoggel, »wer der Stärkere ist, weiter nichts.«

Wir wissen nicht, was Goggelmoggel von dem Wort »Steuerbürger« gehalten hätte, wir wissen aber, dass die Gesellschaft für deutsche Sprache davon nichts wissen will. Sie hält es für eine semantische Mogelei, mit dem positiven Wort vom »Bürger« die ungeliebte Steuerlast zu verbrämen. Ehrlicher und besser wäre es, so meint man dort, weiter vom »Steuerpflichtigen« oder »Steuerzahler« zu sprechen. Und wie ist das mit der »Ergänzungsabgabe«? Ist das nicht in Wirklichkeit eine Zusatzsteuer? Freilich, bei Steuerschuld, Steuerbetrug und Ergänzungsabgabe: Wer, lieber Goggelmoggel, ist denn hier der Stärkere? Jedenfalls haben auch wir an dieser Definitions-Macht unseren Anteil – und wir sollten damit doch ein wenig sensibler umgehen als dieser Goggelmoggel.

Sprach-Nachlässigkeiten

> »Ich beherrsche die deutsche Sprache,
> aber sie folgt mir nicht immer«
> (Alfred Polgar)

Verräterisch wie die Sprache nun einmal ist, lassen Sprach-Nachlässigkeiten Rückschlüsse auf Denk-Nachlässigkeiten zu. Hier wird der Leser nicht bewusst manipuliert, aber er stolpert an der Hand des Schreibers in der Wortlandschaft umher. So mag etwa bloße sprachliche Nachlässigkeit schuld daran sein, dass Wörtchen wie »leugnen« oder »gestehen« bisweilen an den falschen Stellen stehen. Richtig ist es, wenn eine Zeitung schreibt, ein Krankenpfleger habe die Tötung von fünf Patienten *gestanden*.

Eine beträchtliche Haushaltslücke muss ein Finanzminister gestehen, ein bekannter Maler oder ein Fußballtrainer können gestehen, dass sie Kokain probiert haben, ein zu Recht Angeklagter darf gestehen, dass er etwas pexiert hat. Und wenn der Schauspieler Heiner Lauterbach in einem Interview gesteht, dass er täglich eine für »mehr männliche Energie« entwickelte Kapsel aus der Apotheke nehme und damit wohl nicht Viagra meinte, könnte man dieses Rezept an die Berliner Hausfrau Elke H., 32, *weitergeben, die gestanden* hat, ihr Ehemann sei »oft müde und lustlos«.

Denn dem Geständnis, das ja aus dem juristischen Sprachraum stammt, haftet – sofern es (halbwegs) ernst gemeint ist – stets etwas für den Gestehenden Nachteiliges, Unangenehmes, Peinliches an. Falsch ist es also, wenn Joan Baez im Gespräch mit Thomas Gottschalk »gestanden« haben soll, »dass sie von keinem Publikum der Welt so gut verstanden werde wie von den Deutschen«. Falsch deswegen, weil Komplimente niemals »gestanden« werden. Auch nicht von Mann zu Mann, etwa wenn ein Kritiker schreibt: »Ich muss gestehen, ich mag Konstantin Wecker.«

Auch Alt-Bundespräsident von Weizsäcker muss sich doch wirklich nicht schämen, wenn ihm die Liebe zur klassischen Musik bereits von der Mutter im Elternhaus vermittelt wurde. Warum nur lässt man ihn das zum Pianisten Justus Frantz nicht einfach »sagen«, weshalb nur muss er das »gestehen«? Und was, bitte, gibt es zu gestehen, wenn ein Firmenvertreter sagt, seine Eisreklame im Kino sei »schon ein starker Werbefaktor« gewesen? Ist denn Werbung verboten? Auch wird man Verona Feldbusch (heute: Pooth) verzeihen, dass sie auf einer Party einen Chirurgen kennen lernte, der ihr eine kosmetische Nasenkorrektur vorschlug. Eines Geständnisses bedurfte dieses Ereignis also ebenso wenig wie die Erkenntnis von Hildegard Knef, dass beim Liften in einem Gesicht »viel kaputtgeht«.

Und was halten Sie von folgendem Satz, den der Verleger Ledig-Rowohlt einmal sagte: Für ihn, so »gestand« er, sei

»es das größte Glück, an einem Sommertag unter einem Baum zu liegen, die Glocken eines nicht allzu fernen Dorfes zu hören, seine Frau in der Nähe zu wissen, selbstredend die unvermeidliche Zigarre und ein Glas Wein in Reichweite. Und, natürlich, das Wichtigste: Ein Buch zu lesen.«

Wenn Sie uns fragen, ist das ein wunderschönes, komplettes Lebensrezept!

Verzwickter wird es da schon, wenn bedeutende Manager in einer Umfrage »gestehen«, dass sie Techtelmechtel am Arbeitsplatz nur ungern sehen. Vielleicht könnten sie ja einmal in die Lage kommen, ihrer Frau gestehen zu müssen, dass sie Opfer eines solchen Techtelmechtels geworden sind. Und Julia wird, so ist zu vermuten, Romeo ihre Liebe gezeigt und nicht gestanden haben. Ihren Eltern hätte sie angesichts der verzwickten Verhältnisse zwischen den Häusern Capulet und Montagu diese Liebe aber wohl gestehen müssen.

Durchaus liebenswert gebraucht wurde ein »Geständnis« einmal, als über die Begeisterung des Essener Kardinals Hengsbach für den Fußball berichtet wurde: Wenn zwei Reviermannschaften gegeneinander antraten, geriet der Theologe regelmäßig in eine Zwickmühle. »Ich schicke ein ums andere Mal ein Stoßgebet gen Himmel. Lieber Gott, lass sie unentschieden spielen«, sagte er. Sagte? Nein, dies allerdings durfte er ruhig einmal gestehen. Wie man auch den Kardinal Joseph Ratzinger »gestehen« lassen durfte, dass er »wohl schwerlich ein guter Pfarrer irgendwo in der Lüneburger Heide sein« könne, »aber vielleicht ein guter Theologieprofessor«. Die Sängerin Milva braucht einer Zeitung nicht zu gestehen, dass sie noch einmal heiraten will. Aber seiner Frau durfte ein bekannter Volksmusiker schon gestehen, dass er ihr in 38 Ehejahren nicht immer treu war. Dennoch klingt es nicht nach einem Geständnis, sondern eher nach *Erkenntnis*, wenn er hinzufügt: Solche Seitensprünge würden das Vertrauen in einer Beziehung belasten – »das lohnt sich nicht«. Und ist es ein Geständnis oder eine Erkenntnis, wenn das Supermodel Cindy Crawford sagt, sie habe keine Lust mehr auf ihren Job: »So langsam fängt es an, langweilig zu werden.«

Das ebenfalls aus der Rechtswelt entlaufene »leugnen« bedeutet, anders als das Wort »bestreiten«, der Wahrheit zuwider etwas behaupten. Wenn also eine Parteispitze einen Zwist mit irgendeinem ihrer Spitzenpolitiker »leugnet«, muss der Journalist schon gute Kenntnisse darüber haben, wie weit der Familienkrach in jener Partei gediehen ist.

Lehrreich ist auch der Umgang mit dem Wort »leugnen« in einem Zeitungsbericht, der sich mit der umstrittenen Sicherheit amerikanischer Atom-Artillerie-Granaten in der Bundesrepublik und anderswo befasst. Dort heißt es:

»Militärische Experten *leugneten* in Brüssel, dass es bei den Granaten… zu einer ›unfreiwilligen‹ atomaren Explosion hätte kommen können, *räumten* aber ein, dass durch Unachtsamkeit Beschädigungen mit der Folge einer Ausbreitung radioaktiven Plutoniums möglich gewesen wären.« (Hervorhebungen vom Verfasser)

Richtig wäre es gewesen, die militärischen Experten eine drohende Explosion »bestreiten« zu lassen, das Restrisiko, das in ihrer Aussage mitschwingt, hätte dann ja noch völlig ausgereicht.

Ein Politiker braucht durchaus nicht das zu *meinen*, was er tagaus, tagein so sagt – darauf hat Wolf Schneider eindringlich hingewiesen. Zwar war es sicher zutreffend, wenn über irgendeinen führenden Oppositionspolitiker geschrieben wird: »Die Regierungskoalition sollte sich endlich einmal für eine ganz klare Linie entscheiden«, meinte X. Denn das meint jede Opposition gewissermaßen von Berufs wegen. Aber sonst meinen Politiker – wiederum von Berufs wegen – manchmal Dinge, von denen sie vielleicht insgeheim eine ganz andere Meinung haben. Lassen wir sie ihre Meinungen also getrost *sagen*.

Und wie ist es mit dem Wort »ausgehen«, über das sich schon Erhard Eppler seine Gedanken gemacht hat? Immer wenn die Dinge besonders verzwickt sind, geht irgendjemand von irgendetwas aus.

»Ich gehe davon aus, dass Herr Wickert eine Genehmigung für den Werbespot hatte. Die braucht jeder Festangestellte.« (Ein Sprecher des *NDR*)

»Bundesbankpräsident Hans Tietmeyer geht davon aus, dass der Euro eine gesunde und sichere Währung wird.«

Beide Sprecher drücken damit eine bloße Erwartung, *Hoffnung* aus: Der eine hofft es für Ulrich Wickert, der andere für den Euro. Aber, wie die Berliner so sagen: Nichts Jenaues weiß man nich!

Ein bisschen genauer geht es da schon beim Bundesverfassungsgericht zu, wenn es in einer der Gliederungen heißt, die einer mündlichen Verhandlung in Karlsruhe ihre Struktur gibt: Der Senat geht davon aus, dass sich die Sprecher in ihren Plädoyers auf 10 oder 15 Minuten beschränken. Der Senat *verlangt* das, oder etwas höflicher: er *erbittet* sich das, so ist das zu verstehen. Und die dort auftretenden Parteien sind gut beraten, wenn sie sich an diese Bitte halten.

Übrigens braucht ein Mensch auch nicht unbedingt zu »wissen«, was ihm als Wissen manchmal so angedichtet wird. »Die Asylanten gehören mit zur Bevölkerung, sind ein Teil von ihr und akzeptiert, weiß der evangelische Pfarrer H. S.« Weiß er es wirklich, oder hofft er es nur für das Städtchen, in dem er tätig ist? Und weiß der Pfarrer auch, dass die Dinge in anderen Städtchen ganz anders aussehen? Und wie ist es mit dem Laienprediger und Journalisten Augusto Villafuerte in Lima? »Weiß« er wirklich »ganz gewiss«, dass eine handtellergroße Statue der Jungfrau von Fatima derzeit »über unsere Sünden weint«? Oder glaubt er dies vielleicht nur?

Und dann das »Sorgen«. Es ist ja nicht besonders angenehm, wenn sich jemand Sorgen macht. Schön kann es hingegen sein, wenn die einen für die anderen sorgen oder »2000 Mann für Ruhe in Los Angeles«. Sorgen *um,* sorgen *für:* Da schwingt immer etwas »Fürsorgliches« mit, sagen wir einmal etwas Positives, und wenn es so ist, dass Schlagerstars für volle Kassen sorgen oder »Musikanten für gute Stimmung« oder »Augsburg für gute Luft«. Kann man aber auch für etwas Negatives »sorgen«, für etwas, das anderen schadet?

»Anschläge der ETA sorgten für Chaos.«

»Militär sorgt für Absage der Wahl in Algerien.«

»Die Unsicherheit über die ungeklärten Eigentumsverhältnisse sorgt zwischen Stralsund und Plauen für schlechte Stimmung.«

»Zahlreiche Verkehrsunfälle sorgten für lange Staus.«

»Abtreibungspille RU 486 sorgt im Bundestag für Streit.«

All das mag Anlass zur Sorge sein. Sonst ist das Wort sorgen hier aber fehl am Platz, auch wenn es etwas neckisch gebraucht wird: »Rotstift sorgt für schwarze Zahlen« oder »Ozon sorgt für dicke Luft«. Für solche Luft soll auch Minister Clement einmal gesorgt haben, wenn man der Überschrift traut.

Aber die Anschläge der ETA können Chaos auslösen, das Militär kann die Absage der Wahl erzwingen, das ungeklärte Eigentum eine schlechte Stimmung heraufbeschwören oder auslösen, und Verkehrsunfälle führen oft genug zu Staus. Und über die Abtreibungspille kann man im Bundestag streiten. Sorgen sollten wir aber dafür, dass das Wort »sorgen« sorgfältig verwendet wird. Und ganz bestimmt nicht wie in jener Überschrift: »Kettensägemassaker sorgt für den Hirntod.« Und gibt es höheren Dienststellen Anlass für Sorgen, wenn sie in der Zeitung lesen müssen:

»Doch gestern sorgten Tausende von Polizeibeamten dafür, dass rund um das Kanzleramt nichts mehr lief.«

Verwundert entnimmt man schließlich einer aktuellen Meldung, dass die Sintflut nun auch in Deutschland für Chaos sorgt – dachten wir doch, das sei schon sehr, sehr lange her.

Recht eigenartige Verrenkungen hat sich auch der »Wille« gefallen lassen müssen. Ein früherer Bundesminister »will« den Ausschuss nicht beeinflusst haben, der sich mit der Weitergabe von U-Boot-Blaupausen befasste, heißt es da etwa in einer Meldung. Vielleicht hätte er ja ganz gerne »gewollt«. Gemeint ist wohl, dass der Berichterstatter dem Herrn Minister nicht so recht über den Weg traute, als dieser eine solche Einflussnahme – nein, nicht leugnete –, sondern ganz einfach bestritt. Die Welt als »Wille und Vorstellung«? »Mögen hätten wir schon gewollt, aber dürfen haben wir uns nicht getraut«, sagte Karl Valentin einmal. Und ganz sicher wollte er diesen Satz richtig verstanden wissen.

Einiges Schindluder wird auch mit dem Verbum »kosten« betrieben.

»Der Krieg in Ruanda kostete eine halbe Million Menschen das Leben.«

»Brand im Behindertenheim kostete acht Menschenleben.«

»Rindfleisch kostet 20-Jährigen das Leben.«

Das Leben mag ja bisweilen eine kostspielige Sache sein, in jedem Fall aber ist Leben kostbar: Wer irgendetwas zum »Kostenfaktor« für das Leben macht, hat sich deshalb immer verrechnet – in der Sprache. Und genau so, als eine Art von Soll und Haben, liest sich dann auch die Überschrift:

»Die Bilanz der Toten.«

Anders:

»Stahlfusion wird 6600 Stellen kosten.«

Ja, solche wirtschaftlichen Vorgänge können traurig für die Betroffenen sein, aber wenigstens sprachlich richtig, weil es den Unternehmen ja um Mark und Pfennig geht.

Vielsagendes »Sagen« oder: Vom »Sagen« und »Reden«

Journalisten geben sich oft eine bemerkenswerte Mühe, das Wort »sagen« zu vermeiden. Offenbar erscheint es ihnen ein wenig zu schlicht für das, was ein bedeutender Zeitgenosse von sich gegeben hat. Sagen kann schließlich jeder etwas – wer aber etwas zu sagen hat, muss dies wohl vielsagender tun.

Im amerikanischen Journalismus ist das Wort »sagen« angesagt, wenn man weitergibt, was jemand gesagt hat. Das peinliche Bemühen der Journalisten, im Nachrichtenteil so objektiv wie möglich zu berichten, lässt sie nach Kräften Synonyme für »to say« vermeiden. Weiß man doch dort wie hier, dass die meisten dieser Synonyme die Aussagen offen oder verdeckt werten.

In der Literatur kann das karge Wort »sagen« natürlich ein Stilmittel sein. Werner Meyer/Jürgen Frohner zeigen in ihrem »Zeitungspraktikum« eindrucksvoll, wie Ernest Hemingway gerade durch die monotone Wiederholung des Wortes »sagen« Melodie in seine Dialoge bringt.

»Ich möchte schreiben«, sagte er.

»Du sollst etwas Brühe trinken, um bei Kräften zu bleiben.«

»Ich sterbe heute Nacht«, sagte er. »Ich brauche nicht bei Kräften zu bleiben.«

»Bitte kein Melodram«, sagte sie.

»Gebrauch doch deine Nase.«

»Ich bin bereits bis zur Hälfte des Oberschenkels hinauf verfault.«

»Bitte trink die Brühe«, sagte sie. »Schön.«

Die Brühe war zu heiß. Sie musste sie in der Tasse abkühlen.

»Du bist eine famose Frau«, sagte er.

So weit also Hemingway. Und wie kitschig diese kleine Szene wird, zeigen

Meyer/Frohner, indem sie das »sagen« jeweils durch »jammern«, »stöhnen«, »seufzen«, »weinen« und »strahlen« ersetzen.

Aber eine Nachricht ist keine Novelle von Hemingway, und nicht jedem Journalisten ist es gegeben, die Sätze, die vor dem »sagen« stehen, in ähnlich karge, eindrucksvolle Worte zu kleiden. Deshalb sollte man den Mut haben, möglichst oft »sagen« zu sagen; man sollte das Wort aber durch ein nuancierteres Verb ersetzen, wenn sich dies ohne Krampf findet – und wenn es in der gleichen Sprachebene bleibt, also den Vorgang des *Mitteilens*, der *Kommunikation* in Variationen spiegelt.

In einem alten Textbeispiel ist es durchaus einwandfrei, wenn es über die Unterzeichnung des amerikanisch-sowjetischen Vertrages, der die Vernichtung atomarer Mittelstreckenwaffen zum Gegenstand hat, heißt:

»Reagan versicherte ... gleichzeitig zeigte er Verständnis für die Besorgnis ... der Präsident äußerte sich jedoch zuversichtlich ... er fuhr fort ... ausdrücklich bekannte er sich zu ... in seiner zwanzigminütigen Ansprache ... würdigte Gorbatschow erneut das unterzeichnete Abkommen.«

Allerdings heißt es am Schluss dieses Berichts dann wieder einfach und schlicht:

»Das Abkommen sei ein Sieg des neuen politischen Denkens, sagte Gorbatschow« – und nicht »frohlockte« oder dergleichen.

Selbstverständlich kann ein Redner auch etwas »beschreiben«, »erläutern« oder »einräumen«, er kann vor etwas »warnen«, etwas »hoffen«, und er kann auch einmal »schmunzeln«, wenn es ihm danach ums Herz ist. Jemand kann etwas »einschränken«, und man kann etwas »beklagen«. Man kann irgendeinem Vorwurf »widersprechen«, und man kann sich »verteidigen«, wenn man die Notwendigkeit dafür sieht. Ja, man kann sich auch einmal »erschüttert« zeigen, wenn der Anlass das hergibt, oder sich über etwas »freuen«, etwas »betonen« oder gegen etwas »wettern«. Kurz: Man kann die Gemütslage einer Aussage in einem Verb zusammenfassen.

Zu warnen ist allerdings vor allzu gemütsbewegten Worten, mit denen der Journalist den Tonfall eines Zitates oder einer Aussage einfangen will. Wenn es in einem Gerichtsbericht über die erste Runde im Scheidungsprozess des »Denver-Stars« Joan Collins heißt: »›Ich bin sehr, sehr glücklich, dass der Gerechtigkeit Genüge getan wurde‹, zwitschert Frau Collins nach der vorläufigen Entscheidung«, dann mag das durchaus hingehen, solange man die ironische Distanz des Journalisten heraushört.

Wenn es in einem Bericht über eine Weihnachtsfeier aber heißt: »›Kommt herbei, ihr frohen Hirten‹, jubelte singend der Frauenchor…«, dann hat sich der Berichterstatter vielleicht doch ein wenig von der Weihnachtsstimmung forttragen lassen.

Ein wenig überhöht in seinem fernen Anklang an den »braven Dienstmann Aloysius« klingt auch der Satz:

>»›Wenn alles gut läuft, haben wir in zwei Jahren den Spatenstich und können Ostern 1995 Einweihung feiern‹, frohlockt denn auch Bürgermeister Hermann H.«

Hier hätte das Wort »freut sich« als Stimmungsmalerei durchaus gereicht. Besonders auf der Hut sein müssen wir, wenn es um fremde Freude geht. Ganz genau wissen wir ja nicht, ob sich da wirklich jemand freut.

Sprachlich und grammatisch wenig schön sind etwa folgende Beispiele:

>»›Es geht darum, das Schiff wieder flott zu bekommen‹, ging M. vor den nicht weniger ermüdeten Journalisten – an die Muschelkalk-Innenwand des Hjalmar-Schacht-Quartiers gedrückt – bei seiner Krisen-Analyse zur maritimen Wortwahl über.«

>»›Sagt uns doch bloß, wo's reingeht, das ist unser wichtigstes Problem‹, bat er das geballte Presse-Corps um Pfadfinderdienste durch den Achthundert-Zimmer-Bau.«

Und – ein kleiner Rekord an Ungereimtheiten:

>»›Hier kann man atmen‹, schnappt Karin W., Innenarchitektin und kreative Kraft des Innenausstatters B., zufrieden nach Luft und prophezeit…«

Nicht viel besser ist auch:

>»›Wir kennen uns schon aus früherer dienstlicher Tätigkeit‹, beugt sich der Vorsitzende der fünften Strafkammer des D-Landgerichts… am Mittwoch, gleich nach Prozessbeginn zu einem Angeklagten hin.«

Und wenn das reihenweise Abschlachten kranker Schafe einmal wirklich sein muss, sollte man doch nicht schreiben:

>»›Ich habe das alles mit ansehen müssen‹, blutet der Schäferin noch immer das Herz.«

Besonders vielsagend wird das Sagen bisweilen in der »Regenbogenpresse«:

>»›Für uns zwei ist immer ein weiches Bett im Kornfeld frei‹, lächelt die hübsche Blondine.«

>»›Vielleicht lerne ich hier ja einmal meinen Traum-Mann kennen‹, lächelt die schöne Ulrike.«

Und wer möchte dann den Damen nicht in dieses Land des Lächelns folgen?

Unbedenklich sind die Austauschworte für das »sagen« in folgenden Beispielen:

»»Damit ist Benzol bundesweit zu einem der gefährlichsten Umweltgifte geworden‹, warnte der Minister.«

»»Jetzt kommt die Zeit der Schlammschlachten und Beleidigungen, unsere Wahlkämpfer sind schrecklich‹, seufzt die junge Geschäftsfrau in Tel Aviv.«

»»Mir wurde lediglich mitgeteilt‹, empört sich K., ›dass ich meine Sachen und alle Dokumente, darunter meinen Führerschein, nur in der mir zugewiesenen anderen Wohnung zurückerhalten werde.‹«

»»Was nützt es mir, dass ich wenig Miete zahle, wenn meine Toilette außerhalb der Wohnung ist und wenn ich mich im besseren Wohnklo kaum umdrehen kann‹, schimpft der Tischler.«

Manchmal kann man die Ausleitung eines Zitates mit dem kleinen Wörtchen »so« retten, etwa wenn man schreibt:

»»Er will die Franzosen auf das Schlimmste vorbereiten‹, (so) sind Vertraute des Präsidenten zitiert worden.«

»»Der Kompromiss bestand darin, die Gespräche überhaupt am Montag weiterzuführen und nicht etwa abzubrechen‹, (so) lüftete R. O. gestern Morgen das Geheimnis der vorangegangenen dramatischen Nacht.«

Vom »Sagen« und seinen »Synonymen« sei jetzt genug gesagt. Schwieriger ist es schon, wenn man sich beim Schreiben auf die Suche nach bedeutungsgleichen Substantiven macht.

Der große Sprachästhet Wolf Schneider, sicher einer der sensibelsten Hüter unseres Sprachschatzes, rät ausdrücklich zur »Vorsicht mit Synonymen« und zeigt zugleich, dass wortgleiche Wiederholungen für das Textverständnis und auch für die Sprachmusik förderlich sein können. Dieser Rat hat durchaus etwas für sich, wie die meisten seiner Ratschläge, aber auch ihn sollte man nicht auf die Spitze treiben. Wenn sich ein sinnvolles Ersatzwort findet, sollte man getrost von ihm Gebrauch machen. Aber stets muss man sorgfältig prüfen, ob dieses Austauschwort wirklich sinnvoll und sinngleich ist, und man sollte auf alle sprachlichen Mätzchen verzichten.

Wohin es führen kann, wenn man sich allzu sehr um das Wort »sagen« herumdrückt, hat Armin Eichholz in einer amüsanten Parodie auf die Trivial-Autorin Hedwig Courths-Mahler gezeigt. Dort heißt es: »›Ich sei, gewährt mir die Bitte, in eurem Bunde der Dritte‹, trat, mit anmutigem Lächeln unseren Schiller zitierend, der Graf in ihre Mitte.« Von solcher Parodie sind die meisten Berichte weit entfernt. Und dennoch sollte man sich getrost trauen, öfter sagen zu sagen.

Nicht mit Fremdwörtern klimpern

»Damals waren die Wörter besser«, sinniert der alte Stechlin in Theodor Fontanes gleichnamigem Roman. »Früher hätte ich gesagt: zeitgemäß. Heute muss ich sagen: opportun.« Muss er das wirklich, der so sympathische alte Herr, und wann und wo?

Fremdwörter sind nur dann am Platz, wenn sie eine ganz bestimmte Atmosphäre vermitteln oder beim besten Willen nicht einzudeutschen sind, ohne dass die Schärfe, das Umfeld eines Begriffes leidet. Niemals sollte man, wie es auch im »Fremdwörterbuch« von Duden heißt, solche Wörter »als intellektuellen Schmuck, zur Imagepflege, aus Bildungsdünkel oder Prahlerei benutzen«. Niemals also mit Fremdwörtern klimpern, um dem Leser die düstere Botschaft zu übermitteln: Sieh mal da, wie dumm du bist. Vorsichtig können sie allerdings als eine Art Geschmacksstoff verwendet werden, wieder einmal wie Gewürze beim Abschmecken der Suppe – beim Abschmecken oder beim Kochen, nicht beim *Degustieren*.

»Gleich wird der blaue Hubschrauber einschweben über dem Golfplatz – viele Bauerndörfer hier haben nämlich einen solchen –, aber noch ist partout keine Menschenmenge in Sicht.« (*Süddeutsche Zeitung*)

Das Wörtchen »partout« enthält eine kleine ironische Distanzierung: Da wird also in den USA ein Präsidentschaftsbewerber eingeflogen, und niemand scheint sich die Mühe zu machen, auf ihn zu warten.

»Freilich schwingt bisweilen etwas vom Memento mori mit, etwa wenn ein alter, kerzengerade aufgerichteter Mann beim Morgentanz sagt, er komme im nächsten Jahr wieder, ›wenn Gott es so will‹.« (*Frankfurter Allgemeine Zeitung*)

Der Beitrag befasst sich mit einer besonderen Urlaubsform in einem idyllisch gelegenen Hotel, das vor allem ältere und alte Menschen anzieht. Memento mori: Der Gedanke an den Tod soll hier den sich ihres Lebens noch erfreuenden Urlaubern wohl nicht auf Deutsch um die Ohren gehauen werden, zumal der geschilderte Mann schon über achtzig Jahre alt ist.

Vielleicht hätte man es trotzdem mit dem Wort von der »Vergänglichkeit« eindeutschen können.

»Jeder kann nach seiner Fasson selig werden – aber er muss sich an den ›Comment‹ halten, der hier herrscht.« (*Frankfurter Allgemeine Zeitung*)

Nach seiner Fasson selig werden: Das bekannte Zitat des »Alten Fritz« klingt hier an. Auch für den »Comment« lässt sich schwer ein deutsches Wort finden, da die »Umgangsformen« nicht jene reglementierte Ungezwungenheit sichtbar machen, die in diesem Hotel beobachtet werden kann.

Das »Savoir-vivre« werden auch Leute von durchschnittlicher Lebensart (gerade) noch verstehen, während es ihnen ihre Lebensart ersparen möge, sich in den »Train des cocus« einzuordnen – in den Zug der betrogenen Ehemänner nämlich.

Das »Plaisir de la revanche« sollte man besser schon übersetzen, wenn es dann auch nicht unbedingt »Rache ist Blutwurst« heißen muss. Der »Ennui«, der nicht nur den Wiener quälte und auch nicht nur zum »Fin de Siècle« und gegen den eine neue »Liaison« auch nur vorübergehend half, liegt schon an der Schreibgrenze, ebenso wie jene »Femmes incomprises«, die immer schon unsere Neugier ausgelöst haben. Da muss ein Journalist schon einige »Fortune« gehabt haben und bei einer Zeitung mit »esprit de corps« für die »gebildeten Stände« gelandet sein, bevor er sich derart gebildet äußern darf. Und auch dann müsste er auf das Wort »Largesse« besser verzichten, weil es – bei aller Weitherzigkeit – einfach zu gebildet ist. Und er sollte den Lesern auch ruhig kundtun, dass man statt »Panegyrikus« durchaus Lobrede sagen kann, und vielleicht schwebt die *Süddeutsche Zeitung* dann doch irgendwo über den Häuptern ihrer Leser, wenn sie schreibt:

»Bei unseren Intellektuellen reicht es trotz Botho Strauß und Enzensberger noch nicht zum Trahison des clercs im Sinne Julien Bendas, aber immerhin dank Peter Härtling zur Zurückhaltung der Dichter.«

Auch Zeitungen mit anspruchsvollen Lesern sind sich nicht zu schade, gängige Latinismen ins Deutsche zu übertragen.

»Hat mit der Öffnung der Stasi-Akten ein bellum omnium in omnes begonnen, ein Krieg aller gegen alle, der das wenige an Selbstbewusstsein zerstört...« (*Süddeutsche Zeitung*)

»Non olet, sagt der Lateiner, und das heißt: es stinkt nicht. Geld nämlich.«

»Si tacuisses – also zu schweigen und Philosoph zu bleiben.«

»Roma locuta, causa finita – Rom hat gesprochen, die Sache ist erledigt.«

»Große Koalitionen seien immer Ultima Ratio (lateinisch: das letzte Mittel) in einer Demokratie, formulierte Engholm.«

Und manchmal wird sogar der altvertraute Weihnachtssegen des Papstes übersetzt, urbi et orbi, »was so viel heißt: ›der Stadt (Rom) und dem Erdkreis‹«.

Eine solche Eindeutschung gönnt die *Neue Zürcher Zeitung* ihren Lesern nicht immer, etwa wenn sie die Schweizer Wirtschaft im *Purgatorium* sieht und damit das Fegefeuer meint oder im Wetterbericht von einem *onkludenten Wolkenbund* spricht oder einer wolkenfreien *Subsistenz* – also von einem bewölkten Himmel und, wie es dann durchaus leserfreundlich in einem anderen Wetterbericht heißt, von »wolkenlosen Verhältnissen«. Und was mag es nur bedeuten, wenn eine deutsche Zeitung von »anhaltendem, im Stehen vorgetragenem Beifall« spricht? Ach ja, gemeint sind damit wohl die unausrottbaren *standing ovations.*

Um noch einmal den »Duden« als Kronzeugen aufzurufen: »Ein Fremdwort kann dann nötig sein, wenn es mit deutschen Wörtern nur langatmig oder unvollkommen umschrieben werden kann.« Oder wenn es einen »graduellen Unterschied ausdrückt«. In *dubio* aber sollte man auf seinem *usus* nicht insistieren.

Adjektive als Gewürze

> »Wenn ein Redner für jedes Hauptwort mehr als
> zwei Eigenschaftswörter verwendet, misstraut ihm.«
> *(N. N.)*

Von einem der amerikanischen Medien-Mogule, der sich bereits den Superlativ *Tycoon* zugezogen hatte, stammt die kleine Geschichte vom neuen, jungen Redakteur, dem er den Befehl gab: Wenn Sie jemals ein Adjektiv gebrauchen wollen, dann kommen Sie zu mir in den dreiundzwanzigsten Stock und holen meinen Rat ein – zu Fuß, nicht mit dem Aufzug! Leider ist nicht bekannt geworden, wie oft der Tycoon auf diese Weise um Rat gefragt wurde. Und außerdem ist die Geschichte wahrscheinlich sowieso erfunden. Die Anordnung wäre auch nicht sehr sinnvoll gewesen, und ganz sicher hätten die Leser der Zeitung zusammen mit den Adjektiven so einiges vermisst.

Denn während Verben eine Reportage vor allem kräftig machen, machen Adjektive sie farbig wie die Buntstifte, mit denen ein Kind die Konturen in einem Malheft ausmalt. Aber auch Adjektive können einen Text nicht nur verfeinern, sondern bei übermäßigem Gebrauch auch verderben. Jedes Wort sollte deshalb zunächst überprüft werden, ob es für sich alleine stehen kann, also »farbig« genug ist, oder ob es durch das schmückende Beiwort an Farbkraft und Aussage gewinnt.

> »Die weite Halle ist bunt mit heiligen Figuren ausgemalt, die von den Wänden mit stummen, frommen Gesten auf die langen Reihen einfacher, grauer, rissiger und altersschwacher Holztische und -bänke herabblicken.« (Aus einer Reportage über den Berg Athos, *Frankfurter Allgemeine Zeitung*)

Neun Adjektive in einem einzigen Satz, und dennoch wirkt das Bild nicht überfrachtet, sondern zeichnet den Raum und die Einrichtung für den Leser durchaus »farbig«. Allerdings hätte der Verfasser auf das Adjektiv »altersschwach« verzichten können, da er die Holztische ja als »grau« und »rissig« bezeichnet und sich das Bild von ihrer Altersschwäche beim Leser ohnehin einstellt.

> »Dies ist amerikanischer Mittel-West aus dem Bilderbuch, mit hohen, feuerwehrroten Scheunen, glitzerndem Morgentau über abgemähten, gelben Feldern und einer viel zu großen Kirche ... Schon ist der schnatternde Hubschrauber zu hören ...« (Aus einer Reportage über den amerikanischen Wahlkampf, *Süddeutsche Zeitung*)

Der Verfasser stellt ganz bewusst eine Bilderbuchszene vor, die er ja auch so benennt, und darf deshalb getrost zu einer farbigen Ausschmückung greifen, die gerade für Bilderbücher typisch ist. Der »schnatternde« Hubschrauber: man glaubt ihn förmlich zu hören.

> »Dieser Ulmbaum kommt aus der Erde mit einem festen und dicken, aber von allem Beginn an nach Höhe und Schlankheit trachtenden Stamm, der dann nach kurzem energischem Anlauf in ein ganzes Volk von himmelwärts drängenden Ästen wie ein sich vielfach teilender Wasserstrahl auseinander spritzt und sprießt, schlank, heiter und lichtbegierig, bis seine freudige Aufwärtsbewegung in einer hohen, schön gewölbten Krone zur Ruhe kommt.«

Dies ist keine Passage aus einer Reportage, sondern die Beschreibung einer Ulme in der »späten Prosa« Hermann Hesses (»Beschreibung einer Landschaft«). Ein bisschen liest sich das ja wie Wortmalerei, und dies ist es ja auch. Aber der Leser sieht den Baum förmlich wachsen.

Ingmar Bergman hat in seiner Autobiographie »Mein Leben« das Licht einmal beschrieben, und er hat dreiundzwanzig Adjektive dafür gefunden:

»Das milde, gefährliche, traumhafte, lebendige, tote, klare, diesige, heiße, heftige, kahle, plötzliche, dunkle, frühlingshafte, einfallende, nach außen dringende, gerade, schräge, sinnliche, bezwingende, begrenzende, giftige, beruhigende, helle Licht. Das Licht.“

Wenn man das Licht auch förmlich *sieht*, so ist der Vorrat an Adjektiven dennoch nicht ausgeschöpft. Versuchen Sie selbst einmal, weitere Beschreibungen zu finden.

Und wie ist es mit der Ruhe: Da gibt es die gespannte Ruhe, die trügerische Ruhe, die schöpferische Ruhe, die bedrückende Ruhe – und es gibt bestimmt noch so manche Ruhe mehr.

Es gibt Hauptwörter, deren Aussage so stark ist, dass ein Adjektiv, das sie eigentlich unterstreichen soll, sie eher abschwächt. »Brutaler Mord«, »barbarisches Blutbad«, »brutale Vergewaltigung«, »blutige Massaker«: »Morde sind immer brutal«, so sagt Axel Wermelskirchen, ein Sprachkritiker, in der *Frankfurter Allgemeinen Zeitung*. »Es gibt keine einfühlsamen Morde und keine sanften Vergewaltigungen.«

Lyrische Gedichte sind ohne Adjektive schwer vorstellbar. Was halten Sie etwa von folgenden Versen:

»Mit Birnen hänget
Und voll mit Rosen
Das Land in den See,
Ihr Schwäne,
Und von Küssen
tunkt ihr das Haupt
ins Wasser.«

Wie bitte, das soll Hölderlin sein, dieses Gestammel? Natürlich nicht, denn in Wirklichkeit liest sich »Hälfte des Lebens« so:

»Mit gelben Birnen hänget
Und voll mit wilden Rosen
Das Land in den See,
Ihr holden Schwäne,
Und trunken von Küssen
Tunkt ihr das Haupt
Ins heilignüchterne Wasser.«

Und in der zweiten Strophe, der anderen Hälfte des Lebens, finden sich kaum noch helle Adjektive, dafür aber eher dunkle Verben:

>»Weh mir, wo nehm ich, wenn
Es Winter ist, die Blumen, und wo
Den Sonnenschein und Schatten der Erde?
Die Mauern stehn
Sprachlos und kalt, im Winde
klirren die Fahnen.«

Und man versuche nur einmal, diese Strophe mit Adjektiven einzufärben:

>»Weh mir, wo nehm ich, wenn
Es eiskalter Winter ist, die farbigen Blumen, und wo
den düsteren Schatten der schweren Erde?
Die steinernen Mauern stehn
Sprachlos und kalt, im heftigen Winde
Klirren die bunten Fahnen.«

Ein solches Geröll an Adjektiven macht natürlich jedes Bild kaputt. Hölderlin würde weinen.

Dichter können es sich sogar leisten, Adjektive gewagt zu kombinieren:

>»Grau teurer Freund ist alle Theorie und grün des Lebens goldner Baum.«

Wie also sieht dieser Baum bei Goethe aus? Jedenfalls nicht – grau!

Eine besonders originelle Kombination von Adjektiven war einmal in der Heiratsannonce einer Ehevermittlung zu lesen. Darin sucht eine »verführerische, treue Frau« den passenden Mann. Eine solche Frau sollte man von der Stelle weg heiraten: Sie endlich wäre so etwas wie die Quadratur des Kreises im Reiche der Erotik.

Und was halten Sie, lieber Leser, etwa vom folgenden Text:

>»Der kleine See schimmert wie Seide. Sanft wiegt sich das junge Schilf im feuchten Wind. Zärtlich fallen Blüten auf einen jungen Mädchenkörper. Marion zieht ihre schlanken Beine an und streicht mit zarter Hand über das Knie. Wie sehr sie es genießt, so ganz ohne Oberteil im taufrischen Gras zu liegen, den Sommerwind zu fühlen, wie er ihren jungen, zierlichen Körper zärtlich streichelt.«

Nein, keine Angst, das hat kein Journalist geschrieben, es stammt nicht einmal von Hedwig Courths-Mahler. Ein Heiratsvermittlungs-Institut preist so seine »Angebote« an. Selten findet man einen solchen Kehrichthaufen blutleerer Adjektive, einmal ganz abgesehen von Fragen des guten Geschmacks im Umgang mit heiratsfähigen Damen.

Auch der Schlechteste von uns, so soll auf einer imaginären Inschrift in einem amerikanischen Zuchthaus stehen, kann den anderen immerhin noch als abschreckendes Beispiel dienen. Na ja, und eine solche Funktion können schließlich auch solche Zeilen haben.

Wirklich in der Zeitung, und zwar in der *Bild*-Zeitung, finden sich aber tagtäglich ganz ähnliche Beschreibungen junger Damen, denen aus irgendeiner Laune des Zufalls meist wichtige Kleidungsstücke abhanden gekommen sind und die jetzt nach Kräften bemüht sind, ihre Blößen schamhaft zu verdecken – die Rede ist von den Mädchen auf der Seite 1. Und dort war in den Bildtexten eine »Lyrikerin« tätig, deren Anonymität inzwischen gelüftet ist. Man kann diese Texte ja auf ihre Weise spaßig finden, man kann aber auch die Auffassung vertreten, dass sie das Niveau von Männern ein bisschen unterschätzen, die zufällig nicht nur gucken, sondern auch lesen können.

Diese Texterin badet geradezu in Adjektiven:

»Haare, blond wie reife Roggenfelder, Haut samten, wie die Pollen violetter Tulpen.«

Was wohl der Tycoon gedacht hätte, wenn er solche und ähnliche Adjektiv-Schablonen in seiner Zeitung gefunden hätte?

Der Griff zum Klischee...

Vor allem in einer Reportage, aber nicht nur dort, ist kaum etwas ermüdender als der Griff zum Klischee, der abgegriffenen Münze, die ja einmal ein rundes Geldstück war. Solche Bilder werden mit geschlossenen Augen geschrieben und mit geschlossenen Augen gelesen – also eigentlich gar nicht. Wer das Klischee wählt, schreibt – »Kir Royal«. Einige Beispiele dafür finden sich auch bei den Kritiken aus dem regionalen Nahfeld. Hier einige sehr verschiedene, andere Textstellen aus vergangenen Tagen:

»Der Vorsitzende der Bundespressekonferenz... hatte mit seinen Mannen als Gastgeber eine glanzvolle Ballnacht... arrangiert. Glücksgöttin Fortuna spielte bei der Mitternachtstombola ein erfolgreicher Spitzensportler... Bundesaußenminister Hans-Dietrich Genscher und Ex-Bundeswirtschaftsminister Otto Graf Lambsdorff tanzten mit ihren Frauen flott und munter...«

All dies ist Wortgeklimper mit Stereotypen, zu denen auch das in der gleichen Reportage gezeichnete Bild von Alt-Bundeskanzler Helmut Kohl gehört, der »behaglich an seiner Pfeife schmauchte«. Und ob sich Jupiter über eine Kollegin Fortuna besonders gefreut hätte, die in Wirklichkeit ein männlicher Spitzensportler war, wissen wohl nur die Götter.

Ein paar Zufallsbeispiele aus der *Bild*-Zeitung zeigen, dass vor allem (blonde) Frauen bei der Personenbeschreibung so etwas wie einen Kitsch-Reflex auslösen, übrigens nicht nur bei männlichen Journalisten:

»Die vollen Erdbeerlippen, der Brigitte-Bardot-Augenaufschlag – und so launisch wie eine Wildkatze...« (über Patsy Kensit)

»Feengleich-sphärisch mit einem hohen Maß an Klasse... (über Gwyneth Paltrow)

»Endlos lange Beine – Magdalena Brzeska zeigt, was sie hat. Aber alle Hüllen will sie frühestens in zwei Jahren fallen lassen...«

... und zum falschen Wort

Wörter aus einer anderen Stilebene können durchaus die Aufmerksamkeit der Leser im Sprachfluss wachrütteln. Sie können aber auch ganze Textpassagen der Lächerlichkeit preisgeben, und damit zugleich den Verfasser.

»›Ich liebe die Menschen und die Kontakte‹, gestand die Frau des Kanzlers. Sie blieb nicht am Tisch hocken wie ›First Lady‹ Freifrau von Weizsäcker, sondern mischte sich selbstbewusst unter das Volk.« (Aus einer Reportage über den Bonner Presseball)

Hier hat der Verfasser gleich mehrmals bei der Wortwahl danebengegriffen. Dass eine »First Lady« an einem Tisch »hockt«, wäre ganz und gar nicht standesgemäß. Zwar hat der frühere Bundespräsident Theodor Heuss in liebenswerter Ironie einmal am Schluss eines langes Abends über sich selbst gesagt, der Präsident gehe jetzt nach Hause, »der Heuss aber bleibt hocke«. Dies freilich kann ein Amtsträger über sich selbst sagen, auch wenn er kein Schwabe ist, nicht aber ein Journalist über ihn – schon gar nicht, wenn es sich um eine Dame handelt. Sie mischte sich unter das Volk? Na ja. Und schließlich: Menschenliebe ist ein eigenartiges »Geständnis«. Auch sie ist noch immer nichts Verbotenes. Und was tat Steffi Graf, als sie im New Yorker Tenniszentrum ihren Rücktritt erklärte? Sie *hockte* im blauen Strickkleid vor der Presse. Aber dieses Hocken wird im Text dann eher als Ausdruck einer scheuen Körperhaltung erklärt.

»Völlig neu ist die Rotunde (des Hotels Petersberg, d. Verf.). Sie bietet nicht nur einen unbezahlbaren Blick auf den Rhein, sondern bei Empfängen auch Platz für 400–500 Leute.«

Leute? Es werden doch wohl eher Gäste, hoffentlich aber wenigstens Menschen sein, die sich in dieser noblen Herberge versammeln (nein, nicht *Nobelherberge*).

Und wie ist es mit der »Macht der edlen Visage«? Eine Visage verheißt eigentlich nichts Gutes, aber das »edle Gesicht« war dem Schreiber wohl allzu gefühlvoll. Deshalb kann man das bewusst spannungsreiche Bild einmal durchgehen lassen.

Ein bisschen an der Sprache verhoben hat sich der Schreiber dieser Zeilen:

»Eigentlich wollte Boris Pasternak (in Tübingen) Philosophie studieren, wurde dann aber zum Dichtertum bekehrt.«

Und wie ist es, wenn wir aus gutem Grund ein Wort gebrauchen müssen, das eigentlich *so* nicht salonfähig ist, irgendein *ugly word* also, das aber die Dinge auf den Punkt bringen soll?

Dann können kleine, distanzierende Wörter helfen, gewissermaßen als koketter Knicks vor dem Leser:

»Das klingt, mit Verlaub gesagt, verlogen.« (Aus einem Kommentar zu den Äußerungen irgendeines Politikers)

»... der französische Staatspräsident, feingliedrig, gewandt und, mit Verlaub gesagt, jesuitisch-hintersinnig argumentierend...« (Über eine Fernsehsendung mit François Mitterand)

»Mit dem Abriss, pardon: der ›Asbestsanierung‹ des Palastes der Republik...«

Hier sollen das »Pardon« und die Anführungszeichen zeigen, dass der Autor diese Wortkosmetik nicht mitmacht.

Oder, etwa neckisch:

»Labour, pardon: New Labour...«

Oder man kann einer harten Aussage die eigene Wertung mit auf den Weg geben:

»... um im makabren Bild zu bleiben...«

Bisweilen hilft das Wort »mit Verlaub«, das Joschka Fischer einmal im Parlament gebrauchte, als, pardon: seine Umgangsformen noch Tennisschuhe trugen:

»Mit Verlaub, Herr Präsident, Sie sind ein Arschloch!«

Was ihn freilich, soweit erinnerlich, nicht vor einer Rüge schützte.

»Das muss wohl gesagt werden«: Auch diese Pseudo-Entschuldigung kann man sagen, bevor man etwas sagt, das man – eigentlich – nicht sagt. Oder man kann von den *Lästerzungen* sprechen und sich auf diese Weise hinter ihnen verschanzen.

Keine Anführungszeichen und kein »pardon« würden aber bei diesem Zitat helfen:

»Der Sterbeüberschuss verstärkt den Bevölkerungsrückgang noch weiter« (in Berlin).

»Sterbeüberschuss« – das ist kein ungewollter Zynismus.

Karl Kraus hat einmal ironisch gewarnt, Stilblüten solle nur sammeln, wer ein Liebhaber ist. Und in einer Art von Sprach-Sarkasmus hat er sich über die »ergreifende Symbolik« eines Satzes lustig gemacht, der einer Zeitung »gelungen« war:

»Sterbend wurde sie [eine Frau] ins Spital gebracht, wo sie einem toten Kind das Leben gab.«

Geschieht das nicht unser aller gemeinsamen Liebsten, fragte er, der Kultur? »Sterbend wurde sie in die Redaktion gebracht und gebar die Phrase. Ach, wer doch dem Kind das Leben gäbe, er würde die Mutter retten.«

»Mit« oder »ohne«?

Das Wörtchen »mit« kann im Einstieg einer Nachricht seinen Platz haben. Hier soll aber vor seinem falschen Gebrauch gewarnt werden:

Mit diesem an sich harmlosen Wörtchen wird nämlich viel Schindluder getrieben. »Mit« soll ja bedeuten: zusammen oder zugleich, und in diesem Sinne sollte es dann gebraucht werden.

»Mit der Einführung der Sommerzeit werden die Uhren eine Stunde vorgestellt!«

Das mag zwar kein sonderlich eleganter Satz sein, jedenfalls aber macht er einen Sinn.

»Mit Deng geht das halbe ZK.«

Dies war wahrlich ein großer Abgang auf Chinas politischer Bühne und sprachlich zudem korrekt. Ebenso korrekt ist auch der Satz: »Mit dem Frühling (wird) der Aufschwung deutlich sichtbar und spürbar.«

»Mit« wird aber oft auch gebraucht, wenn der Schreibende eigentlich meint: In der Person des Sowieso. Dann aber steht das Wort für schieren Nonsens, wenn *zusammen* mit jemandem nichts geschieht, sondern gerade »mit« jemandem *alleine*. Der bekannteste Schnitzer ist es sicherlich, wenn es in einem Bericht über eine Beisetzung heißt, dass mit dem Herren Soundso ein berühmter Zeitgenosse zu Grabe getragen wird. Natürlich liegt da niemand im Sarg an seiner Seite, sondern er allein ist es, der so die letzte Ruhe findet. Dennoch scheint dieser sprachliche Missgriff unausrottbar zu sein.

»Mit Bruno Kreisky ist gestern eine der facettenreichsten Persönlichkeiten der österreichischen Nachkriegspolitik gestorben.«

Oder:

»Mit Joel McCrea starb ein gefragter Cowboy-Star.«

Oder:

»Mit dem 39-jährigen Robert Harns ist in Kalifornien wieder ein Häftling hingerichtet worden.«

Richtig waren die Sätze:

»Bruno Kreisky, einer der ...«

Und: »Joel McCrea, ein gefragter ...«

Das richtige Sprachgefühl hatte auch der Verfasser folgender Todesanzeige:

»Wir verlieren in ihm einen ... hoch geschätzten Mitarbeiter.«

Und wenn man sagen will, wie alt jemand geworden ist, dann sagt man besser »im Alter von« und nicht »mit«. Auch wenn es ein uralter Priester ist, der da »mit 105 Jahren« starb. Denn, und dies ist eine traurige Gewissheit, mit den Jahren stirbt halt ein jeder. Und dann kann es schon einmal sein, dass »das Gute mit ihm begraben« wird – so ungefähr hat das Shakespeare gesagt.

Traurig, aber wahr ist es, dass bei jenem Bombenattentat in Indien »mit« Rajiv Gandhi andere Menschen getötet wurden. Zutreffend kann es auch sein, wenn es in einem Nachruf heißt, dass »mit Max Frisch ... eine literarische Gegenwelt zu dieser Schweiz« verschwand. Aber auch unter Lebenden ist das Wörtchen »mit« für manchen Sprachschnitzer gut.

»Mit dem parlamentarischen Staatssekretär X hat im Mai ein potentieller Kandidat für die Nachfolge des Intendanten Y abgesagt.«

»Mit dem Werkzeugmacher und promovierten Philosophen kommt nicht nur einer der erfahrensten Sozialexperten, sondern auch ein brillanter politischer Kopf.«

Sind dies nun eins, zwei oder gleich drei Neue, die da kommen? Die Rechnung ist einfach: Der Intendantenanwärter und der philosophische Werkzeugmacher sind auf ihre Weise einmalig und haben mit ihrer stummen

Schattengestalt nichts zu tun. Deshalb ist es auch geradezu eine Knobelaufgabe für kluge Köpfe, wenn es in einer älteren Meldung heißt:

»Dem CDU-Kabinett gehören vier neue Minister an: Verkehrsminister ist Thomas Schäuble, ein Bruder des Bundesinnenministers, Wissenschaftsminister wurde Klaus von Trotta, Justizminister Helmuth Ohnewald und Kulturministerin Marianne Schultz-Hektor. Außer ihr gehört mit Sozialministerin Barbara Schäfer eine zweite Frau dem Kabinett an.«

Prüfungsfrage: Wie viele Frauen sind im Kabinett?

Eine flotte Ehe zu dritt muss es auch gegeben haben, als eine ebenso reiche wie attraktive Reiseunternehmerin »mit dem Industrieerben Christian K. einen der finanziell potentesten Junggesellen im Königreich Dänemark« heiratete.

Von der »Affäre« zum »Skandal«

»Der Skandal fängt an, wenn die Politik ihn beendet«, wieder einmal ein Zitat von Karl Kraus. Denn dann beschäftigt er gelegentlich die Menschen. Dabei wird offenbar, dass auch Begriffe Karriere machen können, bisweilen auch eine negative. Fall – Affäre – Skandal: diese Wortsteigerung bietet sich immer dann an, wenn gravierende Missstände aufgedeckt werden. Am neutralsten wäre es freilich, zunächst einmal von einem »Fall« zu sprechen. Zwar kommt dieses Wort aus der Juristensprache, aber es hat den Vorteil, dass es einen Sachverhalt umschreibt, den es am Ende bestimmter Aufklärungen zu bewerten gilt. Aber, dies ist einzuräumen, in der Alltagssprache sehen viele in dem Wort bereits den Fall für den Kadi.

Das Wort von der »Affäre« reicht da schon weiter, hat schon das Zwielichtige, das es früher einmal kennzeichnete, wenn es um Liebesdinge ging. Ein Dienstmädchen hatte damals ein »Verhältnis«, ein Mann von Welt hatte seine »Affären«, und gelegentlich auch einmal eine Dame von Halbwelt die ihren. Den Superlativ auf dieser Wortleiter umschreibt dann der »Skandal« – von ihm sollte man nur dann sprechen, wenn die Beweislage schon ziemlich dicht ist und es um Vorwürfe von wirklichem Gewicht geht.

Allerdings gibt es bisweilen auch die umgekehrte Reihenfolge. Bill Clinton etwa hatte mit Monica Lewinsky eine Affäre. Der Sonderermittler Starr machte einen Fall daraus. Und ein Skandal war es, wie dieser Fall in der Öffentlichkeit vermarktet wurde.

Den schnellen Wandel auf der Begriffsskala zeigt besonders anschaulich jenes politische Vorkommnis, das den Namen »Barschel« trägt. Der damalige Ministerpräsident von Schleswig-Holstein war in üble Machenschaften gegen seinen politischen Rivalen Björn Engholm verstrickt, hatte alle Schuld geleugnet, vor einer Pressekonferenz ein falsches, politisches »Ehrenwort« abgegeben und seine Mitarbeiter zu falschen eidesstattlichen Versicherungen überredet. Am Anfang des bis heute nicht endgültig geklärten: ja, was denn nun? sprachen die meisten Zeitungen von einem »Fall Barschel«. Als sich dann der Verdacht verdichtete, dass Barschel gelogen hatte, stand in den Schlagzeilen bald das Wort von der »Affäre« oder von der »trüben Affäre«. Und nachdem auf allen Seiten immer mehr Unglaublichkeiten ans Tageslicht kamen, nannten die allermeisten Zeitungen dieses Politikum beim Namen – nämlich einen »Skandal«, ja sogar den »größten politischen Skandal« seit langem Gedenken.

Das Wort vom »Skandal« stellte sich auch beim illegalen Transport von Atommüllfässern durch eine Hanauer Firma ein, der für große Beunruhigung in der Bevölkerung sorgte. Eine Zeitungsüberschrift macht die Rangfolge deutlich: »Von der Bestechungsaffäre zum Sicherheitsskandal« (*Frankfurter Rundschau*). Einer anderen Zeitung war auch das Wort »Skandal« nicht genug, sie sprach von einem »Skandal erster Güte« (*Saarbrücker Zeitung*). Und auch bei einer anderen radioaktiven Gefährdung – es ging um verstrahltes Molkepulver – sprachen manche Zeitungen von einem Skandal, wobei dieses Wort gelegentlich abgeflacht wurde – als ein »starkes Stück« (*Badische Neueste Nachrichten*).

Viel zu mild erscheint das Wort »Affäre« im Zusammenhang mit den Blutkonserven in Frankreich, die aidsverseucht waren und unter den Patienten viele Opfer forderten.

Dass in einer bestimmten Sorte von Maultaschen umstrittenes Eiweiß zu finden war, ging meist noch als »Affäre« durch, während die SPD-Opposition im Stuttgarter Landtag bereits von einem »Skandal« sprach. Im Falle eines Staatsanwalts, dem vorgeworfen wurde, bei Feiern im Kollegenkreis ungeniert das Horst-Wessel-Lied und andere Nazilieder gesungen, auch die Hand zum »Hitlergruß« erhoben zu haben, beklagten Zeitungen zu Recht bald einen »Justiz-Skandal«, da diese »Sanges-Auftritte« in Justizkreisen bekannt gewesen seien und dieser Staatsanwalt zugleich als besonders energischer Ermittler gegen Volkszählungsgegner hervorgetreten war.

Als die Waffengeschäfte zwischen dem Iran und den Vereinigten Staaten offenbar wurden, die Ronald Reagan zum Schluss seiner Amtszeit viel von seiner Popularität nahmen, sprachen viele Zeitungen zunächst noch von der »Iran-Contra-Affäre«, bis das Wort dann vom »Skandal« abgelöst wurde.

Von einem »Skandal« wurde einmal in ziemlicher Übertreibung gesprochen, als in einem bestimmten Kanton Chinas zwanzig Minuten lang statt der mittäglichen Nachrichtensendung ein Sexfilm über die Mattscheiben flimmerte. Dabei ging es um ein Versehen. Ein Mitarbeiter hatte vergessen, den Sendebetrieb auszuschalten, bevor er sich zusammen mit einem Freund einen höchst privaten Videofilm zu Gemüte führte. Zwar wurden den Verantwortlichen schwere Strafen angedroht und die beiden Pornofans schließlich verhaftet; zu einem »Skandal« dürften diese klammheimlichen Freuden, die da unversehens veröffentlicht wurden, hierzulande aber kaum ausreichen.

Als Faustregel sollte an die Erkenntnis von Bert Brecht erinnert werden, dass auch der Zorn über die gerechte Sache die Stimme heiser macht. Die »Skandalisierung« ist längst zum Fachwort der Publizistikwissenschaft geworden (Hans Mathias Kepplinger). Den Skandal sollte man aber in den Medien nur dann ausrufen, wenn das, was da passiert ist, mindestens ein »starkes Stück« ist – und noch ein bisschen mehr. Denn bei einer Inflation von Skandalen verläuft sich auch hier das Leserinteresse. Politiker bringen das auf die handliche Formel: einfach abwarten, bis eine neue Sau durchs Dorf getrieben wird.

Von Herren und Frauen

So selbstverständlich, wie ein Brief mit dem Satz »Sehr geehrter Herr Soundso« oder »Sehr geehrte Frau Soundso« beginnt, so schwierig ist es inzwischen geworden, mit Damen und Herren in journalistischen Texten umzugehen. Während englische, amerikanische oder französische Journalisten ganz selbstverständlich von Mr. und Mrs. oder Madame und Monsieur sprechen, einerlei wie eindrucksvoll der Träger des Namens erscheint, ist es im Zeitungsdeutsch ein Fauxpas, etwa von »Herrn Kohl« zu sprechen. Wer einen Herrn im Text auch mit »Herr« anspricht, zeigt zumindest eine ironische Distanz, zweifelt vielleicht gar insgeheim an dem »Herrn« – so richtig freundlich kann das gar nicht mehr werden, was auf diese Anrede folgt.

Im deutschen Journalismus nennt man den Namen zusammen mit der Amtsbezeichnung, also etwa Bundespräsident (Horst) Köhler oder Innenminister (Otto) Schily, und ob jemand ein Mann ist, erkennt man im Allgemeinen auf diese Weise. Ob es sich dabei zugleich um einen »Herren« handelt, spricht sich dann irgendwann herum.

Wenn etwa Pankraz in der *WELT* vom »Herrn Schauspieldirektor Flimm«, vom »Herrn Popsänger Udo Lindenberg«, »Herrn Chefredakteur Gremliza« und »Herrn Multimillionär Reemtsma« spricht, weiß man schon im ersten Absatz dieses Beitrags, dass er von all den Genannten nicht allzu viel hält. Und natürlich spricht alles andere als Wohlwollen aus dem Wörtchen »Herr«, wenn Lessing über einen seiner Widersacher schreibt: »Immer glaubt Herr Klotz mir auf den Fersen zu sein. Aber immer wenn ich mich auf sein Zurufen nach ihm umwende, sehe ich ihn, ganz seitab, in einer Staubwolke auf einem Wege einherziehen, den ich nie betreten habe.« (zitiert bei Reiners, Stilkunst, S. 327)

Wenn die *Bild*-Zeitung schreibt:

»Es reicht, Herr Braun!«,

oder eine andere Zeitung

»Die Herren Richter störten sich vor allem an dem...«

oder

»Die Herren Schröder und Scharping stört es nicht...«,

so ist klar, dass es hier um alles andere geht als um Liebkosungen. »Der politische Gegner wird gern mit dem Vornamen ›Herr‹ angeredet«, schreibt Gabriele Henkel, »was unbegreiflicherweise wohl das Gegenteil bedeuten soll.« Und so ahnt man schnell, dass der Text keine Lobeshymne sein wird, wenn der »Reformmatador Hartz« oder der Talkmeister Beckmann hartnäckig als »Herren« vorgestellt werden.

Anders mag es freilich sein, wenn ein ehemaliger Botschafter politische Vorgänge kommentiert. Wenn dann etwa in einem Beitrag einerseits von »Kanzler Kohl«, andererseits von »Herrn Kohl« gesprochen wird, so ist dies sicher keine ironische Distanzierung, sondern durch protokollarisches Denken geprägte Höflichkeit. Auf diplomatischem Parkett kann die Form schon gelegentlich zum Inhalt werden. Und ein Botschafter ist ja auch im Allgemeinen kein Journalist.

Schwieriger ist die Sache schon, wenn es um Frauen geht. Anders als beim »Herrn« drückt das Wort »Frau« bei uns nämlich keine ironische Distanz aus. Hier hat sich offenbar noch ein Rest männlicher Höflichkeit erhalten: »Frau Pluhar«, »Frau Süssmuth«, »Frau Limbach«.

Wer so formuliert, handhabt die Anrede korrekt, mag sich freilich bei emanzipierten Frauen alsbald dem Verdacht aussetzen, dass unverzeihliche Reste des männlichen Chauvinismus in ihm lebendig sind. Statt »Frau Pluhar« oder »Frau Süssmuth« kann man auch von »Erika Pluhar« oder »Rita Süssmuth« sprechen, auch wenn man beide Damen nicht duzt. Nur von »Pluhar« oder »Süssmuth« zu sprechen gilt aber heute bei manchen unverbesserlich altmodischen Zeitgenossen immer noch als eine nicht besonders liebenswürdige Ausdrucksform, wird inzwischen aber immer häufiger so gehandhabt.

Nun wird hier aber mittlerweile der Gleichheitssatz von der anderen Seite in die Höhe gehalten. So wurde in einem Leserbrief an die *Frankfurter Allgemeine Zeitung* einmal darüber geklagt, dass man im »Verfolg der Frauenemanzipation« immer häufiger »unmögliche Formulierungen« höre und lese, wie etwa »Blüm und Frau Fuchs«. Die Beobachtung ist sicherlich richtig, ob diese feinsinnige Unterscheidung zwischen Herren und Frauen aber »unmöglich« ist, ist wieder eine andere Frage.

Allerdings finden sich in Beiträgen aller Art zunehmend auch Frauennamen ohne jedes Beiwerk. Vielleicht wird in absehbarer Zeit die Gleichberechtigung auch diesen kleinen Kavaliers-Schnörkel aus unserem Schriftbild auslöschen.

Wobei letztlich immer noch Defizite übrig bleiben: So ist etwa Sophia Loren mit dem Orden eines »Ritters der Ehrenlegion« ausgezeichnet worden, nicht mit dem einer »Ritterin«. Und bislang ist, jedenfalls sprachlich, die »V-Frau« dem »V-Mann« noch nicht zur Seite getreten, wenn es um die Aufklärung von Straftaten geht – und auch die »jederfrau« nicht dem »jedermann«. Aber damit sind wir schon einen guten Schritt hineingegangen in das Feld der Emanzipationsblödelei.

Allerdings sollten Amtsbezeichnungen eindeutig klarstellen, ob man es mit einer Frau oder einem Mann zu tun hat, solange dies ohne sprachliche Akrobatik möglich ist. Auf einem Kolloquium des Mannheimer Instituts für Deutsche Sprache war einmal vom »weiten Weg vom Amtmann zur Amtfrau« die Rede. Wegweisend sollten hier Journalisten mit einem Transparenzbemühen sein, vorausgesetzt, dass die neuen Wortschöpfungen nicht allzu gequält klingen. So heißt es selbstverständlich »Rechtsanwältin«, »Steuerberaterin« oder »Journalistin«, und auch gegen eine »Ministerin« oder »Staatssekretärin« lässt sich nichts einwenden, außer vielleicht, dass es verhältnismäßig wenige davon gibt. Hier muss unsere Sprache in Zukunft noch kräftig entrümpelt werden, auch vom Gesetzgeber, da dessen Ausdrucksform in der Vergangenheit durchaus männlich gefärbt war. Wir Journalisten können uns dabei zum Vorreiter machen, ohne allerdings gleich zu Barrikadenkämpfern zu werden. So dient es etwa weniger der Gleichberechtigung als der Heiterkeit, wenn man von »Abgeordneten« und »Abgeordnetinnen« sprechen würde, oder von »Obmännern« und »Obfrauen«, oder von der »Zimmerin«, die nicht etwa mit der guten alten Zimmerwirtin identisch ist, sondern die weibliche Form des Zimmermanns bedeuten soll. Und als in den »Tagesthemen« einmal von der »Frauschaft« die Rede und damit der Damenfußball gemeint war, war dem Moderator Ulrich Wickert nicht anzusehen, ob er insgeheim vielleicht doch schmunzelte. Und man hat dieses Schmunzeln auch nicht den Worten angesehen, als es in spanischen Zeitungen über eine Stierkämpferin einmal hieß:

»Dieses Mädchen ist ein wahres Mannsbild.«

Aber wo immer es ohne Verrenkungen möglich ist, sollte man Farbe bekennen, ob es sich um Männer und Frauen gehandelt hat, um Tänzerinnen und Tänzer, um Studentinnen und Studenten, um Ärzte und Ärztinnen. Dies mag zwar ein bisschen mehr Platz kosten, aber dieser Preis erscheint gering für eine vernünftige Sprachbereinigung.

Ein hübsches Beispiel für eine pragmatische Lösung des Anredeproblems ist aus England bekannt geworden. Hier hat es in der Gerichtssprache Verlegenheiten gegeben, nachdem die erste Frau, Elisabeth Butler-Sloss, zum Mitglied des Londoner Appellationsgerichts ernannt worden war. Und da der Titel »Lord Justice«, wie sie wohl meinte, nur wenig auf sie passte, schlug sie vor, man möge sie ganz einfach mit »My Lady, Lord Justice Butler-Sloss« anreden. Ob sie das ganz ernst gemeint hat, ist leider nicht überliefert. Mein Vorschlag, besagte Dame »Lady-Lord Justice Butler-Sloss« zu nennen, ist es jedenfalls nicht.

Vom Umgang mit Zitaten

Auch Wortzitate würzen die Gerichte, die wir unseren Lesern auftischen, die Berichte, Features und Reportagen. Zitate sind aber nicht nur Gewürze: sie sind, modisch gesprochen, auch der »O-Ton« eines Sprechers, den wir mit den Mitteln des gedruckten Wortes unter die Leute bringen. Zitate vermitteln Authentizität, sie vermitteln auch etwas von der Persönlichkeit des Zitierten, gerade weil sie ihn sichtbar machen und nicht den Journalisten, durch dessen sprachlichen Filter eine Äußerung gepresst wird. Im amerikanischen Journalismus spielen Zitate daher eine entscheidende Rolle: »Quotes, quotes, quotes«: So heißt es dort, wenn junge Journalisten auf Nachrichtenernte geschickt werden.

Gerade weil Zitate authentisch klingen, wenn sie eine fremde Persönlichkeit in ihren Äußerungen einfangen, verlangen sie aber ein ganz besonderes Maß an Gewissenhaftigkeit und Zuverlässigkeit. Wer zitiert wird, steht in Person vor den Lesern, und er hat natürlich ein Anrecht darauf, unverfälscht vor ihnen zu stehen. Dies bedeutet zunächst einmal, dass wir uns penibel an das halten müssen, was dieser Mann oder diese Frau gesagt hat. Wir brauchen dazu ein hervorragendes Gedächtnis oder, besser noch, eine zuverlässige Mitschrift. Wenn wir erlaubterweise ein Tonband mitlaufen lassen, sind die Zitate für uns gewissermaßen dokumentiert. Andernfalls sind wir auf unsere Mitschrift angewiesen, und diese Gedächtnisstütze muss bei der Wiedergabe von wörtlicher Rede besonders zuverlässig sein. Am besten setzt man bei den Notizen schon während des Schreibens jene Teile in Anführungszeichen, die als Zitate in Frage kommen, und kennzeichnet sie, wenn es, wie meist, hinterher mit dem Artikel pressiert, mit einem »Z« am linken Rand des Schreibblocks. Natürlich müssen wir uns auch hier an die »Geschäftsbedingungen« des Gesprächs halten: Sagt der Gesprächspartner, dass er jetzt bewusst überspitzt und so nicht zitiert werden möchte, so müssen wir diese Bitte erfüllen. Sonst aber gilt »ein Mann, ein Wort« – auch wenn dieses Wort von einer Frau stammen sollte. Und wir schulden dem Zitierten dann nur noch die selbstverständliche Fairness, seine Worte nicht derart aus dem Zusammenhang zu reißen, dass sie, obwohl richtig wiedergegeben, einen anderen Sinn ausmachen.

Es ist ein offenes Geheimnis, dass Zitate auch erfunden werden, und es gibt genügend Gesprächspartner, die solche Erfindungen beklatschen, wenn sie der Auffassung sind, dass sie gut nachempfunden wurden. Selbstverständlich müssen wir ein solches Zitat »genehmigen« lassen, bevor wir es jemandem in den Mund legen. Und nur ganz selten kann es einmal geschehen, dass uns jemand gleichsam einen Blankoscheck für Zitate ausstellt: dass er schmunzelnd zu verstehen gibt, man werde von seinen Worten schon den richtigen Gebrauch machen. Das lädt uns dann eine gehörige Portion von Verantwortung auf, wie immer, wenn sich jemand ungeschützt in unsere Hand begibt. Wir sollten aber niemanden mit ihm in den Mund gelegten geistvollen Zitaten behängen, wie einen Christbaum mit Weihnachtskugeln – auch wenn ihm das noch so willkommen ist. Denn wir erzeugen damit einen Glanz, der nicht von innen kommt.

Aber nicht nur Journalisten finden auf diese Weise Zitate, bisweilen tun dies auch solche Zeitgenossen, deren Berufsrolle es mit sich bringt, dass sie für andere das Wort ergreifen. Larry Speakes, der ehemalige Pressesprecher Ronald Reagans, hat in seinen beruflichen Lebenserinnerungen (»Speaking out«) einmal freimütig geschildert, wie er sich gelegentlich zum Bauchredner seines Präsidenten machte und damit nicht nur die Zunft der Journalisten aufgeschreckt hat. Dabei ließ sich Speakes, wie dies in der *Frankfurter Allgemeinen Zeitung* dargestellt wurde, die Zitate seinerseits von seinem Assistenten vorbereiten, polierte das Rohmaterial auf und reichte die erfundenen Kernsprüche dann an die Journalisten weiter. »Es gibt vieles, was uns trennt. Aber ich glaube, dass die Welt leichter atmet, weil wir hier heute zusammen sprechen«: Dies also hat Reagan auf dem Gipfel in Genf zu Gorbatschow gesagt – in Wirklichkeit aber war es Speakes, der Reagan hier etwas hatte sagen lassen. Ein anderes Mal hatte Reagan in eindrucksvoller Weise seine Empörung über den Abschuss des koreanischen Flugzeuges zum Ausdruck gebracht. In Wirklichkeit war es aber Außenminister Shultz gewesen, von dem das Zitat stammte, das Speakes dem Präsidenten kurzerhand in den Mund geschoben hatte. »Meine Entscheidung«, so Speakes in seinem Buch, »verkaufte sich gut. Keiner der beiden beklagte sich.«

Offenbar hatte sich Ronald Reagan tatsächlich nicht bei seinem Sprecher über die erfundenen Zitate beklagt, im Gegensatz zu Marlin Fitzwater, Speakes' Nachfolger im Amt des Pressesprechers, der von einer »verdammten Schandtat« sprach. Speakes hatte mit seinem Geständnis aber die Frage aufgerührt, ob ein erfundenes Präsidentenzitat »zwischen die Kategorien von Wahrheit und Lüge fällt«, wie Leo Wieland dies in der *Frankfurter Allgemeinen Zeitung* sagte. Journalisten dürfen jedenfalls die Worte Speakes' auf keinen Fall zur inneren Rechtfertigung für erdachte Zitate machen, auch wenn er in seinem Buch sagte: »Wenn man Pressesprecher ist, dann entwickelt man ein Band des Verständnisses mit dem Präsidenten, sodass man denkt wie er. Ich wusste, dass jene Zitate immer ausdrücken, was er fühlt.«

Unsere Aufgabe ist es aber nicht zu »fühlen«, sondern zu berichten, und das Zitat ist der direkteste Bericht. Freilich wäre man doch neugierig zu erfahren, wo zwischen Wahrheit und Lüge das schon erwähnte Zitat Reagans anzusiedeln ist, mit der Frage: »I hope you are Republican.« Ein

Wort, fast zu schön, um wahr zu sein für einen Mann, der soeben einem Attentat entronnen ist und miterlebt, wie sich der Chirurg für den bevorstehenden Eingriff die Handschuhe überstreift.

Fast zu schön, um wahr zu sein, ist auch jener erhabene Satz des ersten amerikanischen Astronauten, bevor er seinen Fuß auf den Mond setzte: »Ein kleiner Schritt für einen Mann, ein großer für die Menschheit.« Und so war er ihm denn auch von Norman Mailer wirkungsvoll in den Mund gelegt worden.

Se non è vero, è ben trovato – Wenn es nicht stimmt, ist es wenigstens gut erfunden? Nein, Zitate müssen *stimmen* – und sie müssen auch so vollständig sein, dass sie den Sinn des ganzen Gedankens wahren. Darauf hat auch Franz Josef Strauß einmal aufmerksam gemacht, der selbst für so viele Zitate gut war. Richtig ist, sagte er, dass in der Bibel steht: »Es gibt keinen Gott.« Aber das Zitat gehe weiter, nämlich: »Sagt der Narr.« Was ja immerhin einen Unterschied macht. Ebenso wie es einen Unterschied macht, ob Dieter Hildebrandt in einer »Scheibenwischer«-Sendung sagte: »Ich würde ja Helmut Kohl wählen«, oder ob er diesen Satz um den Nachsatz ergänzte: »Wenn ich einen Grund dafür hätte.« Auch das so anmutige Zitat von Bert Brecht: »Stell dir vor, es ist Krieg, und keiner geht hin«, ist aus dem Zusammenhang gerissen, wie ein Leser in einem Brief an die *Frankfurter Allgemeine Zeitung* einmal bemängelte. Jedenfalls in der von ihm herangezogenen Brecht-Ausgabe des Suhrkamp Verlags gehe der Satz weiter:

»... dann kommt der Krieg zu euch. Wer zu Hause bleibt, wenn der Kampf beginnt, und lässt andere kämpfen für eine Sache, der muss sich vorsehen: Denn wer den Kampf nicht geteilt hat, der wird teilen die Niederlage...«

Oder: »Die Krone der Schöpfung, das Schwein.« Hat das wirklich Gottfried Benn gesagt? Ja, allerdings hat er hinzugefügt: »Der Mensch.« Was ja nun wieder eine etwas andere Krone ist.

»Ich bin ein Kölsch.« Das soll Bill Clinton beim Wirtschaftsgipfel in Köln gesagt haben? Obwohl das in dicken Überschriften behauptet wurde, hat es niemand geglaubt. Irgendein Witzbold wird es wohl für ihn erfunden haben. Man sieht das dem Zitat aber an – und man schmunzelt.

Wenn sie aufgedeckt werden, können falsche Zitate uns teuer zu stehen kommen, finanziell, aber auch für unsere berufliche Reputation. So erstritt Heinrich Böll in einem jahrelangen Rechtsstreit über fünf Instanzen ein Schmerzensgeld in Höhe von 40 000 Mark, weil er beweisen konnte, dass er falsch zitiert worden war. Und spätestens dieser Prozess, der Böll in seinem Verlauf an den Rand der Verzweiflung brachte, hat uns die Sinne dafür geschärft, wie ernst Zitate auch von den Gerichten genommen werden, vor allem, wenn sie als Waffe gegen den Zitierten gerichtet werden. Matthias Walden, damals Chefkommentator der *WELT*, hatte Heinrich Böll in einem Fernsehkommentar scharf angegriffen, nachdem der Präsident des Berliner Kammergerichts, Günter von Drenckmann, von Terroristen ermordet worden war. Walden hatte nach den Ursachen solcher Verbrechen gefragt und dabei Böll als eine Art von geistigem Miturheber gebrandmarkt. Da die Meinungsfreiheit auch scharfe Attacken erlaubt, ging es in dem Prozess, den Heinrich Böll alsbald anstrengte, jedenfalls für die Juristen weniger um dieses Wert-, besser natürlich Unwert-Urteil, sondern darum, ob Böll »richtig« zitiert worden war.

Fest stand, dass der Wortlaut seiner Schriften mit den Zitaten nicht deckungsgleich war. Der Bundesgerichtshof vertrat in seinem ersten Urteil die Ansicht, für die Genauigkeit eines Zitats reiche es aus, wenn sein Sinngehalt erfasst sei. Das Bundesverfassungsgericht hob diese Entscheidung jedoch auf, weil seine Richter mit dieser Deutung nicht einverstanden waren. Ein Zitat muss nicht nur den Sinn, sondern auch den Wortlaut wiedergeben, es muss dem Zitierten nicht nur zuzutrauen sein, sondern er muss es genau *so* gesagt haben: Auf diesen kurzen Nenner lässt sich ihr Spruch bringen. Und so wurde denn Heinrich Böll nach einem jahrelangen Prozess das verlangte Schmerzensgeld für Ehrkränkung zugesprochen, als der Bundesgerichtshof sich zum zweiten Mal mit seinem Fall zu befassen hatte. Eine Nachempfindung von Zitaten à la Speakes ist hierzulande also ein risikoreiches Unterfangen, dies ist eine der Lehren aus jenem Prozess.

Die Rechtsprechung erlaubt allerdings die Interpretation eines mehrdeutigen Zitats, wenn kenntlich gemacht wird, dass es sich um eine solche Interpretation handelt. Dafür genügt es allerdings nicht, es in die indirekte Rede zu setzen, sondern es muss zugleich auf den »Interpretationsvorbehalt« hingewiesen werden (zum Beispiel: »… so jedenfalls verstehe ich den Zitierten«, oder »… so ist er wohl zu verstehen«). Auch das Wort »sinngemäß« kann helfen, solange wir es nicht in unserem (Hinter-)Sinn verwenden, sondern wir uns wirklich an den *Sinn* des Gesagten halten.

Denn natürlich muss jede Interpretation in einem vertretbaren Rahmen bleiben und sich an Wortwahl und Gedankenführung des Zitierten orientieren. Nicht selten wird uns ja gerade vorgeworfen, Zitate aus ihrem

Zusammenhang herausgerissen und auf diese Weise verfälscht zu haben. Dieser Vorwurf kann zutreffen, er kann aber auch nur der Versuch des Zitierten sein, eine unbedachte Äußerung auf unsere Kosten wieder aus der Welt zu schaffen.

Wie können wir uns vor solchen Angriffen schützen? Jedenfalls ist jener »accuracy check« bei uns gänzlich unüblich, den der amerikanische *Columbia Missourian* seit vielen Jahren praktiziert: Dort werden die Artikel dem Informanten vor der Veröffentlichung gefaxt, »damit die Informationen stimmen« – und auch die Zitate. Vorsicht: Wenn wir in *echten* Zweifeln sind, können wir uns Zitate durchaus noch einmal – mündlich – bestätigen lassen. Aber wir sollten alles vermeiden, was auch nur von Ferne nach – privater – Zensur riecht. Auch wenn die Betroffenen uns versichern, sie wollten uns ja *nur* vor Irrtümern schützen.

Weniger Glück als Heinrich Böll war Erhard Eppler beim Bundesverfassungsgericht beschieden, als er sich ebenfalls falsch zitiert glaubte – freilich mit mündlichen Äußerungen. Man wolle die Belastbarkeit der Wirtschaft prüfen, so sollte er gesagt haben. Eppler bestritt diese Äußerung und klagte, wie Heinrich Böll, durch alle Instanzen bis hinauf nach Karlsruhe. Er verlor indessen seinen Prozess, weil er in Beweisnot geriet. Er nämlich hätte nachweisen müssen, dass diese Worte so nicht gefallen sind. Wobei offen bleibt, wie überhaupt ein solcher Nachweis zu führen sein könnte.

Allerdings versucht das Bundesverfassungsgericht in solchen Fällen bei Beweisschwierigkeiten zu helfen. Wer zitiert, muss seine Behauptung genauer darlegen. »Es müssen also«, so heißt es in einer Gerichtsentscheidung, »insbesondere Angaben über Zeit, Art und Adressatenkreis der Äußerung gemacht werden.« Und diese Angaben können vom Zitierten widerlegt werden. Wenn ein Zitat geeignet ist, den Zitierten verächtlich zu machen oder in der öffentlichen Meinung herabzuwürdigen, dann allerdings trägt der Zitierende eine strengere Beweislast.

Auf diese Weise kann dann das alte Goethe-Wort für uns durchaus aktuell werden, dass man nur das getrost nach Hause tragen kann, was man schwarz auf weiß besitzt. Haben wir etwa ein Redemanuskript in den Händen, stehen wir auf sicherem Boden, allerdings nur so lange, wie der Redner nicht von seinem Text abweicht. Denn der übliche Satz: »Es gilt das gesprochene Wort« verpflichtet uns streng genommen, das Manuskript gleichsam mit dem Zeigefinger zu verfolgen, um Abweichungen festzuhalten. Das ist freilich dann nicht möglich, wenn wir, wie keineswegs selten, diese Rede am Schreibtisch auswerten, ohne dem Sprecher zu lauschen.

Dann ist das Risiko auf unserer Seite, das Risiko übrigens auch, dass die ganze Rede ausfällt und nur in der Zeitung gehalten wird, wie dies gelegentlich auch schon geschehen ist. Selbst eine bestimmte Prozession hat da schon einmal in einer Heimatzeitung stattgefunden, obwohl sie diesmal ausnahmsweise ausgefallen war – sehr zum Schmunzeln der Gläubigen, die einmal wieder sahen, dass man jedenfalls einer Zeitung nicht bedingungslos *glauben* darf.

Was aber, wenn jemand buchstäblich in letzter Minute vom Redemanuskript abweicht, vielleicht aus gutem Grund, weil er dann doch nicht sagen möchte, was er oder ein dienstbarer Geist da hingeschrieben hatte? Dann ist es wenigstens nicht fair, wenn ein Journalist ihm diese Auslassung wie eine frühere Aussage vorhält, etwa wenn es heißt: »Einen Satz aus seinem Redemanuskript trug er nicht vor. Er lautete...« Natürlich dürfen wir aber sagen, was der Redner abweichend gesagt hat – denn es gilt ja das gesprochene Wort.

Um reine Beweisprobleme ging es, als in einer Fachzeitschrift eine Politikerin mit den Worten zitiert wurde, wer das Berufsziel »Soldat« äußere, sei »pervers«. Zwar stand in diesem Bericht nur das Wort »pervers« in Anführungszeichen, der Rest war als indirektes Zitat wiedergegeben worden. Die Politikerin sah sich jedoch gänzlich missverstanden. Auch hier stand Aussage gegen Aussage: Die Berichterstatterin wollte sich diese Worte genau gemerkt, die Politikerin sie so nicht gesagt haben. In diesem Fall kam es zu einem für alle Seiten befriedigenden Vergleich, als der Politikerin Gelegenheit gegeben wurde, ihren Standpunkt in einem eigenen Beitrag noch einmal zu präzisieren. Aber nicht immer gehen solche Kontroversen ähnlich glimpflich aus.

Eher spaßig mutet dagegen die Kontroverse um ein Zitat an, in deren Mittelpunkt die Sängerin Jesse Norman – buchstäblich *steht*. Sie sollte, wie zu lesen war, einmal in einer Drehtür stecken geblieben sein. Als ihr daraufhin jemand den Rat gab, sie solle sich doch einmal »zur Seite drehen«, hatte sie zur Antwort gegeben: »Schätzchen, ich habe keine Seiten.« Nein, das hatte sie eben *nicht* gesagt, wie sie nun sagte und das Magazin auf Schadenersatz in Millionenhöhe verklagte. Und hier muss sich der Autor dafür entschuldigen, dass er den Ausgang dieses wahrhaft bewegenden Prozesses leider aus den Augen verloren hat. Aber vielleicht ist ja auch er »glimpflich« ausgegangen.

Von sicherer Warte konnte das *ZDF* einmal dem Vorwurf begegnen, es habe den damaligen Bundeskanzler Helmut Kohl falsch zitiert. In einer

»Heute«-Sendung waren von ihm starke Worte zur Weigerung der Kirchen, die deutsche Einheit in der Nacht zum 3. Oktober mit Glockengeläut
zu begehen, wiedergegeben worden. Von einer nicht zu überbietenden
»Dämlichkeit, Sturheit und Hinterfotzigkeit« war die Rede, und alsbald
kamen Dementis aus dem Bundespresseamt, in denen es unter anderem
hieß, das Zitat entspreche nicht der Sprache und dem Stil des Bundes-
kanzlers. Die *Frankfurter Rundschau* schrieb jedoch kurze Zeit später: »Wie
zuverlässig bekannt wurde, lag dem *ZDF* in Mainz... ein wortgetreuer
Mitschnitt der Berliner Redaktion in Bild und Ton über diesen Teil der
Kohl-Ansprache beim CDU-Frauenkongress... vor.«

Wie ist die indirekte Rede, wie sind die »Konjunktiv-Zitate« zu behandeln, die in unseren Berichten ja weit häufiger anzutreffen sind, als der so
genannte Originalton? Zitat-Klarheit und Zitat-Wahrheit: Natürlich gelten diese beiden Anforderungen hier genauso wie bei den Ausführungen,
die in unseren Texten in Gänsefüßchen stehen. Das bedeutet, dass wir mit
aller Sorgfalt prüfen müssen, ob wir den Sinn einer Äußerung mit unseren
Worten eingefangen haben und so nah wie möglich am Zitat geblieben
sind. Hier also dürfen wir ein bisschen »Speakes« sein und nachempfinden, was da jemand gesagt und gemeint hat. Wir dürfen den Sinngehalt
fremder Äußerungen auch mit Worten einfangen, die nicht unbedingt die
Worte des anderen sein müssen – aber deren Gehalt. Und wenn wir interpretieren, müssen wir deutlich klar machen, dass diese Interpretation von
uns stammt (siehe S. 96). Aber Vorsicht: Das Risiko einer fehlerhaften
Interpretation trifft den Zitierenden, also den Interpreten. Er kann sich
nicht darauf berufen, dass ein Teil der Leser oder Hörer das vom Zitierten
Gesagte auch so hätte verstehen können.

Und wie ist es mit der Wiedergabe von Zitaten, die zwar stimmen, die
der Zitierte aber lieber nicht gesagt haben möchte? Auch hier müssen wir
den Öffentlichkeitswert der Äußerung wägen – und mit journalistischer
Fairness austarieren.

Die angebliche Überbevölkerung in den Karibikstaaten habe ihre
Ursache darin,

> »dass die haitianische Frau immer will und der haitianische Mann
> immer kann«.

Dies also hatte ein Diplomat in einem vertraulichen Hintergrundgespräch
mit Journalisten gesagt. Ob der Satz besonders *diplomatisch* war, sei einmal ebenso dahingestellt wie sein Wahrheitsgehalt. Jedenfalls klingt er in
Journalistenohren amüsant und rechtfertigt es wohl nicht, dass jener

Diplomat – allen Ernstes – entlassen wurde. Auch die Journalisten werden diese Konsequenz kaum bedacht haben, als sie die Äußerung weitergaben. Unfair war dies nicht – wer würde sich schon ein so neckisches Zitat von der Zunge nehmen lassen, auch wenn sein Öffentlichkeitswert eher dürftig war?

Und da wir gerade auf »diplomatischem Parkett« sind, wie es so schön heißt: Ungleich ernster ist da schon die »Affäre« um einen Außenminister, der bei einem Frühstück mit Journalisten einen amtierenden (deutschen) Bankpräsidenten eine »richtige Sau« nannte und einen seiner Ministerkollegen einen »Trottel«. Der Minister hatte das Zitat alsbald heftig dementiert, zwei Journalisten hatten bekräftigt, dass es *so* gefallen war. Und *wenn* es so war, durften sie den Mann beim Wort nehmen, gerade weil diese Worte so grob waren und deshalb von beträchtlichem Öffentlichkeitswert – was den Mann anbetrifft, der sich ihrer bediente.

Zum Schluss noch einmal eines jener anonymen Zitate, die sich, wie an anderer Stelle gesagt, meist um den unbekannten Taxifahrer ranken. Diesmal ist es eine alte Frau, die Königin Elisabeth einen Blumenstrauß überreichte, als sie sich nach dem Tod von Lady Di schließlich in der Öffentlichkeit zeigte. »Ich glaube, er ist nicht für mich«, soll die Königin mit kummervoller Miene gesagt haben. »Ich glaube, Sie brauchen einen«, soll die Antwort der Frau gelautet haben. Eine kurze Geschichte in kurzen Zitaten. Und wie eindrucksvoll, wenn sie wahr wäre.

III. Von der Arbeit des Journalisten oder: Die Erschaffung der Wirklichkeit

1. Meldung und Bericht

»Es gibt keine objektiven Geschichten. Alles wird durch das Ich gefiltert.«

(Birgit Lahann)

»Das wirklich Mitteilungswerte lässt sich in zwei Zeilen sagen.
Der Rest besteht aus Erklärungen des unklar Formulierten.«

(Der Satiriker Gabriel Laub)

»Auch wenn Journalisten keine eigenen Gedanken haben, erhöhen sie wenigstens die Umlaufgeschwindigkeit fremder Gedanken.«

(R. G.)

»Nichts geschieht auf der Welt, solange es nicht in der *Times* steht«: dieser ironisch zwischen Selbstbewusstsein und Anmaßung schwankende Satz ist auf verwickelte Weise richtig, wenn man die Londoner *Times* gegen den Gattungsbegriff »Medien« austauscht.

(Fast) nichts ist passiert, solange die Medien nicht davon Kenntnis genommen und darüber berichtet haben. Journalisten schaffen zugleich die Wirklichkeit, die sie vorfinden – und sie gestalten sie durch den Ausschnitt, den sie wählen, und die Worte, die sie für die Schilderung benutzen. »Die Welt in Zeilen pressen« nennt dies Klaus Rost, der Chefredakteur der *Märkischen Allgemeinen Zeitung* in seinem gleichnamigen Buch, das sich mit der Wahrnehmung, dem Gewichten und Berichten im Journalismus befasst. Die Nachricht wäre demnach so etwas wie die Konsequenz der Beobachtung oder ein Urteil über das Erlebte. Und dem Leser geht es wie jenem Pfarrer aus dem Altberliner Lied von der »Krummen Lanke«: »Weil er nicht dabei gewesen ist«, muss er sich auf seine Weise ein Bild von der Wirklichkeit machen.

Man kann durchaus darüber streiten, ob Meldung und Bericht verschiedene Gestaltungsformen sind und deshalb getrennt dargestellt werden sollten. Getreu der Devise dieses Buches, möglichst wenig mit Definitionen zu hantieren, sollen diese beiden Formen der Informationsvermittlung aber zusammen behandelt werden – Nachrichten sind sie beide. Meldung ist dann ein kurzer Bericht, der Bericht eine längere Meldung. Oder wie der frühere Chefredakteur der *Frankfurter Rundschau* dies sagt: »Die reine Nachricht ist die kürzeste denkbare Fassung der Information, der Bericht die erweiterte Fassung.«

Wobei die verschiedene Länge allerdings auch die sprachliche Gestaltung bestimmt: Die Meldung, die mit Worten und Sätzen geizen muss, ist besonders karg, fast lapidar, und in ihrem Aufbau streng formalisiert. Der Bericht kann sich bei aller Formstrenge eine Spur mehr »Freistil« erlauben. Beiden gemeinsam ist das Prinzip der »abnehmenden Wichtigkeit«: Stets ist der vorangehende Satz oder Absatz »wichtiger« als der folgende, der Leser steigt also gewissermaßen eine Informationstreppe herab. Beim Hintergrundbericht, der im journalistischen Alltag besonders gefragt ist, kann er sich bei diesem »Gang« allerdings neugierig umschauen.

Wie Meldung und Bericht selbst ein inneres »Gerüst« haben, sind sie zugleich das Gerüst einer Zeitung, bilden sie den harten Kern des Tagesgeschehens, um den herum alles gelagert ist, was ein Blatt sonst noch zu bieten hat. Für viele Leser sind diese Informationen Pflichtlektüre, und alles andere ist eine Art von Kür. Am Anfang steht die Information, und dann erst folgen die verschiedenen Orientierungshilfen in Kommentaren und Leitartikeln, in Reportagen und Features. Und mancher Leitartikler, der den Gegenstand seiner Betrachtungen mit dem Spaten tief umgräbt, mag manchmal grün vor Neid werden bei dem Gedanken, wie viele Leser eine kurze Meldung auf der Seite eins einer Zeitung hat und welch eine bescheidene Zahl manchmal seine kluge Analyse. Der frühere Bundeskanzler Helmut Schmidt, längst ja auch unter die Journalisten gegangen, hat einmal von sich gesagt, er lese grundsätzlich keine langen Reportagen. Das Beste seien für ihn die einspaltigen Meldungen. Eine Devise, an die er sich als Herausgeber der *ZEIT* allerdings nicht gehalten hat.

Das Wesen der Nachricht hatte Lord Northcliff, der Gründer der englischen Boulevardzeitung *Daily Mail*, einmal mit abgrundtiefem Sarkasmus erklärt. Eine Nachricht, so sagte er, »ist eine Tatsache, die irgendjemand aus guten Gründen unter allen Umständen geheim halten will.« Alles andere sei *Reklame*. Diese sarkastische Lebensweisheit mag zwar amüsant sein, aber sie umschreibt weder abschließend den Stoff, aus dem die Nachrichten sind, noch hilft sie uns bei der Frage, wie denn Nachrichten geschrieben werden müssen.

Dabei gibt es für die Abfassung von Nachrichten eine Technik, die erlernbar ist. Nachrichten kann jeder Journalist schreiben, wenn er einen aufgeräumten Kopf hat, zuhören kann und ein paar Grundregeln beherzigt. Und dennoch ist gerade das Verfassen von Nachrichten eine »hohe Kunst« (Fritz Pleitgen), die hohe Konzentration verlangt, ein sicheres Gespür für das Wesentliche eines Vorgangs und eine gehörige Portion Selbstverzicht. Denn anders als den so genannten freien journalistischen Formen muss sich der Journalist mit seiner Person, seiner Phantasie, seiner subjektiven Weltsicht aus der Nachricht weitgehend draußen halten – eine freilich »etwas naive« Forderung, wie Herbert Riehl-Heyse dies sieht, die den Lesern den Eindruck aufdrängen könne, Nachrichten »dann allen Ernstes für die Wiedergabe von Wirklichkeit« zu halten. Bedeutung kann diese Forderung allerdings bekommen, wenn ein Journalist beim Chefredakteur oder Verleger missliebig wird und sich die Mahnung einhandelt, er habe die klare Trennung von Nachricht und Kommentar nicht beachtet – im Klartext also, der Meldung eine »falsche« Meinung beigemischt

Hier soll er in erster Linie der »Transporteur« fremder Gedanken oder der Übermittler eines bestimmten Geschehens sein. Er muss meist ja sehr komplexe Vorgänge und Sachverhalte erfassen und in wenigen Worten wirklichkeitsgetreu wiedergeben. So gut es geht: Denn natürlich enthält jede Nachricht auch unvermeidbar subjektive Elemente, geht auch sie durch den geistigen Stoffwechsel eines Journalisten und bedeutet so stets die Nachempfindung von Wirklichkeit. »*Objektiv*« kann eine Nachrichtensendung nicht sein, aber »fair« kann sie nicht nur sein, »fair muss sie sein«. Auf diesen handlichen Nenner hat ein Hörfunk-Journalist die Dinge gebracht. Und dieser Satz gilt ebenso für die Nachrichten in der Zeitung. Wenn ein Journalist schon nicht wertungs*frei* sein kann, sollte er wenigstens wertungs*bewusst* sein – also wissen, was er tut.

Alles beginnt bereits mit der wichtigen Frage, welchen Teil der Realität ein Journalist für berichtenswert hält, welchen Redeausschnitt er auswählt, welche Redner er erwähnt, in welcher Reihenfolge er sie auftreten lässt und ob sie in direkter oder indirekter Rede zu Wort kommen: da fließt unvermeidbar »Subjektives« mit hinein. Während aber Reportage, Feature, Kommentar, Glosse dem journalistischen Temperament im Rahmen der Pflicht zur Wahrhaftigkeit freiere Hand lassen, muss sich wer Nachrichten schreibt, nach Kräften selbst an den Zügel nehmen, muss sich um Objektivität wenigstens bemühen, während er doch weiß, wie viele Stolpersteine da für ihn auf dem Weg liegen. Nachrichten schreiben bedeutet die »Dinge auf den Punkt bringen«. Aber auch eine Nachricht ist stets nur ein Teilausschnitt der Wirklichkeit, ähnlich einem Bild von Degas, das dem Betrachter zugleich klarmacht, dass das Leben jenseits des Bildrandes weitergeht. Und in dieser Selektion, diesem *Nachbau* eines Ereignisses, liegt eine große Macht des Journalisten und zugleich eine hohe Verantwortung.

Dabei muss allerdings der Nachricht jene Farbe fehlen, die etwa zur Reportage unbedingt dazugehört. Nachrichten-Stil ist unvermeidlich formelhaft, ist nüchtern, verzichtet weitgehend auf stilistische Gefälligkeiten, die den anderen journalistischen Formen ihre berühmten roten Backen geben. Zwar spüren Insider auch bei der Nachrichtensprache bisweilen persönliche Handschriften heraus. Es kann aber auch sein, dass man in seiner eigenen Autorenmappe nicht einmal eigene Nachrichten wiedererkennt, die man vor langer Zeit geschrieben hat. Und dies muss dann kein Mangel sein, sondern mag das Gesetz widerspiegeln, unter dem die Nachrichtenschreiber angetreten sind.

Auch die Korrespondenten der Zeitungen müssen bei ihren Nachrichten auf jeden Schnickschnack verzichten, den man sonst vielleicht an ihnen schätzt, wenn sie sich auf der »Seite drei« schließlich ausschreiben können. Und nur auf den Lokalseiten werden Nachrichten meist nicht so eng gesehen, weil die Ereignisse, die hier zu vermelden sind, schon wegen der Nähe der Leser zum Geschehen meist mehr Aufputz vertragen als viele Geschehnisse in Politik und Wirtschaft.

Freilich bedeutet dies nicht, dass ein Nachrichten-Journalist auf das platte Abbild des Geschehnisses beschränkt wäre, über das er im Auftrag der Zeitung berichten muss. Falls ihm genügend Platz zur Verfügung steht, ist ihm stets die erläuternde Darstellung erlaubt, kann und sollte er auch Informationen über Hintergründe und Zusammenhänge vermitteln und analysieren, so gut er dies vermag: Was *bedeutet* das Geschehen, wäre dann die Analyse. Und wie *beurteile* ich das Geschehen, der Kommentar. Und so lässt sich, wenn man denn unbedingt eine Definition haben will, Berichterstattung als eine Darstellung bezeichnen, in der Realität wahrgenommen und verarbeitet wird oder, wie dies einmal jemand sagte, Zusammenhänge analysiert und Tatsachen ebenso berichtet werden wie Erkenntnisse – oder das, was man dafür hält. »Im Vordergrund steht (dabei) immer der Hintergrund«: diese Eigenwerbung der *WELT* ist gar kein schlechter Tipp.

Am Anfang war das Lead

»Gute Berichte fangen vorne an.«
(Heilwig von der Mehden)

»Was vorne ist, bestimmt der Schreiber.«
(N. N.)

Am Anfang war das Lead, so könnte man sagen, wenn wir uns jetzt dem Aufbau von Nachricht und Bericht zuwenden. Ob es aber »das« Lead heißt oder »der« Lead – darüber streiten die Schriftgelehrten noch –, der Duden spricht sich für »das Lead« aus. Dass aber das Wort »Lead« aus dem Englischen kommt und »führen« heißt, darüber herrscht immerhin Einigkeit. Der Leser soll geführt, an der Hand genommen und in den Lesestoff hineinbezogen werden: durch den ersten Satz oder die ersten Sätze. »Hereinspaziert! Treten Sie nur näher, meine Herrschaften, dann können Sie besser sehen« – dazu etwa soll das Lead uns auffordern. »Schläft ein Lead in allen Dingen?« Journalisten jedenfalls müssen es wecken.

Lead, Einstieg, Vorspann: Im Folgenden soll darunter ein und dasselbe verstanden werden, der Anfang, der »Kopf« einer Nachricht. Einige Agenturen sind da strenger, wenn sie unter Lead bei der Nachricht den ersten Satz, beim Bericht den ersten Absatz verstehen.

Zusammen mit der Überschrift bildet dieses Lead jedenfalls den Blickfang: Beide orientieren darüber, worum es in dem Beitrag geht und ob es sich lohnt, ihn überhaupt zu lesen. Denn jeder Artikel in einer Zeitung steht ja im Wettbewerb mit all den anderen um ihn herum, wenn es darum geht, welchem die Leser ihre Zeit widmen.

Auch was diesen »Einstieg« anbelangt, sollte man sich nicht in begrifflichen Spitzfindigkeiten verlieren. Ob er aus einem oder mehreren Sätzen besteht, wie viele Zeilen oder Wörter er höchstens umfassen darf, das alles kann nicht auf der Briefwaage gewogen werden. Sicher ist nur: Der Einstieg soll so kurz, so klar, so eingängig, so süffig wie möglich sein, wie eine »Rutschbahn, auf der man hineingleitet in den Artikel, ohne aufhören zu können« (Meyer/Frohner). Und wenn man doch nach einem Anhaltspunkt sucht: nicht länger als etwa acht bis zehn Zeilen.

Vor allem die Nachrichtenagenturen legen den allergrößten Wert auf das möglichst plakative Lead, und selbst »alte Hasen« sagen bisweilen, dass sie ebenso lange über den Einstieg nachdenken wie über den Rest der Nachricht. Kein Wunder: Bei ihrer täglichen Erfolgskontrolle ist Gewinner derjenige, der beim gleichen Nachrichtenstoff die höchsten Abdruckzahlen erreicht. Zwar ist für diese Art von Hitliste eine ganze Reihe von Faktoren mitbestimmend: die Schnelligkeit, mit der eine Meldung den Schreibtisch des Zeitungsredakteurs erreicht, die Länge des Beitrags, vielleicht auch bestimmte Vorlieben für eine bestimmte Agentur. Dass aber vor allem auch der Lead-Satz bei der Auswahl der Redaktionen eine gewichtige Rolle spielt, leuchtet ohne weiteres ein. Denn auch Redakteure sind Leser, sogar die ersten Leser, »Profi-Leser«.

Der Einstieg ist so etwas wie eine Nachricht in der Form eines Bouillonwürfels: Ein Konzentrat, das – im Zusammenklang mit der Überschrift – die Grundinformation über das Geschehen liefert. Er ist eine Art von Telegramm, dem der Brief folgt, um ein auf das Fernsehen gemünztes Wort einmal abzuwandeln. In ihm muss der Leser erfahren, ob ihn die Meldung hinreichend betrifft oder, einfach gesagt, ob sie für ihn von Wichtigkeit ist.

Wenigstens für die Abfassung des Einstiegs gibt es eine der wenigen starren Regeln in dem sonst so ungeregelten Journalismus: Er sollte Antwort geben auf die Frage, wer wo wann was getan hat. Das sind die berühmten »W«, von denen in allen Lehrbüchern des Journalismus zu lesen ist und die schon die alten Latiner mit dem »Quis, Quid, Ubi« und »Quando« beschäftigten. Und die sich noch um das »Wie« und das »Warum« ergänzen lassen. Aber auch das »Woher« gehört unbedingt ins Lead: Die Quelle, aus der der Journalist seine Kenntnisse hat. Und man schmunzelt über die Selbstironie, wenn Studenten eines Aufbaustudienganges Journalistik diese »W's« auf ihre Weise übersetzen:

Wer lädt uns ein? *Was* gibt's zu trinken? *Wann* kommt der Nachtisch? *Wo* sind die Toiletten? *Warum* sind wir eigentlich hier? *Wie* lange dauert's noch? *Woher* kommt die nächste Einladung?

Solche Scherze stellen sich nur am Anfang – oder am Ende eines journalistischen Berufslebens ein.

Und da gerade das Stichwort von den »Regeln« fiel: Bei dem »Wann« heißt es nach strenger Lesart nicht »gestern, heute, morgen«, sondern es wird der Wochentag genannt, an dem das Ereignis spielt. Selbst wenn es der Kaiser Franz Josef I. ist, von dem die Zeitungen damals in Extraausgaben meldeten, »dass Seine... Majestät... heute, den 21. d. M., um 9 Uhr abends im Schloss zu Schönbrunn sanft in dem Herrn entschlafen sind«. Nach strenger Lesart, wie gesagt. Denn es häufen sich inzwischen die Meldungen, in denen es vom »Gestern« nur so wimmelt. Vielleicht will man ja damit näher heran an die Aktualität. Wie aber lebt man in der Zeit, so die

Quizaufgabe, wenn man abends am Bahnhof die Zeitung von morgen kauft, die heute gedruckt wurde und von »gestern« spricht? Dann kann es im Bericht heißen: »Heute kündigte... gestern gegenüber den *Neuesten Badischen Nachrichten* an...« Hä?

Jedenfalls: Möglichst klar, möglichst kurz, möglichst eingängig muss das Lead sein. Aber zugleich auch möglichst schlicht. Ein aufgebauschter oder marktschreierischer Einstieg verfehlt seine Wirkung – vor allem, wenn in den Zeitungsspalten lauter Marktschreier um die Wette brüllen sollten.

Als 1975 in Vietnam die Waffen endlich schwiegen, hieß es bei einer Agentur im Lead:

»Nach elf Jahren blutigen Ringens ist der Vietnam-Krieg zu Ende.«
Leiser schrieb eine andere, nämlich:

»Der Krieg in Vietnam ist zu Ende.«
Es ergab sich, dass diese schlichte Erfassung bei den Zeitungen mehr Abnehmer fand. Das Grauen dieses Krieges war wohl noch zu gegenwärtig, als dass es im Lead lauter Töne bedurfte.

Der Laufsteg der »W«

> »Vor Port Arthur nichts Neues. Aber das Alte ist schlimm genug«
> *(Der legendäre Kriegsreporter Wippchen, 1907).*

Mit welchem der verschiedenen »W« soll man den Lead beginnen? Unser gänzlich undogmatischer Rat lautet: Man sollte sie nach dem Prinzip der Wichtigkeit auf den Laufsteg schicken, also je nachdem, ob die Person, der Ort, die Zeit oder das Ereignis selbst der Nachricht den eigentlichen Gehalt, ihre Bedeutung gibt.

Eine journalistische Meldung ist so ziemlich das Gegenteil von einem Protokoll, das etwa auf der Jahresversammlung irgendeines Vereins niedergeschrieben wird. Dieses muss, dafür gibt es ja gerade den Namen, »protokollarisch« verfasst sein, also die möglichst genaue Schilderung des Verlaufs enthalten, den die Veranstaltung genommen hat. Wir Journalisten sind von den meisten Protokollfragen dispensiert, nicht nur vom Krawattenzwang, sondern vor allem von jeglicher Chronologie der Ereignisse. Zwar muss alles »Wichtige« wiedergegeben werden: Aber wir gewichten alles nach unserem Fingerspitzengefühl und unserer beruflichen Erfahrung und bringen es in die Reihenfolge, die unserem Maßstab entspricht. Und auf diese Weise setzen wir das, was man die »Prioritäten des Nachrichten-Wertes« nennt.

Bunt wie die Geschehnisse selbst ist also auch der Aufbau des Einstiegs und macht das Bemühen des Verfassers deutlich, den jeweils besten Blickfang zu finden, den »Eyecatcher« oder »Hingucker«, wie das englische Wort auch kurzerhand eingedeutscht wurde.

Als abschreckende Beispiele ein Blick zurück: Auf eine unerträgliche Weise »protokollarisch«, dabei freilich den Machtträgern schmeichelnd, lasen sich die Nachrichten in den Zeitungen der ehemaligen DDR.

»Berlin (ADN). Eine Partei- und Regierungsdelegation der VR China unter der Leitung von Yao Yilin, Mitglied des ständigen Ausschusses des Politbüros des ZK der KP Chinas und stellvertretender Ministerpräsident des Staatsrats der VR China, trifft heute zu einem offiziellen Freundschaftsbesuch in der DDR ein. Die Delegation, die auch an den Feierlichkeiten anlässlich des 40. Jahrestags der DDR teilnimmt, folgt einer Einladung des ZK der SED und der Regierung der DDR.«

Oder, fast noch gespreizter, wenn dies überhaupt ginge:

»Peking. Während einer freundschaftlichen Begegnung mit Deng Xiaoping, Vorsitzender der Militärkommission des ZK der KP Chinas, überbrachte Egon Krenz am Sonntag persönliche Grüße Erich Honeckers und die Glückwünsche zum 40. Jahrestag der Gründung der Volksrepublik China. Die Partei- und Staatsdelegation der DDR, so sagte Egon Krenz, Mitglied des Politbüros und Sekretär des ZK der SED, Stellvertreter des Vorsitzenden des Staatsrats, habe während ihres Besuchs und bei der Teilnahme an den Feierlichkeiten zum 40. Jahrestag der VR China in beeindruckender Weise erleben können, in welch qualitativ neuer Weise sich die Beziehungen zwischen beiden Parteien und Staaten seit dem Gespräch zwischen Deng Xiaoping und Erich Honecker seit 1986 in Peking entwickelt haben. Die DDR freue sich, zu den Feierlichkeiten ihres 40. Jahrestages auch eine repräsentative Delegation aus der VR China begrüßen zu können.«

Friede, Freude, Eierkuchen, also. Man erfährt eigentlich nur von Titeln, Ämtern und Glückwünschen – und von der Reihenfolge, in der diese Rollenträger die Bühne betraten.

Zurück zum »klassischen« Aufbau des Einstiegs, für den es freilich eine Auswahl sinnvoller Variationen gibt. Also wieder einmal keinen strengen Raster: Kann das, darf das, soll das sein?

Wolf Schneider setzt sich – aus einer Reihe plausibler Gründe – temperamentvoll dafür ein, stets mit dem »Wer« zu beginnen: »Subjekt vor Objekt, das Pferd nicht beim Schwanz aufzäumen, die Hauptsache in die Satzaussage.« Dies mag schon mit Rücksicht auf die Grammatik als Grundregel einleuchten, sollte aber, wie die meisten Regeln, nicht sklavisch befolgt werden. Zwar gibt es keine journalistische Grammatik. Aber wir müssen beim Schreiben journalistisch denken, ohne die Grammatik dabei aus dem Auge zu verlieren und vor allem den Leser nicht, den wir mit möglichst leicht verständlichen Informationen zu versorgen haben, nicht mit lauter Paukenschlägen. Solange man keine »Notzucht an der Sprache« verübt (Wolf Schneider), bleibe ich bei meinem Rat, das »W« an die Spitze der Meldung zu stellen, das ein seriöser Blickfang ist.

Dies gilt auch für die Wiedergabe von Äußerungen hochrangiger Politiker bis hinauf zum Bundeskanzler. Hier mag zwar die Feststellung zutreffen: »The name is the message.« Allerdings geben sie ja tagtäglich Erklärungen aller Art ab, und der Nachrichtenwert ihres Namens hat beim Leser deshalb längst an Glanz verloren – falls sie nicht gänzlich neu als Hauptdarsteller auf der politischen Bühne auftreten. Wenn die Verständlichkeit und die Muttersprache nicht leiden, kann deshalb das, was sie zu sagen haben, getrost ihrem Namen vorangestellt werden. Aber auch dies ist beileibe kein Dogma.

Natürlich gibt es Meldungen, die eher in den Papierkorb gehören als in die Zeitung. Denn es ist längst zur Binsenweisheit geworden, dass wir inzwischen mit Nachrichten überfüttert werden. »Wir erfahren von jedem Kalb mit fünf Beinen in Timbuktu, von jedem Seitensprung in Hollywood, von jeder Bürgerinitiative für die Rechte der Rothaarigen. Doch als der Kommunismus bankrott ging, da waren alle baff. Wie das?« »Wir sind overnewsed and underinformed, zugeschüttet mit Belanglosigkeiten, die den Blick auf das Wesentliche versperren.« Das hat der frühere WELT-Herausgeber Claus Jakobi einmal geschrieben. Und es ist unbekannt geblieben, ob er etwa Meldungen meinte wie diese:

»Chiara Mastroianni, Tochter der Schauspieler Catherine Deneuve und Marcello Mastroianni, ist mit ihrem Leben zufrieden. ›Das Leben ist mir wohlgesonnen. Ich habe alle Chancen und nutze sie‹, sagte die 21-jährige Jungschauspielerin.«

Oder vielleicht die:

»Mutter Teresa, Friedensnobelpreisträgerin, wurde von einem Hund gebissen und musste gegen Tollwut geimpft werden. In der vergangenen Woche wollte sie einen Straßenhund streicheln, der in Kalkutta schlief; das Tier biss die 83-Jährige in den Finger.«

Oder, diesmal nicht in der großen und weiten Welt, sondern im Lokalteil »vor Ort«:

»Leichte Verletzungen erlitt am Donnerstag gegen 13.30 Uhr ein Radfahrer. Dieser war auf dem Verbindungsweg zwischen dem Schollenhof und der Kreisstraße 5312 auf die Grasnarbe rechts der Fahrbahn gekommen und laut Polizei wohl dadurch gestürzt. Der Verunglückte wurde in das Aachener Krankenhaus gebracht, konnte allerdings nach ambulanter Behandlung wieder aus der Klinik entlassen werden.«

Bei all diesem Glück im Unglück atmet der Leser dann befreit auf. Und wir fragen uns, ob unter den Preisen aller Art vielleicht einer vergessen worden ist: Der Preis für die überflüssigste Meldung des Jahres.

Von der Zeitform und vom Konjunktiv

»Was morgen geschah.«
*(Titel eines amerikanischen Spielfilms
über den Umgang mit der Zeit
im Journalismus)*

Oft wird in Meldungen nicht berichtet, was ist, sondern was gewesen ist. »Die präzise Vorstellung des Journalisten vom Wandel der Welt bewirkt«, so die ironische Feststellung eines Agenturkorrespondenten, »dass er den Gegenstand seiner Beschreibung – ein Geschehen – entweder für erledigt hält oder ihm Bedeutung für die Gegenwart zubilligt. In beiden Fällen formuliert er den Lead im Perfekt.«

Warum auch immer, der Leadsatz steht also in aller Regel im Perfekt: Das ist die Zeitform, in der sich das Geschehen wie in einem Blitzlicht präsentiert. Die folgenden Sätze rutschen dann ins Imperfekt, das einen ruhigeren Fluss des Erzählens ermöglicht – in das »raunende Imperfekt«, wie einmal ironisch gesagt wurde. Im Perfekt wird also der Blickfang »ausgerufen«, im Imperfekt reihen sich die Informationen aneinander. Und das Plusquamperfekt gebraucht man dann, wenn die Zeitperspektive es verlangt, weil weiter Zurückliegendes berichtet wird. Das Präsens ist im Leadsatz nur dann angebracht, wenn das Geschehen andauert oder »zeitlos« ist. Und das Futur bleibt auch hier dem Zukünftigen vorbehalten.

Einen ähnlichen Wechsel wie zwischen den Zeitformen gibt es im Einstieg einer Meldung auch dann, wenn es um den Gebrauch von Indikativ und Konjunktiv geht. Geben wir eine Information ähnlich einem »Statement«, wie ein ferner Augenzeuge, weiter, steht sie im Indikativ, also in der Wirklichkeitsform.

> »Nach den harten Wortgefechten bei der Nahostkonferenz ging am Sonnabend in Madrid das Ringen um den Fortgang des Friedensprozesses weiter. Das Interesse konzentriert sich dabei nach Angaben von Augenzeugen...«

Schildern wir die Äußerung irgendeiner anderen Person mit der Überleitung »sagte, meinte, erklärte«, dann gebrauchen wir den Konjunktiv, also die Möglichkeitsform. Damit wird noch klarer, dass wir fremde Gedanken »transportieren« und keine eigenen – so etwas wie »Parteibehauptungen« also, um dieses Wort aus der juristischen Begriffswelt einmal zu gebrauchen.

Damit verlagern wir die Verantwortung für den Inhalt des Gesagten auf den Äußernden, also auf die Quelle. Wenn man so will, *distanzieren* wir uns, geben fremde Äußerungen weiter. Im Nazireich mit seiner befohlenen Gedankenkontrolle sei dieser Konjunktiv, wie einmal geschrieben wurde, eine geheime, wenn auch schwache Waffe gewesen (sinngemäß: »XY sagte, der Führer *sei* ein großer Feldherr«.)

Oder, ganz und gar idealistisch: »Edel sei der Mensch, hilfreich und gut« (Goethe). Wie würden Sie es denn sagen? Vielleicht so: Edel *ist* der Mensch, hilfreich und gut? Oder: Friede *ist* auf Erden.

Keine Regel ohne Ausnahme: Auch wenn wir Informationen »aus zweiter Hand« weitergeben, bleibt es ausnahmsweise beim Indikativ, wenn wir diese Teile der Nachricht mit den Worten einleiten: »Nach Mitteilung von«, »nach Angaben von«, »nach Aussage von«, »nach der Ansicht von«, oder auch »wie XY sagt«, etwa:

> »Wie das Statistische Bundesamt in Wiesbaden am Montag mitteilte beträgt die durchschnittliche Lebenserwartung von Männern...«

Und den Indikativ hat auch die ein wenig saloppe Überleitung mit dem Wörtchen »so« im Gefolge:

> »Die durchschnittliche Lebenserwartung von Männern beträgt X Jahre«, so das Statistische Bundesamt in Wiesbaden. Es läse sich ja auch einigermaßen befremdlich, wenn man in diesem Zusammenhang von »betrüge« oder »betröge« spräche!

Davon abgesehen können wir den Indikativ gebrauchen, wenn etwas evident ist, also auf der Hand liegt und vom Berichterstatter deshalb als Tatsache gewertet wird, auch wenn die Mitteilung von jemand anderem stammt. In einem Lehrbeispiel:

> »Die neue Bundesregierung, die jetzt seit hundert Tagen im Amt *ist*, *habe* in dieser Zeit im Ausland bereits einen bemerkenswerten Flurschaden angerichtet, sagte der Sprecher der Opposition am Donnerstag im Parlament.«

Deutsche Sprache, schwere Sprache? Auch beim Verfassen von Nachrichten und Berichten können wir ein »Lead« davon singen. Dennoch brauchen wir es damit nicht so weit zu treiben wie François de Malherbe, von dessen Sterben in der *Frankfurter Allgemeinen Zeitung* berichtet wird. Als ihm von seinem Beichtvater die Freuden des Jenseits geschildert werden, soll Malherbe ihn bei einem falschen Konjunktiv unterbrochen haben. »Hören Sie auf«, sagte er. »Wenn es mit dem Himmel nicht besser bestellt ist als mit Ihrem Französisch, will ich gerne darauf verzichten.« Meiner Ansicht nach ist/wäre/sei das denn doch ein wenig übertrieben (Nichtzutreffendes bitte streichen).

Vom guten und vom gut gemeinten Einstieg

Eher zum »Aussteigen« denn als »Einstieg« präsentiert sich die folgende Meldung:

> »Zu Beginn der alljährlichen Sitzung des Wiesbadener Ehren- und Arbeitsausschusses des Deutschen Müttergenesungswerks im Kurhaus, zu der Vertreter der Wohlfahrtsverbände, des Gesundheits- und Sozialamtes, der Krankenkassen und der beiden großen Parteien gekommen waren, erinnerte Oberbürgermeister Achim Exner daran, dass noch immer die Mütter die Hauptlast der Kindererziehung und der Hausarbeit tragen würden und dadurch übermäßig belastet seien, zumal immer mehr Mütter arbeiten wollten und müssten...«

Am Anfang zu viele Worte zum Protokoll, zu wenig zur Sache. Besser:

> »Weil sie noch immer die Hauptlast der Kindererziehung und der Hausarbeit zusätzlich zu ihrer beruflichen Tätigkeit tragen müssen, sind Frauen übermäßig belastet. Daran erinnerte Oberbürgermeister Achim Exner bei der diesjährigen...«

Walther von LaRoche erklärt den Aufbau einer Nachricht überaus anschaulich am Beispiel der klassischen »Sarajevo-Meldung«, die die Ermordung des Thronfolgers Franz Ferdinand schildert:

»Sarajevo, 25. Juni (Telegramm unseres Korrespondenten). Als der Erzherzog-Thronfolger Franz Ferdinand und seine Gattin, die Herzogin von Hohenberg, sich heute Vormittag zum Empfang in das hiesige Rathaus begaben, wurde gegen das erzherzogliche Automobil eine Bombe geschleudert, die jedoch explodierte, als das Automobil des Thronfolgers die Stelle bereits passiert hatte. In dem darauf folgenden Wagen wurden der Major Graf Boos-Waldeck von der Militärkanzlei des Thronfolgers und Oberstleutnant Merizzi, der Personaladjutant des Landeshauptmanns von Bosnien, erheblich verwundet. Sechs Personen aus dem Publikum wurden schwer verletzt. Die Bombe war von einem Typographen Cabrinewitsch geschleudert worden. Der Täter wurde sofort verhaftet.

Nach dem festlichen Empfang im Rathaus setzte das Thronfolgerpaar die Rundfahrt durch die Straßen der Stadt fort. Unweit des Regierungsgebäudes schoss ein Gymnasiast der 8. Klasse (Primaner) namens Princip aus Grabo aus einer Browning mehrere Schüsse gegen das Thronfolgerpaar ab. Der Erzherzog wurde im Gesicht, die Herzogin im Unterleib getroffen. Beide verschieden, kurz nachdem sie in den Regierungstrakt gebracht worden waren, an den erlittenen Wunden. Auch der zweite Attentäter wurde verhaftet. Die erbitterte Menge hätte die beiden nahezu gelyncht.«

Man reibt sich zunächst die Augen, wie da ein derart folgenschweres Ereignis – journalistisch – auf den Kopf gestellt wird. Denn natürlich gehört nach unserem heutigen Verständnis der tödliche Ausgang des Anschlags an den Anfang der Meldung, während der Geschehensablauf selbst dann in sinnvoller Aufeinanderfolge im späteren Teil geschildert würde. Und tatsächlich hatte dieser Korrespondentenbericht einen Vorspann, wie Walther von LaRoche in einer späteren Auflage seines Journalismusbuchs nachgetragen hat. Dem Ereignis angemessen spiegelt dieser Vorspann die Emotionen des Berichterstatters, bleibt aber insgesamt beim klassischen Nachrichtenaufbau.

»Einer grauenvollen Bluttat sind der Erzherzog-Thronfolger Franz Ferdinand von Österreich-Ungarn und seine Gattin, die Herzogin von Hohenberg, zum Opfer gefallen. Durch Schüsse serbischer Fanatiker wurden sie ermordet, nachdem sie einem Bombenattentat, durch das einige Offiziere aus ihrem Gefolge und einige Personen aus dem Publikum verwundet wurden, entgangen waren. Über das furchtbare Ereignis wird uns telegraphiert: ...«

Der Kern der Meldung, dies noch einmal zur Wiederholung, gehört stets an den Anfang, auch dann, wenn er ein trauriges Ereignis enthält. Dabei muss man aber nicht gleich übertreiben, wie in der Meldung einer Regionalzeitung einmal geschehen, die über einen Busunfall im Sudan berichtete und die mit »Fünfzig Tote« überschrieben war. Ihr Wortlaut:

»Beim Frontalzusammenstoß eines LKW mit einem Bus sind im Sudan fünfzig Menschen ums Leben gekommen. Der Busfahrer verlor auf dem Wege von Khartum nach Port Sudan am Roten Meer bei Abu-Aschar die Kontrolle über den Bus und raste in den entgegenkommenden Laster. Fünfzig Insassen starben tot, die sechs übrigen wurden schwer verletzt.«

Insgesamt waren hier nicht etwa hundert Menschen gestorben, wie man beim flüchtigen Lesen vermuten könnte, sondern eben jene unglücklichen fünfzig. Und – »starben tot« ist nicht etwa ein Druckfehler. Wobei noch zweierlei anzumerken wäre. Erstens: So traurig ein solcher Verkehrsunfall für die Betroffenen und ihre Angehörigen auch ist – muss die Welt eigentlich unbedingt davon in Kenntnis gesetzt werden?

Ein freilich gänzlich »unernstes« Musterbeispiel dafür, wie man eine Nachricht, noch dazu eine durchaus traurige, in einem ganzen Wust von Randgeschehnissen verpacken kann, bietet ein bekannter Witz, der im guten alten Insterburg spielt und in freier Nacherzählung etwa so lautet:

Der Baron L. kehrt nach einer vierwöchigen Bildungsreise aus Paris zurück ins heimatliche Insterburg. Leutselig fragt er seinen Kutscher, der ihn vom Bahnhof abholt: »Na, Johann, was gibt's denn Neues in Insterburg?«

»Es gibt nichts Neues in Insterburg, Herr Baron«, antwortet der und setzt nach kurzem Nachdenken hinzu: »Außer vielleicht, dass die Rosa gestorben ist.«

»Welche Rosa?«

»Na, die Kuh mit dem lahmen Fuß.«

»Na gut, wenn's weiter nichts ist. Woran ist denn die Rosa gestorben?«

»Nu, sie konnte halt nicht mehr aus dem Stall heraus.«

»Warum wollte sie denn heraus aus dem Stall?«

»Ja, das war doch von wegen die Flammen, Herr Baron.«

»Welcher Flammen denn?«

»Ja, weil der Stall abgebrannt ist.«

»Mein Stall ist abgebrannt, Johann?«

»Ja, Herr Baron, das war doch wegen dem Westwind.«

»Seit wann brennt es denn beim Westwind?«

»Ja, das ist doch so, wo das Herrenhaus im Osten steht, ist halt der Stall abgebrannt, als die Flammen vom Herrenhaus herüberkamen.«

»Die Flammen vom Herrenhaus – ja, hat es denn da auch gebrannt?«

»Ja, Herr Baron, das war doch wegen der Gardine.«

»Welcher Gardine denn?«

»Na, der Gardine, an die der Diener mit der Kerze gekommen ist, die er ans Totenbett der Frau Baronin stellen wollte.«

»Ans Totenbett ... ja, um Himmels willen, meine Frau ist gestorben? Ja, wie, was ... woran denn?«

»An der Leber ist sie halt gestorben, die Frau Baronin.«

»An der Leber ... jetzt? So plötzlich? Aber sie hatte es doch schon seit langem mit der Leber?«

»Sag' ich doch, Herr Baron, es gibt nichts Neues in Insterburg.«

Kein Zweifel, wäre der Kutscher Journalist gewesen, hätte sein Ressortleiter ihn fristlos gefeuert. Denn sein Bericht hätte mit den Worten beginnen müssen: »Herr Baron, es ist unendlich traurig, aber die gnädige Frau ist gestorben!« Und dann hätte er wohl kaum noch Gelegenheit gehabt, dem Herrn Baron den Rest der Ereignisse zu schildern.

Rein zum Spaß könnte man einmal den Dialog zwischen dem Baron und dem Kutscher, zwischen Herrn und Knecht, in verschiedene Meldungen fassen. Die eine, mehr für die »Bunte Seite« bestimmte, könnte etwa lauten:

»An den Folgen ihres langjährigen Leberleidens verstarb an diesem Mittwoch die Baronin L. in Insterburg. Ihr Tod, von dem ihr aus dem Ausland zurückkehrender Ehemann überrascht wurde, zog eine Kette trauriger Unglücksfälle nach sich. Eine Kerze, die am Totenbett aufgestellt worden war, verursachte einen Brand, dem schließlich das Herrenhaus und die Stallungen zum Opfer fielen. Auch eine Kuh starb in den Flammen. Der Brand war von dem an diesem Tag herrschenden Westwind angefacht worden.«

Und den unglückseligen Johann sollte man am besten vor seinem Zitat verschonen.

Die sachliche Variante für jene »Kleinen Meldungen« könnte heißen:

»Bei einem Großbrand in Ostpreußen ist ein historischer Gutshof bis auf die Grundmauern abgebrannt. Auch die Eigentümerin kam dabei ums Leben.«

Und wenn wir schon beim Reimen sind: Auch für alle möglichen Überschriften böte sich die »bunte Meldung« an, je nach dem Leserkreis:

Großbrand im Gutshof (Agentur)

Der Westwind, das Ozonloch und die Folgen für die Zukunft (Presseerklärung von Greenpeace)

Ausschweifungen rächen sich (Ein Bistumsblatt)

Ein total verzwickter Todesfall in der Provinz (*Neue Zürcher Zeitung*)

Bei Westwind nichts Neues (*Spiegel*)

Brand im Schloss/Baronin starb zusammen mit dem Herrenhaus (Ein Goldenes Blatt)

Flammentod im Westwind (Soldatenzeitung)

Alte Baronin fing noch einmal Feuer (*Bild*)

Und nochmals ein Stück weiter im Exkurs: Wer von uns hätte nicht schon einmal auf irgendeinem Bahnhof gestanden und zugehört, wie eine Stimme aus dem Lautsprecher ihm klarmacht, dass er sich auf eine weitere Warterei gefasst machen muss. »Achtung auf Gleis 8«, heißt es dann etwa. »Der aus Richtung Basel kommende Zug ›Gambrinus‹ zur Weiterfahrt nach Hamburg, über Frankfurt, Fulda, Hannover, fahrplanmäßige Ankunft elfuhrsechsundfünfzig, Abfahrt elfuhrneunundfünfzig, wird voraussichtlich 10 Minuten später ankommen.« *10 Minuten Verspätung*, das ist es doch, was man unbedingt wissen will, und den ganzen Vorspann hätte sich der Mann am Lautsprecher getrost schenken können. Eine solche »Verspätungsmeldung« könnte dann etwa lauten: »Achtung, auf Gleis 8: Der Zug nach Hamburg wird voraussichtlich 10 Minuten später ankommen. Er fährt dann weiter nach ... über ...«

Zurück zum Ernst des Zeitungsalltags: Auch bei der weiteren Abfassung der Meldung folgen wir dem Prinzip der »abnehmenden Wichtigkeit«: Nachdem wir im Lead dem Leser die Grundinformation gegeben« haben, können wir nun mit Details aufwarten, die diesen Kern ergänzen, Sinnzusammenhänge herstellen und dem Leser helfen, die Nachricht in ihrer Bedeutung in sein Weltbild einzuordnen. Es ist ein bisschen so wie beim berühmten Römischen Brunnen, wo das Wasser von oben nach unten strömt, wenn eine der Schalen voll ist.

Dabei müssen wir aber stets gewärtig sein, dass der Redakteur beim Umbruch meist gnadenlos von hinten nach vorne kürzt, weil er davon ausgeht, uns sei das Prinzip der »abnehmenden Wichtigkeit« bekannt. Und man kann, wie gesagt, dieses Prinzip auch durchaus einmal so weit treiben, dass man sich – mangels Wichtigkeit – eine Meldung verkneift. Natürlich weiß niemand genau zu sagen, wann ein vernünftig verstandenes Leserinteresse am Geschehen dieser Welt einmal endet. Aber irgendwann einmal sollten wir den Mut haben, Dinge dem Papierkorb anzuvertrauen, in dem das bekannte Theatergesetz zu segensreicher Wirkung gelangt: Was gestrichen ist, kann nicht durchfallen.

Interpretieren, nicht kommentieren

»Ich schreibe auch nicht die Nachrichten nur so hin, sondern tue gelegentlich etwas von meinem Eigenen hinzu, eine Exklamation, eine Lügenstrafung oder was Satirisches und sonst noch allerlei, und ich habe eine besondere Gabe, die Semikolons anzubieten – ich will Ihnen einmal eine Probe geben.« Was hier wie eine Bewerbung um freie Mitarbeit klingt, ist tatsächlich auch eine – allerdings aus alter Zeit, nämlich von Matthias Claudius. Natürlich war sie selbst satirisch gemeint, aber man kann aus den wenigen Sätzen einiges lernen, wenn man sie einmal ernst nimmt. Denn auch den kargen Nachrichtentexten dürfen Journalisten »Eigenes« hinzufügen, neben den Semikolons auch so etwas wie »Lügenstrafung« oder »Exklamation«. Nur müssen sie so nahe wie irgend möglich in der Nähe der Fakten bleiben, also bei der Realität oder Objektivität, die eine Nachricht ihrem Anspruch nach ja verbürgen soll. Und ein für alle Mal muss der Verfasser einer Nachricht wissen, dass er hier jedenfalls kein Leitartikler ist.

Kein Kommentar also, aber Interpretationen als Orientierungshilfen für den Leser sind erlaubt und in der Konkurrenz zum Fernsehen auch zunehmend erwünscht. Nur weiß jeder, wie schmal der Grat ist, auf dem wir da wandeln – zwischen Nachrichten-Analyse (news analysis) und dem Urteil über die Nachricht.

Von einem triumphalen »Wahlsieg« oder von einem »Erdrutsch« bei einer Wahl dürfen eher die Korrespondenten einer Zeitung sprechen, denen man eine eigene Handschrift erlaubt oder die sich ihre eigene Handschrift herausnehmen. Sie können dann auch gleich am Anfang von »strahlenden Siegern« sprechen oder von »tiefer Betroffenheit« über irgendein Ereignis.

Die Agenturen müssen da schlichter, nüchterner, wenn man so will auch farbloser sein: »Wahlsieg«, das wäre wohl das höchste der Gefühle. Immerhin erlauben auch sie sich längst Anflüge von Wertungen, wenn es etwa heißt:

> »In einer streckenweise leidenschaftlich geführten Debatte hat der Bundestag gestern über den richtigen Kurs nach der Bundestagswahl gestritten.«

Denn die Leser sollen doch wenigstens einen Eindruck davon bekommen, wie das Klima bei einer Veranstaltung war. Das könnte man die emotionale Wertung nennen – so etwas wie der Barometerstand im Saal.

Geradezu überschwängliche Wertungen finden sich bisweilen in den Leadsätzen, wenn Regionalzeitungen über Ereignisse im nahen Umkreis berichten.

> »Ein großer Erfolg wurde das Festbankett des Sportvereins W. anlässlich seines 40-jährigen Bestehens.«

> »Ein herausragendes Ereignis im Jahreslauf der Pfarrgemeinde A. war das dem Kirchenpatron St. Gallus gewidmete Hauptfest. Als Höhepunkt des Kirchenpatroziniums kann ohne Zweifel das Hochamt mit Gemeinde, Kommunion und sakralem Segen eingestuft werden.«

> »Das Vatertagsfest rund um das Rathaus war vollauf gelungen, nicht zuletzt, weil an diesem Tag der neue Mannschaftstransportwagen der Feuerwehr in Betrieb genommen wurde.«

Im strengen Nachrichtentext sind solche Sätze nicht zu Hause. Zur »Nestwärme« eines Dorfes oder einer Kleinstadt, die freilich auch nicht immer vorhält, gehört es aber, dass man Ereignisse rund um den Kirchturm ganz besonders wohlwollend sieht, jedenfalls solange sie so angenehm unpolitisch sind. Gänzlich wertungsfrei brauchen allerdings auch die Agenturen bei der Abfassung ihrer Nachrichten nicht zu sein.

Die Trennung zwischen Tatsachenbericht und Meinung geht auf einen hehren Grundsatz des amerikanischen Journalismus zurück: »Facts are sacred, opinion is free.«

In den Berichten des Fernsehens und des Hörfunks wird dieses heilige Gesetz auf profanere Weise gehandelt. Auch Kurzberichte haben hier Anklänge von Reportagen und können sich deshalb so manche Freiheiten herausnehmen, wenn freilich auch für sie gilt, dass sie sich vom Kommentar unterscheiden müssen, der im Fernsehen seinen eigenen Platz hat. Aber auch Zeitungen, wie etwa die »Neue Zürcher«, haben sich von der lupenreinen Trennung zwischen Nachricht und Kommentar dispensiert. Zwar gibt es auch dort an bestimmten Tagen den »Leitartikel« in verschiedenen

Ressorts: Man erkennt ihn an der Schrift und an der Platzierung des Autorenkürzels. Aber auch in den Berichten findet sich oft eine unbekümmerte Mischung aus Nachricht, Analyse, Wertung und Kommentar. Die Kollegen dort wollen selbstbewusst Flagge zeigen, auch wenn sie Nachrichten transportieren. Man hat einen Standpunkt – und man verbirgt ihn nicht.

Freilich ist es keineswegs so, dass man sich »nur« in der Schweiz von der Trennung zwischen Nachricht und Meinung gelöst hätte. Auch manche deutschen Zeitungen vermischen beides bisweilen, und gelegentlich könnte man fast den Eindruck gewinnen, der Leitartikelplatz sei gerade besetzt gewesen, als solch ein Beitrag unbedingt noch ins Blatt musste – dann eben als Bericht.

Selbst wenn Meinung in Form von Fragesätzen verpackt ist, hat sie in einem streng verstandenen Bericht keinen Platz. Jedenfalls dann nicht, wenn die Fragen so gestellt sind, dass sich dem Leser die Antworten aufdrängen und damit also auch die Meinung des Verfassers.

Zitate machen den Text lebendig

Die Enthaltsamkeit im Meinungsbereich bedeutet indessen nicht, dass ein Bericht knochentrocken und farblos niederzuschreiben wäre, also als reines Faktengerippe. Wir sollten den Lesern nicht einen bloßen Faktenhaufen vor die Füße kippen, sondern schulden ihnen nach Möglichkeit eine Orientierungshilfe, jenes »geistige Band«, das diese Fakten zusammenhält. Und: Auch der Bericht muss, sollen die Leser bei der Stange gehalten werden, möglichst anschaulich und lebendig gestaltet werden, wenn auch, wie gesagt, ohne jeden schmückenden Aufputz. Dies lässt sich vor allem mit Zitaten erreichen, die stets den Vorteil haben, dass die Direktheit, die Glaubwürdigkeit, die Authentizität der Schilderung unterstrichen werden. Als Einstieg einer kurzen Nachricht sind bei vielen Agenturen Wortzitate verpönt. Hat man aber für einen Bericht Platz, können sie doch ein guter Blickfang sein. Und sie eignen sich umso besser, je frischer sie sind und auch einem an sich nüchternen Bericht wenigstens einen Anflug von »roten Backen« geben können.

Auch indirekte Zitate eignen sich als eigene, knappe Zusammenfassung einer Redepassage natürlich gut für den Einstieg zu einem Bericht, wenn ihnen durch den erforderlichen Konjunktiv auch ein wenig von der Frische fehlt, die das direkte Wort auszeichnet. Immerhin kann man aber eine solche Einleitung mit einer vorsichtig-wertenden Zusammenfassung oder mit wörtlichen Kernstücken von Zitaten würzen. Auch bei solchen Raffungen muss aber der Sinn des Zitats unbedingt gewahrt bleiben. Denn wenn der Journalist die Worte formt, bleibt es doch immer der andere, der spricht – und der verlangen darf, beim Wort genommen zu werden.

Aber nicht nur im Einstieg bringen Zitate Farbe in den Bericht: Man sollte stets dann zu diesen Stilmitteln greifen, wenn man es – wie häufig – mit eigenen Worten weder besser noch kürzer sagen kann als der Sprecher, von dem gerade die Rede ist.

Besondere Meister in der Wiedergabe wörtlicher Zitate sind amerikanische und englische Journalisten. In ihren Berichten finden sich, mit der lakonischen Vokabel »said« ein- oder ausgeleitet, bisweilen ganze Zitaten-Friedhöfe. Dies kann für unsere Ohren freilich wieder zur Masche werden, die sich abnutzt und zudem den Nachteil hat, dass bisweilen auch Weitschweifigkeiten weitergegeben werden. Am besten ist es deshalb, bei einem Bericht alle drei Stilelemente zu mischen: das Wortzitat, das Sinnzitat und die zusammenfassende Wiedergabe, mit der ein Berichterstatter die Fakten auf der berühmten Perlenschnur aufreiht.

Will man Zitate abkürzen, so kann man auch gewissermaßen die Edelsteine aus ihnen herausbrechen und in Anführungszeichen wiedergeben – oder auch die Halbedelsteine oder das bloße Glitzerwerk, je nachdem.

»In grundsätzlichen Überlegungen zum Rechtsstaat rief von Weizsäcker dazu auf, den Staat nicht als ›vorgesetzte Behörde‹, sondern als ›Gemeinschaft der Bürger‹ zu verstehen und sich der Ziele des Rechtes bewusst zu werden – nämlich ›Gerechtigkeit und Frieden‹.«

»Mit« der Tür ins Haus

Auch der »Mit-Stil« lässt sich gut im Einstieg verwenden (siehe S. 85 ff.). Dieses »Mit« leitet eine kurze Zusammenfassung des Geschehens oder Gedankens ein, von dem der Berichterstatter Kunde gibt. Man fällt, was hier durchaus erlaubt ist, »mit« der Tür ins Haus – mit dem »Wie« als Aufhänger.

»Mit schweren Vorwürfen eines der fünf Angeklagten an die Adresse der Staatsanwaltschaft hat gestern in Hanau der Alkem-Prozess begonnen.«

»Mit großem Nachdruck drängt die CDU-Mittelstandsvereinigung jetzt auf die Senkung der nach ihrer Meinung viel zu hohen Lohn-Nebenkosten im Unternehmensbereich.«

»Mit einem Appell, den ›linken Diskurs‹ fortzusetzen und sich verstärkt politisch ›einzumischen‹, ging ... der dreitägige Kongress ›Prima Klima‹ zu Ende, den ehemalige Mitglieder des Sozialistischen Deutschen Studentenbundes (SDS) organisiert hatten.«

»Mit einer klaren Absage an eine Verfassungsänderung beim Asylrecht hat der FDP-Vorsitzende Otto Graf Lambsdorff am Freitag auf dem traditionellen Dreikönigstreffen in Stuttgart das politische Jahr eröffnet.«

Natürlich gilt auch für solche Anfänge die allgemeine Forderung, dass sie überschaubar bleiben müssen. Der Leser soll ja in wenigen Zeilen die Quintessenz dessen erfahren, was der Berichterstatter ihm dann genauer mitzuteilen hat. Bandwurmsätze, die freilich an keiner Stelle erlaubt sind, würden hier ganz besonders stören.

»Mit der Verabschiedung eines ›Bundesmanifestes‹, in dem unter anderem die Forderung nach sofortiger Stilllegung aller Atomanlagen und nach Sanktionen gegen Südafrika, das Eintreten gegen Weltraumrüstung und die ›Solidarität mit Asylanten‹ als ›Beispiele für die politischen Herausforderungen der Kirche‹ genannt werden, ging am Sonntag in Siegen eine so genannte zweite ökumenische Versammlung zu Ende.«

Hier geht es dem Leser wie der Iphigenie in Goethes Drama: Er hört von allem nur das »Nein« und weiß schon gar nicht mehr genau, wogegen sich der Kongress im Einzelnen alles gewandt hat.

Der Einstieg über den Menschen

Nur bei den längeren, »angefeatureten Berichten« kann einmal das Bild eines Menschen am Anfang stehen: die Personalisierung als Blickfang.

»Verstohlen wischt sich der 51 Jahre alte Antonio Tränen aus der Augen. Geduldig wartet er in einer Schlange auf sein Esspaket. Er gehört zu den Ärmsten von Paris.«

»Die 60-jährige Ruth-Sylvia Niendorf war stolz auf ihre Unabhängigkeit. Noch immer versorgte sich die rüstige Rentnerin, noch immer brauchte sie keine fremde Hilfe.«

»Die 40 Jahre alte Kate Belly räumt freiwillig ein, nach Jahren zum ersten Mal wieder Grund zum Lächeln zu haben. Sie schöpft Hoffnung, ihr 80 000-Pfund-Haus nicht zwangsweise verlassen zu müssen, nachdem sie in Zahlungsschwierigkeiten geraten war …«

Das sind Berichte von Korrespondenten mit ausgeprägter Handschrift. Bei den Nachrichtenagenturen ist ein solcher Einstieg über den Menschen nur im Feature erlaubt. Die strenge Form der Nachricht wird auf diese Weise jedenfalls gesprengt. »Jede gute Story lebt aber vom Menschen«, hat ein erfahrener Journalist einmal gesagt. Und jeder Klatsch lebt vom Menschen, so wäre zu ergänzen. In diesem Sinn sind dies Beispiele für den Klatsch-Einstieg. Die Kunst ist es aber dann, den Ausstieg zu finden (siehe S. 149 ff.).

Für Nachrichten-Magazine ist der Einstieg über den Menschen längst ein »klassisches« Strickmuster. Oft machen sie in solchen Berichten ihre Leser mit einem Einzelschicksal neugierig auf das soziale Problem, für das ein »Betroffener« dann als Beispiel steht – pars pro toto, einer für viele. Wie in diesem Beitrag, der das »völlig überdrehte« amerikanische System des Schadensersatzrechts anprangert:

»Noch immer steigt in Joe Caspolich Wut auf, wenn er an die Zeit nach dem schrecklichen Eisenbahnunglück zurückdenkt, bei dem im September vergangenen Jahres seine Frau Martha umkam. Eine Bahnbrücke war eingestürzt, und Martha gehörte zu den Opfern, die in den Fluten des Flusses ertranken. Caspolich hatte kaum davon erfahren, als auch schon die ersten ungebetenen Besucher bei ihm anklopften. ›Geier‹, sagt der Rentner verächtlich. Die Geier kamen von überall eingeflogen, Rechtsanwälte, die nur eines im Sinn hatten: Verletzte oder die Hinterbliebenen der 47 Opfer als Klienten zu keilen. Mehrfach am Tag wurde Caspolich bedrängt. Einer der Advokaten war ihm sogar auf die Toilette eines Restaurants gefolgt. ›Diese Menschen sind einfach geldgierig‹, sagt er.«

Ein wütender Mensch, der seine Frau verlor, ein Unglücksfall und Menschen, die sich an diesem Schicksal bereichern (»Geier«): Diese Mischung aus Schilderung und eingestreuten Zitaten lockt den Leser nicht nur zur Lektüre, sie bereitet zugleich auch seine Stimmung vor, die ihn beim Lesen von Zeile zu Zeile begleitet und für offene und versteckte Wertungen des Autors empfänglich macht.

Der Stil der Zeitung, die Stellung des Journalisten im Gefüge der Redaktion und der für den Beitrag zur Verfügung stehende Platz entscheiden darüber, welche dieser dramaturgischen Elemente auch außerhalb von Magazinen verwertbar sind.

Gesprengt wird die Nachrichtenform auch, wenn am Einstieg Bilder vermittelt werden, die – oft auch als Metapher – eine an sich eher nüchterne Stimmung beleben sollen. Gerade betont sachliche Informationen können so einigermaßen »süffig« eingeleitet werden. Allerdings darf hier die lyrische Stimmung nicht mit dem Schreiber durchgehen – der Einleitungssatz darf nicht mehr als ein Korkenknallen sein, bevor dann die Informationen zu fließen beginnen. In diesem Beispiel ist die Grenze noch gewahrt:

> »Im Park des Schlosshotels Kronberg trauen sich die Narzissen vorsichtig aus dem Boden, ermutigt vom ersten warmen Sonnenschein in diesem Jahr. Vorfrühlingshafte Stimmung verbreiten auch die Finanzminister und Notenbankgouverneure jener Wirtschaftsmächte, die gemeinhin als die sieben führenden Industriestaaten bezeichnet werden. Hoch über Frankfurt im Vordertaunus haben sie sich am Wochenende auf die Suche nach den Frühlingsboten der Wirtschaft gemacht.«
> (*Badische Neueste Nachrichten*)

Bisweilen werden auch die Stimmungsfarben bewusst ein wenig dicker aufgetragen, damit sich dem Leser in einer Art von Gefühlssprung das Gegenbild dann umso mehr einprägt, um das es dem Verfasser eigentlich geht. Der folgende Bericht führt den Leser zunächst ein paar Schritte in eine Art von Courths-Mahler-Country, bevor es dann sehr ernst wird:

> »Über der sonnenüberfluteten Hügellandschaft im Westen Jerusalems liegt der Duft südlicher Nadelbaumwälder. Vögel zwitschern unter dem blauen Himmelszelt, ein sanfter Wind wiegt die Baumkronen hin und her. Ein Ambiente für Urlaubsgefühle. Doch in der Delegation aus Deutschland ist die Stimmung gedrückt. In Jad Vashem steht der Gruppe ein schwerer Gang bevor. In der Holocaust-Gedächtnisstätte werden die Besucher mit niederschmetternden Szenarien des braunen Terrors konfrontiert. Schweigend schreiten die deutschen Gäste an den schockierenden Fotografien vorbei, einige wenden den Blick von den schändlichen Dokumenten des Naziverbrechens ab...«

Wohlgemerkt: Das sind Beispiele für Hintergrundberichte, nicht für Reportagen, auch wenn der Einstieg ähnlich klingt. Korrespondenten haben in ihren Berichten oft genügend »Auslauf«. Aber stets muss der Schreiber auf der Hut sein, dass solche Stilmittel nicht zur Masche werden.

Schlank muss der Einstieg sein

Kurz und bündig, wie Nachrichten insgesamt geschrieben werden sollen, muss vor allem der Einstieg sein. Schachtelsätze wirken hier auf den Leser besonders abschreckend. Allzu umständlich und auch wegen der Anhäufung von Genitiven schwer verständlich ist etwa folgender Einstieg:

>»Die Staatsanwaltschaft in Hanau hat jetzt nach langwierigen Ermittlungen beim Landgericht Hanau Anklage wegen Verdachts des illegalen Betriebs eines Teils der dortigen Nuklearfirma Alkem erhoben, die Plutonium verarbeitet und Brennelemente für eine Reihe deutscher Kernkraftwerke herstellt.«

Übersichtlicher wäre hier etwa folgender Einstieg:

>»Nach langwierigen Ermittlungen hat die Staatsanwaltschaft in Hanau Anklage gegen die Nuklearfirma Alkem erhoben. Das Unternehmen steht in dem Verdacht, einen Teil der Anlage illegal in Betrieb genommen zu haben.«

Dass der Einstieg auch nicht mit Zeitangaben und protokollarischen Notizen voll gestopft werden darf, wurde an anderer Stelle schon gesagt: In den Vorspann gehören Essenzen und keine Verdünnungen (siehe S. 105 ff.). Und noch einmal soll daran erinnert werden, dass das Gesetz der abnehmenden Wichtigkeit gerade auch im Einstieg gilt: Der Satz mit dem höheren Informationsgehalt hat immer den Vortritt.

Beim Abfassen von Meldungen und Berichten muss man sich stets vor Augen halten, dass man seinen Lesern ein Geschehnis erzählt: Freilich nicht als Märchen, sondern als harte Tatsache. Vom Märchenerzähler kann man sich aber immerhin einige Grundregeln ablauschen: Man muss die Neugier wecken, man muss die Zuhörer bei der Stange halten und man muss so erzählen, dass alles verstanden wird. Für kleine und große Bosheiten, die in Glosse und Leitartikel hinreichend Platz haben, ist die Nachricht, ist vor allem der Leadsatz einer Nachricht nicht geeignet, auch wenn es den Berichterstatter in den Fingern juckt.

Zum Schluss ein Blick auf die Leadsätze, in denen verschiedene Zeitungen die Tragödie von Beslan zusammenfassten, der Geiselnahme von mehr als tausend Kindern und Eltern durch Terroristen in einer Schule in der russischen Kaukasus-Stadt. Von der *Bild*-Zeitung abgesehen fällt auf, wie wertungsfrei, wie »nüchtern« sich der Einstieg liest. Nur in der *Frankfurter Allgemeinen Zeitung* finden sich kommentierende Adjektive.

»Die Geiselnahme in der Schule im nordossetischen Beslan hat am Freitag nach einer Erstürmung durch russische Spezialkräfte ein *unerwartet rasches*, aber *blutiges* Ende mit *zahlreichen* Opfern gefunden« (Hervorhebungen von den Autoren).

Für die anderen Zeitungen ist die *Geiselnahme* übereinstimmend ein *Drama*. Sonst aber heißt es in den ersten Sätzen:

»Russische Spezialeinheiten haben am Freitag die Schule in der Kaukasus-Stadt Beslan gestürmt, in der Terroristen seit Mittwoch Schüler, Eltern und Lehrer in ihrer Gewalt hielten. Bei dem Geisel*drama* kamen nach vorläufigen Angaben mehr als 150 Menschen ums Leben.« (*Frankfurter Rundschau*)

»Drei Tage nach dem Beginn des Geiseldramas im Nordkaukasus sind bei einem Sturmangriff russischer Truppen mehr als 150 Menschen ums Leben gekommen. Mehr als 400 Geiseln und andere Bewohner der Kleinstadt Beslan in Nordossetien wurden verletzt...« (*WELT*)

»Bei dem Geiseldrama in der russischen Kaukasus-Stadt Beslan sind weit mehr als hundert Menschen ums Leben gekommen. Mindestens 400 Verletzte wurden bis zum Freitagnachmittag in den Krankenhäusern der Stadt und der Umgebung gezählt. Russische Spezialeinheiten hatten am Mittag das Gebäude gestürmt, in dem Terroristen Hunderte von Opfern seit Mittwoch festhielten. Vor oder während der Erstürmung stürzten Teile des Dachs ein. Der Agentur Interfax zufolge wurden mehr als hundert Leichen von Geiseln entdeckt. Mindestens 13 der Täter konnten offenbar entkommen.« (*Süddeutsche Zeitung*)

Und zum Schluss *Bild*:

»Blutige Schlacht um Geisel-Schule
Halb nackte Kinder rennen um ihr Leben
Über 150 tot, 650 Verletzte
Geiseln wahnsinnig vor Durst
Arabische Söldner unter den Terroristen.«

2. Reportage und Feature
oder: Für den Leser auf Patrouillengang

> » ... rausfahren, schauen, hören, beschreiben.«
> *(Werner Holzer)*

> »Jede Umgebung ist spannend,
> wenn man nur richtig hinschaut.«
> *(David Lynch)*

> »Das Wichtigste ist das Beobachtete.«
> *(Josef Roth)*

»Ist die Reportage eine aussterbende Gattung?«, wurde vor einiger Zeit einmal gefragt. Und ein altgedienter Reporter gab darauf die Antwort: »Ja, wir sind eine aussterbende Gattung. Die Leute gucken TV und interessieren sich einen Dreck für uns!« Dieser eher einsame Schwanengesang eines Reporters ist aber kein Schwanengesang auf eine ganze Gattung. Denn die Reportage, diese »Grundform allen Journalismus« (Werner Funk), ist nach wie vor höchst lebendig, wie ein Blick auf so manche »Seite 3« zeigt – nicht nur auf die berühmte Seite 3 der *Süddeutschen Zeitung*.

Aber natürlich steht die Zeitungsreportage in Konkurrenz zu Sendungen im Fernsehen, die den Zuschauer ja mit eigenen Augen an einem Geschehen teilnehmen lassen – durch die »Subjektivität des Objektivs« einer Kamera, wie einmal treffend gesagt wurde.

Hier geht es allein um die Print-Medien. Und schon der sprachliche Ursprung der Begriffe Reportage und Feature zeigt, dass sie ein Sammelbecken sind: dass sich diese Wörter aus lateinischen, französischen und englischen Sprachelementen zusammensetzen. Genauso buntscheckig ist aber auch ihr Inhalt, und das macht es schwer, abstrakt zu bestimmen, was denn das ist, die Reportage oder das Feature. Nun ist mit einer Definition gerade im Journalismus nicht allzu viel gewonnen. Man weiß ja von der trüben Erkenntnis früherer Haremswächter, dass es nicht dasselbe ist, ob man etwas weiß oder etwas kann. Bevor man sich in Definitionen verliebt oder gar verliert, sollte man besser herausfinden, was eine gute Reportage und ein gutes Feature ausmacht. Wenigstens bis zu einem gewissen Grad sind auch diese Gestaltungsformen des Journalismus lernbar, auch wenn hier zu der bloßen Technik noch ein guter Schuss Begabung hinzukommen muss. Immerhin aber kann man lernen, Fehler zu vermeiden, und zugleich lassen sich bei einer Analyse ausgewählter Reportagen typische Gestaltungselemente herausstellen – »Journalismus in Beispielen«. Freilich ist es von diesem Ausgangspunkt aus noch ein weiter Weg bis zum »beispielhaften Journalismus«.

Wenn wir uns auch mehr um Praxis kümmern wollen als um Begriffsbestimmungen, so schulden wir dem »Feature« doch ein Wort der Erklärung. Seine Heimat hat dieser Begriff in den elektronischen Medien, als eine Gestaltungsform für Sendungen im Hörfunk und im Fernsehen. Wenn also dort sein angestammter Platz ist, so hat sich das Feature dennoch längst auch in den Print-Medien breit gemacht und ist in den Redaktionsstuben auch in einer verballhornten Form populär geworden, etwa wenn ein Redaktionsleiter einem journalistischen Neuling den Auftrag mit auf den Weg gibt, etwas »Verfeaturetes« mitzubringen. Damit meint er in der Regel einen Bericht mit »bunten Elementen«. Doch kann jeder den Auftrag verstehen, wie er will, und so liest es sich im Blatt dann auch bisweilen.

In Lehrbüchern des Journalismus heißt es, das Feature sei der »bunte Bruder« der Reportage, erlaube vor allem »mehr Subjektivität, mehr Farbe« (Meyer/Frohner). Andere sagen, das Feature könne, bei aller Farbe, die es haben muss, auch tiefgründiger sein als die Reportage: »Mehr allgemein Gültiges erfassen, aufgezeigt an einem Beispiel« (E. Th. Mayer, zitiert bei Meyer/Frohner). Walther von LaRoche bringt in seiner »Einführung in den praktischen Journalismus« den Unterschied auf den Nenner: »Ein Feature-Schreiber ist deshalb mehr als nur Reporter: Er schildert zwar, ergänzt aber die Beschreibung durch sein Wissen.« Aber das tut der Reporter ja auch, wenn er nicht ganz an der Oberfläche bleiben will. Instinkte des Künstlers, Neugier, Schönheitssinn und Gespür für den richtigen Augenblick: So wurde das Rüstzeug eines »geborenen Reporters« einmal beschrieben. Zwar war damit der *Foto*-Reporter gemeint – aber auch der Wort-Reporter kann all das gut gebrauchen. Denn die Reportage soll vor allem visualisieren, bisweilen auch emotionalisieren, also mit Worten sehen und fühlen »machen«, während das Feature eher *intellektualisieren* darf. Deshalb muss eine Reportage auch zunächst einmal gesättigt von »Anschauungen« sein, und dann erst mit Berichtsteilen, Informationen und Reflexionen durchwachsen wie ein guter Bauchspeck. Eine Reportage ist kein Essay. Deshalb sollte man, was man sagen will, mehr an Personen als an Gedanken festmachen, also die Schilderung nach Kräften »vermenschlichen«. Taucht eine Person öfter auf, erhöht das ihren Wiedererkennungswert für den Leser. Die Personen sollten möglichst so ausgewählt werden, dass sie Repräsentanten eines Geschehens sind – oder auch eifach nur Originale. Eine Reportage berührt den Leser besonders dann, wenn sie mit Menschen »bevölkert« ist. Auch die Reportage hat ihre Gesetze, so heißt es, »aber ein guter Autor gewinnt ihnen die größte Freiheit ab«.

Die folgende Darstellung wird Reportage und Feature im Wesentlichen gemeinsam behandeln und auf Unterschiede nur dann eingehen, wenn die journalistische Aufgabe es unbedingt erfordert. Sie soll einen Maßstab an die Hand geben, fremde Reportagen und Features professionell zu lesen: auf der Suche nach Gestaltungsprinzipien, die dem jeweiligen Verfasser vielleicht selbst nicht bewusst waren.

Gemeinsam ist Reportage und Feature zunächst, dass wir dabei alles wieder vergessen können, was wir bei der Gestaltung von Nachrichten und Berichten gelernt haben. Es gibt keine strengen Aufbauprinzipien, nicht das Prinzip der »abnehmenden Wichtigkeit«, nicht das Verbot der Mischung von Information und Meinung. Es gibt natürlich keine Bindung an eine Chronologie der Ereignisse, die »Quelle« sind oft wir als Beobachter, und vor allem – wir dürfen nicht so schreiben, dass der Redakteur beim Lay-out kurzerhand die letzten zehn oder zwanzig Zeilen streichen kann, wenn sie beim besten Willen nicht mehr ins Blatt passen. Er darf sie einfach nicht streichen können: weil dann die ganze Geschichte nicht mehr in sich »rund« wäre.

Denn Reportage und Feature, das ist stellvertretende Wahrnehmung der Außenwelt für die Leser, ist nachdenklicher, wacher Augenzeugen-Bericht. Der Reporter muss, was er sieht, was er hört, was er erlebt, was er ahnt, in seinen journalistischen Stoffwechsel aufnehmen und daraus ein farbiges Konzentrat der Wirklichkeit gestalten. Goethe, so wurde einmal gesagt, hat aus allem, was er erlebte, zu guter Letzt »Goethe« gemacht. Wenn auch das Vorbild ein wenig erdrückend erscheint – ein kleines bisschen Goethe, so verstanden, darf's schon sein.

Der Reporter nimmt seinen Leser gewissermaßen bei der Hand und geht mit ihm, wie einmal jemand sagte, auf »Patrouillengang«. Er ist so etwas wie die Linse der Kamera, aber er sieht sich nicht nur »stellvertretend« für den Leser in der Welt um, er darf ihm auch erklären, was er von dieser Welt zu halten hat. Allerdings nicht wie ein Leitartikler, nicht wie der Journalist, der in Glossen oder Kommentaren zu politischen, wirtschaftlichen, kulturellen Ereignissen Stellung nimmt. Denn der Reporter ist kein Kommentator (LaRoche), und die Wertung, die der Reportage eigen ist, ist subtiler als das »Ja« oder »Nein« des Leitartikels. Eine gelungene Reportage hat schon deswegen nur wenige Wertungen nötig, weil die Schilderung selbst so eindringlich ist, dass der Leser die Ansicht des Reporters ganz selbstverständlich nachvollzieht. »Beschreiben Sie mir irgendein imaginäres Fußballspiel und sorgen Sie dafür, dass ich es sehe« – mit diesem Auftrag wurde Ronald Reagan als junger Mann einmal getestet, ob er als Reporter geeignet wäre, bevor er ein paar Jahrzehnte später dann als Präsident der Vereinigten Staaten für geeignet befunden wurde.

Damit erinnert die Reportage ein wenig an einen geschriebenen Film, dessen Bilder in der Phantasie des Lesers gleichsam entwickelt werden. »Sie brauchen diese Landschaft nicht zu sehen, ich habe sie schon für Sie gestaltet«, sagte der Komponist Gustav Mahler einmal zu einem seiner musikalischen Verehrer. Und in Wirklichkeit ist es ja tatsächlich so, dass uns die Reportage in den allermeisten Fällen die eigene Wahrnehmung ersetzen muss, weil die Leser mangels eigener Anschauung von der Anschauung des Reporters leben. Sie müssen beim Lesen hören, sehen, riechen, schmecken. Und ähnlich wie bei der Arbeit mit der Kamera kann auch der Zeitungsreporter auf seine Gegenstände »zufahren« oder »aufziehen«, er kann Standbilder zeichnen oder in seiner Beobachtung einen »Schwenk« machen. Und lebendig wird die Reportage, wenn Bilder und Szenen, Berichte und Informationen, Reflexionen und Wertungen einander abwechseln.

Zu den klassischen Reportagen im *Hörfunk* zählt der Augenzeugenbericht des amerikanischen Reporters Herbert Morrison, der beobachtete, wie der Zeppelin »Hindenburg« im Jahre 1937 in Lakehurst abstürzte. Seine Reportage gilt heute noch nicht nur in Amerika als ein Musterbeispiel für die Journalistenausbildung. Man hörte, wie einmal jemand schrieb, förmlich die Tränen in seiner Stimme, als Morrison damals ins Mikrophon rief: »Es kracht schrecklich … es brennt, geht in Flammen auf und fällt auf den Ankermast … Dies ist eine der schlimmsten Katastrophen der Welt. Oh, die Flammen, vier- bis fünfhundert Fuß in den Himmel. Es ist ein schrecklicher Lärm … Der Rauch und die Flammen, und das Gestänge fällt auf den Boden, nicht nur der Ankermast, oh, die Menschen … und die Passagiere, es liegt einfach da, ein rauchendes Wrack.« Dies sind mit Worten gemalte Bilder des Schreckens, die den Zuhörer zum Mitbeobachter eines Geschehens machten, das wie ein Horrorfilm vor dem Reporter ablief. Sicher würde Morrison leisere Töne sprechen, wenn er über diese Katastrophe im heutigen Fernsehen hätte *reportieren* müssen. Denn wenn sich starke Bilder und starke Töne überlagern, würde ein Zuschauer von Eindrücken erschlagen werden.

Vielleicht wurde diese Darstellung aber zum Vorbild für einen ganz anderen »Klassiker«, für das berühmte, als Reportage getarnte Hörspiel von Orson Welles, nach dem Roman »Krieg der Welten« von H. G. Wells. Es handelt von einer Invasion durch irgendwelche Lebewesen vom Mars, und, wenn man so will, es wurde dieser Reportage das eigenwilligste Kompliment für journalistische Wirksamkeit gemacht: In Amerika gingen damals Hunderte von Familien auf die Flucht aus den Städten, weil sie glaubten, auch dies sei ein Augenzeugenbericht und ihr letztes Stündlein habe geschlagen.

Dies führt zu der Pilatus-Frage: Was ist Wahrheit, wie viel Wahrheit muss die Reportage enthalten? Auch eine Reportage muss natürlich zunächst einmal wahrhaftig sein, wie alles, was wir Journalisten niederschreiben. Und ein schlechtes Beispiel von Unwahrheit und Unwahrhaftigkeit zugleich bietet ausgerechnet Egon Erwin Kisch, der Nestor der Reportage, mit einem frühen Sündenfall, den er später freilich eingestanden und bereut haben soll. Er musste über einen Großbrand berichten, und da er eigentlich nur das Feuer sah, »erfand er, um die Zeilen zu füllen, eine rührselige Szene von Obdachlosen und Landstreichern, die dem Schauplatz der Verheerung das entsprechende Gepräge geben soll« (Kantorowicz über Egon Erwin Kisch, in Hans-Jürgen Schultz, Journalisten über Journalisten). Später schämte sich Kisch freilich über diese Reportage, die eigentlich eine Kolportage war, und sagte: »Gestern hatte ich zum ersten Mal etwas erfunden, und alle hatten es geglaubt ... Sollte ich also bei der Lüge bleiben? Nein. Gerade weil mir bei der ersten Jagd nach der Wahrheit die Wahrheit entgangen war, sollte ich ihr nachspüren« (Kantorowicz).

Es ist zwar wiederum umstritten, ob dieses Geständnis wahr ist oder abermals ein kokettes Spiel mit der Wahrheit. Lassen wir diese Frage an dieser Stelle einmal getrost dahingestellt. Ein »objektiver Reporter« wäre jedenfalls ein ähnliches Wunderwesen wie früher einmal der legendäre »christliche Kaufmann«. Aber natürlich müssen Reportagen wahrhaftig sein, und natürlich muss die Farbe echt sein, die eine Reportage »rotbackig« macht, wie es meist so schön heißt. Man muss sie der Außenwelt abschauen mit »Röntgen-Augen« (Kantorowicz) oder gar einem »prophetischen Sinn für das Gegenwärtige« (Heinrich Mann). Es geht aber auch ohne diesen Griff zu den Sternen – mit einer wachen Beobachtungsgabe, die einfühlsam macht für das Leben um uns herum. Gelegentlich macht sogar einmal ein Stück unfreiwilligen Humors, macht ein »Ausrutscher« eine Reportage zum »Klassiker«, wie er dem Sportreporter Heinz Maegerlein einmal unterlaufen war, als er bei einem Skirennen ins Mikrophon rief: »Tausende standen an den Hängen und Pisten« – was sich freilich beim Sprechen ganz anders anhört, als es sich hier liest.

Eine Reportage ist die wertende Beobachtung eines szenischen Verlaufs, ist also ein farbiges, anschauliches, informatives, »durchdachtes« Stimmungsbild, ein spannender, den Leser fesselnder, sein Weltbild bereichernder Erlebnisbericht – und weiter nichts.

Wie aber vollbringt man solch ein Wunderwerk? »Schreib deine Story am Menschen entlang«, dies rät Cordt Schnibben, »gib dem Leser das Gefühl, dabei gewesen zu sein, vermeide Gemeinplätze und Uniformität, suche deine eigene Sprache, ordne die Informationen ein, sei unterhaltend und überraschend.« Das ist ganz sicher ein gutes Rezept für eine gute Reportage. Nur muss daraus für jedes Thema der richtige »Kuchen« gebacken werden.

Zunächst einmal muss der Reporter, wie der Journalist überhaupt, das genaue Gegenteil jener berühmten drei indischen Affen sein, die sich Ohren, Augen und Mund zuhalten. Eher schon muss er so geschaffen sein, wie sich der als Großmutter verkleidete Wolf dem Rotkäppchen vorstellt: Mit großen Augen, damit er besser sehen, und großen Ohren, damit er besser hören kann. Und mit einem großen Maul, damit es ihm an Biss nicht fehlt, wenn der Gegenstand, über den er schreibt, ihm dazu Anlass bietet.

Er muss sehen können: Dies ist auch eine Begabungssache, kann aber durch Wahrnehmungstraining verbessert werden. Es gibt Menschen, so hat Peter Altenberg einmal gesagt, die nichts zu tun haben. »Vollkommen Überflüssige des Daseins. Mit weit aufgerissenen Augen schauen sie und schauen. Diese hat das Schicksal bestimmt, die viel Beschäftigten zum Verweilen zu bringen vor den Schönheiten der Welt.«

Aus solchem Holz ist in erster Linie der Flaneur geschnitzt, der dem Weltgeschehen die Fußnote, die Episode ablauscht. Aber »aufgerissene Augen« muss auch der Reporter haben, wenn er auf seine Weise auf die Pirsch geht, bei der er freilich nicht nur »Schönheiten« aufspürt. Und er darf dabei ruhig auch ein bisschen »mit dem Herzen sehen«, wie der Kleine Prinz dies in der wunderschönen Geschichte von Saint-Exupéry tut.

Eine eher berüchtigte Reportage eines ansonsten berühmten Reporters zeigt, wie es ist, wenn man einmal nicht hört und sieht und sich dadurch sogar dem Verdacht aussetzt, man habe das Ganze nur erfunden. Henry Stanley war von seiner Zeitung beauftragt worden, den großen Forschungsreisenden David Livingstone ausfindig zu machen, der irgendwo im Innern Afrikas verschollen war. Dies gelang ihm nach manchen Irrfahrten auch, und dann kommt es zu der bekannten Szene, die sich in den Worten Stanleys wie ein Kabinettstück der Komik darstellt. Nach einer gefährlichen und beschwerlichen Reise entdeckt er Livingstone irgendwo »am damaligen Ende der Welt«, umringt von »tausend Eingeborenen«, wollte erst auf ihn losstürzen, ihn vielleicht gar umarmen, wollte jedenfalls irgendetwas Außergewöhnliches tun – und schreitet stattdessen nur auf ihn zu, nimmt den Hut ab und sagt den wahrhaft historischen Satz: »Dr. Livingstone, I presume?«

Und das Ende der Reportage verbleibt dann gänzlich nichts sagend und allgemein. Worüber wir sprachen, schreibt Stanley, habe ich vergessen. »Was... der Doktor mir sagte und was ich ihm erwiderte, das könnte ich nicht genau berichten, denn ich war stets damit beschäftigt, ihn anzublicken, des wundervollen Mannes Gestalt und Züge zu studieren, an dessen Seite ich nun in Zentral-Afrika saß.« Genau dies darf dem Reporter nicht geschehen: Zwar müssen wir dauernd unser Gegenüber »anblicken«, wir müssen uns dauernd umblicken, und wir müssen dauernd aufnehmen: Aber wir dürfen uns von keinem Eindruck erschlagen lassen, nie dürfen wir in Bewunderung erstarren, und stets müssen wir uns daran erinnern, was wir gesehen und gehört haben – und das muss allemal mehr sein als eines »wundervollen Mannes Gestalt und Züge«. Keine abstrakten Wertungen, wie das »wundervoll« eine ist, sondern einen Menschen schildern, den der *Leser* »als wundervoll« wahrnimmt.

Das bedeutet zunächst, dass wir unsere Eindrücke aufschreiben müssen. Und wir sollten auf diese Eindrücke vorbereitet sein, sollten von dem Gegenstand etwas verstehen, den wir da farbig schildern wollen, müssen uns also einlesen, müssen recherchieren, Gespräche führen, bevor wir uns auf den Weg machen. Im »Zeitungspraktikum« von Meyer/Frohner wird geschildert, wie einer der »Großen der Branche«, der frühere Chefreporter der *Süddeutschen Zeitung*, Hans Ulrich Kempski, sich an die Arbeit macht:

»Wenn ich einen Raum betrete, der vielleicht eine Rolle spielen könnte, notiere ich mir die lausigsten Details... Ich zähle die Zahl der Lampen an der Decke, die Bilder, die Fenster... ob ich das gebrauchen kann, weiß ich nicht. Ich schreibe auf. Denn die Erinnerung ist ein sehr unzuverlässiger Speicher... Ich arbeite manchmal wie ein Fotograf, der ungeheuer viel knipst, aber hinterher 90 Prozent des Materials unverwertet lässt, dem es nur auf einige wenige, aber gute Schnappschüsse ankommt.«

Und ein steinalter Journalist, der seinen Beruf nie ganz loslassen konnte, obwohl er längst nicht mehr gut sah, schwenkte im Kollegenkreis bisweilen krakelig beschriftete Zettel mit dem fröhlichen Satz: »Hauptsache aufgeschrieben!«

Ein wenig distanzierter wirkt es da schon, wie Schnibben die Dinge sieht:

> »Die wenigsten machen sich eine Vorstellung davon, wie mühsam sie ihre Notizblöcke füllen. Wie übel es ist, wildfremde Menschen über ihre Meinung zum Kondom, zu den Türken oder zu ihrer eigenen Perspektivlosigkeit zu befragen. Wie lächerlich man sich vorkommt, wenn man mit ansehen muss, wie in vier Tagen aus einem Gebirge von Stangen nichts weiter als eine große Openair-Bühne wächst. Und welcher Leser weiß schon, dass man elf Stunden auf einem Parteitag sitzt, nur um aus dem unaufhörlichen Redefluss ein paar lächerliche Sätze herauszufischen – wie ein Wal, der Tonnen von Wasser in sich hineinschwappen lässt für ein paar Gramm Plankton« (Neues Deutschland, Seltsame Berichte aus der Welt der Bundesbürger).

Auch das ist eine Wahrheit über den Alltag unseres Berufes. Und dabei gelingen Schnibben doch derart eindrucksvolle Reportagen!

»Tonnen von Wasser«, »lausigste Details«

Wie viele Stoßseufzer oder beruflich erworbene Skepsis auch immer hinter diesen Ratschlägen stehen, sie sind jedenfalls brauchbar. Kaum ein Detail ist so unwichtig, dass man es sich leisten könnte, es zu übersehen. Aber man sollte auch das »Atmosphärische« notieren, das man wahrnimmt: das Ambiente eines Raumes etwa, die Stimmung bei einer Versammlung, den Eindruck, den ein Mensch auf uns macht, den seine Worte bei uns auslösen.

Zitate müssen mitgeschrieben werden, da sie später viel von der Farbe einer Reportage ausmachen, und man sollte ihnen durchaus auch ihre Dialektfärbung lassen, solange sie für die Leser verständlich bleiben.

Hilfreich ist es für den Reporter natürlich, wenn er für die Begegnung mit Menschen offen ist, wenn er sie mit wachen, aber warmen Augen sieht. Etwas pathetisch hat dies einmal Egon Erwin Kisch umschrieben, wenn er sagt: »Ein Reporter muss mit allen Kreisen der Gesellschaft Fühlung haben, von den Allerhöchsten bis zu den Allerniedrigsten.« Wenn ich auch mit den »allerhöchsten« oder »allerniedrigsten« Kreisen, jedenfalls vom Wort her, wenig anzufangen weiß, so ist es selbstverständlich richtig, dass gerade der Reporter unablässig mit der Welt in Kontakt sein muss. Es gibt eine schöne Karikatur von Chlodwig Poth, auf der ein Mann den anderen fragt: »Darf ich Ihnen Herrn Meier vorstellen?« Und der andere sagt mit einer abwehrenden Handbewegung: »Nein, danke, ich kenne schon genug Leute.« Dies ist freilich die sarkastische Übertreibung eines Karikaturisten, aber sie zeigt immerhin anschaulich, wie ein Reporter zuallerletzt mit der Welt umgehen dürfte. Ein Journalist kann niemals genug Menschen kennen: Und es schadet auch nichts, wenn er die Menschen ein bisschen mag.

Auf der ersten Stufe der Reportage vollzieht sich also eine Art Sammelwut. Man »fotografiert« mit dem Bleistift alles, was man wahrnimmt, auch die Stimmung. Auf der zweiten Stufe muss sich dann allerdings eine Art von »Wegwerf-Wut« einstellen: Weit mehr als die Hälfte dessen, was da schließlich alles auf dem Notizblock steht, findet sich später nicht in der Reportage wieder, wenn es nicht gar jene 90 Prozent sind, von denen Ulrich Kempski spricht. Dies ist keine Verschwendung, sondern die notwendige Verdichtung einer Fleischbrühe zu einem Extrakt, und ähnlich geht ja auch der Dokumentarfilmer vor, wenn er im Schneideraum das Material sichtet, das die Kamera für ihn eingefangen hat. »Was gestrichen ist, kann nicht durchfallen«: Diese schon einmal zitierte alte Theaterweisheit gilt demnach auch für die Kunst der Reportage. »Zeichnen ist Weglassen«: Auf diesen Nenner hat Max Liebermann eine solche Selektion für die Malerei gebracht.

Auch Reportagen entstehen meist unter dem gnadenlosen Druck der Eile, der über dem ganzen Journalismus liegt. Als praktischer Tipp empfiehlt sich deshalb, das gesamte Rohmaterial auf seine Gewichtigkeit zu sichten und mit Randziffern zu versehen: Eine l für das, was unbedingt in die Reportage gehört, eine 2 für das, was hineingehören sollte, und eine 3 für das, was hineinkann, falls der Platz dafür ausreicht. Die Zitate könnte man am Blattrand mit einem großen »Z« kennzeichnen: Und so wären dann die Zutaten übersichtlich aufgereiht, aus denen der Kuchen der Reportage gebacken wird.

Dann müssen wir die Perlenschnur finden, das »geistige Band«, den roten Faden, der die Reportage zusammenhält. Dafür gibt es, je nach Temperament, verschiedene Ratschläge. Kempski empfiehlt als Rezept eine Gliederung, die er vorher ausfeilt und deren Umrisslinien er erst später mit Farbe ausmalt (Meyer/Frohner). Andere, zu denen auch ich gehöre, schreiben eher assoziativ: Man sucht nach dem besten Einstieg und schwingt sich dann, wie das Eichhörnchen, von Ast zu Ast, von Absatz zu Absatz. Was der beste Anfang ist und wie man sich so schwingt, wird an Beispielen noch zu untersuchen sein.

Das Schreiben von Theaterstücken sei dem Schach ähnlich, hat der Dramatiker Friedrich Dürrenmatt gesagt. »Bei der Eröffnung ist man frei, dann bekommt die Partie ihre eigene Logik.« Und genau dies: Eine eigene Logik braucht jede Reportage, wenn sie den Leser gefangen nehmen soll.

Welche Rolle spielt der Reporter in den deutschen Zeitungen, welches Ansehen hat er »im Blatt« und bei den Lesern? Ein kleiner Rückblick zeigt, dass dieses Genre in den letzten Jahrzehnten eine erstaunliche Karriere gemacht hat. Noch Anfang der zwanziger Jahre schrieb Egon Erwin Kisch, der Reporter sei als niedrigste Spezies seiner Zunft »verachtet«. In Gustav Freytags gar nicht so lustigem Lustspiel »Die Journalisten« finden wir den Mitarbeiter Schmock, der offenbar so etwas ist wie ein freier Reporter und der die traurigen Seiten dieses Berufsstandes spiegelt. Er schüttet einmal sein Herz aus, und in dieser Klage finden sich Töne, die einem heute noch recht vertraut vorkommen.

»Mein Redakteur«, so sagt er, »ist ein ungerechter Mensch. Er streicht zu viel und bezahlt zu wenig. Achten Sie vor allem auf Ihren Stil, sagt er, guter Stil ist die Hauptsache. Schreiben Sie gewichtig, Schmock, sagte er, schreiben Sie tief, man verlangt das heutzutage von einer Zeitung, dass sie tief ist. Gut, ich schreibe tief, mache meinen Stil logisch. Wenn ich ihm aber die Arbeit bringe, so wirft er sie von sich und schreit: Was ist das? Das ist schwerfällig, das ist pedantisch, sagt er. Sie müssen schreiben genial, brillant müssen Sie sein, Schmock, es ist jetzt Mode, dass alles angenehm sein soll für die Leser. Was soll ich tun? Ich schreibe wieder genial, ich setze viel Brillantes hinein in den Artikel; wenn ich ihn bringe, nimmt er den Rotstift und streicht alles Gewöhnliche und lässt mir nur die Brillanten stehen. Wie kann ich bestehen bei solcher Behandlung? Wie kann ich schreiben lauter Brillantes, die Zeile für fünf Pfennige?«

Vor einigen Jahrzehnten hatte der Reporter – so sahen ihn nicht nur manche Karikaturisten, sondern auch viele Leser – eine Baskenmütze auf dem Kopf und die unvermeidlichen Ringelsocken an den Füßen und raste mit neurasthenischer Unruhe hinter jeder Neuigkeit her.

Inzwischen ist er längst ein feiner Mann geworden, hat dem Leitartikler gar den Rang streitig gemacht, gilt manchem bisweilen als der geheime

König der Redaktion. Auch beim Fernsehen ist er längst ein höheres Wesen, nicht ganz so hoch, vielleicht, wie der Moderator, der immerhin »Guten Abend, meine Damen und Herren« sagen darf, aber jedenfalls ein Mensch, der das Recht hat, dem Publikum in einer Minute und dreißig Sekunden die Welt zu erklären und ihm auf dem Bildschirm sein Gesicht entgegenzuhalten.

Nun leisten sich freilich die allerwenigsten Zeitungen den »Nur-Reporter«: Wo es ihn aber gibt, wo er, vom Joch der Nachrichten-Aktualität befreit und mit hinreichendem Platz ausgestattet, seinen Beitrag recherchieren und gestalten kann, prägt er mit seinem Stil und seiner Beobachtungsgabe das Blatt. Und kann den Lesern gewissermaßen die Kuchenstücke servieren, während das Heer der Nachrichtenjournalisten für das alltägliche Schwarzbrot zuständig ist, das freilich besonders nahrhaft ist und den Vorteil hat, dass man sich an ihm nicht den Magen verdirbt. Zunehmend gibt es eigene Reportageseiten, wo dieser Kuchen appetitlich aufgetischt werden kann.

Die meisten Zeitungen haben aber Journalisten, die *auch* Reportagen schreiben können und dies bisweilen auch dürfen – oder jedenfalls jenes »Angefeaturete«, das streng genommen ein in Farbe getauchter Bericht ist. Aber diese Fähigkeit, auch Reportagen schreiben zu können, macht den Stellenwert eines Journalisten aus, den er im Umfeld seiner Kollegen hat. Deswegen ist es nicht nur reizvoll, Reportagen zu schreiben, sondern diese Fähigkeit ist auch bedeutsam für alle, die sich bei der Zeitung eine Karriere erhoffen. »Am Nachmittag macht der Journalist das Blatt, am Vormittag Karriere«: Dies pflegte Jürgen Eick, einer der früheren Herausgeber der *Frankfurter Allgemeinen Zeitung*, seinen jungen Leuten als Rat mit auf den Weg zu geben. Und jene »Karriere« war für ihn ein vager Sammelbegriff, der halt alles zusammenfasste, was jener dichterische Kollege Schmock wohl als »Brillantes« bezeichnet hätte.

Einige kleinere Beispiele sollen andeutungsweise zeigen, was in eine Reportage hineingehört und was zusätzlich ein Feature ausmachen kann. Als Richtschnur kann gelten, dass die Reportage mehr von der sinnlichen Wahrnehmung lebt, anschauungsgesättigt ist und mit Menschen belebt, während das Feature solche Wahrnehmungen mit Reflexionen anreichert, also auch mit des »Gedankens Blässe«, wobei wir das Kunststück vollbringen müssen, dass in einem Feature die Gedanken nicht blass bleiben. Die Reportage kann daher, wie dies bisweilen gesagt wird, ein einzelnes Schicksal, ein bestimmtes Ereignis darstellen, das Feature ist eher »exemplarisch«, ist »pars pro toto«, versucht zu verallgemeinern, liest sich schließlich wie eine Mischung aus Reportage und Essay. Aber auch dies bedeutet bereits wieder eine Verallgemeinerung, die nicht unbedingt wortwörtlich genommen werden muss.

Über ein *Tierheim* etwa kann man eine gemütvolle Reportage schreiben: Wie geht es den herrenlosen Tieren dort, aus welchen Augen blicken sie den Besucher an, wie ist ihr Gebell zu deuten, wie vertragen sie sich untereinander?

Das Feature kann hier tiefer graben: Warum werden solche Tiere ausgesetzt, wer sind die Menschen, die so herzlos sind, dies zu tun, wer sind die anderen, die so viel Herz für Tiere haben, dass sie gerade im Tierheim Hund oder Katze aussuchen? Und – wie »verdorben« können solche Tiere sein – von den Menschen, die alles Mögliche aus ihnen zu machen versuchen, bis hin zum Kampfhund? Und dann wären wir vom Hund auf den Herrn gekommen, und über ihn ließe sich vielleicht so einiges sagen.

Oder, als anderes Beispiel, ein gänzlich alltäglicher Fall aus dem Amtsgericht: Von einem Lastwagen fiel eine Ladung, die nicht hinreichend gesichert war, auf die Straße. Ein Auto, das in kurzem Abstand folgte, wurde erheblich beschädigt. Wenn ein solcher Fall überhaupt eine Reportage wert wäre, könnte sie sich mit dem äußeren Eindruck der Gerichtsverhandlung begnügen: Der Richter, der als Werkstudent früher einmal selbst Lastwagen gefahren war, zeigte sich in der Verhandlung äußerst sachkundig und verblüffte damit den Angeklagten, der sich unter seinen Fragen in Widersprüche verwickelte. Der Beifahrer, der als Zeuge geladen war, versuchte seinen Kollegen zu entlasten: So oder ähnlich jedenfalls würden doch täglich Tausende von Lastwagen umherfahren, sagte er. Niemand denke daran, das Baugerät durch ein Netz oder eine Plane zu sichern.

Eine Reportage käme nach der Beobachtung dieser Verhandlung ganz bestimmt nicht in Gang. Aber ein Feature könnte gerade von einer Randbemerkung des Richters seinen Ausgang nehmen: Er wisse ja, so hatte dieser gesagt, dass die meisten Lastwagenfahrer unter permanentem Zeit- und Leistungsdruck stünden, weil der Arbeitgeber möglichst »viel einfahren« wolle und sich kaum um die strengen Vorschriften der Fahrzeit kümmere – und weil die Fahrer längere Fahrzeiten wegen des Überstundengeldes schätzen würden, das sie ihnen eintragen.

Dies nun könnte der Ansatzpunkt für ein Feature sein: *Wer* beutet hier *wen* aus, wie viele Unfälle entstehen, weil Fahrer entweder übermüdet sind oder aus anderen Gründen zwingende Vorschriften nicht beachten? Denkbar wäre allerdings auch, dass sich ein solches Feature der Frage annimmt, warum eigentlich in einem so banalen Fall ein Angeklagter überhaupt Einspruch gegen den Strafbefehl einlegt, der in einer so ausweglosen Prozesslage doch bei weitem diskreter ist. Und so könnte vielleicht über die Rolle der Rechtsschutzversicherung einiges gesagt werden oder auch über die unter Juristen bekannte Tatsache, dass ein Strafprozess nicht selten als Vorspann für ein Zivilverfahren dient.

Eines haben Reportage und Feature jedenfalls gemeinsam: Sie müssen stilistisch so durchgefeilt sein, dass sie Kabinettstücke sind, farbige Steine, die aus der Druckerschwärze einer Zeitung herausleuchten. Zwar lebt eine Zeitung von der soliden Information, von all den Meldungen und (Hintergrund-)Berichten, die sich im Kopf der Leser zu einem Gesamtbild zusammensetzen. Zwar wird ihre politische Linie von den Leitartikeln und Kommentaren bestimmt, die versuchen, diesem Weltbild seine Richtung vorzuzeichnen. Aber die Wärme, die Einfühlsamkeit einer Zeitung, wird maßgeblich von den Reportagen und vom Feature mitbestimmt, wo die Informationen und deren Einordnungen zu einem farbigen Aquarell zusammenfließen, in dem der Leser bisweilen auch seine eigenen Züge, seine eigenen Vorurteile wiederfindet. Und so kann die berühmte Frage letztlich unbeantwortet bleiben, ob die Reportage eine besondere Kunstform der Literatur ist, wie etwa Egon Erwin Kisch die Dinge sieht. Denn dann wäre man wieder einmal bei einer Definition angelangt, und dies ausgerechnet angesichts der Frage, was denn nun eigentlich Kunst ist. Und wer hätte schon Lust, sich an dieser Antwort die Zähne auszubeißen?

Jedenfalls schadet es nichts, wenn man sich darum bemüht, aus einer Reportage oder einem Feature ein Kunstwerk zu machen, auch wenn es uns Journalisten bisweilen so ergehen mag wie dem Schriftsteller Herbert Eulenberg, einem der Meister der kleinen Form, die Anfang des 20. Jahrhunderts vor allem in Wien und Berlin, aber auch in Prag ihre Blütezeit hatte. Eulenberg schrieb einmal in einem »Selbstkonterfei«:

Am Werk wie Christ am Kreuz zu hangen,
dass man des Nachts im Schweiß erwacht:
»Hast du's auch heute recht gemacht?
Hat der Charakter keinen Bruch?
Wie klingt der Vers, wie sitzt der Spruch?
Hast du dies Bild, dies Wort gestohlen?«
Der Teufel soll die Fragen holen!

Ob dies auch passt, ob das auch taugt,
ob dies zu krass, das zu verbraucht,
so fragt er sich bei Tag und Nacht,
geht nach sich selbst stets auf die Jagd,
schießt, zwickt, kratzt und verwundet sich,
plagt, nagt, beklagt sich jämmerlich,
bis zu der letzten der Millionen
von seinen Leidensstationen.

Woran man wieder einmal sieht, dass das Schreiben überhaupt nicht gemütlich ist, auch nicht das Schreiben von Reportagen, oder, wie manche Kollegen sagen: das schon gar nicht.

Vom Aufbau der Reportage

Wie aber soll man sich an diese Arbeit machen? Hilfreich kann eine Art von »Checkliste« sein, mit der man fremde Reportagen beurteilen – und eigene gestalten kann. Freilich sind dies nur Anhaltspunkte. Denn, wie gesagt, Journalismus ist ein individualistischer Beruf, der sich in ganz besonderem Maße jeder Dogmatik, jedem Regelwerk, jedem Schema entzieht. Auch hier gibt es letztlich nur dieses: Trial and Error. Versuch und Irrtum. Let's try!

Als Einstieg für eine Reportage, die ersten Sätze, »die für die Lektüre entscheidend sind«, bieten sich vor allem an: Ein Bild oder eine belebte Szene, ein Mensch, ein Zitat, die Nahschilderung eines Gegenstandes und gelegentlich auch einmal eine essayistische Betrachtung, wenn sie nicht ihr blasses Licht wie eine Neonröhre über die folgenden Zeilen wirft. Die Dramaturgie soll den Leser bei der Stange halten, ihn in einem Wechsel zwischen Bericht und sinnlicher Wahrnehmung zum »Schluss« des Beitrags führen, der die Geschichte rund macht wie der Schwanz die Katze, wenn sie ihn sich zufrieden um die Beine legt. Und zwischen Einstieg und Schluss müssen wir den Lesern an einem »roten Faden«, einer Perlenschnur entlang Zusammenhänge aufzeigen und Informationen anbieten. Müssen wir ihnen Menschen vorstellen, diese Personen sichtbar machen und auch mit ihren eigenen Worten zu Gehör bringen – also eine ganze Landschaft gestalten, um noch einmal Gustav Mahler zu zitieren. Und wir müssen dabei eine ganze Menge von Fehlern vermeiden, die uns unterwegs passieren können.

Dies also als abstrakte Empfehlung, gewissermaßen als kleiner Vorspeisenteller, bevor wir uns nun dem Hauptgang zuwenden und versuchen, diese Regeln anhand einer Reihe von Reportagen mit Leben auszufüllen.

Einstieg

Da eine Reportage möglichst »bildhaft« sein soll, eignet sich ein *Bild* natürlich besonders gut als Einstieg. Dieses Bild kann eine Szene, kann das Porträt eines Menschen, die Beschreibung einer Landschaft oder das Abbild einer Handlung sein, die im Mittelpunkt dieser Reportage steht.

> »Wie ausgestorben liegt die Siedlung im gleißenden Sonnenlicht. Kein Leben in den engen Straßen. Die Fenster der grauen Mietshäuser dicht hinter dem hohen, giftgrünen Metallzaun sind verbarrikadiert. Am Ende einer Gasse zeigt ein schwarzer, gepanzerter Polizeijeep seine hässliche Nase. Der Wind weht Papierabfälle in Toreinfahrten, als würde die Natur eine Wegwerfbewegung machen. Sichtblenden in den Stahltüren verwehren Einblicke. Wir sind an der Falls Road. Hier liegt eines der protestantischen Wohnviertel, das sich wehrhaft gegen die gegenüberliegende katholische Enklave abgrenzt. Der Busfahrer mahnt zur Eile. Er mag die Neugier professioneller Fotografen nicht. Er versucht, Scham über die düstere Aussicht zu unterdrücken: Ein Schandfleck ist diese Gegend, ist Symbol jahrzehntelangen Hasses, der Unversöhnlichkeit zweier Volksteile, ist ein Schauplatz von Mord und Terror.« (*Frankfurter Rundschau*)

Mit diesem *Bild* der Stadt Belfast beginnt eine ältere Reportage über das vom Bürgerkrieg zerrüttete Nordirland. Der Leser »sieht«, fast könnte man sagen, er »erlebt« es gleich zweimal: Zunächst in der eindrucksvollen Schilderung des Reporters, dann – bewertet – durch die Augen des Busfahrers. Auch ein solcher Wechsel in der Perspektive kann eine Reportage bereichern.

Eindrucksvoll auch das Bild, das der Reporter von dem Ambiente malt, in dem sich der designierte amerikanische Verfassungsrichter Clarence Thomas gegen die Vorwürfe einer früheren Mitarbeiterin verteidigte, er habe sie »sexuell belästigt«.

> »Saal 325, Russel-Gebäude auf dem Kapitol zu Washington. Ein Raum mit Kandelabern, Marmorsäulen und verschlissener Eleganz. An der

Stirnseite ein 40 Meter langer Tisch, bedeckt mit billardgrünem Tuch. Direkt gegenüber, acht Meter entfernt, inmitten stieläugiger Fernsehkameras, Fotografen und Journalisten, der einsamste Stuhl dieser Welt. Das ist die Szene. Dieser Raum hat große dramatische politische Spektakel erlebt, von Watergate bis zum Iran-Contra-Skandal. Dieses ist das bizarrste. Inszeniert wird das große traurige Spiel von Sex und Macht, Intrige und Liebe, Lüge und Schuld. Klingt wie eine Werbung für Courths-Mahler. Senator Alan Simpson, einer der Regisseure dieses Schauspiels, sieht das anspruchsvoller, ›Ich liebe Shakespeare‹, sagt er. ›Und dies ist Shakespeare.‹ Live, Neuausgabe 1991.« (*WELT*)

Der Reporter nennt seinen »Einstieg« selbst beim Namen: »Das ist die Szene.« Und in einer kurzen Reflexion interpretiert er dem Leser dann dieses Szenenbild.

»Ein blinder Greis, der von einem Knaben geführt wird, verleiht am Gateway of India in Bombay für ein paar Rupien sein Fernglas. Ich verstehe nicht den Spruch, den er wie im Gebet inständig murmelt. Der Junge lenkt ihn geschickt an den Einheimischen vorbei zu den Fremden, die staunend herumstehen. Der Alte mit den toten Augen reckt ihnen flehentlich sein Fernglas entgegen, aber sie weichen entsetzt zurück.« (*Frankfurter Allgemeine Zeitung*)

Beginn einer Reportage über Indien. Besonders einprägsam ist die Beobachtung, dass es ausgerechnet ein Blinder ist, der ein Fernglas verleiht – beinahe eine Assoziation an den blinden Seher der Antike, der anderen die Augen öffnet.

Gänzlich anders, nämlich ironisch, steigt der Schreiber in eine auch durchaus ernsthafte Reportage ein:

»Nachdem er seine Patientin mit routiniertem Griff in die Horizontale gekippt hatte, machte sich Dr. Meadors über die Ahnungslose her. Er wirkte wie ein ganz normaler texanischer Zahnarzt: Jung, in makellosen Jeans, mit frisch gebügeltem Dentistenkittel. Außer dem Schmuckwort ›Halleluja‹ im Vorzimmer war der zierlichen Frau nichts Ungewöhnliches aufgefallen. Aber nun wurde ihr doch ein bisschen anders. Denn während er mit der einen Hand die Spritze hochhielt und mit der anderen einen feuchten Wattebausch über ihr Zahnfleisch führte, setzte Dr. Daniel J. Meadors seine Patientin erst einmal davon in Kenntnis, dass er sich ›vorher‹ an den Herrgott wenden müsse. Was auch sogleich geschah. ›Vater im Himmel‹, intonierte der Zahnarzt in sanfter Stimme, ›sorge bitte dafür, dass dies eine unkomplizierte, angenehme und erfolgreiche Kronenerneuerung wird. Im Namen Jesu, Amen.‹ Darauf tat er seine Arbeit tadellos.« (Carlos Widmann, *Süddeutsche Zeitung*)

Szenischer Auftakt einer Reportage über die texanische Stadt Amarillo, wo Atomsprengköpfe der USA gebaut werden. Am Ende des Einstiegs findet sich zugleich auch ein ironisches Gegenbild: der Wechsel der Sprach- und Stimmungsebene zwischen der Anrufung Gottes und dem Bohren am Zahn.

»Nach zwölf, wenn die tropische Nacht am dunkelsten ist, erzittert die zur Prachtstraße erkorene Orchard Road unter dem ersten Pressluft-hammerschlag. Kreischend zerren die Reißzähne eines überdimensio-nalen Baggers Asphaltbrocken hoch und lassen sie mit Gepolter wieder fallen. Wer jetzt aus dem Schlaf schreckt, sieht vom Hotelfenster 23 Stockwerke tiefer 20 behelmte Gestalten im fahlgelben Licht der Bau-stellenlampen zwischen Kranwagen und Kompressoren wuseln, es sirrt und knirscht und kracht und hämmert und dröhnt, Schweißblitze zucken, während das ganze dreißig Stockwerke hohe Gebäude dem letzten dumpfen Rammstoß nachvibriert wie im Gewitterdonner. Punkt sieben ist der Spuk endlich vorbei, Absperrungen, Maschinen und Menschen scheinen wie vom Erdboden verschluckt. Über das eben erneuerte, schwarzglänzende Asphaltband rollt der Morgenverkehr, als sei nichts gewesen, jeden Tag auf einer zwanzig Meter längeren, wie durch ein Wunder frisch geteerten Spur.« (*Frankfurter Allgemeine Zeitung*)

Ein wahrhaft »sinnlicher« Bildeinstieg in eine Reportage über den Stadt-staat Singapur. Sechs lautstarke Verben bringen »Stimmung« in die Schil-derung: Man glaubt, das »Sirren«, »Knirschen« und »Krachen« förmlich zu hören. Noch »spürbarer« hat Alfred Döblin im »Alexanderplatz« über den alten Berliner Schlachthof geschrieben, der einem neuen Wohnviertel wei-chen sollte: »Da klatscht es, quiekt, schreit, röchelt, grunzt...«

»Auf dem heiligen Berg Athos gehen die Uhren anders. Sie verfolgen ihren eigenwilligen, byzantinischen Gang. Abends, wenn die Sonne untergeht, schlägt es zwölf von den Türmen der Kirchen. Sobald der heilige Berg sich rot, dann rosa und schließlich im letzten Licht des Tages blau färbt, ziehen sich die Mönche in ihre Zellen zum Schlafen zurück. Die Klostertore werden verschlossen. Ein Tag ist zu Ende, und ein neuer beginnt.« (*Frankfurter Allgemeine Zeitung*)

Bildhafter Einstieg einer Reportage über das Leben der Mönche auf dem Berg Athos. In der Landschaftsschilderung klingt bereits der ästhetisch-

getragene Tonfall an, der die Reportage wie in einer Molltonart durchzieht.

»John ist offenbar durch nichts aus der Ruhe zu bringen. Lässig steht
er an Harry's Bar, während um ihn herum der Teufel los ist. Manchmal
nickt er jemandem zu und nippt immer wieder an seinem Glas. Der
nicht mehr ganz junge Herr in feinem Tuch mit kurz geschnittenem
Vollbart und Siegelring an der linken Hand ist Wertpapierhändler bei
Salomon Brother's, einem der großen Broker-Häuser in New York.«
(*ZEIT*)

Bildhafter, personalisierter Einstieg einer Reportage, in der es um den Bör-
senkrach an der Wall Street geht, der auch eine Reihe von Bankleuten die
Stelle kostete.

Ein Mensch, der die Hauptrolle spielen wird, kann auch gleich zu
Anfang der Reportage durch andere vorgestellt werden – Personenbeschreibung aus zweiter Hand:

»Der Portier im Luxus-Hotel in La Grande Motte, dieser gewaltigen
Freizeitvernichtungsmaschine vor den Toren Montpelliers, wusste
durchaus, von wem da die Rede war. ›Maurice Messegué‹, sagte er, als
er uns den Schlüssel über den Tresen reichte, ›den kennt doch jeder in
Frankreich, wegen seiner Pflanzen‹. Und auf die Frage, ob er nicht nur
bekannt sei, sondern auch umstritten, sagte er mit jener lässigen Handbewegung, die den Franzosen in die Wiege gelegt ist: ›Er hat halt Nei-
der, wie alle großen Leute.‹« (*Frankfurter Allgemeine Zeitung*)

Einstieg einer Reportage über den französischen Kräuter-Arzt Messegué,
dessen Persönlichkeitsmerkmale – berühmt und umstritten zugleich – wie
bei der Vorbereitung eines Theaterauftritts von Nebenfiguren sichtbar
gemacht werden.

Oder man sucht sie mit den eigenen Augen, wie in dieser Reportage
über die verstorbene Mutter Theresa:

»Die Schwestern stehen barfuß in Reihe. Manche gähnen. Für sie ist es
nach dem Morgengebet früh um fünf schon die zweite Andacht.
Draußen erwacht der Verkehr, hupend, knatternd, klingend, kreischend. Aber wo ist Mother? Da, am Eingang kauert ein kaum knieho-
hes Bündel, eine blaue Strickjacke, aus der groß wirkende, knorrig
ineinander verschränkte Hände ragen: Mothers Hände. Auf allen Fotos
und Ikonen sind diese Bauernhände zu sehen, sie segnen, heilen, schützen und beten: Ihre Hände sind die Chiffren der Heiligkeit Mutter The-
resas. Wenn sie, wie jetzt gerade, aus den Archivolten ihrer Finger wie-

der auftaucht, den Kopf gegen die Krümmung des Rückens nach oben gestemmt – dann ist sie, bis in den Faltenwurf, der Mater dolorosa so ähnlich, als sei hier ein Körper mit den Jahren in eine unübersichtliche Form hineingewachsen...«

Auch hier wieder eine ganze Kette von Verben, erst *laut* (hupend usw.) und dann *leise* (segnen usw.), und dazwischen eine Frau, deren Hände längst zum Sinnbild geworden sind. Nur für die »Archivolten« hätte der Autor besser ein schlichteres Wort gewählt.

»Bei Hofstetten riss am Nachmittag ein kalter Wind an einer Fahne mit der Aufschrift ›Freies Wackerland‹, er blähte auch die dort aufgeschlagenen Zelte, manche hatte er umgeworfen. In der Ferne kreiste ein Polizei-Hubschrauber über den gerodeten Teil des Taxöldener Forstes bei Wackersdorf, wo die Wiederaufbereitungsanlage für Kernbrennstoffe errichtet werden soll. Hunde sprangen umher, für sie war das... Zeltlager der Kernkraftgegner offenbar ein Vergnügen.« (*Frankfurter Allgemeine Zeitung*)

Szenischer Einstieg einer Reportage über eine Großdemonstration in Wackersdorf.

»Gleich wird der blaue Hubschrauber einschweben über dem Golfplatz – viele Bauerndörfer hier haben nämlich einen solchen –, aber noch ist partout keine Menschenmenge in Sicht. Ein Strohballen wird gegen das rostige Rohrgestänge des Corrals geschoben, hinter dem sich tausend Rindviecher drängen, und eine Sperrholzplatte wird daraufgesetzt. Einer der smarten jungen Männer aus Washington, die zu ihren Business-Anzügen nun reich verzierte Cowboy-Stiefel tragen, stellt ein Mikrophon und einen winzigen Lautsprecher auf das schwankende Brett, während ein anderer an dem Rohrgestänge ein Plakat in den Farben des Sternenbanners befestigt, mit der Bekanntmachung: ›Gephardt for President‹. Aber wo bleibt das Publikum an diesem kalten und strahlend schönen Montagmorgen...« (*Süddeutsche Zeitung*)

Szenischer Einstieg einer Reportage, die sich mit dem mühevollen Aufstieg amerikanischer Präsidentschaftskandidaten befasst. Wenigstens für unsere Ohren ist hier ein kleines Paradoxon eingebaut: Bauerndörfer mit Golfplätzen, die hierzulande wenigstens noch nicht an der Tagesordnung sind. Außerdem blinkt schon die Ironie auf, von der der ganze Beitrag getränkt ist: Bei den tausend Rindviechern handelt es sich ja wohl kaum um das erwartete Publikum.

Im Grenzbereich zwischen Reportage und Porträt kann der Journalist ein Bild des Menschen zeichnen, um den es geht. Dann »erleben« wir den ganzen Text, die Informationen und Reflexionen Auge in Auge mit der Person, um die es geht.

»... Es ist so still, dass man glaubt, Gedanken hören zu können. Die Gedanken dieser Frau, die sich in die tiefen Polster ihrer Couch gelehnt hat. Sie hat die Augen geschlossen. Nur die langen, kräftigen Finger wandern über ihr Gesicht, als ob sie Schleier von ihrer Vergangenheit abwischen wollte – wie Spinnengewebe. Die Finger streichen über die Augen, über die Stirn, die Schläfen. Man sieht, wie Erinnerungen auftauchen, sieht, wie sie von der Frau Besitz ergreifen, wie die Lider flattern und die Hände. Jetzt, jetzt wird sie sprechen. Jetzt muss sie sprechen. Da räuspert sich die Frau, sie schlägt die Augen auf – und verstummt. Nach einer Weile sagt sie mit rauer Stimme: ›Es ist unbeschreiblich, wenn es einen trifft.‹ So unbeschreiblich, dass sie auch heute noch nicht darüber sprechen kann. Immer noch nicht. Nach 60 Jahren.« (Annette Ramelsberger, *Süddeutsche Zeitung*)

Oder ein Einstieg in den Lebensbericht einer Jüdin, die Auschwitz überlebte:

»Frühling ist die schönste Zeit in Haifa, doch Perla Ovitz wird nichts davon mitbekommen. Sie wird die roten Mohnblumen nicht sehen, nicht den Ginster, nicht die wilden Anemonen. Sie wird sich nicht weiden am Anblick des satt ergrünten Karmel. Sie wird den frischen Wind nicht spüren, der hereinweht vom Mittelmeer, und sie wird das Licht nicht genießen, das nun wieder heller ist und strahlender und eine Ahnung vermittelt vom Sommer. Perla Ovitz lebt in der Schattenwelt ihrer abgedunkelten Wohnung, und wenn sie doch mal raus muss, zum Arzt oder zur Apotheke, dann ist das ein beschwerliches Unternehmen, bei dem der Taxifahrer die alte Dame herausträgt ins Auto und später wieder zurück in die Wohnung. Anders geht es nicht, denn die Stufen im Treppenhaus sind ein unüberwindliches Hindernis für sie. Perla Ovitz ist keine neunzig Zentimeter groß.« (Stefan Klein, *Süddeutsche Zeitung*)

Aber auch sachliche Bilder können ein guter Einstieg sein, wenn sie die Phantasie des Lesers anrühren.

»Im Hauseingang riecht es nach Katzendreck und Wodka. Kein Lichtstrahl fällt auf den Steinboden, nur das Lachen und Gejohle der Kinder auf dem Hof verbreitet Leben. Die Ornamente über der Haustür

bröckeln ab, sie wurden seit Jahren nicht gepflegt, vergipst oder gestrichen. Das Auge konnte sich am gedrechselten Treppengeländer erfreuen, Säulen mit byzantinischen Kapitellen finden sich da, in denen Akanthusblätter morschgefressen sind. Das Geländer schwingt sich hoch, leicht trotz der abgeblätterten Farbe, trotz der durchgetretenen Treppenabsätze, die das Schuhwerk von vier Generationen aushielt. Eines Tages wird das Geländer brechen.« (*Frankfurter Allgemeine Zeitung*)
Bildhafter Einstieg einer Reportage, die sich mit einem alten Stadtteil in Warschau befasst. Auch sie wirkt wie ein musikalischer Auftakt, der die Tonfarbe des ganzen Beitrags anklingen lässt. Und etwas von einer musikalischen Komposition sollte eine Reportage schon haben, im Wechsel zwischen Moll und Dur, zwischen Allegro, Andante, Presto und Largo.
»›Klais. Die höchste Intercity-Station der Bundesrepublik.‹ In schnörkeliger Schrift steht der Name zwischen zwei liebevoll gemalten Fenstern an dem kleinen Bahnhof geschrieben. Der Stationsvorsteher blickt durch die vergitterten Fensterscheiben nach draußen, als wolle er die Fahrgäste zählen, die hier aussteigen. Viele sind es nicht, die auf dem Bahnsteig zurückbleiben, wenn der Zug weiterfährt nach Mittenwald. Ein paar Dutzend Häuser mit behäbigen Holzbalkons, das ›Bahnhofsstüberl‹ und viele Berge drumherum, das ist Klais, 933 Meter hoch.« (*Frankfurter Allgemeine Zeitung*)
Einstieg eines Features, das Schloss Elmau in Oberbayern vorstellt. Die Schilderung beginnt am kleinen Bahnhof, um die Neugier des Lesers für den eigentlichen Gegenstand zu wecken – für das Schloss mit seinen Gästen, das abgeschnitten am Ende eines romantischen Tales liegt.
»Schönes Wetter muss nicht immer schön sein. Der Tag ist wolkenlos, aber die Luft so trüb, dass die Sonnenstrahlen ganz alt und grau auf der Erde ankommen. Wir fliegen über Jeverland und sehen nicht viel. Die Kühe stehen wie benebelt auf den Weiden. Die Windmühlen haben sich in der dicken Luft festgefahren. Und dies soll das Land der Weidenräume sein, von dem die Marschbauern früher sagten: ›Hier kannst du schon morgens sehen, wer mittags zu Besuch kommt!‹ Auch die Landkarten lügen wie gedruckt. Hellblaue See umspült die friesischen Inseln, und klare Linien scheiden Wasser und Land. In Wirklichkeit ist das Watt so farblos wie die Marsch, von Inseln keine Spur. Fast hätten wir die Küste verpasst. Wir starren hinunter und rufen fast gleichzeitig: Da ist der Deich!« (*Frankfurter Allgemeine Zeitung*)
So beginnt eine Reportage über eine Deutschlandreise mit einem Leicht-

flugzeug. Den bildhaften, leicht ironischen, auch leicht selbstironischen Tonfall hält der Autor über eine ganze Zeitungsseite durch.

Zitat am Anfang

Auch ein Zitat kann ein durchaus brauchbarer Anfang sein, wenn es die Tonart anschlägt, in der die Reportage geschrieben ist. Und wenn das Zitat einigermaßen originell ist, verdient es auch nicht das abfällige Wort von der »Missionarsstellung«, mit dem manche Journalisten einen solchen Auftakt belächeln.

»»Man muss schon ein sehr komplizierter Mensch sein‹, sagte John Seymour einmal in einem Gespräch, ›um die Freuden des einfachen Lebens in vollen Zügen genießen zu können.‹« (*Frankfurter Allgemeine Zeitung*)

Zitat als Einstieg zu einem Feature, in dem es um den »Luxus des einfachen Lebens« geht: also darum, wie ein Aussteiger aus der Stadt versucht, sich inmitten seines freiwilligen Verzichts möglichst bequem einzurichten.

»»Wenn einer von uns beiden stirbt, ziehe ich in die Schweiz.‹ Über diesen Party-Scherz aus dem Mund älterer Eheleute lachen vor allem auch ältere Eheleute.« (*Frankfurter Allgemeine Zeitung*)

Einstiegs-Zitat eines Features, in dem es um das Lebensgefühl von Menschen geht, die im sonnigen Süden ihren Lebensabend verbringen: lauter schöne letzte Tage.

Und schon gar nichts lässt sich gegen das literarische Zitat einwenden, wenn es als *Eyecatcher* die Aufmerksamkeit des Lesers einfängt:

»Die massige Figur der bronzenen Frau ist vom Kopf bis zu den Zehen mit Grünspan bedeckt. Das kalte Gesicht starrt blindlings durch den Nebel auf die Weiten des Ozeans, so als ob die Bronze auf die Sonne wartete, damit sie ihren toten Augen das Licht bringen werde. Fast ohne Grund unter den Füßen, scheint sie auf einem Podest versteinerter Wellen aus dem Meer zu steigen. Ihr Arm, hoch über den Ozean und die Masten der Schiffe gestreckt, verleiht ihrer Pose eine stolze Majestät und Schönheit.« (*ZEIT*)

Beginn einer Reportage über die 100-Jahr-Feier der amerikanischen Freiheitsstatue. Das Zitat – selbst eine Mischung von Bild und Szene – stammt von Maxim Gorki, als er im Jahre 1905 aus Russland im New Yorker Hafen ankam.

Die Betrachtung aus der Nähe

Gelegentlich kann auch die Nah-Schilderung eines Gegenstands die Neugier des Lesers fesseln, wenn gerade dieser Gegenstand die Hauptrolle in der Reportage spielt oder eine bestimmte Stimmung einfängt.

»Dieses Ding da. Jedes Mal wenn sein Blick darauf fällt, passiert dasselbe. Das Misstrauen ist wieder da. Nicht etwa, dass Ottmar Steigleder am Können der Techniker zweifelt, die es konstruiert haben. Nur: Gehen die Verantwortlichen damit auch immer sachgerecht um? Sind Verdunstungskurve und Ablese-Skala überhaupt aufeinander abgestimmt? Vor allem: Ist das Gerät an einen Heizkörper montiert worden, für den es auch wirklich zugelassen ist?« (*Süddeutsche Zeitung*)

Einstieg einer Reportage über einen Mann, der gegen eine unkorrekte Heizkostenabrechnung zu Felde zog und dabei vor allem die Funktionsweise der Ablesegeräte anzweifelte.

»Da sind sie wieder, diese Schuhe. Genau parallel stehen die braunen Slipper nebeneinander auf der mit beigefarbenem Teppich bezogenen Plattform.«

Was ist an diesen Schuhen eigentlich das Besondere? Das Besondere ist, dass sie dem Papst Johannes Paul II. gehören und dass er Slipper dieser Art, wie uns der Schreiber wissen lässt, bereits vor 25 Jahren trug, als das Kardinalskollegium ihn zum Papst erhob. Und dann wird – auch – die wechselnde Schuhmode dieses Papstes durch die Jahre zurückverfolgt.

»Über dem Eingang zum Sitzungssaal des Metall-Gipfels hängt ein kleines, braunes Plastikschild: ›Salon Hölderlin‹. Um die letzte Jahrhundertwende lebte der Dichter zwei Jahre hier in Bad Homburg – allerdings schon in bedenklicher geistiger Verfassung. Ein böses Omen?« (*WELT*)

Beginn einer Reportage über Tarifverhandlungen zwischen Franz Steinkühler und Werner Stumpfe, die in diesen Räumen stattfanden.

»Der Mann – knallroter Schal, das Etikett im grauen Mantel verrät den Hersteller: ›VEB-Maßatelier Berlin‹, so etwas gab es offenbar wirklich – trägt seine Sache vor wie ein Fernseh-Talkmaster beim dritten oder vierten Auftritt.« (*WELT*)

»Volkseigener Betrieb Maß-Atelier« – dies ist freilich ein nicht gerade alltäglicher Herkunftsnachweis, der in diesem Teil einer älteren Reportage, die sich mit einem Auftritt des damaligen PDS-Vorsitzenden Gregor Gysi befasst, gleichsam unter der Lupe sichtbar wird. Er trägt also Maßanzüge

– und die stammen aus einem volkseigenen Betrieb. So bestätigt sich einmal wieder die von George Orwell verbreitete Erkenntnis, dass alle (Tiere!) gleich sind, aber einige dennoch gleicher.

»Es wäre wirklich nicht nötig gewesen, den Tischwasserfall anzustellen. Aber da nun einmal ein Gast in den Frühstücksraum gekommen war, stellte der Hotelmanager höchstselbst den Tischwasserfall an. Für den einzigen Gast war der Tischwasserfall eine Tortur, aber da er eigens für ihn angestellt worden war, wagte er nicht, die Bitte zu äußern, man möge ihn wieder abstellen. Also lief Morgen um Morgen das Wasser über fünf kleine Keramikschälchen, die auf Röhren abnehmender Höhe angebracht waren, hinab in eine große Keramikschale, von wo es sogleich wieder zum obersten Schälchen gepumpt wurde. Plätschern ist für jemanden, der sein Frühstück ohne Tischwasserfall einzunehmen pflegt, ein höchst irritierendes Geräusch.« (*Frankfurter Allgemeine Zeitung*)

In dieser Reise-Reportage über den Winter auf Korsika wird jener Tischwasserfall gerade zum Symbol der Einsamkeit, die durch einen Firlefanz auf eine rührende Weise belebt werden soll. Zwar verliert sich das Plätschern jenes Wohnstubenbrunnens dann alsbald: Immerhin aber weckt es die Neugier zum Weiterlesen, was Korsika, abgesehen von jenem Tischwasserfall, im Winter wohl noch alles zu bieten hat.

Zum guten Schluss

Im Idealfall endet eine Reportage mit einer »Pointe«, die freilich sehr ernst sein kann. Jedenfalls darf sie nicht »stecken« bleiben, als habe der Redakteur beim Umbruch den letzten Absatz abgeschnitten. Dramaturgisch besonders geglückt ist ein Schluss, wenn er zum Anfang eine Brücke schlägt. So beginnt eine Reportage über eine amerikanische Stadt, die mit ihrem Haushalt offiziell den Bankrott erklärte:

»Der Mann heißt wirklich John Wayne. Wer es nicht glaubt, dem zeigt er seinen Führerschein. Schwarz, spindeldürr, auf dem spiegelblanken Kopf eine speckige Eisenbahnerkappe, hat er mit dem Filmhelden äußerlich zwar nichts gemein. Aber innerlich fühlt er sich dem berühmten Namensvetter verwandt. Ich bin genauso stolz auf Amerika, wie er es immer war, sagt er. Wir sitzen hier verdammt tief im Dreck. Aber unseren Stolz dürfen wir darum doch nicht verlieren, oder?«

Und sie endet wieder mit demselben Mann.

> »Für den Müllsammler John Wayne, der auf der Hauptstraße seiner Stadt seinen Beitrag zur Bereinigung leistet, ist die Ernüchterung vollkommen. Ich habe diese Politiker gewählt, sagt er, aber nicht, damit sie vor den Problemen davonlaufen.« (*WELT*)

Der (Western-)Held dient hier als Scheinwerfer, der sein Licht auf einen Anti-Helden wirft, der sonst eigentlich im ewigen Schatten steht.

Rund um einen Betroffenen dreht sich auch eine Reportage über die Massenarbeitslosigkeit in den neuen Bundesländern:

> »Benno Hartmann kennt jeden Handgriff. 34 Jahre lang ist er allmorgendlich um halb sechs leise aufgestanden, ohne seine Frau zu stören, hat sich das Gesicht eingeseift, die Stoppeln rasiert, sich gewaschen und angezogen. Dann saß er zur Musik aus dem alten Kofferradio mit selbst gebautem Netzteil am Küchentisch, auf dessen Wachstuchdecke der Kaffeetopf dampfte, schmierte sich zwei Stullen, legte sie in die geriffelte Alu-Brotbüchse und packte diese in die schmale, mit ihm altgewordene, fleckig-braune Ledertasche. Auf die Minute genau um acht Minuten nach sechs verließ er seine Zweizimmerwohnung, stapfte bei Schnee, Regen oder Sonnenschein zur Straßenbahn.«

Und sie bleibt – wie nach einen Rundschwenk mit der Kamera – auch wieder bei dem Menschen stehen, in dem sich die ganze Situation spiegelt:

> »Benno Hartmann hat dieser erste Gang von der Warteschleife in die Warteschlange entgegen seiner Erwartung nicht deprimiert. ›Wenn andere Arbeit finden, wird für mich auch etwas dabei sein‹, lautet die neue Devise des 52-Jährigen. Er gehöre ja noch nicht zum alten Eisen. Dann geht er in den nächsten Blumenladen und kauft für seine Frau einen Strauß Freesien. ›Dafür muss es reichen‹, rechtfertigt er sich. ›Wir bekommen jetzt zusammen knapp 1600 Mark. Außerdem verdient Hilde mit ihrer Näherei noch dazu.‹ Benno Hartmann gesteht ein, dass er erst seit heute so richtig begriffen hat, wie es seiner bereits im April entlassenen Frau schon seit Monaten geht. Morgen wird er wieder zum Arbeitsamt gehen.« (*WELT*)

In einem Stimmungsbild über Bonn nach der Entscheidung für Berlin als Regierungssitz durchfließt der Rhein die gesamte Darstellung:

> »Sommerabende in Bonn: Träge zieht der Rhein dahin. Und es steht einiges dafür, dass er auch in zwanzig Jahren noch genauso fließen wird. Bonn aber wird dann eine andere Stadt sein als heute. Auf der

Promenade am Westufer trifft man abends um halb elf – es ist noch nicht ganz dunkel – allenfalls eine Handvoll Menschen. Auf dem Weg ins Godesberger Diplomatenviertel mit seinen Gründerzeit- und Jugendstilvillen herrscht kaum Verkehr. In Godesberg gibt es um diese Tageszeit nur noch wenige erleuchtete Fenster. Dass man nicht mit den Hühnern, sondern ohne sie ins Bett geht, liegt im Wesentlichen daran, dass es keine Hühner gibt. Schließlich ist Bonn kein Dorf.«

Am Ende steht der Leser dann wieder vor diesem Fluss:

»Denn eigentlich sind die Bonner ein freundlicher Stamm, ziemlich unaufgeregt, ein bisschen träge und behäbig wie der Rhein, der indessen ebenfalls von Zeit zu Zeit seine Gutmütigkeit verliert und im Zorn aufschreit.« (*Frankfurter Allgemeine Zeitung*)

Auch die Reportage über die Tarifverhandlungen zwischen Franz Steinkühler und Werner Stumpfe endet wieder bei Hölderlin, dessen Namensschild im Einstieg betrachtet worden war.

»Wie es allerdings mit der Arbeitszeitverkürzung weitergeht, steht in den Sternen. Auch Hölderlin ahnte wohl schon, dass darauf die demographische Entwicklung der Deutschen einen wesentlichen Einfluss hat. ›Wohl ist engbegrenzt unsere Lebenszeit. Unsere Jahreszahl sehen und zählen wir, doch die Jahre der Völker, sah ein sterbliches Auge nie?‹«

Dieser Schluss mag ein wenig gequält sein, fiel dem Verfasser aber immerhin ein und führt, wenn auch in gewundener Gedankenverbindung, wieder zu Hölderlin zurück.

»Um zu demonstrieren, dass er als Einziger den Mut habe, die Notwendigkeit von Steuererhöhungen zuzugeben, erhob Babbit sich von seinem Sessel und forderte seine Mitbewerber auf, es ihm gleichzutun. Babbit blieb indessen nicht allein mit seiner etwas linkischen Demonstration – auch der Bewerber Gephardt erhob sich zögernd von seinem Sessel, unter allgemeinem Gekicher, und stand in der Hundenummer da wie ein begossener Pudel!« (*Süddeutsche Zeitung*)

Schluss der Reportage über die Wahlkampfveranstaltung des früheren US-Präsidentschaftskandidaten Gephardt, die mit dem Bild vom »einschwebenden Hubschrauber über dem Golfplatz« begann (siehe S. 144). Gephardt wird darin als ein Mensch schlichten Gemütes geschildert, dessen politische Karriereaussichten überaus bescheiden sind. Mit diesem Bild endet die Reportage dann durchaus »stimmig«: Der Kandidat, ein »begossener Pudel«.

»Dort in der Ferne liegen Konstantinopel und die Hagia Sophia, das Gehirn der orthodoxen Kirche. Das Herz der Ostkirche aber ist der Berg Athos mit seinen singenden Mönchen.« (*Frankfurter Allgemeine Zeitung*)

Schluss der Reportage über die Mönchsrepublik Athos. Der Verfasser kehrt zum Ausgangsbild zurück: Dort hatte er geschildert, wie der »Heilige Berg« sich im wechselnden Licht der Sonne färbt und wie die Mönche sich in ihre Zellen zum Schlafen zurückziehen.

»In dem Helium-Denkmal ist eine ›Zeitkapsel‹ enthalten, die einige Zeugnisse der Zivilisation des 20. Jahrhunderts für die Nachwelt aufbewahrt. Die Zeit-Kapsel enthält u. a.: ein Paar Jeans, eine Flasche Whisky, ein Sparbuch, etwas Kautabak, das Videoband einer Unterhaltungsshow sowie den Katalog des Versandhauses Sears Roebuck.« (*Süddeutsche Zeitung*)

Ende der Reportage über die Stadt Amarillo, die Produktionsstätte der Atomraketen (siehe S. 141 f.). Sie begann mit der paradox anmutenden Szene, wo ein Zahnarzt erst die Hände zum Gebet faltet, um dann seiner Patientin das Gebiss zu richten. Ihr Ende spiegelt eine ähnliche, ironische Stimmungslage: Dies also wird es sein, was ferne Generationen einmal von unserer Zivilisation vorfinden sollen – einen Gemischtwarenladen mit Tempelresten unserer Zeit.

»›Im Winter‹, sagt Monsieur Colonna, ›ist Korsika eine Wüste.‹ Wie Recht er damit hat, sieht man an den vielen leeren Stühlen der Cafés am Boulevard Lantivy, die unverdrossen im Regen stehen und gemeinsam mit den unterbeschäftigten Kellnern auf den Sommer warten. Dann werden dort wieder knatternde Mopeds fahren und braun gebrannte Leiber laufen, es wird nach billigem Frittierfett riechen und nach teurem Sonnenöl; bis tief in die Nacht wird die Musik aus den Discos und das allzeit gut gelaunte Murmeln aus den Restaurants und Bars tönen. Im Winter aber ist Korsika eine Wüste. Eine schöne Wüste.«

Schluss der Reportage über den Winter in Korsika, die mit dem plätschernden Tischwasserfall begonnen hatte. Dramaturgisch besser wäre es vielleicht gewesen, wenn der Verfasser dieses Detail am Schluss wieder sichtbar gemacht hätte, indem er den Wasserfall für den Leser noch einmal plätschern ließe etwa mit den Sätzen:

»Bis tief in die Nacht wird die Musik aus den Discos und das allzeit gut gelaunte Murmeln aus den Restaurants und Bars ertönen – der einsame Tischwasserfall hätte dann keine Chance, sich in diesem Wirrwarr zu behaupten. Im Winter aber ist Korsika eine Wüste. Eine schöne Wüste.«

Informationen müssen »mitfließen«

Neben dem Stimmungsbild bietet eine gute Reportage möglichst viele Informationen. Nur müssen sie, ebenso wie die Berichtsteile, so eingefügt sein, dass beim Leser nie das Gefühl aufkommt, der Handlungsfluss werde gerade angehalten, damit er nun belehrt werde. Am besten ist ein Übergang, wenn der Leser ihn nicht merkt: Wie die Dominosteine sollen die Gedanken aneinander gefügt werden. Auch dafür liefert das Fernsehen Vor-Bilder: Dort wechseln die Szenen, die einen (möglichst) lebendigen Realitätsausschnitt zeigen, mit eher *stillen* Bildern, die den Teppich für zusammenfassende Berichte bieten – wechselt also der Originalton mit der Stimme des Autors oder Sprechers.

> »Um der Ewigkeit näher zu kommen, bedarf es eines ganzen Lebens der Askese und der Meditation. Dabei gibt es verschiedene Wege. Unter den zwanzig Großklöstern auf dem Athos gibt es koinobitische Klöster, in denen ein strenges Gemeinschaftsleben unter der Leitung eines auf Lebenszeit gewählten Abtes herrscht, dem ein Ältestenrat beigesellt ist. Die idiorhythmischen Klöster hingegen stellen die Urform klösterlichen Lebens auf dem Athos dar. Heute ist ihre Zahl allerdings im Rückgang begriffen.« (*Frankfurter Allgemeine Zeitung*)

Das sind Informationen in der Reportage über den Berg Athos, die über zwei grundverschiedene Formen klösterlichen Miteinanderlebens aufklären.

> »Indische Literatur wird in sechzehn Sprachen geschrieben. Andere sprechen von dreizehn Sprachen, andere von dreiundachtzig oder mehr, indem sie auch den Dialekten den Rang einer eigenen Sprache zuweisen. Wenn man Inder darüber reden hört, könnte man glauben die Verwirrung würde ihnen Spaß machen. Von den 750 Millionen Indern gelten nach Schätzung der UNESCO 60 Prozent als Analphabeten.« (*Frankfurter Allgemeine Zeitung*)

Informationen über Sprachgewohnheiten und den Bildungsstand in Indien aus jener Reportage, die mit dem Bild vom »blinden Greis« beginnt.

Zitate »einflechten«

Nicht nur als Einstieg machen Zitate jede Reportage lebendig: Sie sollten immer dann eingestreut werden, wenn andere authentischer, glaubwürdiger sprechen als der Reporter selbst. Zitate können getrost auch in Mundart stehen, falls dies ihre natürliche Sprachfarbe ist und sie ihren Sinn auch ohne einen Dolmetscher preisgeben. Sie sind dann so etwas wie der O-Ton in Hörfunk- oder Fernsehbeiträgen. Bildungs-Zitate müssen möglichst sparsam gebraucht werden. Sie sollten den geschilderten Gegenstand schmücken, nicht den Verfasser. Zitate können auch eine Waffe sein, wenn sie den Sprecher entlarven.

»Wer zuerst redet, hat verloren.«
Zitat einer Faustregel in Tarifverhandlungen aus der Reportage über die Verhandlungen zwischen Franz Steinkühler und Werner Stumpfe.

»Ich schätze, die Kühe hier sind republikanisch eingestellt, sonst würden sie nicht versuchen, mich niederzubrüllen.«
Zitat aus der Wahlkampfveranstaltung des Präsidentschaftskandidaten Gephardt, das zeigt, dass ihm Selbstironie nicht fremd ist.

»Weisheit liegt nicht im Verstand, sondern in der Liebe.« *(André Gide)*
Dieses Zitat findet sich in der Indien-Reportage, die mit dem Bild des blinden Greises beginnt. Es ist mehr als nur ein Bildungs-Zitat, weil es eine bestimmte Geisteshaltung sichtbar macht, die zum Verständnis Indiens führen soll. Es wurde schließlich auch zur Überschrift der Reportage gemacht.

»›Ich liebe die Menschen und die Kontakte‹, gestand die Frau des Kanzlers.«
Ein Zitat, das eine etwas pauschale Form der Menschenliebe offenbart (über den Gebrauch solcher »Geständnisse« siehe S. 83 f.).

Dass Zitate vom Schreiber nicht frei erfunden werden dürfen, wurde schon gesagt: auch dann nicht, wenn sie der damit Behängte mit Vergnügen lesen würde.

Bilder und Vergleiche

Metaphern aller Art sind wichtige Stilelemente einer Reportage, man darf sie aber nicht überstrapazieren. Sie müssen sich aus der Schilderung selbst aufdrängen, keinesfalls dürfen sie dem Leser aufgedrängt werden, nur weil der Reporter sein »Bildungsgut« ausbreiten will, und sie müssen stimmig sein.

»Tiefblau umspült die Ägäis die Halbinsel, Olivenwälder und Böcklin'-sche Zypressen.«

Passage aus der Reportage über das Leben der Mönche auf dem Athos. Gerade noch gelungenes (Bildungs-)Zitat, das für den Leser die »Toten-insel« mit ihren Zypressen sichtbar machen soll.

»Kaum hatten sie sich eingeredet, man könne auch in Bombay an einem Samstagnachmittag ganz einfach am Meeresufer entlangspazie-ren, einmal befreit von den bedrückenden Bildern, die den Fremden in Indien verfolgen, schon hat das Grauen sie wieder eingeholt. Es ist wie eine Szene von Beckett. Es ist die authentische Absurdität, der man in Indien begegnet.«

Passage aus der Reportage über die Indienreise. Vertretbares (Bildungs-) Zitat, das freilich schon eine genauere Kenntnis der Stücke Samuel Becketts voraussetzt.

»Jetzt kommt Menuhin zu seiner Frau herüber. Die Anspannung ist von ihm abgefallen, die Freude über das gelungene Konzert strahlt ihm aus den Augen, wie ein übermütiger Straßenmusikant spielt er einige Läufe vor ihr und erinnert dabei an einen der selbstvergessenen Gei-genspieler von Marc Chagall.« (*Frankfurter Allgemeine Zeitung*)

Aus einer Reportage über ein Konzert, das Yehudi Menuhin in Castel Gandolfo gab. Der Verfasser geht davon aus, dass jene Geigenspieler, die sich gelegentlich auf Bildern Marc Chagalls finden, hinreichend bekannt sind.

Solche *angedeuteten* Bilder sollen im Leser *eigene* Bilder hervorlocken und durch Assoziation eine Stimmung wachrufen. Meister in der Kunst, Gefühle im Leser hervorzulocken, sind seit eh und je die Dichter der japa-nischen Haikus. Sie greifen dafür nicht zu Metaphern, sondern zeichnen mit wenigen Worten eine Alltagsszene, die dem Leser vertraut ist, jetzt aber für ihn eine neue Atmosphäre bekommt.

»Ein uralter Weiher. Vom Sprung des Frosches ein kleiner Laut.« (*Mat-suo Basho*)

»Eine einsame Frau steht am Fenster und sieht hinaus. Es regnet und regnet.« (*Enomoto Kikaku*)

»Vollmond. Ein Duft von Licht schwebt über dem Wasser.« (*Hattori Ranetsu*)

Natürlich ist es nicht die Aufgabe einer Reportage, solche Haikus zu gestal-ten – wir sind Journalisten und keine Dichter. Aber wir können daraus lernen, wie einfach und schlicht sich Stimmungen auch einfangen lassen: ganz ohne den großen Griff zum großen Wort.

Nicht mit dem »bösen Blick« schauen

Die Darstellung von Körpersprache ist wichtig und angebracht, weil sie verhüllte Gedanken bloßlegen kann. Ihre Beschreibung ist schwer erträglich, wenn der Reporter damit nach billigen Effekten hascht. Die Schilderung körperlicher Merkmale, vor allem körperlicher Gebrechen, kann geschmacklos werden, wenn sie sich voyeuristisch in Bloßstellung erschöpft. Aufschlussreich kann sie aber sein, wenn sie zeigt, wie jemand Schwächen zu kompensieren vermag und welche Auswirkungen körperliche Defizite auf das Verhalten haben können. Wir müssen Menschen nüchtern betrachten, aber nicht mit dem »bösen Blick« (siehe unter Sprach-Takt S. 46 ff.).

»Jacques Chirac zitterten ein wenig die Hände. Nervös griff er zu einer Zigarette. War die Journalistenfrage zu forsch? Der Premierminister raffte seine dürre Figur.«

Diese Textpassage erzeugt eine Pseudo-Spannung: So etwa verhalten sich Figuren eines Kriminalromans, die kurz vor ihrer Entlarvung als Täter stehen. In Wirklichkeit ging es indessen darum, dass der damalige französische Premierminister sich vor Journalisten dafür einsetzte, die Olympischen Spiele 1992 in Paris auszutragen. Das Bild, das über die Körpersprache hier beschworen wird, enthält außerdem Klischees: Jemand greift »nervös« zur Zigarette, jemandem zittern vor Aufregung die Hände. Soweit bekannt, hat Chirac im Übrigen auch keine »dürre Figur«. Selbst wenn er sie hätte, wäre es indessen zweifelhaft, ob man sie ihn ohne jede Not »raffen« ließe.

»Es gibt Mönche, die seit vielen Jahren aufgehört haben, sich zu waschen; ihr Haar fällt als langer, lose geknoteter Pferdeschwanz fettig und schuppig unter dem Hut hervor. Struppige Bärte wachsen in schmutzverkrusteten Gesichtern. Auch das ist Askese, Überwindung des Lebens.«

Zwar ist dies kein besonders sympathisches Bild der Mönche, das in der Reportage vom Berg Athos gezeichnet wird. Der Schlusssatz enthält aber die Rechtfertigung für die Aufzählung: »Auch das ist Askese, Überwindung des Lebens.« In der Tat sollen manche Mönche auf dem Athos ihren

Lebensekel so weit treiben, dass sie zu ihren Lebzeiten schon sichtbar dahinwelken.

> »Paul Simon hat ihn überholt, der mit den großen Ohren, mit der Hornbrille und mit der Fliege: Der Senator aus dem benachbarten Illinois.«

Hier wird in wenigen Strichen, fast mit den Mitteln der Karikatur, das Äußere eines Mannes gezeichnet, ohne ihn mit dem »bösen Blick« bloßzustellen. Auch Hans-Dietrich Genscher hat es sich ja, wie gesagt, in Wort und Bild so lange gefallen lassen müssen, dass sich Journalisten an seinen Ohren gaudierten, bis er diese Merkmale schließlich selbstironisch vermarktete.

> »Er lacht gern, und zwei kleine Falten zwischen den Brauen deuten aber darauf hin, dass ihm gelegentlich wohl das Lachen vergehen kann, und dann wohl auch sehr bald seiner Umgebung.«

Die Falten auf der Stirn sollen hier für drohenden Unwillen stehen: für Temperamentsausbrüche aller Art. Der Leser ahnt, dass bei diesem Mann (Maurice Messegué) die Grenzen der Leutseligkeit und einer zur Schau getragenen Contenance recht schnell erreicht sein können.

> »Ach, lachte die Sonne doch allen Abgeordneten so wie Joschka Fischer! Den Kugelbauch gen Decke gestreckt, lümmelt sich Fischer auf seinem Stuhl in der ersten Reihe, im Plenarsaal zwischen CDU/CSU und SPD, feixend und dröhnend stets im Mittelpunkt. Manchmal spaziert er grinsend durch die Reihen, organisiert hier und da eine Unartigkeit gegen die Regierung und flitzt dann händereibend nach draußen.«

Ja, Sie haben richtig gelesen, Joschka Fischer ist es, der da geschildert wird. Allerdings nicht der staatsmännisch auftretende Außenminister der rotgrünen Koalition: Einige Jahre alt ist diese Reportage und zeigt an einem eindrucksvollen Beispiel, wie sich die Zeiten ändern und (manche) Menschen mit ihnen. So jedenfalls hat sich »Joschka« damals dargestellt – und genau so durfte er auch wahrgenommen werden.

Bilder und »Gegenbilder«

Ein »Gegenbild«, vor allem wenn es ironisch verwendet wird, kann eine Erzählung spannungsreich machen, etwa eine bewusst sentimentale Passage in ein Schmunzeln auflösen. Vorsicht aber beim Spiel mit der Ironie:

Von vielen Lesern wird sie entweder missverstanden oder überhaupt nicht.

»Mir geht es am ersten Tag ja nicht viel anders, als ich in der Cafeteria der Amarillo National Bank... neben einer Gruppe von Geschäftsmännern lande, die einander bei den Händen halten und mit gesenkten Häuptern das Tischgebet sprechen; danach verzehren sie von kleinen Papptellern ihren Cheeseburger mit Kartoffelchips, die sie sich vom Büfett holen mussten.«

»›Meine Kirche, mein Volk!‹, ruft z. B. der Reverend Royce Ellms von United Pente Costal Church of Amarillo seinen Gläubigen zu, ›ihr werdet nicht hier sein, wenn die Bomben fallen‹ – und die Gemeinde ruft fröhlich zurück: ›Yes, yes, halleluja!‹«

In der Reportage über die Stadt, wo die Raketensprengköpfe gebaut werden, werden diese Gegenbilder bewusst als Stilmittel eingesetzt: Auf der einen Seite die bigotte Gefühlsduselei der Einwohner, auf der anderen Seite ihr ausgeprägter Hang zur Geschäftigkeit und zum Alltagsgenuss.

»Die Bettler und Bettlerinnen... strecken ihre Armstümpfe in das offene Fenster, ihre Gesichter mit abgefressenen Nasen und Ohren und mit leeren Augen. Man kann die Augen schließen, es hilft nicht, sie sind da, sie bleiben da, bis das anfahrende Auto sie rücksichtslos beiseite schiebt. Man hört sie, das ekstatische Gemurmel ihres Bettlerspruchs, man riecht ihre üble Ausdünstung, man könnte glauben, allein vom Geruch schon krank zu werden, sich anzustecken mit Pest und Verwesung. Angst macht dumm. Und hysterisch. Ich ging am Meer spazieren. Es war sanft und schön und golden im Licht der untergehenden Sonne.« (*Frankfurter Allgemeine Zeitung*)

In dieser Reportage über die Lebensverhältnisse in Indien wird wiederholt das Elend der indischen Bettler durch Gegenbilder aufgefangen – etwa durch Naturschilderungen. Sie machen die ganze erlebte Misere besonders bedrückend sichtbar und ermöglichen es dem Leser zugleich, die vom Verfasser heraufbeschworenen Bilder emotional zu verkraften: Die Flucht des Journalisten in die Idylle als eine innere Abriegelung.

»Der Mittwoch begann in Kairo wie jeder andere Tag. Ein leichter Morgennebel lag über dem Nil, auf dem die ersten Feluken unter bunten Segeln ihre Anker lichteten. Die letzten Sabalin, die Müllsammler der ägyptischen Hauptstadt, kehrten mit ihren Eselskarren auf die Abfallhalden zurück. Wie gewohnt öffneten die Imbissstände, wie gewohnt gingen die Leute zur Arbeit, und wie üblich begann das Hupkonzert der Autos und Busse auf den bereits zu dieser frühen Stunde verstopften Straßen. Nichts deutete darauf hin, dass kurz zuvor, um 7 Uhr Kairoer Ortszeit, die der Mitternacht New Yorker Zeit entspricht, das Ultimatum des Weltsicherheitsrates der Vereinten Nationen an den Irak abgelaufen war; ein Ultimatum, das für den Nahen Osten den Wendepunkt zwischen Frieden und Krieg markiert.« (*Süddeutsche Zeitung*)

Hier wird das Wetterleuchten eines drohenden Krieges im scharfen Kontrast einem »Bild des Friedens« entgegengestellt.

»Donna Maria Ana D'Abreu de Leia wird verzeihen, dass mir gerade jetzt, wo hier Portwein mit feinen Eierplätzchen auf dem Silbertablett gereicht wird, der Bauer João in den Sinn kommt, wie er barfuß mit hochgekrempelten Hosen hinter seinen beiden Ochsen durch den Matsch stapft, den Pflug in den Boden drückt, sich mühen und die beiden massigen Tiere immer wieder antreiben muss. Hoha he! Hoha he! Laut schallt Joãos Stimme durch das Tal. Wieder murren die Ochsen, als wäre es geradezu unter ihrer Würde, den Pflug vorwärts zu ziehen. João schwitzt, spannt die Muskeln an und winkt mit einem Mal herauf zu uns, die wir am Hang über dem Tal sitzen und für eine Weile zuschauen, was das für eine Ochsentour ist, einen Acker so groß wie ein Handballfeld zu pflügen. Pardon! Aber gewiss doch, noch ein Eierplätzchen, Donna Maria. Wirklich delikat. Und erst der Jahrgangs-Port. Von 1969? Ein feines Getränk. Danke! Überhaupt ist es ein feines Haus, diese Casa do Outeiro in Ponte de Lina. Die Casa do Outeiro zählt zu den herrschaftlichen Landhäusern, die von ihren Besitzern für Touristen geöffnet wurden und wo sich der Gast, der in dieser grünen atlantischen Landschaft des Minho unterwegs ist, auf stilvolle und noble Weise für einige Tage einmieten kann.« (*Frankfurter Rundschau*)

Hier wird die soziale Tiefenschärfe Portugals in den Bildern der »feinen Eierplätzchen« und des barfuß dahinstapfenden Bauern sichtbar gemacht.

»Die Chancen, zu einer Einigung zu kommen, seien ungefähr so groß wie der Versuch, eine Kuh über das Drahtseil zu bringen. Steinkühler spricht's und verschwindet zur Dressur des Milchviehs in den schlicht getäfelten Sitzungsraum mit dem kleinen, braunen Plastikschild über der Tür.«

In der Reportage über die Tarifverhandlungen zwischen Steinkühler und Stumpfe wird ein ironisches Zitat gewissermaßen beim Wort genommen.

»In diesem Augenblick kommt pünktlich auch das Publikum, das den nächsten Präsidenten der Vereinigten Staaten kennen lernen möchte: Es passt in einen Schulbus hinein.«

Hier wird Ironie gleich zweimal zum Stilmittel: Einmal ergibt sich aus dem Zusammenhang der Reportage, dass der Kandidat Gephardt keinerlei Chance hat, auch nur die Vorwahlen erfolgreich zu bestehen. Und außerdem: Was für ein Publikum ist das für einen künftigen Präsidenten der Vereinigten Staaten, wenn es in einen einzigen Schulbus hineinpasst?

Wenn, wie nicht selten, Ironie schief geht, war entweder der Schreiber zu dumm zum Schreiben oder der Leser zu dumm zum Lesen. Im Zweifel entscheidet sich der Journalist dann meist für den Leser.

Vorsicht, Ironie!

Keine Angst vor der Wertung

Zur Reportage gehören Deutungen, Erklärungen, Kommentare, Wertungen und Einordnungen aller Art: Ja, sie machen einen guten Teil ihres Reizes aus. Verdeckte Wertungen bergen aber Risiken für Schreiber und Leser. Vor allem bei ihnen muss sich der Verfasser stets klar machen, dass er gerade Gefahr läuft, den Leser zu manipulieren. Die offene Wertung ist da natürlich ehrlicher. Der Reporter sollte aber keine Ex-cathedra-Urteile fällen, wie ein Leitartikler dies darf, sondern seine Interpretationen möglichst mit Beobachtungen und Eindrücken belegen. Die Be-Wertung wird damit nicht vorgeschrieben, sondern kann sich im Leser von selbst einstellen. Denn der Kommentar schreibt dem Leser die Meinung vor, die Reportage stellt sie ihm anheim.

»Für Traurigkeit bleibt auf dem Athos nicht viel Zeit.« (Aus der Reportage über den Berg Athos)

»Beide verstehen es bestens, sich in den Medien zu verkaufen. Es sieht sogar fast so aus, als würden sie ihre top-modernen Zweireiher beim selben Schneider kaufen.« (Aus der Reportage über die Tarifverhandlung zwischen Steinkühler und Stumpfe)

»In den Eingängen zu den Häusern stehen die Menschen missmutig herum. Langeweile steht auf ihren Gesichtern, die oft hinter Zigarettenqualm verschwinden.« (*Frankfurter Allgemeine Zeitung*)

»Gary Hart aus Colorado muss nach einer miserabel gehandhabten Ehebruchsgeschichte frühzeitig kapitulieren ...« (Aus der Reportage über den Präsidentschaftskandidaten Gephardt)

All das sind unbedenkliche Deutungen und Wertungen, die dem Leser Orientierungshilfen aus der Sicht des Reporters geben sollen.

Ebenso:

»Er wirkt herzlich, man soll sich sofort zu Hause fühlen, allerdings bei ihm zu Hause und nicht daheim. Eine Sinnlichkeit geht von ihm aus, mehr als nur die Sinnenfreude der Südländer, und ein Talent zum Glücklichsein.« (Aus der Reportage über den französischen Naturheilkundler Maurice Messegué)

»Jeder geht mit jedem liebenswürdig, ja oftmals herzlich um, aber es ist dafür gesorgt, dass sich die jeweiligen Schwächen alsbald herumsprechen. Jeder soll seine Sinne bunt entfalten – aber seine Sinnlichkeit in schicklichen Grenzen halten. Alle Gäste sind gleich – aber einige sind gleicher. Kaum jemand steht draußen vor der Tür, mag er in seinem Erscheinungsbild auch noch so eigenwillig sein – aber der Klatsch über den Rand des Weinglases oder die Teetasse wird ihn ganz sicher nicht verschonen.« (Aus der Reportage über das Schloss Elmau)

Auch dies sind Beispiele für offene Wertungen, bei denen der Leser der Beobachtungsgabe des Reporters anvertraut ist.

Keine Angst vor dem Zeitsprung

Wer eine Reportage schreibt, bewegt sich in einer Art von Zeitmaschine durch sein Beobachtungsfeld. Alle Zeitformen sind möglich, und Zeitsprünge braucht man nicht zu fürchten. In die Gegenwartsform sollte man aber immer dann hinüberspringen, wenn die Handlung hautnah an den Leser herantritt:

»Früher mögen hier 800 Pilger Platz gefunden haben. Heute sitzen nur zwei Dutzend Mönche am längs gestellten Tisch in der Mitte des Saales. Am Kopfende thront der Abt, ein würdiger, freundlicher Herr ... Auf dem Tisch steht vor jedem eine dampfende Schüssel mit Suppe und Kartoffeln und weißen Bohnen ... Zu trinken gibt es Wasser. Nach einem kurzen Gebet beginnen alle stumm zu essen.« (Aus der Reportage über den Berg Athos)

Diese Reportage fließt an anderer Stelle über viele Zeilen im ruhigen Imperfekt dahin. Das Bild, das hier vor dem Leser auftaucht, verlangt aber die hautnahe Gegenwartsform. Würde man im Imperfekt verweilen, ginge viel von der Unmittelbarkeit des Eindrucks verloren.

»Am Morgen, im strömenden Regen, sah ich, dass die Lappenzelte der Slum-Stadt, die ich täglich passierte, vom Wind zerstört worden waren. Alte Autoreifen, Steine, das Gerümpel, das man zur Befestigung und Beschwerung auf die Zeltdächer gelegt hatte, waren weggeflogen und lagen jetzt auf der Straße. Die Zelte selber waren entweder ganz verschwunden oder hingen in Fetzen an zerbrochenen Stangen.« (Aus der Reportage über die Indien-Reise)

Der sonst glänzend geschriebene Beitrag hätte für den Leser noch mehr Hautnähe gewonnen, wenn der Verfasser für das Bild nach dem Monsunregen die Gegenwartsform gewählt hätte: Denn gestern war noch alles anders gewesen, aber *heute*, also *hier* und *jetzt*, bietet sich das Bild dann noch bedrückender dar.

»Schon am frühen Nachmittag hatte das Orchester im Innenhof der päpstlichen Sommerresidenz... mit den Proben begonnen. Ein wenig verloren wirken die Musiker auf ihren grauen Stühlen, die im Halbkreis auf dem Kopfsteinpflaster aufgestellt sind. Die Fensterläden sind geschlossen, obwohl die drei Stoffbahnen über dem Hof nur wenig Sonne hineinlassen, allenfalls einige Lichtstreifen wie Pinselstriche auf der nüchternen, ockerfarbenen Fassade. Kein Grün, keine Blumen hier im Hof, sie haben Platz genug in den weiten Gärten, die sich hinter dem Schloss auf dem Bergrücken ausbreiten. Auf dem Weg von Rom hinauf nach Castel Gandolfo waren die Musiker in ihrem Bus schweigsam gewesen wie in der Kirche – die Freude über die musikalische Privataudienz, die ihnen bevorstand, zwang ihnen mehr Sammlung ab als alle ihre Auftritte zuvor. Während der Proben ist das Bild, das sie bieten, noch bunt, noch nicht das Schwarz-Weiß des Abends...« (Aus der Reportage über das Konzert Menuhins in der Sommerresidenz des Papstes in Castel Gandolfo)

Hier wird wiederholt zwischen Vergangenheit und Gegenwart gewechselt, um Zeitperspektive herzustellen und den Leser das eigentliche Ereignis, das Konzert vor dem Papst, möglichst unmittelbar miterleben zu lassen.

Keine Schwelgerei im Detail

Die liebevolle Schilderung von Einzelheiten kann Farbe ins Bild bringen. Der Leser sieht auch eher unscheinbare Dinge mit den Augen des Reporters. Dabei darf er aber nicht mit Details überschüttet werden, die seine Aufmerksamkeit überflüssig beschäftigen.

»Die Segmente der vorläufigen Anlage, gehalten alle 3,60 Meter von einem in die Erde eingelassenen Eisenträger mit einem Durchmesser von 21,5 cm, bestehen aus jeweils 25 bis 27 cm starken Eisenstäben. Die Segmente der endgültigen Absperrung aber sind Stahlgeflechte. Sie sind an ebenso schweren Eisenträgern befestigt und haben jeweils 50 waagerecht und senkrecht angebrachte Stahlstäbe mit einem Durchmesser von 70 mm, im Mittelteil noch einmal durch einen waagerechten Eisenträger verstärkt. Mit den aufgesetzten Stacheldrahtrollen erreichen beide Absperrungen, deren einzelne Metallteile in Betrieben der Oberpfalz geschweißt wurden, eine Höhe von etwa 3,10 bis 3,30 m.«
(Aus der Reportage über eine Demonstration in Wackersdorf)

Die Details hier verwirren den Leser von Zeile zu Zeile mehr, bis der Zaun schließlich vor seinen Augen gänzlich verschwimmt. Die Dicke von Stangen und Stäben ist für das Verständnis der damaligen Auseinandersetzung an der umstrittenen Baustelle ebenso entbehrlich wie die Mitteilung, dass die Metallteile in Betrieben der Oberpfalz geschweißt wurden. Was der Leser wissen muss, ist, dass der Zaun hoch und so konstruiert ist, dass er manchem Ansturm standhalten sollte.

»Er ging zum Haus, öffnete die Tür mit einem kräftigen Stoß und trat ein. Licht war innen genug, weil die Morgensonne durch die zerbrochenen Fensterläden und die Löcher im Dach fiel. Alles war mit Staub und Spinnweben bedeckt, ein Anblick totaler Verwahrlosung. Die Küche, ein großer und hoher Raum, war voll Unrat, die Wände schwarz von Holz- und Kohlenrauch, verschimmelt, verfallen, an den Nägeln hingen noch Töpfe und Pfannen aus Kupfer und Eisen an der Wand, die in den fünfzehn Jahren nicht benutzt und von niemandem angerührt worden waren. In dem Schlafzimmer standen die Betten und große Spiegelschränke, die sein Vater in besseren Zeiten gekauft hatte, aber die Matratzen waren nur noch ein Haufen verfaulter Wolle und Ungeziefer, das generationenlang darin genistet hatte. Er hörte das leise Trippeln der Mäuse im Dachstuhl. Er konnte nicht feststellen, ob die Fußböden aus Holz oder mit Fliesen gelegt waren, weil sie nirgends zu sehen waren und der Unrat alles zudeckte. Die graue Staubschicht verwischte die Umrisse der Möbel. In dem Raum, der einmal der Salon gewesen war, stand das deutsche Klavier mit dem zerbrochenen Bein und den vergilbten Tasten, das wie ein verstimmtes Spinett klang. In

Regalen lagen noch ein paar Bücher herum, unlesbar, die Seiten von der Feuchtigkeit aufgequollen, und auf dem Boden waren Reste uralter Zeitschriften verstreut, die der Wind durcheinander geweht hatte. Die Federung der Polsterstühle lag offen, in dem Ohrensessel, in dem seine Mutter gestickt hatte, ehe sich ihre Hände durch die Krankheit zu Krallen verformten, hatten Mäuse ihr Nest gebaut.«

Hier nimmt die Verfasserin ihren Leser an der Hand und führt ihn so lange durch den Raum, bis er die gleiche Gänsehaut hat wie der Mann, durch dessen Augen er die Verwüstung sieht. Das ist eine Beschreibung, die auch in einer Reportage stehen könnte – falls dem Reporter eine solche Schilderung gelingt. Sie stammt nämlich von Isabel Allende, aus ihrem Buch »Das Geisterhaus«, von einer Schriftstellerin also, die einmal Journalistin war.

Wenn zu viel vom »Ich« die Rede ist

»Sein Markenzeichen war und ist es, ganz einfach so zu tun, als sei er nicht existent: als sehendes Auge unsichtbar zu werden«, so wurde einmal über einen Reporter gesagt. (*Süddeutsche Zeitung*) Und das beschreibt die Rolle eines Zeitungs-Reporters auch ziemlich genau: Er steht hinter der Kamera und ganz selten einmal davor.

Als *ich* mich vor Jahr und Tag bei der *Frankfurter Allgemeinen Zeitung* vorstellte, sagte einer der Herausgeber tadelnd zu mir: »Ich – das schreibt bei uns nur Herr Sieburg.« Friedrich Sieburg war der damals berühmte Literaturkritiker der Zeitung, und die kleine Rüge zielte auf eine Reihe von Glossen, die das Blatt von mir veröffentlicht hatte. Darin war das Wörtchen »ich« öfter gefallen: Ich erzählte von Begebenheiten, die *ich* erlebt hatte.

Jedenfalls früher ging die *Frankfurter Allgemeine Zeitung* mit dem Wort »ich« besonders knauserig um. Und wenn es auch erfunden sein mag, dass eine Autorin des Blattes vor lauter Ich-Angst einmal schrieb: »Als wir noch ein kleines Mädchen waren . . .«, so war man doch bemüht, die Person des Verfassers möglichst wenig sichtbar zu machen.

Darüber lässt sich trefflich streiten: Eine Reportage ist eine Beobachtung, die durch das Herz und den Kopf eines Journalisten gegangen und deshalb von subjektiver Wahrnehmung und Verarbeitung geradezu durchtränkt ist. Sie ist also Weltbeobachtung durch die eigene Brille, freilich sogleich wieder nach Möglichkeit verallgemeinert und objektiviert. Soll man dies also verbergen und sein »Ich« verstecken?

Jedenfalls sollte man mit dem »Ich« sparsam umgehen und es dem Leser nicht auf Schritt und Tritt um die Ohren hauen. Über die Reporterin Marie-Luise Scherer wurde einmal gesagt, sie spare ihre Person, also das »ich« aus, um eine Suggestion von Unmittelbarkeit zu erzielen. In bestimmten Fällen darf sich die Person des Verfassers aber ruhig zeigen: Etwa wenn er wiederholt an einem Ort war und zurückblickend eine Entwicklung schildert, wenn er mit bestimmten Personen eng verbunden war, wenn er emotional von einer Beobachtung besonders betroffen ist. Bei der Alltagsreportage aber sollte der Verfasser hinter seinem Gegenstand zurücktreten: Er ist ja das Auge der Kamera, die einen Film für den Betrachter aufzeichnet, während etwa eine Autobiographie von Ichs nur so wimmeln darf. »Vom Vater hab' ich die Statur, von Mütterchen die Frohnatur.« Johann Wolfgang Goethe darf dies getrost von sich sagen in der Gewissheit, auch damit nicht nur bei den Lesern seiner »Xenien« Interesse zu finden. Für einen Journalisten gehört schon ein wenig mehr dazu, bevor es einmal Grund zur »Nabelbeobachtung« gibt.

»Fünf Mark Kopfgeld zahlte ich für die Arletti, um sie in dem französischen Film ›Kinder des Olymp‹ zu sehen – ein Achtel meines gesamten Vermögens von vierzig Mark, die jeder Bewohner der westlichen Besatzungszone am 20. Juni 1948, dem Tag der Währungsreform ... ausgezahlt bekam.«

»Auch das vierzehnstöckige Haus, in dem die Arletti wohnt, ist ein Betonsilo wie tausend andere. Ich fahre im Lift zum dritten Stock und finde vor ihrer Tür das Schild Leonie Bathiat-Arletti, traue mich aber nicht zu klingeln ... Schließlich gehe ich in ihr Lieblingsrestaurant an der Place de Barcelone.«

»Ehe die beiden im Restaurant aufbrechen, pirsche ich mich heran – und werde spontan eingeladen, in einer halben Stunde in die Wohnung zu kommen.« (Ursula von Kardorff in einer Reportage über einen Besuch bei der Schauspielerin Arletti, *Süddeutsche Zeitung*)

Diese Reportage ist vom ersten Satz (ein Teil des »Kopfgeldes« wird für eine Kinokarte verbraucht) bis zur letzten Zeile von der Verehrung der Reporterin für jene Schauspielerin geprägt. Das »ich« macht diese emotionale Färbung deutlich – und stört deshalb nicht. Und etwas von dieser menschlichen Nähe wird auch vermittelt, wenn Hilde Spiel die Rezension einer Neuausgabe der Werke von Peter Altenberg mit den Worten beginnt: »Ein hochbetagter Herr aus Wien… erzählte mir einmal, wie Peter Altenberg ihm, als er ein Knabe war, eine Ohrfeige gegeben hatte.« (*Frankfurter Allgemeine Zeitung*)

Und die persönliche Verbundenheit wird durch das »Ich« sichtbar gemacht, wenn Gerd Westphal zum Tode der Schauspielerin Maria Wimmer schreibt und zum Schluss zum »Wir« wechselt und damit den Leser einbezieht:

»Als Dresdner Schauspielschüler hatte ich den Namen schon gehört, den sie… sich in Hamburg machte… ich sah ihre großen Frauen aus der Welt Goethes, Schillers… Ich musste begreifen, der Letzte gewesen zu sein, mit dem sie auf der Bühne stand. Wir werden nimmer ihresgleichen auf der Bühne sehen.«

Wie in diesem Beispiel, so hängt auch im Folgenden das »Ich« an der Person dessen, der es äußert. Auch hier kann der Name wieder einmal die Botschaft sein, als eine Art von »Über-Ich«, wenn man so will:

»Bei allem Überdruss, den Wahlkämpfe ohne Inhalt mit sich bringen, war dies der spannendste – weil bis zuletzt offen –, den ich seit 1949 erlebt habe.«

Geschrieben im Jahr 1998. Wenn ein Mann wie Rudolf Augstein über einen Zeitraum von 50 Jahren ein solches Urteil abgibt, will man ihn im Geiste schon vor sich sehen.

»Mir geht es am ersten Tag ja nicht viel anders, als ich in der Cafeteria der Amarillo National Bank… neben einer Gruppe von Geschäftsmännern lande, die einander bei den Händen halten und mit gesenkten Häuptern das Tischgebet sprechen.« (Aus der Reportage über die amerikanische Raketenstadt Amarillo, S. 141 f.).

In diesem Beispiel spricht der Verfasser über die eigenartige Vermengung von Glaubensbekenntnis und Kommerz in jener Stadt, die bei einem unvoreingenommenen Beobachter Gefühlsverwirrung auslösen kann. Durch die Ich-Form will er andeuten, dass auch er davon nicht ausgenommen ist.

»Bevor sich das Gespräch zu weiteren Höhen der indischen Innerlichkeit aufschwingen konnte, verabschiedete ich mich abrupt, unhöflich, ich lehnte den Tee ab, den sie mir anbot, ich ging einfach. Ich konnte ihre Rede nicht mehr ertragen, ihre Wohnung, ihr Haus, dieses indische Geistes-Getue. Bestimmt habe ich ihr Unrecht getan.« (Aus der Reportage über Indien)

Der Reporter empfindet den für ihn unerträglichen sozialen Gegensatz zwischen dem tiefen Elend, in dem viele Inder leben, und dem Luxus der wenigen Privilegierten und gibt damit Emotionen zu erkennen, die er gehabt hat.

In einem Nachruf auf die »Country-Legende Jonny Cash« zeichnet Willi Winkler ein Lebensporträt dieses Sängers in allen Licht- und Schattentönen. Am Ende dieses Beitrags tritt er dann »in Person« vor uns auf, mit den Augen des Journalisten betrachtet:

»Ein einziges Mal, vor zehn Jahren, habe ich ihn auf der Bühne gesehen und gehört.«

Und dann *sehen* und *hören* ihn auch die Leser mit einem Lied, das seine Frau für ihn geschrieben hatte.

»Es war ein religiöser Augenblick, wie ihn nur die Musik noch erlaubt.«
»Ich«, so will er sagen, habe das *für Sie* erlebt.

»In Pernika im unwegsamen Innern des indischen Bundesstaates Gujard beobachtete ich den orgiastischen Tanz Zehntausender von Jugendlichen aus den umliegenden Dörfern.«

Hier geht es um einen bestimmten kultischen Tanz: Wer ihn betrachtet, ist für den Leser ziemlich einerlei, das »ich« also entbehrlich.

Und muss der Reporter der *Bild*-Zeitung wirklich so tief in sein Inneres blicken lassen, wenn er seine Leser wissen lässt:

»Ich habe noch nie so viel Freude gesehen«, (beim Besuch des Papstes auf Kuba)

und dann »gesteht«:

»Auch ich habe Angst um den Papst, als endlich die Flugzeugtür der Alitalia DC-11 geöffnet wird und er in der heißen Luft der Karibik steht.«

Zum »Ich-Stil« griff nicht selten auch eine Reporter-Legende wie Hans Ullrich Kempski von der *Süddeutschen Zeitung*, und bei ihm ergänzen sich große Darstellungskraft mit einer bemerkenswerten Selbstdarstellungsfähigkeit. Als eine Art von »Kompetenznachweis« angebracht ist sein »Ich« in einer großen Reportage über eine Russlandreise:

»Eine sehr persönliche Beobachtung sei an dieser Stelle wiedergegeben. Sie drängt sich auf, nachdem ich seit 40 Jahren immer wieder als Reporter in Russland gewesen bin und über Russland berichtet habe: Die allermeisten Menschen stellen sich positiv verändert in einer Grundstimmung dar, die nicht mehr prinzipiell überlagert ist von Larmoyanz und Pessimismus.« (*Süddeutsche Zeitung*)

Diese Reportage ist inzwischen einige Jahre alt: Damals, nach der »großen

Wende«, empfand er die Stimmung – im Vergleich zu seinen anderen Besuchen – aber genau *so*.

Ebenso zu Recht ich-betont ist eine Passage in derselben Reportage: »Jetzt darf ich solche Raketen in Augenschein nehmen. Sie sind in Halle 22 eingelagert, wo mir ein Sicherheitsoffizier, der lange hatte schweigen müssen, mit einer durch nichts mehr zu bremsenden Beredsamkeit erklärt, wie man sich eine künftige industrielle Nutzung der Raketen im Weltraum vorstellt ...«

Da wird der große Augenblick sichtbar gemacht: Ein Reporter völlig legal im Sperrgebiet von Zerstörungskräften, die lange genug die Welt bedroht hatten.

Ebenfalls ein großer Augenblick wird in einer Reportage sichtbar gemacht, wenn auch ein recht persönlicher: die Beklommenheit vor dem ersten Start eines Gleitschirmfliegers:

»Sonnig und kalt ist es an diesem Sonntagmorgen. Ich stehe mit leicht feuchten Händen am Abgrund. Und dann laufen wir zwei, drei Schritte, ich stolpere, stürze dem Abhang entgegen, werde von den sicheren Händen meines Fluglehrers aufgefangen. Plötzlich gibt es einen Ruck nach oben, und wir kreisen im Aufwind ... Ein herrliches Gefühl, das süchtig machen könnte. In einer prachtvollen weißen Kulisse, gut 1000 Meter unter unseren Füßen, liegt Davos.«

Die Verfasserin hätte hier ruhig von »meinen« Füßen schreiben können – denn, Fluglehrer hin, Fluglehrer her: Derartiges bleibt doch höchstpersönlich.

Und gänzlich unverzichtbar ist das »Ich« in der Reportage eines Mannes, der über seinen Gang zum Urologen und seine eigene Sterilisation berichtet.

»Ich hatte schon drei Termine beim Urologen. Und bin dann doch nicht hingegangen ...«, so beginnt die Schilderung. Und sie endet dann:

»Es ist getan, nicht Donner noch Getöse waren in der Luft, die Welt stürzte nicht ein: der Autor grüßt nunmehr als fröhlicher Wallach.« (*ZEIT*)

Auch wenn das Wort vom Wallach hier ein bisschen (selbst-)ironisch übertrieben war – »ich« grüße als Wallach, das wäre dann doch wohl ein bisschen *zu* persönlich gewesen.

Bundeskanzler Gerhard Schröders Schläfenhaare sind also nicht gefärbt – das ist jetzt amtlich. Aber es klingt recht authentisch, wenn es in einem Kommentar, das diesen Gerichtsprozess bespöttelt, heißt:

»Am Donnerstag stand ich bei seinem Wahlkampfauftritt in Magde-
burg direkt hinter ihm. Ich musste auf seine Haare gucken, minutenlang.
Er hat Recht: Es sind eine Menge zartgrauer Haare darunter.«

Da haben wir ihn, den Journalisten als Augenzeugen.

Bisweilen wird der Ich-Stil auch gebraucht, um das Ambiente eines
Gesprächs zu umschreiben, eine gewisse Vertrautheit im Umgang miteinander. Aber das kann man bisweilen übertreiben:

»Sechs Stunden zuvor hatte ich Antje Vollmer getroffen, um sie einen
Abend lang auszufragen.«

»Sie schiebt mir auf ihrem Schreibtisch ein Plätzchen für den Notizblock frei.«

»Später, bei einem Glas Rotwein in der Politikerkneipe ›Provinz‹ frage
ich Antje Vollmer, ob sie Politikerin bleiben will.«

Wie schön für die Reporterin, könnte man sagen. Aber was bedeutet all das
für die Aussage der Reportage und den Leser?

Und auch von Hans Ulrich Kempski braucht der geneigte Leser nicht
unbedingt zu wissen, welcher Professor ihn wo empfängt, in welchem
Zimmer er mit einem Oberst sitzt und wer ihm bestimmte Kopien gerade
zuschiebt: jedenfalls nicht im gravitätischen Ich-Stil.

Freilich, was soll man schreiben, um das »Ich« zu vermeiden, ohne sich
einen Sprachkrampf zuzuziehen? Zunächst einmal das unpersönliche
»man«, aber auch das darf *man* nicht übertreiben. Bisweilen kann *man* die
berufliche Rolle sichtbar machen, wie es etwa in einer Reportage des Jahres 1989 auf dem Platz des »Himmlischen Friedens« in Peking heißt:

»Nein, die Hand kann und will man ihm nicht geben. Auch wenn
Staatsoberst Yan Xuejing sie jetzt auf dem Platz des Himmlischen Friedens vorstreckt. Es ist zu beklemmend. Der ausländische *Korrespondent* deutet hoch zu den frischen Ausbesserungen auf dem Helden-
denkmal für Revolutionäre: Nein, das könnten doch wirklich keine
Einschüsse sein, versichert Yan mit einem Lachen.«

Hier ist das »man« vielleicht ein wenig zu bescheiden. Getrost hätte man
auch vom »Ich« sprechen können, wenn man jemandem aus guten Gründen die Hand nicht geben mag. Hier kann das Wort »ich« die Gefühle ver-
stärken – und es gibt bei aller Distanz, die unser Beruf uns auferlegt, kein
allgemeines Emotionsverbot.

Am besten ist es freilich, wenn man die Beobachtungen für sich selbst
sprechen lässt, ganz ohne »Ichs« und »Mans«. Dann werden die Gefühle
im Leser wach, und dort gehören sie auch hin. Was aber, wenn dies nicht

geht? In einer Reisereportage kann man getrost einmal vom »Reisenden«
sprechen.

»Der Reisende liegt bei Kerzenschein in seinem Zimmer, die Klimaan-
lage schweigt, und er hat dem Sturm das Wort überlassen.«
Aber gerade bei den so subjektiv geprägten Reisereportagen finden sich oft
mehr oder weniger geglückte Variationen des »literarischen Ich«:

»Ich hatte den Eindruck... Wir sahen das neue Hotel... Am Tag, als ich
die Geschichte las... Wir fuhren aufs Land...«
Bisweilen wird das »Ich« auch einfach weggezaubert, wie in diesem
Beitrag:

»In einem älteren, ziemlich vergilbten Büchlein geblättert, das in den
sechziger Jahren schon beinahe nur noch antiquarisch aufzutreiben
war... Aber nach drei Seiten plötzlich das Gefühl, mitten in einer neu-
en, wilden Castorf-Inszenierung zu sitzen.« (*Frankfurter Allgemeine
Zeitung*)
Die Sätze bekommen so ein Stakkato. Aber der Leser wird atemlos, wenn
man dieses Tempo zu lange durchhält.

Ich bleibe dabei: Das »Ich« sollte man nicht derart zu kleiner Münze
machen, sondern es sich für die größeren Augenblicke im Journalismus
aufbewahren. Seine innere Rechtfertigung findet es immer dann, wenn es
die Erkenntnis von Friedrich Nietzsche sichtbar macht, dass »Wahrheit
nur in Perspektiven zu haben ist«. Dann kann die »Ich-Form als Quellen-
angabe« (Nikolaus Benckiser) angebracht sein.

Aber ebenso wie vor dem aufdringlichen »Ich« sollte man vor dem
»Wir-Stil« auf der Hut sein, und damit kehren wir zum Ausgang dieses
Kapitels zurück. Wir, dieser gute alte Pluralis Majestatis, sollte den Majes-
täten vorbehalten bleiben, oder es sollte ihm wenigstens eine leise ironische
Färbung mit auf den Weg gegeben werden. Freilich wird man nie erfahren,
ob Margaret Thatcher es ironisch oder majestätisch gemeint hat, als sie den
Reportern vor dem Regierungssitz in Downing Street 10 fröhlich zurief:
»We have become a grandmother.« Und: »Wir befinden uns in der glück-
lichen Position, die höchste Machtstellung in Großbritannien einzunehmen.« Die Kollegen von der *Süddeutschen Zeitung* haben den Satz jedenfalls in einem »Streiflicht« genussvoll aufgespießt, das dann so endet: »Wir
fürchten allerdings, dass weder der Kanzler noch die Premierministerin ein
weiteres Jahrzehnt im Amt bleiben werden. Da benutzen wir – Pluralis
Modestiae – den Autorenplural, wie er dem bescheidenen Schreiber zu-
kommt.«

»We are not amused«, pflegte Königin Viktoria zu sagen, wenn sie auf irgendeine Zweideutigkeit stieß – wobei freilich niemals geklärt wurde, ob die anderen, die sie in dieses »Wir« einschloss, sich nicht vielleicht doch insgeheim königlich amüsierten.

3. Reisereportage
oder: Für den Leser unterwegs

Wenn einer eine Reise tut, dann *muss* er was erzählen – jedenfalls wenn er als Reisejournalist unterwegs war. Die Reiseteile der Zeitungen zählen zu den Wachstumsbranchen: Einmal, weil auch das Angebot an Anzeigen zu bestimmten Jahreszeiten wächst und Journalisten mit ihren Texten, wie es sarkastisch heißt, ohnehin nur die Zwischenräume zwischen den Anzeigen ausfüllen. Und dann aber auch, weil die Deutschen in ihrer Urlaubszeit immer mehr zu Weltentdeckern werden.

Nun wird, wer viel reist, nicht allein dadurch auch zum Weltmann – es gibt auch den polyglotten Spießer. Aber wer sich zu wenig draußen umsieht, nimmt dem eigenen Land zu viel übel: diese hübsche Feststellung stammt von Joachim Kaiser, dem weitgereisten Journalisten.

Längst beschränken sich die Reiseteile der großen Zeitungen nicht mehr auf das Reisefeuilleton: also die Beschreibung von Landschaft und Menschen, die etwa in den »Wanderungen« Fontanes glanzvolle Beispiele findet. Das heutige »Reiseblatt« ist ein buntes Mosaik aus Reisereportagen, Reisetipps und Reiseliteratur, also aus allem, was längst zum »Nutzwert-Journalismus« gezählt wird. Zum Reiseteil gehört aber auch die Reise-Wirtschaft: also die Schilderung der ökonomischen Bedeutung einer Branche, die mit ihrem Umsatzvolumen zu den wichtigen Wirtschaftsfaktoren zählt.

Ähnlich wie im »Kulturteil« finden sich also auch auf diesen Seiten alle Darstellungsformen des Journalismus, von der Reportage bis zur kleinen Nachricht, von der leichtfüßigen Glosse bis zum tief schürfenden Kommentar. Und deshalb macht es auch einem journalistischen Temperament viel Vergnügen, wenn es sich hier entfalten kann – und (hoffentlich) nicht, weil da eine kostenlose Reise nach irgendwohin zu ergattern war.

Und dennoch ist der Reisejournalismus, ebenso wie etwa der Motorjournalismus, gerade wegen solcher »Gratisreisen« ins Zwielicht geraten.

Wer zahlt, schafft an: Diese Hoffnung mag sich mit manchen Verlockungen verbinden, denen gerade Reisejournalisten nicht selten ausgesetzt sind.

Es gehört schon eine gehörige Portion innerer Unabhängigkeit dazu, mit kritischem Blick auch über weniger angenehme Beobachtungen zu schreiben, wenn ein großzügiger Gastgeber zuvor alles getan hatte, um alle Wahrnehmungen so angenehm wie möglich zu machen – vom kostenlosen Flugticket angefangen bis zum behaglichen Aufenthalt in renommierten Hotels. So soll sich die *New York Times* einmal von einem bestimmten Reisebericht distanziert haben: Dessen Autor sei von einem Reiseveranstalter eingeladen worden, und deshalb sei ein objektives Urteil von ihm nicht zu erwarten. Würden alle Zeitungen nach solchen strikten Kriterien verfahren, wären die Reiseteile den Realitäten natürlich näher – sofern es dann noch welche gäbe.

In *cooler* Ironie hatte die *tageszeitung* einmal eine solche »Reise« belächelt, die allerdings keine Reise-Reise war, sondern der Versuch, Journalisten die Jahrespressekonferenz des Fernsehsenders *SAT.1* auf gefällige Weise zu präsentieren. Dies geschah auf der Insel Ibiza, und die Redakteurin, die ihre journalistische Unschuld offenbar unbeschädigt über die Runden bringen konnte, schildert süffisant, was dort alles getan wurde, um die Berichterstatter bei Laune zu halten.

»Dort gab es dann alles, was das Journalistenherz begehrt. Prominente bis zum Abwinken und eine dicke Pressemappe, in der alles sorgsam aufgeführt war, was dann trotzdem noch zum ›gesprochenen Wort‹ wurde. Die Stars der Reise, unter den vielen kleinen Sternchen auch Mario Adorf und Gudrun Landgrebe, Günter Strack und Margarete Schreinemakers, hielten einen Nachmittag lang Hof in diversen lauschigen TUI-Hotels (*SAT.1* Werbepartner).«

Und sie schließt ihre Sottise mit den Worten:

»Vollends ausgehalten wurden wir sowieso nicht: Die Minibar mussten wir selbst bezahlen. Nur das Bier von *SAT.1* Werbepartner Beck's gab's gratis.«

Wohlgemerkt, das war keine der Reisen in ein Land, das den geneigten Lesern dann als Wunderland vorgestellt werden sollte. Eher war es eine der »bestellten Wahrheiten«, von denen Herbert Riehl-Heyse schon vor vielen Jahren eindrucksvoll berichtet hat. Nur dass die Musik einem, wie in Mozarts Don Giovanni, äußerst bekannt vorkommt: So etwas wie eine Ansichtskarte wird gezeigt, damit sie als Postkarte versandt wird.

Nun lauert die Gefahr irgendeiner Umgarnung für Journalisten ohnehin auf Schritt und Tritt – also vor allerlei Haustüren und nicht erst in fernen Ländern. Wenn sie sich aber – entweder durch das Standing der Zeitung oder auf andere Weise – gegen derlei Sirenenklänge wappnen, ist der Reiseteil gerade wegen seiner Vielfalt an Stilen ein wunderschönes Arbeitsgebiet.

Reisebilder sind keine Dia-Schau

Und bei all dieser Vielfalt ist die *Reportage* noch immer das »klassische« Stück in diesem so reich bebilderten Teil einer Zeitung. Denn dort erfährt der Leser daheim, wie die Welt dort aussieht, wo er immer schon einmal hin wollte – oder wo er irgendwann schon einmal gewesen ist.

Reportage allerdings nicht als eine bloße »Dia-Schau«, wie ein namhafter Reisejournalist dies sagt, nicht als Präsentation einer »Katalogwelt«, nicht als »Beschreibung auf möglichst niedrigem Niveau«, sondern als »Auseinandersetzung mit der Wirklichkeit«.

»Reisen ist«, so sagt ein erfahrener Reisejournalist, »ebenso ein politisches, soziales und – seit einem Jahrzehnt zunehmend – auch ein ökologisches Phänomen«.

Das bedeutet indessen nicht, dass der Reiseteil einer Zeitung nun unbedingt von des Gedankens Blässe »angekränkelt« sein müsse. Wie andere Reportagen auch muss die Reisereportage aber der Wirklichkeit möglichst nahe kommen, also um ihre Gegenstände »herumgehen« und sie nicht nur flüchtig und von der einen Seite betrachten, die dem Journalisten ja meist als Schokoladenseite gezeigt wird. Aber auch die Reisereportage muss so *sinnlich* sein, dass der Leser den ihm gezeigten Teil der Welt empfindet, dass er »Geruch und Geschmack erlebt«, »Hitze und Kälte spürt« (Theodor Geuss). Und dass ihm zugleich verständlich gemacht wird, was sich hinter dem schönen Schein verbergen kann: Umwelt, Massentourismus und zubetonierte Küsten, um nur die wichtigsten Stichworte zu nennen.

Am Anfang kann, wie bei jeder Reportage, eine Szene stehen, ein Bild oder eine Episode, sagen wir einmal ein Reiseerlebnis.

»Das kräftige Ochsenblutrot und das leuchtende Gelb der meist einstöckigen, uralten Fachwerkhäuser auf Bornholm wird jedes Jahr aufgefrischt. Auf der Ostseeinsel, 80 Kilometer nordwestlich von Rügen, legen es die Bewohner hinter winzigen Sprossenfenstern, Nippes und

Blumen drauf an, den Blick der Passanten einzufangen. Städtchen wie aus dem Bilderbuch.« (Birgitt von Maltzahn, *Süddeutsche Zeitung*)

Wie aus dem Bilderbuch: Dieses Bild stellt sich bei den ersten Zeilen wie von selber ein, wozu die vier Adjektive ihr Teil beitragen.

»Wo endet das Land, wo beginnt das Meer? Zu beiden Seiten der über schmale Nehrungen am südlichsten Küstenbogen des Golfs von Mexiko entlangführenden Straße schimmern blaue Flächen durchs Dickicht der Mangroven, Philodendren und Farne. Unzählige Lagunen lassen hier, an der Bahia de Campeche zwischen Alvaro Obregón und Minatitlán, die Übergänge vom festen Boden in die Sümpfe und zur offenen See verschwimmen und zerfließen, ein amphibischer Saum, verfilzt und tückisch, an dem jederzeit damit zu rechnen ist, dass sich reglose Strünke im Schilf plötzlich als Alligatoren entpuppen.« (Uwe Anhäuser, *Frankfurter Allgemeine Zeitung*)

Während das Bild der Häuser auf Bornholm so behaglich vor dem Leser entsteht, wird es für ihn in diesem Einstieg von Zeile zu Zeile ungemütlicher: Erst hört er von »blauen Flächen«, von exotischen Pflanzen und Lagunen. Aber dann wird der Alligator durch die Worte »verfilzt und tückisch« als lauernde Gefahr eingeläutet.

Von einem »alten und einsamen Tal« ist in einer anderen Reisereportage die Rede, und dieser Ort wird in seiner Gebrechlichkeit sehr eindrucksvoll vor dem Leser aufgebaut:

»Ein kleines Dorf, am Hang gelegen, gepflasterte, schmale Gässchen, in denen Moos und Brennesseln die Herrschaft übernommen haben. Fensterscheiben sind zerbrochen oder fehlen, Türen hängen lose in den Angeln. Kein Mensch weit und breit, Totenstille. Einzig die Dielen krächzen beim Betreten eines der unverschlossenen Bauernhäuser. Darin hängt noch das Kruzifix an der Wand, und der emaillierte Nachttopf steht unter dem Bettgestell. Eine aufgeschlagene, verstaubte Zeitung hat das Datum 11. Juli 1975.« (Gerhard Fitzthum, *Frankfurter Allgemeine Zeitung*)

Hier hat der Journalist ein Bild *erlebt* und führt es dem Leser so vor Augen, dass er es nacherleben kann: Er meint, die Dielen knarren zu hören, und riecht den friedlichen Verfall. Wichtig für das Bild sind auch die Details vom Kruzifix, der Zeitung und dem Nachttopf, die den Augenblick des Aufbruchs sichtbar machen.

Bisweilen bezieht sich der Reporter auch, als Stellvertreter des Lesers, sichtbar in die Szene ein:

»Es war kalt in dem Kloster. Wie Wolken stand uns der Atem vor dem Gesicht. Und es war dunkel. Das Flackern der wenigen Kerzen an der Wand reichte gerade aus, die bunten Bilder anzustrahlen... Der Rest des Raums lag in einem glanzlosen Zwielicht, das dessen Kargheit noch unterstrich. Es gab kaum Möbel, nur ein Tischchen, einen Schrein und in einer Ecke einige zusammengelegte Wolldecken, auf denen der Lama saß. Wir sollten Platz nehmen, bedeutete er uns, zeigte auf den kalten Holzfußboden, nickte freundlich und lächelte weise. Woher wir kämen, wollte er wissen. Was uns in diese abgelegene Region bringe. Und: Ob wir vielleicht irgendwelche Fragen haben. ›Fragt ihn‹, schlug unser Dolmetscher und Reisebegleiter eilig vor, ›nach dem Zusammenhang von Mensch und Universum.‹ Doch wir bleiben bescheiden und erkundigen uns nur nach seinem Leben.« (Freddy Langer, *Frankfurter Allgemeine Zeitung*)

Der Journalist als Akteur

Hier ist der Journalist selbst Akteur, hinter dem Wörtchen »uns« leicht verschleiert, um dem »Ich« aus dem Wege zu gehen (siehe S. 164 ff.). Aber er bezieht den Leser behutsam in die »Aktion« in dem tibetanischen Kloster ein.

Auf ungewollte Weise kann der Reporter auch einmal zum Akteur werden und dies so lange verschweigen, wie es der Dramaturgie seiner Geschichte zuträglich ist. In einer Reportage über den Winter an der Côte d'Azur spricht der Autor vom »Touristen« oder vom »Delinquenten« oder vom »Mann mit Hut«, der sich hinter der bewachten Kettenabsperrung eines Schlosses verirrt hatte und dann von der Polizei für ihn hochnotpeinlich verhört wurde.

»Ich setzte meinen Hut wieder auf und ging ohne Tritt«, sagte er endlich nach vielen Zeilen. Und dann:

»Nein, die Wachablösung habe ich mir am nächsten Tag nicht angesehen. Der Vorfall in Monaco hatte mich verstimmt.« (Hans Scherer, *Frankfurter Allgemeine Zeitung*)

Wenn dieser Anfang auch sehr »persönlich« ist: Welcher Leser hätte sich nicht auch schon einmal über den Übermut der Ämter geärgert und wenigstens irgendwie in der Szene wiedererkannt?

Natürlich ist besonders hier die Verlockung für den Journalisten groß, sein »Ich« zu outen: eine Neigung, die ja ohnehin als neuer »Subjektivismus« immer mehr um sich greift.

»Irgendwann ist auch die längste Felsentreppe zu Ende – ich stehe auf einem Plateau, das bis zum Horizont zu reichen scheint: Weit geht der Blick über eine zartgrüne Fläche, die sich landeinwärts im Dunst verliert, zum Meer hin jäh über schwarze Felsen abstürzt. Exakt an dieser Kante eine zarte, sich schlängelnde, wie mit einem Kohlenstift gezogene Linie: Cornwalls Küstenwanderweg.« (*Frankfurter Rundschau*) Einmal ganz ehrlich: Hätten Sie das »Ich« hier sehr vermisst? Es ist doch sonnenklar, wer da von oben auf diese Küste herabblickt. Und auch ohne den Autor wäre das Bild, wäre der ganze Beitrag eindrucksvoll genug, um den Leser gefangen zu nehmen.

Auf den ersten Blick liest sich auch der Schlussabsatz einer Reiseglosse sehr ich-bezogen, in der eine »Hubble-Bubble«, also Wasserpfeife die Hauptrolle spielte:

»Der Boy zündete die Pfeife von neuem an. *Ich* zog, was die Lunge hergab. *Ich* pumpte *mich* voll mit Tabakrauch. Aber ein leichtes Schwindelgefühl zeigte mir an, dass *ich* das nicht mehr lange würde durchhalten können. Als dann die Glut noch einmal verlosch, ließ *ich* es gut sein. Genug Hubble-Bubble, sagte *ich*. Manche Genüsse sind in der Theorie schöner als in der Praxis.« (Hans Scherer, *Frankfurter Allgemeine Zeitung*)

Aber dann muss man einräumen, dass dieser Zweikampf Mensch gegen Wasserpfeife – wenn überhaupt – nur unterhaltsam ist, wenn die Person des Rauchers sichtbar gemacht wird.

Man kann auch einen Einheimischen zur Hauptperson der Reportage machen, einen Menschen, der sich dort auskennt, wo die Geschichte und wo die Rolle des Erzählers oder Zwischenrufers spielt.

»Das Meer ist spiegelglatt und stahlgrau. Die fahle Sonne setzt glänzende, flamingoartige Punkte über das Wasser, über dem leichter Dunst wabert. Gemächlich wandelt sich das Morgengrauen in Morgenröte. Die Segler in ihren Booten schlafen noch. Kein Laut dringt von ihnen herüber, nur das Knarren der Fender und Taue stört die Stille. Ein Ruderboot steuert auf den Hafen von Langöre zu. Ruhig und gleichmäßig tauchen drei ältere Herren die Riemen ins Wasser. Ein paar Möwen fliegen kreischend davon. Torben Björ-Hedriksen klettert aus dem Boot und schaut den Vögeln nach...« (Christel Hardes, *Frankfurter Rundschau*)

Zwar weiß man nicht auf Anhieb, wie »flamingoartige Punkte« so aussehen, und Morgengrauen ist vielleicht doch ein sehr starkes Wort für Mor-
gengrau. Aber dieser Torben wird dann, wenn man so will, zum *running
gag* der Reportage: Immer wieder taucht er auf, der Landarzt auf der däni-
schen Insel Samsö, und man sieht ihn, wenn er lacht, an seiner Pfeife zieht
und versteht, dass der Gast am liebsten hier für alle Ewigkeit im Gras liegen bleiben möchte. Oder wenn er von den Menschen auf der Insel spricht,
die der Reporter ja kaum zu Gesicht bekommt. Oder von den Sagen und
Mythen der Insel erzählt. Er erst macht die Reportage lebendig – wie jede
Reisereportage, wie jede gute Reportage überhaupt von Menschen bevölkert sein sollte.

Und dann erhöht es auch den Wiedererkennungswert solcher Figuren,
wenn sie – am Ende des Handlungsbogens – in der Reportage wieder auftauchen. Wie jener Torben, mit dessen Augen der Leser auf sein liebstes
Gemälde schaut: den Sonnenuntergang auf Samsö.

Den Leser nicht mit »früher« überfüttern

Sie dürfen dann auch ruhig einmal von Sagen und Mythen, auch von der
Geschichte des Landes oder Ortes erzählen. Aber der Reporter selbst soll-
te nicht allzutief in das Geschichtsbuch eintauchen. »Als damals die alten
Römer...«, solche Passagen zeugen zwar vom – angelesenen – Wissen des
Journalisten, vermitteln dem Leser bisweilen auch echte Informationen
oder Zusammenhänge: In historische Einzelheiten verlieren darf sich der
Erzähler indessen nie, und er braucht auch nicht, wie jemand sagte, jede
gotische Kirche bis zur letzten Simsfigur zu erklären.

»Nach der ersten Besiedelung vor 2500 Jahren durch indogermanische
Völker buddhistischer Prägung und einer durchgreifenden, von isla-
mischen Scheichs betriebenen Islamisierung zum Ende des zwölften
Jahrhunderts vollzog sich auch auf den Malediven das klassische kolo-
niale Wechselspiel quer durch die Breitengrade der westlichen Hemis-
phäre...« (Reinhard Mohr, *Frankfurter Allgemeine Zeitung*)
So weit, so gut. Aber mit allzu vielen Einzelheiten aus der politischen
Geschichte der Malediven sollte der Leser dann besser nicht überfüttert
werden.

Journalistische Wahrheit oder, etwas schlichter, das Bemühen um sie,
ist natürlich auch in Reisereportagen das oberste Gebot. Dass sie auch bei

noch so liebenswürdigen Einladungen nicht auf der Strecke bleiben darf, wurde anfangs schon gesagt. Ein Reporter kann aber auch in aller Deutlichkeit sagen, wie er die Umgebung empfunden hat, in die ihn seine Reise führte.

»Nein, in Las Palmas hält man es zur Zeit nicht lange aus. Machte die Stadt schon in den vergangenen Jahren, vor allem um den Strand Las Canteras herum, einen schmuddeligen Eindruck, wirkt sie heute lieblos, verkommen und abstoßend. Wer nachts durch die dunklen Straßen geht, könnte meinen, hier habe gerade noch der Bürgerkrieg gewütet. Aufgerissene Straßen voller Schmutz und mit tiefen Löchern, in die der ahnungslose Passant leicht hineinstolpert, erschweren den Zugang zu den Hauseingängen, tagsüber muss man Baulärm und Staub in Kauf nehmen, die einem das Badevergnügen verleiden können.« (Ulrich Wiebrecht, *Süddeutsche Zeitung*)

Das war im April 1994, und heute wird die Welt in der Stadt Las Palmas hoffentlich ziemlich anders aussehen. *Damals* aber war der Journalist dort und schenkte den Lesern, die es ihm gleichtun wollten, den reinen Wein ein, auf den sie Anspruch haben. Zwar gibt es für Reporter keine »Prospekthaftung«, wenn sie – aus welchen Gründen auch immer – ihre Reiseeindrücke verzuckern. Aber journalistisch »haften« auch sie – für die Zuverlässigkeit ihrer Informationen. Und da es auf Gran Canaria, wie überall auf der Welt, nicht nur Hell und Dunkel gibt, sondern daneben noch eine ganze Reihe von Zwischentönen, schildert der Autor auch idyllischere Flecken und empfiehlt den Lesern in der Unterzeile der Überschrift »vor allem das vulkanische Innere der Insel«.

Es ist ja durchaus verständlich, dass der Autor einer Reportage über das portugiesische Dourotal und den dort angebauten Portwein ganz verzaubert war. Und dennoch lesen sich seine Eindrücke streckenweise wie die Vorderseite einer Ansichtspostkarte:

»Der Zug schlängelt sich durch wilde Schluchten, passiert liebliche Täler, an atemberaubend steilen Hängen wachsen Oliven, Orangen, Mandel, Lavendel und vor allem der Wein.«

Und um die Schmackhaftmachung eben dieses Weines geht es dann auf den vielen, folgenden Zeilen:

»Hier wachsen die feurigen Rotweine, aus denen der Port gemacht wird: der dunkelrote Ruby mit seiner fruchtigen Süße, der lohfarbene Tawny mit dem feinen Mandelaroma, der dickfruchtige, kapitale Jahrgangsport, kurz auch Vintage genannt.«

Das mag ja alles stimmen, und auch der Verfasser dieses Buches lässt für einen guten Port so alles Mögliche stehen und liegen. Aber vor allem die vielen eingestreuten Adjektive kommen einem vor, als hätte man sie allesamt schon einmal auf irgendeiner Weinkarte gelesen. Also meint man zu ahnen, wer hinter der Einladung stand.

Und wie ist es mit folgendem Text:

»Die einzigartige Küste mit ihren einsamen Sandbuchten und unberührten Stränden oder das sanfte Hügelland des Barrocal mit seinen idyllischen Dörfchen bezaubern ebenso wie das schroffe Granitgebirge der Sierra de Monchique. Es ist schier unmöglich, von diesem wunderbaren Wandergebiet nicht begeistert zu sein.«

Mit diesem Text ist es durchaus in Ordnung: Denn darüber steht deutlich geschrieben das Wort »Anzeige«, und hier war also kein Journalist am Werk, sondern ein PR-Texter. Und der darf dann schon einmal in Adjektiven und Schablonen baden – solange er sich keine Tarnkappe aufsetzt.

Reisejournalismus als Hobby

Allerdings: Ein Reporter, der auf eigene Rechnung durch die Welt reist, seine Essen brav selber bezahlt und auch alle Übernachtungen auf seine Kappe nimmt, kommt ganz sicher nicht auf seine Rechnung, falls er nicht für eine Gazette schreibt, die ihre Zeilen auf Hochglanzpapier druckt. Deshalb ist der *gute* Reisejournalismus entweder eine Art von Nebenberuf oder auch ein wenig *Hobby*, falls der Reporter nicht die Begabung hat, seine Beiträge mehrfach zu verwerten.

Kann man testen, ob man eine besondere Begabung für dieses Fach hat? Ja, sagte einmal jemand im halben Spaß, lassen Sie ihn auf sechzig Zeilen schreiben, wie ein Stück Sandwüste aussieht. Vielleicht wäre das ja tatsächlich eine stilistische Feuerprobe, so wie Kunstprofessoren ihren Schülern angeblich manchmal die Aufgabe stellen, auf weißer Leinwand Schneeflocken zu malen.

Gesicherter scheint aber eine andere Erfahrung zu sein: Eine Reisereportage ist besonders gut, wenn ein begabter Reporter zum ersten Mal diesen Ort besucht und darüber schreibt – und dann erst wieder nach vielen vielen Besuchen.

4. Dem Leser die Meinung sagen
oder: Leitartikel und andere Kommentare

»Klassischer Journalismus«, so hat Egon Erwin Kisch ein umfangreiches Buch genannt, in dem »Meisterwerke der Zeitung« versammelt waren. »Leitartikel« steht über dessen erstem Kapitel, und alle diese Beiträge, deren Autoren von Martin Luther bis zu Jean Jaurès reichen, haben eines gemeinsam: Sie würden heute wohl in keiner Zeitung als Leitartikel gedruckt werden – ganz abgesehen von ihrem Inhalt, einfach der Form wegen. Dieses Schicksal würde auch dem Beitrag Heinrich von Kleists widerfahren, der den schlichten Satz enthält:

»Die Journalistik, überhaupt, ist die treuherzige und unverfängliche Kunst, das Volk von dem zu unterrichten, was in der Welt vorfällt.«

Und der dann gänzlich folgerichtig fortfährt:

»Was das Volk nicht weiß, macht das Volk nicht heiß.«

Leitartikel sollen *auch* unterrichten, und sie sollen bisweilen das Volk *auch* »heiß« machen. Vor allem aber sollen sie einem meist kleinen Kreis ausgesuchter Autoren, den »Leitartiklern«, Gelegenheit geben, ihre Gedanken in wohlgesetzten Worten den Lesern zur Kenntnis zu bringen. Die Frage lautet nur, wie macht man dies am wirksamsten?

Wer Leitartikel schreibt, steht nackter vor dem Vorhang als etwa der Verfasser von Meldungen. Nicht nur, weil sein kompletter Name und nicht nur sein Kürzel in eindrucksvollen Lettern zu sehen ist. Sondern auch, weil er in diesen Spalten seinem journalistischen Temperament die Sporen geben darf und nicht die Zügel hantieren muss, die er seinen Lesern in den »nachrichtlichen« Formen schuldet.

Natürlich enthält auch der Leitartikel eine Nachricht, wie jeder Kommentar. Aber diese »Nachricht« leuchtet eher zwischen den Zeilen auf, weil der Autor hier ja Farbe bekennen, zur bloßen Nachricht seine Meinung äußern soll.

Falls er eine Meinung hat und nicht die Skrupel des alten Stechlin im Roman von Fontane, der einmal seufzte: »Wenn ich das Gegenteil gesagt hätte, wäre es genauso richtig.« Und falls er bereit ist, diese Meinung »zeilengerecht« auf den Punkt zu bringen. Glücklicherweise wird er dafür meist mehr Platz haben als die Kommentatoren der *Bild*-Zeitung. Über deren Werke spottete Friedrich Küppersbusch einmal, ihr Erfolgsgeheimnis liege darin, »dass sie in Form und Konsistenz in jene Pausen passen, die der deutsche Werktätige morgens gegen neun auf der Betriebstoilette zubringt«. Immerhin ist der Platz auf der Toilette nicht der schlechteste für eine Zeitung, zumal sie in früheren Zeiten meist ohnehin dort endete. Aber nur wenigen ist die Gabe in die Wiege gelegt, schwierige Veränderungen der deutschen Sozialstruktur oder eines Krieges in fernen Ländern endgültig auf der Länge eines solchen Abriss-Blattes zu klären – um im *Bild* zu bleiben.

Oder sollte etwa Peter Boenisch ein solches Naturtalent sein, der in der *Süddeutschen Zeitung* einmal als der »Erfinder des zehnzeiligen Leitartikels« ausgemacht wurde?

Gerade unter den Leitartiklern ist jene Artenvielfalt zu beobachten, von der an anderer Stelle schon die Rede war. Da gibt es den unbekümmerten Draufgänger, der gleichsam mit der Machete »der Wahrheit eine Schneise schlägt« oder jedenfalls dem, was er dafür hält. Es gibt den grüblerischen Zeilenphilosophen, der sich auf Schritt und Tritt in der eigenen Nachdenklichkeit verfängt und vor lauter Angst, dem Thema nicht »gerecht« zu werden, dem Leser eher eine Übersicht über seine Skrupel gibt als eine Orientierungshilfe. Es gibt den politischen Feuilletonisten, der aus jedem Thema Funken schlägt und den Leser damit unterhaltsam umgarnt. Und es gibt den Handarbeiter, der sein Thema mit Hammer und Meißel so lange abklopft, bis die klaren Konturen seiner Analyse, die Strukturen seiner Beurteilung deutlich heraustreten.

Zu einem guten Kommentar gehört alles zusammen: das Nachdenken, bis schwierige Dinge wieder einfach werden, der Skrupel vor der »schrecklichen Vereinfachung« und der Mut, mit seiner Meinung nicht hinter dem Berge zu halten. Und natürlich muss das Ganze auch fesselnd, unterhaltsam sein. Denn niemand ist ja verpflichtet, einen solchen Artikel zu lesen – und schon gar nicht bis zum Ende.

»Urteile« und »Erklärstücke«

Ein meinungsbetonter Leitartikel kann im »Urteilsstil« verfasst sein, also wie die Richter ihre Erkenntnisse verkünden, die ja letzten Endes auch oft nur eine Meinung über Rechtsfragen sind. Dann erfährt der Leser gleich zu Beginn, wie der Autor das Problem sieht – und dessen »Lösung«.

»So kann es nicht weitergehen. Die für jedermann sichtbare Verlagerung der Republik von Bonn nach Karlsruhe (der Residenz des Rechts, der Verf.) muss gestoppt werden. Nicht der Gerichtssaal, sondern der

Plenarsaal des Parlaments ist in einer Demokratie der Ort für nationale Schicksalsfragen.« (Helmut Kerscher, *Süddeutsche Zeitung*)

Oder der Autor stellt seine Meinung in Form von Zensuren an den Anfang. Dann schuldet er dem Leser zugleich eine Begründung, wie ein allerdings älteres Beispiel dies einprägsam zeigt:

> »Gut, dass Außenminister Kinkel nach Sarajevo gefahren ist. Es war in der von serbischer Kriegsgewalt gemarterten Stadt ein Zeichen, dass sie nicht vergessen ist. Gut auch, dass Kinkel nicht nach Pale bei Sarajevo ging, wo die Führer der bosnischen Serben ihr Hauptquartier haben. Sie nehmen Besuche von Mitgliedern und Abgesandten westlicher Regierungen als Beweis dafür, dass sie mit ihrem Nein zum Friedensplan der Kontaktgruppe dessen Abänderung erzwingen können.« (Johann Georg Reißmüller, *Frankfurter Allgemeine Zeitung*)

Gelegentlich kann man den Leser auch einmal mit der Nase darauf stoßen »Vorsicht Urteil!«, ohne dass dies aber zur Masche werden dürfte:

> »Um es vorwegzunehmen: Will das zusammenwachsende Europa handlungsfähig bleiben, muss die innere Struktur der EU geändert werden.« (Rudolf Gregg, *Badische Neueste Nachrichten*)

Natürlich kann ein solches Urteil auch in einem späteren Teil des Kommentars stehen:

> »Es war deshalb richtig, die Verabschiedung zu trennen; es war aber auch richtig, dem Abzug der letzten russischen Truppen einen würdigen Rahmen zu geben.« (Günther Nonnenmacher, *Frankfurter Allgemeine Zeitung*)

Oder der Verfasser beendet seinen Kommentar mit einer nachhallenden Meinungsäußerung:

> »Der Vorstoß des Generalsekretärs (der UNO) verdient Erfolg. Wer jetzt nicht dazu hilft, gehört zu den Besiegten des Balkankrieges.« (Georg Hefty, *Frankfurter Allgemeine Zeitung*)

> »Die Sucht, unbeschränkt abzuhören, zu kontrollieren und zu durchsuchen, greift um sich ... Das G-10-Gesetz ist also nur eines von etlichen Gesetzen zur Banalisierung der Grundrechte. Eine Ermahnung aus Karlsruhe reicht da nicht. Ein Donnerwort muss folgen – spätestens beim Urteil zum großen Lauschangriff.« (Heribert Prantl, *Süddeutsche Zeitung*)

Oder im Zusammenhang mit einem Strafprozess, der von der Justiz eingestellt wurde:

»Aber so weit (zu einer bestimmten Zeugenvernehmung) wird es nun nicht kommen. Und das ist gut so.« (Roderich Reifenrath, *Frankfurter Rundschau*)

Auch eine Frage kann durchaus am Anfang eines Kommentars stehen, nur darf die Antwort nicht allzu lange auf sich warten lassen.

»Darf der Staat Süchtige mit harten Drogen versorgen? Die Antwort kann nur ein klares Nein sein.« (Martina Fietz, *WELT*)

Nicht selten steht ein Fragezeichen auch am Ende eines Kommentars. Das mag den Leser ja durchaus zum eigenen Nachdenken anregen. Dieser könnte jedoch der Ansicht sein, dass die Welt für ihn ohnehin voller Fragezeichen hängt und ihm seine Zeitung deshalb stattdessen eher Antworten schuldet. Zwar hat Marcel Reich-Ranicki den hübschen Satz unter die Leute gebracht: »... den Vorhang zu, und alle Fragen offen!« Dieses Schlusswort steht jedoch, gleich einem Markenzeichen, stets am Ende einer Diskussion über Literatur und deshalb im Feld der »Kritik der Urteilskraft«.

Und außerdem geht Reich-Ranicki ja nun wirklich nicht der Ruf voraus, seine Meinung schamhaft zu verstecken.

Bei handfesteren Kommentaren zu politischen, wirtschaftlichen oder kulturpolitischen Fragen sollten Antworten jedenfalls versucht werden – offen bleibt der Vorhang sowieso.

Wieder etwas anderes ist es, wenn die Frage gar nicht ernst gemeint war, wenn sie also rein rhetorisch gestellt wurde. »Die Bundesrepublik war bisher in der Arzneimittelforschung führend«, stellte ein Kommentator in einer »Leitglosse« fest. Und er schloss mit der Frage: »Soll sie zum Wohle der Krankenversicherungsreform künftig zum Lizenznehmer amerikanischer und japanischer Produkte werden?« (Fritz Ulrich Fack, *Frankfurter Allgemeine Zeitung*)

Die Antwort könnte sich ein Leser, der ja über den bekannten klugen Kopf verfügt, auch dann ausdenken, wenn er den Anfang der Glosse nicht gelesen hätte. Keinerlei Zweifel aber blieben jedenfalls, wenn er den Zeilen aufmerksam gefolgt wäre. »Soll das Gesetz werden?«, so lautete die Überschrift. Und die Frage am Ende spricht ein klares Nein.

Ein ebenfalls klares *Nein* bedeutet die Frage: »Entgeht einem Einbruch leichter, wer die Türen nicht mehr abschließt?« Sie nämlich steht am Ende eines Leitartikels, der sich mit Rauschgiften befasst und mit der Frage, ob es rechtspolitisch ratsam wäre, beim Besitz kleiner Mengen von Strafe abzusehen. Über die Meinung des Verfassers ließe sich wohl streiten, nicht aber darüber, dass die Schlussfrage rhetorisch gemeint war. Genauer gesagt – polemisch.

Auf einem anderen Blatt stehen Meinungsbeiträge, die man vielleicht die »Schau'n-mer-mal-Kommentare« nennen könnte. Sie enden mit einer Art von skeptischem Achselzucken: Alles Weitere wird die Zukunft zeigen, so ungefähr lautet dann die Prognose. Ein solcher Schlusssatz muss keineswegs eine Drückebergerei bedeuten. Denn einmal abgesehen davon, dass Prognosen bekanntlich dann ganz besonders heikel sind, wenn sie die Zukunft betreffen, kann man von einem Kommentator nicht erwarten, dass er in der kargen Zeitspanne von ein oder zwei Stunden alle Fragen beantwortet, nach deren Antwort Spezialisten seit langem suchen.

Diese Zurückhaltung betrifft vor allem Probleme der Außenpolitik, wo sich auch sachkundige Beobachter eine gewisse Zurückhaltung auferlegen.

Denn es geht ja um die inneren Angelegenheiten eines anderen Staates, und ob die Bürger dort ihren Regierungschef schätzen oder nicht, ist in erster Linie ihre Sache.

»Diplomatische Rücksichten«?

Mehr noch als bei Kommentaren zu innenpolitischen Themen sind außenpolitische Leitartikel deshalb vor allem »Erklärstücke«. Denn wenn das »Staatsbürgerwissen« in Belangen des eigenen Landes schon manches Defizit aufweisen mag, so gilt dies natürlich noch weit mehr beim Blick über die Grenzen. Der Schlachtruf: »Schluss mit dem Sauladen dort, die Regierung muss endlich weg«, wird einem deutschen Leitartikler deshalb wohl kaum aus der Feder kommen.

Und auch mit leiseren Ratschlägen in ferne Länder wird er eher sparsam umgehen. So hatte der heutige Intendant des *WDR*, Fritz Pleitgen, sich früher einmal in einem Kommentar der »Tagesthemen« sehr behutsam zum Krieg in Ex-Jugoslawien geäußert:

»Wenn Sie von mir jetzt einen überzeugenden Lösungsvorschlag zum Bosnien-Krieg erwarten, dann können Sie eigentlich gleich abschalten. Je mehr ich mich damit beschäftige, desto unentschiedener werde ich. Wogegen ich allerdings nach wie vor entschieden bin, sind wohlfeile Aufforderungen, umgehend in Bosnien zu intervenieren und die Serben dort mit militärischen Schlägen gewissermaßen zur Raison zu bringen.«

Wer sich derart beim Denken zusehen lässt, zeigt, dass er die Welt ernst nimmt und dass auch Journalisten Lösungen nicht aus dem Ärmel schütteln können. »Nur ein Lump gibt mehr, als er hat« – so hat dies schon Johann Wolfgang Goethe gesagt, und dieser Satz gilt auch für so manche Simsalabim-Lösungen aus den Medien.

In einen diplomatischen Comment aber müssen sich Leitartikler auch dann nicht einbinden lassen, wenn sie »wie Diplomaten« Außenpolitik beobachten und beschreiben. Zwar können sie ihre Meinung durchaus auch diplomatisch äußern, also in leisen Tönen und durch Andeutungen gemildert. »An irgendein ›Protokoll‹ aber sind wir nicht gebunden. Denn wir haben keine Staatsrolle.« (Günther Nonnenmacher, *Frankfurter Allgemeine Zeitung*)

Noch weniger Zurückhaltung ist nötig, wenn eine außenpolitische Frage die deutschen Interessen unmittelbar betrifft. Das gilt für große Teile der europäischen Politik, die längst ja auch zur Innenpolitik geworden ist. Aber für uns »hautnah« kann es auch sein, wie man in England mit der BSE-Seuche umgeht oder – ein großer Gedankensprung – mit der Zukunft des Euro.

Für innenpolitische Leitartikel mögen andere »diplomatische Rücksichten« gelten, die dann aber eher von der Linie des Blattes abhängen und die in einen anderen Zusammenhang gehören. Je nach dem Standort der Zeitung wird sie aber durchaus nicht mit der Meinung hinter dem Berg halten, wie man über den Regierungchef oder bestimmte Minister denkt und wer am besten seinen Hut nehmen sollte.

Schließlich wird dem Leser auch der Rat nicht verborgen bleiben, den ihm *seine* Zeitung bei seinem Gang zur Wahlurne mit auf den Weg geben möchte.

»I did it my way«

Ein strenges Aufbauschema gibt es auch für den Kommentar nicht, wie die bisherigen Beispiele gezeigt haben. Ebenso wie der Reporter wird ein Leitartikler daher nach vielen Berufsjahren auf die Frage nach seinem »Strickmuster« wohl antworten: I did it my way! In grober Vereinfachung wird man aber sagen können, dass eine Prämisse an den Anfang gehört, dann der Sachverhalt, also das Problem skizziert werden sollte und an das Ende ein Fazit gehört, das dem Leser den Eindruck vermittelt, es habe sich gelohnt, den Beitrag zu lesen.

Obwohl aller Anfang schwer ist, wie man weiß, darf der Leser das nicht merken, und vor allem darf man ihm diesen Anfang nicht schwer machen. Ein bisschen zu schwer ist etwa dieser Einstieg geraten:

»Jener Weltstrich, wo wir immer noch nach den Anfängen menschlichen Geistes graben, wo nahe beieinander oder nacheinander ägyptischer Pharaonismus, babylonisch-mesopotamischer und auch großsyrischer Nationalismus, später Hellenismus und Römer Platzherren waren, wo in der Neuzeit nach dem Zerfall des Osmanischen Reiches das auserwählte Volk Israel zwischen Panarabismus und Islamismus sein angestammtes Plätzlein sucht, dieser Weltstrich war immer ein blutiger Unruheherd.« (*Acher- und Bühler Bote*)

Lieber Leser, bitte wiederholen Sie! Dabei geht es dem Leitartikler doch ebenso wie dem Verfasser kleiner Berichte: Er muss sich seine Leser einfangen. Und er darf auch dann, wenn er das Netz von Fakten, Bedenken und Analysen vor ihm ausbreitet, so wenig über seine eigenen Beine stolpern, wie der Tausendfüßler dies tut. Da macht ein anderer Einstieg schon neugieriger, mit dem ein politischer Leitartikel beginnt.

»Wenn der Tag anbricht«, so liest man dort, »beginnen die Hühner unruhig auf ihren Sitzstangen herumzutrippeln. Sie gackern und gurren. Bevor das Hühnervolk sich zur Nahrungssuche aufmacht, kräht der Hahn. Die Stunde des Hahnenschreis ist eine Zeit des Zwielichts. Noch ist die Nacht nicht vorbei, noch hat der Tag nicht begonnen. Es ist die Zeit für große Treueschwüre und großen Verrat. In dieser Stunde werden Helden geboren und Schurken hingerichtet.« (Eckhard Fuhr, *Frankfurter Allgemeine Zeitung*)

Schon die Kürze der Sätze nimmt gefangen. Da möchte man gern Näheres wissen, zumal wenn es an derart prominenter Stelle der Zeitung steht. Worum also geht es? Es geht um die Rolle der FDP in der künftigen politischen Landschaft: Wird es wieder zu einer Koalitionsregierung kommen, und, wenn ja, zu welcher? Und der Beitrag endet, wie manche gute Reportagen auch, mit dem Bild vom Anfang:

»In Leipzig verabschiedeten sich Genscher und Lambsdorff. Gerhardt kämpfte mit Härte und Geschick die Notwendigkeiten des Tages durch. Westerwelle verkörpert das Selbstbewusstsein einer neuen FDP. Erwartungsvoll trippeln die Hühner auf der Stange.«

Lachen da nicht die Hühner über diesen Anfang und dieses Ende? Nein, denn sie sind ja nur ein Blickfang, ein Lasso für den Leser, der den leichten Einstieg zu schätzen weiß. Und die Hühner haben auch bei G. B. Shaws

»Heiliger Johanna« nicht gelacht, die – auch eine schnurrige Leserfängerei
– mit den Worten beginnt: »Keine Eier, keine Eier. Donnerwetter, Mensch,
was soll das heißen?!«

Um gleich im Bilde zu bleiben: Zwischen den gackernden Hühnern am
Anfang und den trippelnden Hühnern am Ende legt der Kommentator *seine Eier*: Schildert er dem Leser die Fakten und sagt ihm, wie er über diese
Fakten denkt. Und er wird ihm seine Weltsicht entweder behutsam nahe
bringen oder deutlich unter die Nase reiben. Oder er wird ihm auch nur
bei der eigenen Orientierung helfen, wie er, der Leser, das Ganze beurteilen sollte. Wer mit seinen Kommentaren auf diese Weise dazu beiträgt, die
Welt ein bisschen durchsichtiger zu machen, wer dem Leser bei der eigenen Meinungsbildung hilft, hat schon eine ganze Menge geleistet.

Berge versetzen können Leitartikel ohnehin nur selten, das sagen uns
die Erkenntnisse der Wirkungsforschung. Deshalb ist das »Erklärstück« oft
besser als sein Ruf. Aber, geben wir es ruhig zu: Mehr *Spaß* macht natürlich ein Leitartikel, in dem der Verfasser seine Ansichten mit Fanfaren-
stößen kundtut, für seinen Standpunkt als Ankläger oder Verteidiger laut-
stark *plädiert,* solange uns diese Meinung nicht allzu sehr gegen den Strich
geht. Und solange er die Fairness nicht vermissen lässt, dem Meinungs-
gegner – so gut es geht – *gerecht* zu werden.

Das Ansehen des Leitartiklers

Cum grano salis, also: alles in allem genommen gilt das nicht nur für den
Leitartikel, sondern für Kommentare aller Art. Vor allem die Länge ent-
scheidet nämlich darüber, ob man solche Meinungsbeiträge Leitartikel,
Kommentar, Kurzkommentar oder Glosse nennt. Denn auch das Wort
»Glosse« verspricht uns nicht unbedingt, dass uns nun ein Stück Lebens-
wirklichkeit in heiterer Verkleidung angeboten würde. Eine Glosse kann
spöttisch, ironisch, polemisch, humoristisch sein, sie kann aber, in des
Wortes älterer Bedeutung, auch ein Ereignis erläutern und erklären.
»Leitglosse« heißt zum Beispiel der Kommentar rechts oben auf der ersten
Seite der *Frankfurter Allgemeinen Zeitung.* Und Anlass zum Lachen oder
Schmunzeln gibt er (fast) nie.

Wo steht der »Kommentator« in der Rangfolge des journalistischen
Ansehens? Diese Frage wurde hier schon einmal kurz gestreift (siehe
S. 135 f.). Der frühere Moderator der Tagesthemen, Hanns Joachim Fried-
richs, hat in einem Interview im STERN darauf eine Antwort gegeben.

»Wenn es eine Rangliste der journalistischen Tätigkeiten gäbe«, so meinte er, »wäre in Deutschland der Nummer-eins-Mensch der Leitartikler, im Angelsächsischen wäre es der Reporter. Wenn ich meinen Kollegen im Ausland erzähle, dass wir jeden Tag einen Kommentar haben, lachen die sich tot. Die haben nur zweimal im Jahr einen.«

In der Tat, der »Leitartikler« gilt hierzulande viel, bisweilen werden die Kollegen, die das »Schreibrecht« für Kommentare, die *Venia Scribendi* haben, in neidvoller Anerkennung »Riege der Eierköpfe« genannt. Die Meinung von Friedrichs ist deshalb wohl grundsätzlich *richtig*. Und man braucht deshalb nicht mit dem alten Stechlin darüber nachzudenken, ob vielleicht das Gegenteil ebenso richtig gewesen wäre.

5. Porträt und Nachruf
oder: Meinungen über Menschen

> »Über lebende Personen soll man nur Gutes schreiben.
> Die könnten ja selbst noch ihre Memoiren verfassen.«
> *(Alexander Haig)*

Porträts sind für einen Journalisten eine ebenso schöne wie heikle Sache: Schön, weil er Analytiker, Rechercheur und Erzähler in einer Person sein kann und bei seiner Persönlichkeitsschilderung stilistisch ziemlich ungebunden ist. Heikel, weil Porträts besonders verletzen können, wenn sie falsch gezeichnet werden – und manchmal auch, wenn sie allzu naturgetreu geraten.

Walter Henkels, viele Jahre lang so etwas wie ein kritischer »Hofmaler« im alten Bonn, dessen »Bonner Köpfe« schließlich zu einem Markenzeichen geworden waren, hielt es für »ein gewagtes Unterfangen, über Lebende, zumal über lebende Politiker, ein Buch zu schreiben«. Was er dann allerdings doch tat.

Und er berichtet darin auch über so einiges Echo, das seine Porträts ausgelöst hatten: bis hin zu einem erzwungenen Auftritt »vor dem Kadi« oder zur Anfrage beim Verleger, ob man jemanden wie ihn als Journalisten »überhaupt beschäftigen könne«. Andererseits trugen sie maßgeblich dazu bei, dass ihm ein »hochkarätiges« Bundesverdienstkreuz verliehen wurde, und sein erheblicher Einfluss beruhte gerade auf dieser Porträtmalerei –

von der Loge *neben* der politischen Bühne gesehen. Diese Bühne aber ist mit Hühneraugen gepflastert« – so sein Fazit.

Auch wenn Journalisten nicht zum Fußpfleger berufen sind, erfordern aber nicht selten gerade diese »Hühneraugen« unsere Aufmerksamkeit. Wir müssen nicht unbedingt darauf herumtrampeln – aber wir brauchen sie auch nicht diskret zu verschweigen. Wenn sie den Menschen kennzeichnen, gehören sie auch zu seinem Porträt. Denn das Porträt darf »ja« sagen, und es darf »nein« sagen, um noch einmal Walter Henkels zu zitieren. Aber gerade ein »Nein« sollte *fair* gesagt werden, und nicht mit der lautstarken Entschiedenheit eines Kommentars. Und bei dieser Fairness braucht ja nicht unbedingt die Angst des Schreibers Pate zu stehen, der Porträtierte würde sich in seinen Memoiren rächen, wie dies Alexander Haig recht witzig sagt.

In einem weiten Wortsinn ist jede Zeitung randvoll mit Porträts – denn sie ist ja randvoll mit Menschen gefüllt. Hier aber sind natürlich nicht jene Akteure gemeint, die im kurzatmigen Wechsel über die Bühne der Berichterstattung huschen. Ein echtes Porträt bietet sich aber dann an, wenn eine Person »hinter einer Entscheidung oder einem Ereignis hervortreten soll«, wie es einmal hieß. Und ein Mensch, der in die Schlagzeilen, in die Kritik oder ins Rampenlicht geraten ist, kann »allein dadurch ausreichenden Anlass für ein Porträt bieten« (Kirsten Rademacher) – für das »kleine« Porträt eines Nachbarn in der Regionalpresse oder das »große« von Menschen, die mit dem Kopf in die Zeitgeschichte hineinragen.

In den allermeisten Zeitungen finden sich regelmäßig solche »Porträts«, mögen sie *so* genannt sein oder eine andere Überschrift tragen. In dieser Rubrik findet sich die Vorstellung, das Abbild eines Zeitgenossen, der gerade »im Gespräch« ist und über den deshalb etwas gesagt werden soll. Politiker, Künstler, Sportler, Wissenschaftler, führende Männer und Frauen der Wirtschaft: kurz Menschen, die es, und wenn auch nur sehr vorübergehend, zu Personen der Zeitgeschichte gebracht haben.

Die »Regenbogenpresse« lebt geradezu von Porträts, auch wenn dabei manchmal eher eine Klecksographie herauskommen sollte. Aber auch die Tageszeitungen haben längst erkannt, dass die Personenbeschreibung die Neugier des Lesers weckt – und dass sich hier Fakten, Sachzusammenhänge, Wertung und »human interest« publikumswirksam miteinander verbinden lassen.

Wer ein Porträt schreibt, muss versuchen, dem Porträtierten seine Biographie abzulauschen, oder wenigstens den Teil seiner Biographie, der für seine Stellung im Strom der Zeit wichtig ist. Bei der Gestaltung dieser Anschau haben wir weitgehend freie Hand – wir sehen einen Menschen menschlich, stellen ihn also weder auf einen Denkmalssockel noch in irgendeinem Rinnstein ab.

Kein »Porträt« ist das bloße Faktengerippe, sind also die Daten, wann und wo jemand geboren wurde, wo er seine Ausbildung bekommen hat und welche Ehrungen er im Laufe der Zeit anhäufen konnte. Dies wäre eher ein Lebenslauf, eine bloße Personalnotiz: Und oft ist es ja auch mit einer solchen Information getan. Vielleicht wäre mancher Porträtierte sogar durchaus zufrieden, wenn es bei der Aufzählung seiner Ämter und Würden bliebe. Wenn es allerdings liebevoller zugehen soll mit einem Zeitgenossen oder aber kritischer, dann spielen diese Daten zwar auch eine Rolle: Aber sie sind dann nur so etwas wie eine Strichzeichnung, die mit bunten Farben ausgemalt werden muss. Auch Humor ist dabei nicht fehl am Platz, wenn er zum Porträtierten passt oder zu dem, der ihn porträtiert.

Eine Außen- und eine Innenansicht soll das geschriebene Porträt also vermitteln – wie das gemalte Porträt ja auch. Dieses gerät zum Kitsch, wenn man sich – wie etwa bei der grellbunten Zigeunermadonna – auf die äußerlichen Merkmale beschränkt. Und es kann zum Zeilenkitsch geraten, wenn man um einen Menschen nur »drumherum redet«. Es muss schon ein bisschen etwas von einer Röntgenaufnahme sein, was zu guter Letzt auf dem Papier steht – wobei wir, anders als der Arzt bei seiner Diagnose, einige Intimitäten und Privatseiten für uns behalten müssen. Aber wir sollten von dem, was wir *drinnen* zu sehen glauben, das für die Öffentlichkeit Bedeutsame nach *außen* kippen.

Kennen wir den Porträtierten, erleichtert dies natürlich unsere Aufgabe. Kennen wir ihn zu gut, kann es zu jener Unschärfe kommen, die die Nähe mit sich bringt. Immer sollten wir aber Menschen, die den Porträtierten gut kennen, nach ihrem Eindruck fragen. Auch Anekdoten, die wir dabei erfahren, können eine Persönlichkeit aufschlüsseln. Die Herkunft des Zeitgenossen, seine Erziehung, seine weltanschaulichen Bindungen, das Ambiente, in dem er lebt, seine Weltsicht: All das kann für sein Bild in der Öffentlichkeit von Bedeutung sein. Gibt es schriftliche Äußerungen von ihm, sollten wir ihn mit Zitaten zu Wort kommen lassen. Gibt es solche Äußerungen *über* ihn, können wir sie ins Bild einfügen.

Nicht nur von seinen Freunden, auch von seinen Feinden können wir so manches von ihm erfahren, vielleicht Charakterzüge, die ihn besonders wirklichkeitsgetreu machen. Ist es ein Jubiläum oder ein Geburtstagsgruß, den wir dem Porträtierten widmen, dürfen wir die Wahrheit wohlwollend sehen. Steht die Person »nur so« im Licht der Öffentlichkeit, vielleicht sogar im Zwielicht, sollten wir sie realitätsgenau, aber nicht schonungslos zeichnen. Dafür gilt das, was im Kapitel über die Sprache und den Sprach-Takt gesagt wurde.

Und irgendwo ist dann wohl auch jene »menschliche Ecke« unvermeidlich, in der von der Art die Rede ist, wie der Porträtierte sein Leben neben dem Beruf ausfüllt – wenn man es auch nicht gerade mit dem Hinweis auf seine Liebe zum »guten Buch« oder zu »schöner Musik« bewenden lassen sollte. Man muss schon irgendetwas Besonderes in ihm entdecken, und wenn es die Beschäftigung mit der toskanischen Küche wäre.

Wärme statt Pathos

Ein Porträt ist auch der Nachruf auf einen Verstorbenen. Aber hier gelten einige Besonderheiten.

Niemand ist so schlecht wie sein Ruf, niemand so gut wie sein Nachruf: Dies ist eine alte Weisheit, mit der wir wohl leben müssen. Und so lesen sich denn auch die meisten Nachrufe wie eine Laudatio, wobei man sich manchmal darüber wundert, was da an Positivem über einen Menschen zu seinen Lebzeiten alles verschwiegen wurde.

Auf Lateinisch lautet diese Regel ein wenig anders, nämlich: »De mortuis nil nisi bene.« Jeder übersetzt diese Worte so, wie er Latein kann, und die meisten übersetzen sie wohl falsch, wie ein Leserbrief an eine große Tageszeitung einmal deutlich machte. Über Tote nur Gutes schreiben oder reden, das wäre demnach falsch, über Tote nur in einer guten Weise schreiben, so läse es sich richtig. Und daran sollten wir uns halten: Auch Tote waren halt Menschen, aber über sie sollte man ein wenig fairer, milder, vielleicht sogar liebevoller schreiben, als dies manchmal zu ihren Lebzeiten üblich ist.

»Bekanntlich« werden Nachrufe bisweilen auch auf Vorrat geschrieben. Und es ist natürlich etwas makaber, wenn man fröhlich einem Zeitgenossen gegenübersitzt, den man im Archiv längst beerdigt hat. Aber nicht nur die elektronischen Medien, die auch über Tote lebendige Bilder bringen müssen, treffen diese Vorsorge bei Menschen von hinreichender Prominenz, auch Zeitungen und Zeitschriften tun dies bisweilen. Und dann kann man nur hoffen, dass man nicht zu denen gehört, die, wie das immer wieder einmal passiert, eine große Persönlichkeit noch zu Lebzeiten »sterben lassen«.

Am humorvollsten soll auf eine solche Falschmeldung einmal der große Spötter G. B. Shaw – oder war es doch Mark Twain? – reagiert haben, der dem »Ondit« nach an eine Zeitung schrieb, die Nachricht von seinem Tode sei stark übertrieben. Octavio Paz, der mexikanische Literatur-Nobelpreisträger erklärte eine entsprechende Meldung als »verfrüht«, und der amerikanische Filmkomiker Bop Hope, damals 95 Jahre alt, konterte eine solche Falschmeldung mit dem Satz: »Also, ich bin noch hier.«

Nur eines, so hat ein geistreicher Zeitgenosse gesagt, ist schlimmer als falsches Pathos, nämlich echtes Pathos. Dies sollte jeder beherzigen, der einen Nachruf schreiben muss. Pathos, einerlei ob echt oder falsch, ist hier fehl am Platz, wie Pathos im Journalismus überhaupt. Nur eine Wärme ist hier erlaubt, die uns die Distanz, die uns der Beruf auferlegt, einmal für ein paar Zeilen vergessen lassen kann. Und erlaubt ist auch, dass uns die guten Seiten eines Menschen eher einfallen als seine dunklen Schatten.

Daher unterscheidet sich der Nachruf vor allem in dieser erhöhten Grundsympathie von sonstigen Personalglossen. Er muss den Menschen noch einmal nachzeichnen, seine Bedeutung, seine Rolle, seine Leistung sichtbar machen. Ironie ist in einem Nachruf falsch am Platz, Spuren von Humor hingegen verbieten sich nicht – auch unter einem Trauerflor darf der Nachruf leise lächeln. Die Nachrufe etwa zum Tode des Theaterkritikers Friedrich Luft haben diesen Mann noch einmal lebendig gemacht, in einer gänzlich unlarmoyanten Mischung aus kollegialer Bewunderung und liebevoller Erinnerung an die Schrullen eines Menschen, der es im Laufe seines Berufslebens nicht nur zum bedeutenden Theaterkritiker, sondern auch zu einer Art von Original gebracht hatte. Es war da von seinem »schnodderigen Tonfall« die Rede, von seiner Atemlosigkeit, wenn er wenige Minuten vor Beginn der Livesendung das Studio betrat, von der Sprudeligkeit seines Vortrages – hier wurde ein Mensch beschrieben und kein Standbild.

Lehrreich sind auch manche Nachrufe, die der *Spiegel* bringt: Stünde über der Rubrik nicht das Wort gestorben, und wären sie nicht im Imperfekt geschrieben, so würde man während des Lesens davon ausgehen, dass da ein noch Lebender porträtiert wird. Erst der Schlusssatz macht richtig deutlich, dass es sich um einen Nekrolog handelte – um einen Gruß über das Grab hinweg. Oft wurde hier allerdings auch die Krankheit genannt, der jemand erlegen ist. Ich mag hier vielleicht ein bisschen altmodisch sein: Für meinen Geschmack geht es in den allermeisten Fällen die Welt nichts an, woran da jemand gestorben ist. Eine Ausnahme mag nur dann gelten, wenn gerade die Krankheit für sein Leben von Bedeutung war.

Ein lebendiges Bild vom Toten

Ein eindrucksvolles Beispiel dafür, wie verschieden Nachrufe sein können, bot der Tod von Franz Josef Strauß. Hier gingen Journalisten auf beiden Seiten bis an die Grenze des guten Geschmacks, als sie versuchten, diesem Mann gerecht zu werden – oder sich ihre Vorurteile über den Tod hinaus zu erhalten.

Geradezu als Apotheose zwischen Tod und Verklärung geriet dem »Bayernkurier« sein Nachruf, der in einer ganzen Ausgabe eigentlich eine Kette von Nachrufen enthielt.

»Die Worte fehlen, den Schmerz, die Betroffenheit, die Trauer auszudrücken, von denen die Menschen in Bayern, in Deutschland und weit darüber hinaus erfüllt sind.«

Es liegt mir fern, hier ironisch zu sein: Aber »die Worte fehlen...« ist eigentlich ein seltsamer Anfang für einen Beitrag, der schließlich eine ganze Zeitungsseite lang war und selbst wiederum nur die Krönung anderer Erinnerungen an Strauß war, die schließlich eine ganze Ausgabe der Wochenzeitung füllten. Auch der sich in Stakkato-Form neunmal wiederholende Satz »Franz Josef Strauß ist tot« war auf die Dauer vielleicht auch denjenigen zu wuchtig, die Strauß mit allen Stärken und Schwächen für eine große politische Gestalt hielten. Der Nachruf in einer Zeitung ist keine Nänie, kein Klagelied – ein solches bleibt den Familienangehörigen oder den engsten Freunden vorbehalten.

Aber schon gar nicht eignet sich der Nachruf als eine Generalabrechnung, als postumer Kampfruf. Und so liest man denn mit Missfallen in der *tageszeitung*, wie Strauß unter der Überschrift »Vom Riesen-Zwerg« und »Nu isser weg!« in schwarze Tinte getaucht wird. Da leuchtete eine wütende Ablehnung auf, die beinahe nach Hass klang, da wurden dem Toten noch einmal Vorwürfe nachgerufen, die der Lebende sich freilich hätte gefallen lassen müssen. Und hier könnte man den Satz umkehren: Niemand ist so schlecht wie sein Nachruf.

Dagegen waren die differenzierenden Worte eher nobel, die Rudolf Augstein, der jahrzehntelange Sparring-Partner von Strauß, bei dessen Tod fand. Er verschwieg keinen Kritikpunkt, sprach aber von seinem »Faszinosum«, vom »sicherlich bedeutendsten Politiker Bayerns seit 1918«.

Oder das ebenso wenig unkritische, aber lebensechte Charakterbild, das etwa Theo Sommer oder Nina Grunenberg in der *ZEIT* zeichneten: das Bildnis eines Mannes, der viele Widersprüche in sich trug und viel Widerspruch auslöste. Da wird nicht verschwiegen, dass er das Parlament »belog«, dass er »flexibel bis zum Zynismus war«, dass er vielen Bürgern »im tiefsten Inneren unheimlich« blieb – aber der Grundakkord war doch ein Respekt vor dem »Titan, der dahinging«.

Mit allen seinen Gegensätzen spiegelte sich Strauß auch in der internationalen Presse, vom »Figaro« bis zum »Messaggero«, und besonders klar werden seine beiden Pole im »Guardian« sichtbar gemacht:

»Die einzigartige politische Karriere von Franz Josef Strauß beinhaltete ein großes Maß des Hässlichen, des Schlechten und – das muss gesagt sein – des Guten.«

Wie überhaupt im Journalismus auch das Gute gesagt werden muss – und im Nachruf nur ein bisschen lauter.

Nachrufe sind also keine Kranzschleifen, die man an einem Grab niederlegt, und keine Kachelsprüche zum Aufhängen an irgendeiner Wand. Sie sind Bilanzen eines Lebens, Lebensbilder, freilich durch den Tod wohlwollend gezeichnet.

Um noch einmal auf Friedrich Luft zurückzukommen. Auch er hatte zu Lebzeiten Nachrufe verfasst, die jemand einmal so umschrieb:

»Keine Totenfackeln, sondern eher ewiges Licht.«

6. Satire
oder: Scherz, Ironie und tieferer Biss

»Wenn bei uns jemand einen politischen Witz macht,
sitzt halb Deutschland auf dem Sofa und nimmt übel.«
(Kurt Tucholsky)

»Der Satiriker hat eine wehrlose Liebe zum Leben.«
(Enzo Siciliano)

»Satire kann Kunst sein; nicht jede Satire ist jedoch
Kunst.«
(Bundesverfassungsgericht, 1992)

»Leider, wir schreiben dies aus bitterer Erfahrung, weiß nur eine Min-
derheit Ironie zu würdigen, versteht sie überhaupt. Genauso traurig ist es,
wenn manche schon die Beschreibung von Wirklichkeit für Ironie halten,
was allzu oft in der dämlichen Phrase ›das ist Real-Satire‹ gipfelt.« So
beschrieb die *Süddeutsche Zeitung* einmal in einem »Streiflicht« die jedem
Journalisten bekannte Schwierigkeit, den Lesern klar zu machen, dass
etwas nicht ganz so gemeint ist, wie es da geschrieben steht. »Ironie bei
uns, bitte, kursiv!« – so soll in der alten *Frankfurter Zeitung* einmal ein
leidgeprüfter Kollege verordnet haben. Und jemand anderes hat wieder
einmal die Einführung eines Ironie-Zeichens gefordert und zugleich festgestellt, wie nötig es immer noch wäre: Manche Leser hatten nämlich
ohne jede Ironie angefragt, wie dieses neue deutsche Satzzeichen denn zu
schreiben sei. Ob der Dichter Jean Paul ähnliche Anfragen erhalten hatte, als er schon einmal ein solches Warnzeichen gefordert hatte, ist leider
nicht überliefert.

Satire als »radikale Übertreibung«, als »Würze, um Wahrheit zu verkaufen«, wie jemand zutreffend schrieb: Woher soll ein Satiriker diese
Kunst noch hernehmen, so fragte wiederum die *Süddeutsche Zeitung*,
»wenn die Realität nicht mehr zu überbieten ist an Infamie?« Vielleicht so
wäre zu antworten, aus einem Rest von Humor, ohne den auch eine gute
Satire nicht auskommt. Denn sie ist »auf den Humor angewiesen, nicht
aber der Humor auf die Satire«. (Marcel Reich-Ranicki) Ohne jenen Funken Humor kann die Satire leicht zum puren Zynismus abstürzen, der
manchen »Comedy-Shows« ihren fragwürdigen Reiz gibt. Es lohnt sich
nicht, die Welt nur ironisch zu belächeln, so lautet dann die Botschaft, man
muss sie in die Pfanne hauen. Dabei reicht Ironie in allen ihren Schärfe-
graden doch als Waffe gegen das meiste aus, was es gegen die »real exis-ie-

rende Wirklichkeit« einzuwenden gibt. Denn »wer Satiren schreiben will, muss naiv genug sein, an die Menschen zu glauben«, hat Gabriel Laub, ein humorvoller Satiriker, einmal zutreffend gesagt. Solange man noch – ein bisschen – daran glaubt, versucht man es mit Ironie. Und zwischen spielerischer Ironie und grimmiger Satire spielen die meisten Beispiele, von denen hier die Rede sein wird.

Ungeheures Aufsehen hatte einmal eine Meldung in der *Frankfurter Allgemeinen Zeitung* erregt, in der Michael Schwarze von dem Vorhaben berichtete, am kommenden Weihnachtsfest jedes Fernsehprogramm ausfallen zu lassen (»Weihnachten ohne Fernsehen«).

»Wie erst jetzt bekannt wurde, haben Intendanten, Programmdirektoren und die Mitglieder der Aufsichtsgremien in einer geheimen Klausurtagung beschlossen, sowohl am Heiligen Abend als auch am ersten und zweiten Feiertag auf die Ausstrahlung eines Programms zu verzichten. Diese Entscheidung, so heißt es, sei schon vor vier Wochen getroffen worden, doch seien die Spitzenvertreter der Phonoindustrie und des Elektrohandels vorstellig geworden und hätten unter Hinweis auf ihre unbefriedigende Ertragslage gebeten, diesen Beschluss bis kurz vor Weihnachten geheim zu halten. Diesem Wunsch sei, so erklärte der Pressesprecher des *ZDF*, nachgegeben worden, weil das Fernsehen nicht mittelbar an einer weiteren Verschlechterung der wirtschaftlichen Lage in diesem Land habe schuldig werden wollen. Nach sorgfältiger Abwägung der Verantwortung für den Zuschauer und der für das Ganze habe man sich auch entschlossen, zum Schein ein Weihnachtsprogramm anzukündigen.«

Natürlich verbarg sich hinter dieser Meldung eine wahrhaft »coole« Satire – aber für viele Leser blieb sie auch verborgen. Denn der offenbar ungeheuerliche Gedanke verbreitete Angst und Schrecken. Was Journalisten sonst so gerne übertreibend behaupten, diesmal hatte es seine Richtigkeit: Waschkörbeweise gingen Briefe ein, in der Redaktion standen die Telefone nicht mehr still, und das Für und Wider dieser Entscheidung wurde in allen Verästelungen erörtert, bis dann der Schelm die Kappe abnahm. Nein, der *Frankfurter Allgemeinen Zeitung* hätte man es zuallerletzt zugetraut, mit Entsetzen Scherz zu treiben.

Ironie, bitte, kursiv!

Besonders heikel wird es, wenn sich das Fernsehen an die Satire heranwagt: Wie soll dort »kursiv« gesendet, wo sollen die Ironiezeichen gesetzt werden? Einen kaustischen Scherz leistete sich einmal Renate Bütow vom *ARD*-Studio Berlin, als sie mit ernster Miene das Ende des Wahlkampfes der SPD verkündete. In ihrem Reporterbericht im Fernsehen sagte sie:

> »Die Bombe platzte hier im Erich-Ollenhauer-Haus vor etwa einer halben Stunde. In einer kurzen Presseerklärung des SPD-Präsidiums hieß es: ›Der Bundestagswahlkampf 1990 der SPD ist ab sofort beendet. Damit ziehen Vorstand und Präsidium die Konsequenzen aus den jüngsten Wahlen und aus der Tatsache, dass Oskar Lafontaine derzeit keine realistische Chance gegen den Einheitskanzler hat!‹«

Nicht nur viele Zuschauer nahmen dies für bare Münze. Allerdings fragten immerhin eine Nachrichtenagentur und eine Boulevard-Zeitung »zur Vorsicht« bei der SPD-Sprecherin an, ob denn die Partei tatsächlich den Wahlkampf einstellen wolle. Nach – ironischer? – Beurteilung der *Frankfurter Allgemeinen Zeitung* fielen nur deshalb so viele auf den Scherz herein, »weil die Wirklichkeit der SPD die Möglichkeit dieser Satire zu bestätigen schien«. Lafontaine selbst hatte mit Humor reagiert und die Sendung den »besten Kohl des Abends« genannt. Die Sprecherin der SPD versprach dem »Monitor«-Team gar einen »Oscar« für den besten Gag des Abends. »Vorsicht! Satire!?!«, schrieb die *Frankfurter Rundschau* über ihren Kommentar. Und – natürlich – fehlte dieser Hinweis auch, als im *WDR*-Magazin »Monitor« die Einführung einer »Urlaubssteuer« für Ferienreisende angekündigt wurde, zahlbar an der Grenze oder am Flughafen.

»In wirtschaftlich schweren Zeiten ist es nicht zu viel verlangt«, sagte ein Staatssekretär Diethard Knähner in die Kamera, »wenn die Leute ihr Geld zu Hause ausgeben.« Und so rechtfertigte er die Einführung einer 150 Mark teuren Urlaubsvignette durch das Bundesfinanzministerium. Ohne sie soll in Zukunft kein Deutscher mehr die Grenze übertreten. »Ich find dat 'ne Schweinerei«, schrie ein aufgebrachter Urlauber, der gerade ein Last-Minute-Ticket lösen wollte.

Und so dachten offenbar auch viele der über 4 Millionen Zuschauer. Tausende Urlauber stornierten ihre Flüge, so war zu lesen. Telefonanlagen brachen unter den Beschwerden zusammen, und von einem Riesenschaden war die Rede. Die *Bild*-Zeitung vor allem konnte sich kaum beruhigen über diesen »miesen Scherz«, und die *Frankfurter Allgemeine Zeitung* fragte sich diesmal nicht, ob die Täuschung so gut gelungen war, weil viele Bürger dem damaligen Finanzminister Theo Waigel dieses »Urlaubswertabschöpfungsgesetz« zutrauten. Darf die Satire so etwas? Und wo sind ihre Grenzen?

Auch ein anderes Mal war Theo Waigel die Zielscheibe einer Satire, in der eine »Lotto-Mafia«, sagen wir einmal, aufgedeckt wurde. Auf seinen geharnischten Protest, der auch die Empfehlung einschloss, die Verantwortlichen »zum Teufel zu schicken«, antwortete Friedrich Nowotny damals – und jedenfalls diese Antwort ist eine kleine ironische Satire:

»Von einem Christenmenschen, als der Sie nicht nur wegen Ihrer herausragenden Parteizugehörigkeit ausgewiesen sind, hätte ich erwartet, dass Sie vor allem um die Seele von Dr. Klaus Bednarz und die meine ringen würden. Nichts davon. Weg mit ihnen, ab in die Hölle. Ist das die Lösung? Kapitulieren Sie etwa vor dem Teufel? Überantworten Sie ihm unsere Seelen einfach so, als würde es sich nicht lohnen, um sie zu ringen?«

Was die Satire alles darf . . .

Seit 1987 gibt es für die *ARD* »Leitsätze« zur Satire, die von der *Süddeutschen Zeitung* freilich alsbald in »satirische Leitsätze« umgetauft wurden. Satire steht demnach unter der Verpflichtung, dass sie »in jedem Fall für die Zuschauer deutlich erkennbar sein muss, dass Verwechselbarkeit mit anderen Formen und Vermischung mit anderen Bestandteilen von Sendungen unterbleiben muss und dass vor allem Berichterstattung und Satire auseinander zu halten sind. Die Frage, was bei der satirischen Behandlung von Themen im Fernsehprogramm möglich ist, kann nicht damit beantwortet werden, dass Satire alles darf. Zu erinnern ist an die von Gesetzen und Rechtsprechung gezogenen Grenzen. An Satire müssen Qualitätsansprüche gestellt werden. Satire kann sich nicht unter Berufung darauf, dass sie Satire sei, von Qualitätsansprüchen distanzieren.«

Bis heute nicht geklärt ist auch, ob es Ernst, Satire oder halt »Realsatire« war, als sich die *Frankfurter Allgemeine Zeitung* mit der peinlichen Verwechslung der Neujahrsansprache von Bundeskanzler Helmut Kohl befasste. Das Fernsehen hatte statt der neuen die Rede vom vergangenen Jahr zum zweiten Mal gesendet, die der alten freilich sehr ähnlich war – und nun versuchte sich der Kommentator in der Deutung von Nuancen.

»Darüber hinaus steckt im konkreten Fall der vertauschten Neujahrsansprachen der Beweis, dass es sich lohnt, ihnen genau zuzuhören – am besten mit geschlossenen Augen. Der Bundeskanzler kann dankbar dafür sein, dass kleine, aber wichtig erscheinende Nuancen nur desto deutlicher hervortreten ... Ein zweites Wort, ein scheinbar ganz kleines, war von Bedeutung, weil es plötzlich fehlte und weil der Kanzler mit der Weglassung eine feststehende Formel änderte. Im Blick auf die Abrüstung hat er noch vor einem Jahr wiederholt, was seit 1982 ein Lieblingssatz von ihm war: ›Unser Ziel bleibt: Wir wollen Frieden schaffen mit immer weniger Waffen.‹ Doch diesmal fehlte jenes ›Immer‹, das als Möglichkeit hinstellte, die Abrüstung auf allen Gebieten bis zur Null-Linie vorantreiben zu können. Stattdessen versprach der Kanzler nur noch, er wolle sich um ›eine Welt mit weniger Waffen‹ bemühen. Die Fortlassung lässt einen Lernprozess erkennen. Im alten Jahr ist anscheinend die ganze Bundesregierung zu der Erkenntnis gelangt, dass substantielle Abrüstungsschritte erreichbar, wünschenswert und sogar dringlich sind, dass aber mit ›immer weniger Waffen‹ ein Gefahrenpunkt erreicht würde. So schaffen Neujahrsansprachen Klarheiten. Nur Zyniker meinen, sie seien austauschbar oder sie appellierten bloß an das Stimmverhalten der Wähler bei den nächsten Wahlen.«

Jaja, diese bösen Zyniker.

Ironie ist ein Stilmittel der Satire, und die Satire macht allen Lesern beträchtlichen Spaß, die nicht von ihr betroffen sind – und die sie verstehen. »Was darf die Satire?«, hatte Kurt Tucholsky einmal gefragt und zugleich die Antwort mitgeliefert: »Alles!« Hier allerdings irrt Tucholsky denn eines darf sie nicht, nämlich langweilig sein, wie der Satiriker Dieter Hildebrandt dies einmal gesagt hat. Aber dies ist wohl nur ein ironischer Streit um Worte, denn eine Satire, die langweilt, ist keine. Und außerdem darf die Satire auch etwas anderes nicht, was nicht jedem Satiriker gegenwärtig ist: so zuschlagen, dass sie Persönlichkeitsrechte im *Kern* verletzt.

Deshalb wollen wir die Antwort der Rechtsberaterin von »Titanic« einmal als ironische Flapsigkeit verstehen. Auf die Frage, ob es denn eine Grenze gäbe bei dem, was sich das »endgültige Satiremagazin« erlauben könne, sagte sie: »Alles, was sich das Magazin finanziell leisten kann.« Daneben gibt es noch ein wenig ernsthaftere Grenzen, von denen gleich noch zu sprechen sein wird.

Es soll schwer sein, keine Satire zu schreiben, sagt das Sprichwort, und wenn man das Leben so betrachtet, ist da sicher etwas dran. Dass es aber auch nicht leicht ist, eine Satire zu schreiben, sieht man dann, wenn man sich das eine oder andere Stück aus diesem Genre betrachtet. Und besonders schwer scheint es, wie gesagt, zu sein, eine Satire zu verstehen. Humor ist Begabungssache, und diese Begabung gehört wohl auch bei den professionellen Herstellern von Heiterkeit nicht immer zur »job description«. Jedenfalls vergeht einem das Lachen, wenn man in der Ankündigung einer Fernsehsendung über das Lachen liest: »...wird der Frage nachgegangen, inwiefern Lachen eine Folge von Humor und Witz ist, wobei zuerst definiert werden soll, was Humor eigentlich bedeutet«.

Eine bitterböse und zugleich treffsichere, also gute Satire ist einmal in einer juristischen Fachzeitschrift erschienen. Darin hatte ein Amtsrichter Aufsehen erregende Thesen zum Strafvollzug verbreitet. Um die Verbüßung einer Strafe »schuldangemessen« zu machen, sollten etwa dem Essen bestimmter Gefangener Bitterstoffe beigemischt, sollte auch die Temperatur des Wasch- und Duschwassers schuldspezifisch bemessen werden. Für die Terroristen hatte er den Vorschlag parat, ihre Lektüre auf die Bücher von Hedwig Courths-Mahler zu beschränken. Und überhaupt: Von einem klaren »Auge um Auge, Zahn um Zahn« wollte er überhaupt nur deshalb absehen, weil dem »irgendwelche verfassungsrechtlichen Bedenken entgegenstehen«.

Auch das war an sich dick genug aufgetragen. Dennoch nahm eine namhafte Tageszeitung diese Satire zum Anlass, die Vorschläge in einem Kasten ihren Lesern zur Schau zu stellen: als Ernst gemeint, versteht sich, und dann natürlich ganz und gar verwerflich. In Wirklichkeit hatte der Richter nur seiner Abneigung gegen rechtspolitische Vorhaben Luft gemacht, die für einen Gefangenen im Gefängnis weitere Nachteile vorsahen, wenn seine Schuld besonders schwer wog.

»Der Satire in Italien ist nichts heilig«, lautete einmal eine Überschrift in der *Frankfurter Allgemeinen Zeitung*. Und neben vielen anderen Beispielen wurde eine Geschichte in der kommunistischen Wochenzeitung »Tango« angeführt, einem auf rosa Papier gedruckten »Wochenblatt der Satire, des Humors und der unwiderstehlichen Leidenschaft«, das der »Unità« regelmäßig beigelegt wird. Darin schickte Giulio Andreotti, der damalige christdemokratische Außenminister, auf dem Sterbebett nach dem Kommunisten Paolo Bufalini, um sich zum Marxismus zu bekehren – auf dem Sterbebett liest er nun als letzte Lektüre »Das Kapital«.

Der Satire ist eben nichts heilig, nicht einmal der Name einer christlich-demokratischen Partei. So hat zur Bekanntheit des Heidelberger Polit-Graphikers Klaus Staeck maßgeblich beigetragen, dass er der CDU auf verfremdeten Wahlplakaten erstaunliche Slogans in den Mund schob. Besonders bekannt wurde etwa jenes Bild einer Prunkvilla unter blauem Himmel, mit dem kernigen Aufruf, die deutschen Arbeiter sollten sich wehren, weil die SPD ihnen ihre Villen im Tessin wegnehmen wolle. Einen (für ihn erfolgreichen) Prozess trug ihm ein Poster ein, das das Management einer Rüstungsfirma zeigte, das großkalibrige Panzerabwehrgeschosse schmunzelnd präsentierte. Satirisch verfremdet war hier ein Slogan, der, aufs Wetter bezogen, einmal von der Bundesbahn in ihrer Werbung verwendet worden war. »Alle reden vom Frieden, wir nicht.« Das Poster ist, so heißt es in dem Gerichtsentscheid, eine politisch satirische Darstellung, die durch Ironie oder Übertreibung bestimmte Personen, Ereignisse oder Zustände kritisieren soll.

Zu einer guten Satire gehört also dreierlei: erstens ein Autor, der sie schreiben kann, zweitens Leser, die sie verstehen, und drittens ein Verleger, der sie druckt. Und gelegentlich auch einmal ein Rechtsanwalt, der sie vor Gericht erfolgreich gegen die Klage der Betroffenen verteidigt. Wie kaum anderswo muss man, wie einmal jemand sagte, nämlich bei der Satire wissen, wie weit man zu weit gehen darf.

… und wo ihre Grenzen sind

Grenzen der Satire hat vor allem das Bundesverfassungsgericht abgesteckt, wenn die Karlsruher Richter diese Grenzen, wie es sich in einer ganzen Reihe von Entscheidungen gezeigt hat, auch sehr großzügig sehen. Am Beispiel des früheren CSU-Vorsitzenden Franz Josef Strauß, dem wir nicht nur eine Reihe ihm gewidmeter, bemerkenswerter Satiren, sondern auch eine Reihe aufschlussreicher Gerichtsurteile verdanken, hat der 1. Senat des Karlsruher Gerichts gesagt, dass Karikaturen, die in den Kern menschlicher Ehre eingreifen, durch die Freiheit künstlerischer Betätigungen nicht gedeckt sind.

Bei der Bewertung zweier Textbeiträge in der *Titanic* hat das Bundesverfassungsgericht solche Grenzen der Satire deutlich gemacht. In verschiedenen Ausgaben des Magazins war ein querschnittsgelähmter Mann scharf angegriffen worden, weil er, wenn auch als Dolmetscher, an einer

Wehrübung teilnehmen wollte. Er wurde zu den »sieben peinlichsten Persönlichkeiten« des Monats gezählt, mit dem Zusatz »geb. Mörder« genannt und als »Krüppel« bezeichnet. Während die Karlsruher Richter das Wort vom »geb. Mörder« durch seinen Bezug zum Artikel noch als Satire durchgehen ließen, sahen sie in dem Wort »Krüppel« eine schwere Verletzung seines Persönlichkeitsrechts, die ein Schmerzensgeld rechtfertigt. Denn der Mann werde auf diese Weise »gedemütigt« und zum »minderwertigen Menschen abgestempelt«.

»Satire kann Kunst sein«, sagen die Richter. Aber: »Nicht jede Satire ist Kunst.« Und zu den Merkmalen der Satire zählen sie die »Verfremdung, Verzerrung, Übertreibung«, kurz: alle Stilmittel, die »zum Lachen (reizen), was ein typisches Ziel der Satire ist«.

Wenn das Wort vom »Krüppel« auch zur »Schmähkritik« gerechnet wird, so zeigt diese Entscheidung aber dennoch wieder deutlich, wie weit die Richter der Satire Leine lassen wollen – sei es als Kunstwerk, sei es als Ausdruck der Meinungsfreiheit.

Im »Streiflicht« der *Süddeutschen Zeitung* wird von der »grimmigen Zeichnung« des Karikaturisten Til Mette berichtet, auf der sich ein Nichtraucher und ein beinamputierter Kettenraucher gegenübersitzen. »Sagt der Nichtraucher, der nicht weiß, wie traurig es unter der Tischplatte aussieht: ›Davon kann man Raucherbeine kriegen!‹ Darauf der Raucher: ›Schön wär's!‹«

Grimmig, wie gesagt. Und auch das Lächeln angesichts der Zeichnung wird eher grimmig geraten. Wenn die Satire aber die Kettenraucher erreicht?

Unser eigener Geschmacksrichter sind wir auch dann, wenn wir, ohne uns in einer Satire versuchen zu wollen, mit kritischen Urteilen kräftig hinlangen. Zwar bietet das Grundrecht der Meinungsfreiheit einen sicheren Schild, hinter dem scharfzüngige Kritiker von den Gerichten unbehelligt ihre Attacken führen können. Wir sollten uns aber stets daran erinnern, dass die Klingen, die wir führen, verwunden, ja bisweilen durch soziale Lächerlichkeit geradezu töten können, und müssen nicht nur deshalb in der Auswahl der Worte, sondern auch in der Auswahl der Opfer ganz besonders vorsichtig sein. Freilich gilt auch hier: Wer auf einem Denkmalsockel steht, muss es hinnehmen, dass er kritisch betrachtet wird, und sich an die Erkenntnis von Denkmälern halten, dass es nicht nur angenehme Dinge sind, die da von oben herabfallen.

Schwieriger ist es da schon, jemanden der bloßen Häme zu überführen und sich dafür rechtlich schadlos zu halten. Häme ist keine besonders erfreuliche Charaktereigenschaft, wie man an Wilhelm Buschs bösmäuligem Kaspar Schlich sieht, und Häme ist auch eine unerfreuliche Grundhaltung, wenn sie einem Journalisten die Feder führt. Zwar kämpfen gegen Häme nicht nur die Götter, sondern auch die Richter meist vergebens – und gerade deswegen sollten wir besonders sorgfältig überlegen, welches Opfer ausnahmsweise einmal Häme verdient. Wenn sich ein Journalist die Hände darüber reibt, dass es um einen Ministerpräsidenten politisch nicht gut bestellt ist, obwohl er ein »neues Baby im Arm« trägt, »das, wie geplant, in den Bundestagswahlkampf hineingeboren« wurde, so liest sich das nicht gut – ganz abgesehen davon, dass der Journalist in jener Nacht ja wohl nicht dabei gewesen ist, ebenso wenig wie weiland der berühmte Pfarrer im Lied von der »Krummen Lanke«.

Wenn ein anderer Autor mit Befriedigung feststellt, dass ein Straftäter jetzt seine »vornehme Villa« mit einer »kargen Zelle« vertauschen und deshalb innerhalb der Strafanstalt noch einmal umziehen muss, und dass es dann »vorbei ist auch mit dem verlockenden Blick auf die direkt gegenüber dem Gefängnis liegende feudale Therme«, so ist vielleicht gerade ein Mensch, der seine Strafe verbüßt, nicht der geeignete Anknüpfungspunkt für hämische Bemerkungen. Ihm geht es ja ohnehin schlecht genug, wenn auch – hoffentlich – zu Recht.

Und auch der Satz »Ich wünschte, diese Kuh würde zurücktreten« sollte einem Journalisten besser nicht einfallen, jedenfalls nicht als gedrucktes Wort. Und ein Schimpfwort ist ja keine Satire, und es ist auch keinem Journalisten eingefallen, sondern einem hohen englischen Politiker, der seine Meinung über die damalige Premierministerin Margaret Thatcher äußerte. Die harten Bandagen, mit denen in dieser Arena bisweilen gekämpft wird, brauchen für uns durchaus kein Vorbild zu sein.

Auch nach dem Teufel wird immer noch gesucht, der den Schriftsteller Eckard Henscheid geritten haben mag, als er von Heinrich Böll als einem »Knallkopf« und »steindummen, kenntnislosen und talentfreien« Autor sprach – und, um das Maß voll zu machen, zudem noch von einem »der verlogensten, ja korruptesten«. Da war der Rubikon zur Schmähkritik eindeutig überschritten, wie nach dem Landgericht und Kammergericht Berlin schließlich auch das Bundesverfassungsgericht entschied. Diese Vorwürfe, so die Karlsruher Richter, »erschöpfen sich in dem schmähenden Inhalt« und verletzen den »Achtungsanspruch« Bölls, der »in der Menschenwürde wurzelt« und auch über den Tod hinaus gilt.

Allgemein heißt es allerdings in der Entscheidung: Im Interesse der Meinungsfreiheit dürfe der Begriff der Schmähkritik nicht weit ausgelegt werden. »Auch eine überzogene und selbst eine ausfällige Kritik macht für sich genommen eine Äußerung noch nicht zur Schmähung.« Sie sei erst dann anzunehmen, wenn nicht mehr die Auseinandersetzung in der Sache, sondern die Diffamierung der Person im Vordergrund der Kritik steht.

Es gibt also eine Freiheit zu polemischer und überspitzter Kritik, und die Karlsruher Richter haben Vorwürfe einstecken müssen, weil manche meinen, sie ließen die Zügel allzu locker. Aber die Freiheit der Satire endet jedenfalls dann, wenn es dem Kritiker eigentlich nur um die Herabsetzung des von ihm Angegriffenen geht – wie im Fall Henscheid gegen Böll.

Und wie sieht es in der Seele eines Menschen aus, der als Satiriker sein Brot verdient? »Als Satiriker ist man ein Berufsärgerer«, sagt der Schreiber und Zeichner Chlodwig Poth. »Du wachst morgens auf, bist eigentlich guter Laune, es ist ein schöner, heller Tag – und dann musst du dich hinsetzen und dich über irgendwas ärgern.«

Na ja, möchte man ergänzen, manchmal braucht man vielleicht doch nicht allzu lange nach einem Ärgernis zu suchen.

7. Überschriften als Telegramme oder: Blickfang mit Worten

Das Einzige, was bei einer Überschrift feststeht, ist, dass sie *über* einem Beitrag steht. Wie sie lautet, bleibt der beruflichen Erfahrung und dem Fingerspitzengefühl der dafür verantwortlichen Journalisten überlassen. In vielen Zeitungen wird deshalb ein zuständiger, handverlesener Redakteur sich wenigstens die Überschriften der ersten Seite vorlegen lassen, bevor sie endgültig in den Druck gehen.

Auch Überschriften sind wie Telegramme, die einen Brief ankündigen, sie sind Nachrichten in stenographischer Form. Wenn sie im Wettlauf mit der Zeit gefunden werden müssen, verursachen sie gelegentlich Schweißperlen auf der Stirn. Vor allem aber: Überschriften sind wichtig, weil sie die Entscheidung beeinflussen, ob jemand den Artikel lesen will oder nicht. Und – sie geben zugleich eine Lesehilfe, eine Orientierung mit auf den Weg. Es soll Zeitgenossen geben, die überhaupt nur Überschriften lesen.

Woraus man erkennen kann, wie grob geschnitzt manches Weltbild sein mag und welche Verantwortung auf dem Journalisten lastet, der da Weltbilder aus Stichworten zusammensetzt.

Im Idealfall gibt eine Überschrift den Kerngehalt des Beitrags wieder, und im »idealen« Idealfall tut sie das zutreffend – anders also als in einem Artikel, über dem der erfreuliche Satz stand: »Die Steuerreform ist ausgewogen«, und der dann so endete: »Nach der Steuerreform wird der Abstand zwischen Durchschnittsverdienern und Spitzenverdienern – wie man sieht – noch größer geworden sein.« Wie, lieber Leser, hätten Sie's denn gern? Recht verschieden in ihrer Aussage sind auch die beiden Überschriften über Meldungen, die sich mit dem Halten gefährlicher Hunde befassen. »Kampfhunde nur noch mit Erlaubnis?« stand über der einen und »Polizei erlaubt Kampfhunde« über der anderen – was ja nicht so ganz dasselbe ist.

Wir wollen hier nicht von den Überschriften der Boulevardpresse sprechen. Die sind bekanntlich faustdick, schreien irgendein Wort in die Welt hinaus und schlagen damit buchstäblich die paar Zeilen tot, die ihnen dann folgen. Auch dies mag eine Kunst sein und gelegentlich zugleich ein Beleg dafür, wie viele Kunstfehler in der Kunst bisweilen möglich sind. Wir sprechen hier von den Überschriften, die in anderen Tageszeitungen täglich präsentiert werden und die natürlich verschieden »locker« geraten können, je nachdem ob sie über einem Beitrag in der Politik oder auf der »bunten« Seite stehen. Oder in der *tageszeitung*, die nicht nur in der »Branche« der Journalisten gerade auch wegen ihrer einfallsreichen Überschriften goutiert wird.

Was eine Nachricht ist, wird häufig am Beispiel jenes Mannes klar gemacht, der mit einem Hund über Kreuz gerät. Beißt der Hund den Mann, so mag dies traurig sein, ist aber nur unter besonders dramatischen Umständen eine Meldung wert – mit Überschrift. Beißt der Mann indessen den Hund, so werden sich nicht nur Tierfreunde dafür interessieren. Und natürlich gerät dies dann unweigerlich in die Überschrift: »Mann beißt Hund«, heißt es dann etwa, wenn ein Engländer aus unbekannten Gründen seinen Hund ins Ohr biss oder, eigenartigerweise wiederum ein Engländer, einem Schäferhund gleich ganze 3,8 cm seines Ohres abgebissen hatte, als es kurz vor einem Fußballspiel zu Handgreiflichkeiten kam – wobei der genauere Zusammenhang auch in den Nachrichten im Dunkeln blieb. Allerdings wurde die Idee eines »Leinenzwangs« für Engländer, die in einem Stammtischgespräch einmal erörtert wurde, dann doch nicht weiter verfolgt. »Hund beißt Hund« – dieser Vorfall ist so alltäglich, dass die Überschrift (fast) schon wieder originell ist.

Manche Überschriften legen ganz allgemein den Verdacht nahe, dass Tiere mehr und mehr zum Opfer menschlicher Beißlust werden. So, wenn man von folgenden Vorfällen erfährt:

»Frau beißt Kampfhund.« (*Acher- und Bühler Bote*)

oder:

»Mann beißt Wolf«

und kaum weniger dramatisch:

»Mann beißt Python".

Auch die Meldung »Katze erschoss Mann« wird man lesen und dann erfahren, dass eine Mieze beim Spiel den Abzugshahn eines Gewehres gelöst hatte. Die Überschrift »Teufel beim Papst« konnte man sich nicht entgehen lassen, als der Ministerpräsident von Baden-Württemberg eine Privataudienz erhielt. Noch verblüffender wäre allenfalls die umgekehrte Besuchsrichtung gewesen.

Von einem ähnlichen Paradoxon leben auch manche anderen Überschriften, bei denen man sich vorstellen kann, dass der Leser gleichsam die Hand hinter das Ohr legt und fragt: »Wie bitte?« Dass das Opfer einer Straftat vom Täter Schadensersatz verlangt, ist eine alltägliche Erscheinung, auch wenn meist nicht allzu viel dabei herauskommen mag. Ungewöhnlicher ist es schon, wenn ein Mann nach einem Überfall auf ein Juweliergeschäft dessen Inhaber auf Schmerzensgeld verklagt, weil er sich mit der Pistole gewehrt hat. »Räuber verklagt Opfer« ist denn auch eine Überschrift, die mit ihrem Überraschungseffekt der Nachricht angemessen ist.

Um wieder auf den Hund zu kommen: »Hund prügelte sein Herrchen«, diese Überschrift hat sich bislang nicht gefunden. Aber: »Herrchen prügelt seinen Hund *nicht*« stand einmal über einem Bericht, in dem es um einen Strafprozess vor dem Amtsgericht einer Kleinstadt ging. Hier sollte wohl nicht eine Ausnahme hervorgehoben werden, wie wir im Interesse der Einwohner dieser Kleinstadt und ihrer Hunde hoffen wollen. Um welche Ausnahme mag es aber gehen, wenn wir lesen:

»Ehefrau prügelt Mann.« (*Allgemeine Zeitung*, Mainz)

Dass das »Realeinkommen der Bankräuber gesunken« ist, erscheint als verblüffende Quintessenz einer Meldung, die Beute aus Banküberfällen mit dem Preisanstieg in Vergleich setzt.

Dies sind meist Beispiele für Überschriften aus dem Reich der so genannten Human-Touch-Meldungen. Und sie sollen nur zeigen, dass die

Überschrift so etwas wie ein Aperitif ist, den man zu sich nimmt, bevor man sich dann der Mahlzeit des Beitrags zuwendet.

Wie aber soll dieser Aperitif gemixt werden? Überschriften über mehrspaltigen Beiträgen haben oft verschiedene Zeilen: die Oberzeile, die Hauptzeile und die Unterzeile. Alle drei zusammen ergeben dann die Grundinformation des Beitrags, seine Essenz. In einem solchen Dreiklang kann die Oberzeile eine nüchterne Sachaussage machen und die Unterzeile unterschiedliche Stichworte über den Inhalt des Berichts geben. »Eyecatcher«, »Hingucker« ist aber stets die – in der Größe – betonte Hauptüberschrift, auch wenn sie im Ton durchaus seriös gehalten ist.

Wenigstens die Hauptüberschrift sollte das Imperfekt vermeiden: Diese Zeitform ist zu schlapp, als dass sie sich für einen Blickfang eignen würde. »Katze erschoss Mann«: Auch hier hätte die Gegenwartsform der schießwütigen Katze noch mehr »Pep« gegeben.

Hauptüberschriften spielen sich in der Gegenwart oder in der Zukunft ab – was früher war, erfährt man dann in dem Beitrag. Eine Ausnahme gilt, wenn das Ereignis selbst dramatisch genug ist: »Ultimatum abgelaufen – die Welt betete bis zuletzt für den Frieden.« Aber warum heißt es denn: »Irak griff alliierte Kriegsschiffe an«, statt »greift«?

Auch die gedrängte Enge einer Überschrift erlaubt uns keinen Generalabschied von den Forderungen der Grammatik. Allerdings dürfen wir damit ein wenig großzügiger umgehen als in einem Beitrag, in dem wir uns dann aussprechen können. Wenn möglich sollten wir uns um ganze Sätze bemühen, in denen wir freilich dann in lakonischer Knappheit formulieren dürfen. Bisweilen hilft uns dabei ein Zitat weiter, auch wenn es einen Bundestagsabgeordneten vielleicht nicht umfassend beschreibt:

»Gottlos, ledig und verliebt.« (*WELT*)

So aber hatte er selbst sich in einem Handbuch der Abgeordneten beschreiben wollen.

Aber auch wenn Zitate einmal ernster gemeint wären, sollte man als Überschriften nicht nur auf der »Frontpage« sparsam mit ihnen umgehen.

Immer ist eine Überschrift ein Kampf mit den Buchstaben: Es sind meist zu wenige für das, was wir sagen wollen, und zu viele, um in die Spalten hineinzupassen. Und immer werden wir in dem Dilemma sein, die Überschrift so anlockend wie möglich formulieren zu müssen, ohne jemals marktschreierisch zu werden. Wie seriös eine Zeitung ist, zeigen auf den ersten Blick ihre Überschriften – und dann erst die Beiträge selbst. Einen einsamen Gipfel an Zurückhaltung hat einmal eine Schweizer Zeitung erklommen, als sie an dem Tag, während Boulevard-Zeitungen in faustdicken Lettern vom KRIEG schrien, über ihren Aufmacher den rätselhaften Satz schrieb:

»Total verfuhrwerkte Lage im Nahen Osten.«

Wie überhaupt sich manche Überschrift in Schweizer Zeitungen sprachlich amüsant liest, etwa wenn es heißt:

»Frecher Einbrecher verhaftet.«

oder:

»Entreißdieb erbeutet in Basel 650 000 Franken.«

Aber ein Dieb, der »entreißt«, ist eine einprägsame Umschreibung für einen »Räuber«, und was die »Einbrecher« anbelangt: Vielleicht gibt es ja in der Schweiz »freche« und »brave«.

Überschriften können auch Wertungen und Spekulationen enthalten, ja, sie werden bisweilen nicht ohne sie auskommen. Das gilt auch für Wörter wie »scheinbar« oder »offenbar«. Schuldzuweisungen sollten sie indessen nicht enthalten, denn dafür ist der Kommentar gedacht. Und mit einem Fragezeichen sollten Überschriften nur ausnahmsweise ausklingen, weil die Leser dort eher Antworten erwarten als Fragen.

Auch wenn es nun schon einige Zeit zurückliegt: Ein interessantes, beinahe historisches Beispiel für politische (Be-)Wertung in den Überschriften bietet jener Besuch von Alt-Bundeskanzler Helmut Kohl bei Michail Gorbatschow, als es um Fragen der Wiedervereinigung ging.

»Kohl erzielt den Durchbruch in Moskau: Der Weg zur Einheit ist jetzt frei.« (*WELT*)

Demgegenüber schrieb die *Frankfurter Rundschau*:

»Moskau gibt Weg für Einheit frei«,

während es in der *Frankfurter Allgemeinen Zeitung* hieß:

»Gorbatschow gibt den Weg zur Einheit frei.«

Fest stand eigentlich nur, dass die Wiedervereinigung in greifbare Nähe gerückt war. Wer daran den maßgeblichen Anteil hatte, bestimmten (auch) die Überschriftenmacher in den Zeitungen.

Oder etwas aktueller:

»Schröder lehnt Irak-Hilfe für USA strikt ab«,

so erfuhr man in der *WELT*. Bei *Bild* sah man die Dinge hingegen anders:

»Kanzler verspricht USA Unterstützung für den Irak-Krieg«.

Preisfrage: Welche dieser Überschriften lockte die Leser auf eine falsche Fährte?

Ein hübscher Witz machte einmal auf grelle Weise deutlich, wie subjektiv Überschriften sein können – und wie man auf diese Weise Meinung verbreitet. Zu der Zeit, als Helmut Kohl noch Bundeskanzler war, wurde zu einer Pressekonferenz auf einem Rheinschiff eingeladen. Alle Journalisten waren pünktlich versammelt, nur der Kanzler fehlte. Irgendwann ging das Schiff dann auf Fahrt, auch ohne den Kanzler. Als dieser dann schließlich doch noch mit seinem kleinen Autokonvoi auftauchte, sollte ein kleines Boot ihn hinüber zum Dampfer bringen. Kohl lehnte ab, stieg aus seinem Auto, schritt über die Wellen hinüber zum Schiff und kam trockenen Fußes an Bord. Alle Journalisten rasten an ihre Schreibgeräte und gaben die Sensation an die Redaktionen. Am nächsten Tag konnte man dann in den Überschriften lesen:

»Das Wunder am Rhein: Kanzler wandelt über das Wasser.«
oder:
»Dieser Kanzler geht niemals unter.«
oder:
»Nichts kann den Kanzler von seinem Ziel abhalten.«
Eine Zeitung aber schrieb:
»Aha, der Kanzler kann nicht schwimmen!«
Und nun raten Sie mal, welche Überschrift wohl zu welcher Zeitung passen würde! Und wie getextet würde, wenn Bundeskanzler Gerhard Schröder der Held dieser Geschichte wäre!

Und nun wieder ganz ernst: Eines Tages hatte die damals fünfundsiebzig Jahre alte Friedensnobelpreisträgerin Mutter Teresa einen Flugzeugabsturz erlebt. Ihr Schicksal hing für die Leser davon ab, welche Zeitungen sie in den Händen hielten. Während nämlich die *Frankfurter Rundschau* ihre Meldung mit »Mutter Teresa stürzte ab« überschrieb, hieß es in der *Süddeutschen Zeitung* weit optimistischer: »Mutter Teresa überlebt Flugzeugabsturz.«

Überschriften sind ein Tummelfeld semantischer Fingerübungen: Sie können besänftigen, oder sie können dramatisieren, und sie können, wie die Sprache überhaupt, vor so manchen Karren gespannt werden. Wie liebenswürdig-betulich liest es sich doch, wenn der Aufzug von Wolken am Himmel der Wirtschaft so beschrieben wird:

»Die Konjunktur zeigt bei ihrer Höhenwanderung leichte Ermüdung.«
(*WELT*)
Oder wenn eine Meldung über den Anstieg der Lebenshaltungskosten mit der recht unübersichtlichen Überschrift versehen wird:

»Preisrückgang flacht allmählich ab.« (*Badische Neueste Nachrichten*)
Freilich kann es die Gewichte auch wieder verschieben, wenn eine Meldung über gleich bleibende Lebenshaltungskosten überschrieben wird:
»Deutsche Teuerung unverändert.« (*Neue Zürcher Zeitung*)
Aber auch diese Überschriften sind schon wieder Schnee von gestern. Unlängst wurde mit gutem Grund gefordert, auf das Wort »Inflation« nicht nur in den Überschriften zu verzichten, wenn sich die Preise in einer Größenordnung erhöhen, die um ein Prozent schwankt (siehe S. 61).

Zu guter Letzt: Gerade in Überschriften sind Wortungetüme zu vermeiden, da sie die Zeilen füllen und die Reihen der Leser leeren. »Bei Anspruchseinbürgerungen liegt der Kreis Rastatt vorn«: Davon verstehen die meisten nur so viel, dass dreiundzwanzig Buchstaben auf einmal zu viel sind.

Sinn-Spielereien

Beliebt sind Sinn-Spielereien in den Überschriften, jedenfalls bei manchen Redakteuren. Ob sie sich bei den Lesern gleicher Beliebtheit erfreuen, hängt davon ab, ob das Sinnspiel gelingt. Immer ist es aber jener berühmte schmale Grat, auf dem wir Journalisten da wandeln, und kurz ist auch hier der Schritt vom Erhabenen zum Lächerlichen.
»Viele Wirte sitzen auf dem Trockenen«
ist eine hübsche Überschrift über einem Beitrag, der sich mit dem Betriebsergebnis dieser Branche befasst. Originell ist auch die Überschrift
»Die Flügelkämpfe eines Dirigenten«,
als ein Musikkritiker den Dirigenten Georg Solti dafür schalt, dass er an einem bestimmten Abend wieder zu seiner Anfangsrolle als Konzertpianist zurückgekehrt war.

Nicht ohne einen gewissen Pfiff liest sich die Überschrift über einem Beitrag, der sich mit der Ertragslage der Friseure befasst:
»Die Friseure schneiden wieder besser ab.«
Dagegen ist
»Keksbranche hat Ossis zum Fressen gern«
eine Überschrift, über die man wohl in den alten Bundesländern eher schmunzeln dürfte als in den neuen.
»Warum Seife nicht baden ging«
mag als Blickfang für einen Beitrag hingehen, der die Ergebnisse eines

Marketing-Tages zu Fragen der Körperpflege zusammenfasst. Und warum nicht schreiben:

»Bei den Amerikanern sind zu viele Schrauben locker«,

wenn es um einen Beitrag geht, der sich mit der »Tragödie« der Schraubenqualität in den USA befasst.

»Heckler und Koch bemüht sich um Feuerschutz«

ist eine hübsche Überschrift, wenn ausgerechnet von einer Gewehrfirma gesprochen wird, die da in Not geraten ist.

Und das Bild

»Fallschirmjäger hängen in der Luft«

ist ganz einprägsam, wenn ein Divisionsstab aufgelöst werden soll.

Über die Behauptung

»Auf Japans Kondom-Markt ziehen Ausländer den Kürzeren«

wird man immerhin schmunzeln – wenn auch nicht gerade in Pfarrhäusern.

»Sekt schäumte«: diese Überschrift mag ja irgendwann einmal ganz hübsch gewesen sein, ist aber inzwischen recht abgegriffen, weil das Bild allzu nahe liegt.

Diese Übermüdung durch dauernden Gebrauch gilt auch für manche Überschriften, die sich im Wirtschaftsteil der Zeitungen finden, wenn Redakteure sich allzu eifrig darum bemühen, einem eher spröden Artikel durch die Überschrift Farbe einzuhauchen.

»Baugeld rutscht den Zinsbuckel weiterhin hinunter.«

»Schwere See für deutsche Werften.«

»Skifirmen auf Schussfahrt in Überkapazitäten.«

»Der Musikmarkt schlägt flotte Töne an.«

»Der Absatz der Ost-Schuhindustrie ist abgelaufen.«

Das alles sind Sinn-Spielereien, die zwar nicht verunglückt, aber inzwischen ein wenig ramponiert sind. Und

»Reich im Reich der Mitte«

ist eine Überschrift, die beim Leser doch recht viel Spürsinn voraussetzt, bevor ihm dann der Gedanke aufgeht, dass in China Profitstreben nicht mehr unerwünscht ist.

Durch häufigen Gebrauch ziemlich ermattet sind auch viele Überschriften, die sich, um ebenfalls eine abgegriffene Metapher zu gebrauchen, mit des »Deutschen liebstem Kind« befassen, dem Auto.

»Porsche tritt kräftig auf die Bremse.«

»Ford fährt mit angezogener Handbremse.«

»Autoindustrie braust mit Vollgas in den Herbst.«
Und ob die auf eine Staubsaugerfirma gemünzte Überschrift:
»Neue Produkte sollen mehr Kunden ansaugen«
viele Hausfrauen als »Leserinnen« ansaugt, ist wenigstens zweifelhaft. Solche Einfälle erinnern eher an den süffisanten Satz von Wolf Schneider, bisweilen sei beim Anfertigen von Überschriften offenbar ein »Lyriker in der Maske des Buchhalters« tätig gewesen.

Wort-Spielereien

Besonders auf der Hut sein muss man bei allen Wort-Spielereien, da hier der Witz besonders leicht zum Witzchen wird.
»Wayss und Freytag sieht schwarz«,
»Diehl weiß nichts von einem Konkurrenzdeal«,
»Braun schert Rasierer-Markt«
sind Spielereien, die ein wenig bemüht daherkommen. Das gilt besonders, wenn Eigennamen in dieses Spiel einbezogen werden, etwa
»Sinn macht für die Quelle-Gruppe Sinn«.
Gelungen ist hingegen die Überschrift
»Linkshänder fordern Rechte«,
mit der eine Interessengemeinschaft für Linkshänder vorgestellt wird.
Und nicht ohne Pfiff ist es auch, wenn über Streikdrohungen eines weltbekannten Revue-Balletts unter der Überschrift berichtet wird:
»Lange Beine treten kurz«.

Bildungs-Spielereien...

Auch Spielereien mit der Bildung sind natürlich zugleich Spielereien mit dem Sinn. Aber sie *spielen*, so könnte man sagen, auf höherer Ebene und finden sich vor allem auf den Feuilleton-Seiten, wo die Bildung ja sowieso zu Hause ist. Zweierlei setzen sie voraus: einen Journalisten, der sich auskennt in den Gefilden der schönen Künste, und Leser, die ihm dorthin zu folgen vermögen. Trifft beides zusammen, können solche Ab- und Umwandlungen, die meist Assoziationen oder Variationen von Zitaten aller Art sind, nicht nur eine vergnügliche Lektüre sein, sondern gerade durch ihren *Dreh* dem Zitat neuen Sinn geben und zugleich den Sinn des

Beitrags einfangen. Manchmal sind sie aber auch nur neckisch – oder ganz einfach eitel.

»Schuld und Bühne« ist eine gute Überschrift, wenn es um die Kündigung eines Schauspielers geht.

Oder:

»Effi sprießt«, wenn über die zahlreichen Feiern im Fontane-Jahr berichtet wird.

Oder:

»Kabale und Hiebe«, als Überschrift eines Beitrags zum Theaterstreit zwischen Peter Zadek und den Kammerspielen.

Oder:

»Und wenn dann der Topf fällt«, in einer Rezension über die Kellnerinnen im »Männerort Gasthaus«.

Oder:

»Ham' Sie mal 'nen Marc«, über eine Ausstellung zum »Blauen Reiter«.

Oder:

»Und der Haifisch, der hat Pläne«, über ein Kurt-Weill-Fest in Dessau.

Und wie finden Sie diese:

»Adel vernichtet« (*Süddeutsche Zeitung*)

»Die Nackten und die Idioten« (*Süddeutsche Zeitung*)

»Schrille Tage im Klischee« (*Süddeutsche Zeitung*)

»Lieder ohne Orte« (*Frankfurter Allgemeine Zeitung*)

»Alle Macht den Gräten« (*Frankfurter Allgemeine Zeitung*)

»Bilder einer Aufstellung« (*Süddeutsche Zeitung*)

»Der Widerspenstigen Lähmung« (*Frankfurter Allgemeine Zeitung*)

»Der Name der Dose« (*Süddeutsche Zeitung*)

»Die Welt als Wille und Verstellung« (*Süddeutsche Zeitung*)

»Narziss und Goldhund« (*Süddeutsche Zeitung*)

Und als besonders beliebte Variation:

»Unerträgliche Seichtigkeit des Scheins«

Solche Überschriften sind zugleich ein augenzwinkerndes Quiz: Lieber Leser, du weißt doch hoffentlich, was ich meine?

Und um gleich beim Schmunzeln zu bleiben: Lieber Leser dieses »Lesebuchs«, die Auflösung finden Sie, falls nötig, in dessen nächster Auflage!

Immerhin sei so viel heute schon verraten: »Der Anfang einer wunderbaren Feindschaft« ist eine hübsche Verballhornung des bekannten Satzes, mit dem der Film »Casablanca« endet.

Und die Epoche machende Feststellung von Sepp Herberger pfeifen die Spatzen bis heute von den Dächern: »Die Flasche ist rund«, stand über einem Artikel, der sich mit Biertrinken und Fußball befasst. Jetzt also die Flasche, nicht der Ball!

... und andere Verspieltheiten

Als »Genie des unfreiwilligen Humors« wurde Friederike Kempner einmal bezeichnet, jenes Adelsfräulein, das es als »Schlesischer Schwan« zu einiger Berühmtheit gebracht hat. Betrachtet man so manche Überschriften, so könnte man meinen, dass ähnliche Genies auch in den Redaktionen beheimatet sind. Freilich soll bei den Funden, die jetzt hier ausgebreitet werden, vor einem mokanten Lächeln gewarnt werden. Wir alle sind auf diese Weise genieverdächtig, wenn wir in der Eile des Redaktionsschlusses nach einer Überschrift ringen, die, wie es die Alten sungen, nicht nur wahr und gut, sondern zugleich auch noch schön sein soll.

»Brand entstand durch achtloses Wegwerfen eines Passanten.«
Über diese vierspaltige Überschrift lacht man so lange »kollegial«, bis man im Text erfährt, dass sie aus einer Stilblütensammlung der schweizerischen Unfallversicherungsanstalt stammt und nicht aus einer Zeitung. Wenn an ihr also kein Journalist die Schuld trug, so ist das schon anders bei der Aufsehen erregenden Mitteilung

»Selbstmörder werden jünger«,
die die traurige Feststellung einleitete, dass immer mehr Kinder und Jugendliche versuchen, sich das Leben zu nehmen. Ein wenig makaber mutet es auch an, wenn man liest: »Hohe Todesrate belebt den Wohnungsmarkt.«

Und wer bei der Überschrift
»Tocco explodierte am Klavier«
an irgendeinen Sprengstoffanschlag denkt, wäre schief gewickelt. Gemeint war nämlich nur der Eindruck eines Musikkritikers, dass ein Pianist Gershwins berühmte »Rhapsody in Blue« besonders temperamentvoll vorgetragen hatte. Ob sich der Journalist mit seiner Überschrift »Mehr Flaschen an kreiseigenen Schulen« eine neugierige Anfrage des zuständigen Schulrats eingehandelt hatte, ist leider unbekannt geblieben. Gemeint war freilich nur, dass Getränke an den Schulen wieder in Pfandflaschen verkauft werden sollen. Alarmiert hatte die Leser auch einmal die Überschrift

»Schuss ins Schwarze traf auf Richter«.

Sie beruhigten sich indessen wieder, als sie lasen, dass einen Franzosen der Verkauf eines Repetiergewehrs vor den Richter gebracht hatte, weil der Erwerber nicht im Besitz der erforderlichen Berechtigung war.

»Luft über Bühl kann eingeatmet werden.«

Beim Lesen dieser Meldung über ein Luftgutachten in der schönen Schwarzwaldstadt mögen die Leser befriedigt auf- oder eingeatmet haben. Weniger beruhigt mögen die gleichen Leser allerdings gewesen sein, als sie vernahmen, dass in ihrem Umkreis die »Kriminalität auf hohem Niveau« geblieben ist.

»Der Dollar sägt kräftig am Umsatz«,

diese Überschrift war ernst gemeint, obwohl der Dollar dies eigentlich nicht ernst meinen kann. Ob indessen der Satz

»Der Geiger schoss aus allen Rohren«,

den man gelegentlich findet, als Parodie oder als höhere Eingebung gemeint ist, lässt sich nicht eindeutig feststellen. Sicher scheint indessen zu sein, dass der Redakteur wusste, was er da tat, als er einem bierernsten Beitrag zu bestimmten Schwachstellen am Kernkraftwerk Gundremmingen die Überschrift gab:

»Eine lockere Schraube als Haar in der Suppe«.

Vielleicht war ihm die Sache zu ernst, um das Ganze noch mit einer ernsthaften Überschrift zu krönen. Ähnliche mildernde Umstände können freilich nicht für den Kollegen gelten, der den Bericht über eine erfolgreiche Lungenoperation an einem kleinen Kind überschrieb:

»Dank der Kunstlunge kann Pjotr aufatmen«.

Während man es wiederum versteht, dass den Schreiber der Teufel geritten hatte, als er die »Wörter des Jahres 1987« unter der Überschrift verstellte:

»Kondom überholte Glasnost«.

Unter der Überschrift:

·»Erlahmender Terrorismus im Pandschab«

fand sich zur Erleichterung der Leser kein Aufruf, den Terrorismus dort wieder auf Trab zu bringen.

Allzu viel Bildung kann auch ein Hindernis sein, vor allem für die Leser, die dem gelehrten Journalisten nicht auf Anhieb zu folgen vermögen.

Was unter der Überschrift

»Casus Belli am Awali?«

gemeint war, verstanden sie nämlich erst, als sie den ganzen Beitrag verdaut hatten. Es ging um den Awali-Fluss, zu dem die Truppen Assads vorgerückt waren, und um die Frage, welche Gefahr dies für die Region bedeuten könnte – ob also ein Casus Belli denkbar wäre.

Keine Denksprünge, sondern Grundkenntnisse in Latein sind nötig, wenn man mit der Überschrift etwas anfangen will:

»Aut Caesar aut nihil«. (*Frankfurter Allgemeine Zeitung*)

Wenn man nur wüsste, was »Caesar« auf Deutsch heißt!

Wer nichts über die amerikanische »War powers resolution« vom Jahr 1973 weiß, wird die Überschrift »War Powers« ziemlich ratlos entgegennehmen: Wer war Powers eigentlich? Und »Alias Chance« kann ebenso gut auf den früheren albanischen Staatschef wie auch auf ein Austauschwort für »Chance« hindeuten.

»Denuo curribus cataphractis pugnatum est.«

Wenn schon Latein, dann bitte so. Denn dann wissen die meisten Leser wenigstens, dass sie nichts wissen können, bevor sie den Beitrag gelesen haben, der sich mit den Nachrichten in lateinischer Sprache eines finnischen Rundfunksenders befasst. Auch wer mit mehr oder weniger Freude irgendein Latinum erworben hatte, wird noch einmal nachfragen müssen, bevor sich ihm der Sinn entschlüsselt: Von neuem muss gekämpft werden, nachdem die Wagen niedergebrochen sind. Ach so.

Dass wir bei Überschriften nicht sklavisch an die Grammatik gebunden sind, bedeutet freilich noch nicht, wir seien damit aller ihrer Fesseln ledig. Wenn es in einer Überschrift etwa heißt:

»Machen Landsleute nicht zu Asylbewerbern«,

so könnte man vielleicht meinen, ein Asylbewerber selbst habe dies geradebrecht. In Wirklichkeit ging es um Ausführungen des damaligen Innenministers Schäuble zu dieser Frage. Eine kleine Umstellung hätte den Satz auf die richtige Reihe gebracht:

»Landsleute nicht zu Asylbewerbern machen«.

Und wenn der frühere Bundespräsident von Weizsäcker erklärt hat, Deutsche und Ungarn seien sich im Herzen nahe, dann klingt es auch eher ungarisch, wenn die Überschrift zu dem entsprechenden Bericht lautete:

»Mit den Ungarn im Herzen nahe«.

»Nicht verwerflich geurteilt«: Wer diese Überschrift über einem Bericht zu einem Blockade-Urteil liest, könnte meinen, es handele sich um eine Art von Freispruch für den Richter, dessen Urteil eben »nicht verwerflich« sei. In Wirklichkeit hatte ein Amtsrichter aber entschieden, der Aufruf zu einer

Sitzblockade sei nicht verwerflich. »Sitzblockade nicht verwerflich«: So hätte diese Überschrift dann ja aussehen können.

Schwer vorstellbar ist es auch, wenn in einer Überschrift gefordert wird:

»Der deutsche Wein soll in Japan Flagge zeigen«.

Zwar kann es ja durchaus sein, dass der Alkohol zu einer Fahne führt. Aber dies geschieht doch eigentlich weniger beim Wein. Und selbst dann wäre eher von einer Fahne als von einer Flagge zu sprechen.

Nur durch einen makabren Druckfehler ist die Überschrift einer Meldung zu erklären, in der von einem »Nachbeben« eines Erdbebens die Rede ist, das im Iran Hunderte Todesopfer forderte. Sie lautete:

»Nachtleben im Iran«.

»Autobahn durch US-Firma?«: Während man schon die armen Angestellten bedauert, denen da ein offenbar beträchtlicher Verkehrslärm zugemutet werden soll, erfährt man beim Lesen dieser Meldung, dass sich nur ein amerikanisches Unternehmen um einen Bauauftrag bemüht. Und den älteren Herrn möchte man eigentlich gerne kennen lernen, der da »seit über hundert Jahren jüngster Premier« ist. So alt war doch John Major gar nicht! Geglückt ist die milde Ironie allerdings in der melancholischen Überschrift: »Einsamer Brückenpfeiler sucht Brücke«.

8. Die Kunst der Kunstkritik

> »Mit der zur Kunst gesteigerten Kritik fängt die
> Geschichte des Journalismus erst eigentlich an.«
> *(Hans-Jürgen Schultz)*

> »Der Kritiker hat gelacht, das wird er uns nie ver-
> zeih'n.« *(N. N.)*

> »Die Rezension ist das Drama auf engstem Raum.«
> *(Sybille Wirsing)*

> »Schlagt ihn tot, den Hund, er ist ein Rezensent!«
> *(Goethe)*

> »Kein Kritiker ist unfehlbar« *(Fritz Kortner)*

»Kritiker sind Leute, die ihre Arbeit einen Tag zu spät machen«, hat ein
Spötter einmal über jenen Berufsstand gesagt, der für den so genannten
Kulturbetrieb von großer Bedeutung ist. Also: Hätte man doch einen Tag
früher gewusst, was sie zu bemängeln haben. Zwar spielen berühmte Kritiker ihren Einfluss auf den Absatz der besprochenen Bücher herunter.
Dass es aber einen solchen Einfluss gibt, dass die Karriere von jungen
Musikern, Sängern oder Literaten vor allem auch von ihrer »Präsentation«
in den Medien abhängt, dass Maler oder Bildhauer von Kunsthändlern
und Kritikern »gemacht« werden können, ist dennoch offenkundig. Nach
dem Erfolg eines Abends, so erzählt das Fritz Kortner in seinen Lebenserinnerungen, als berühmte Berliner Theaterkritiker ihn lobten, habe er
mit einem Schlag aufgehört, ein »um sein Fortkommen Bemühter« zu
sein. »Ich war ein vom Theater Umworbener geworden.«

Natürlich wissen dies auch die Kritiker und Rezensenten. Und sie
gehen mit ihrer Macht um, wie ihr Naturell es ihnen nahe legt. »Ich bin
kein Richter, der Urteile verkündet, sondern ich bin ein Ankläger und ein
Verteidiger«, hat Marcel Reich-Ranicki, der amtierende König der Kritiker,
einmal gesagt. Trotzdem hält sich hartnäckig das Gerücht, er habe den
einen oder anderen Schriftsteller schon einmal hingerichtet. Eine »Anklage«, gegen die er sich mit der Bissigkeit verteidigte: »Gern und oft beschuldigt man die Kritiker literarischer Morde. Doch sollte man sich hüten, für
Mörder jene zu halten, zu deren Pflichten es gehört, Totenscheine auszu-
stellen.« Aber von der »Henkertätigkeit« des Kritikers spricht auch Ingmar
Bergmann in seiner Autobiographie.

Anklagen oder Verteidigen sind sicher auch außerhalb des Gerichtssaals reizvolle Tätigkeiten. Der Leser oder Hörer wird im Kritiker aber stets auch den *Richter* suchen: den Fachmann, der ihm bei seiner Meinungsbildung über Bücher, Theateraufführungen oder Konzerte hilft. Ja, es soll sogar Zeitgenossen geben, die ihre Meinung über den Theaterabend, den sie »abonniert« hatten, erst kundtun, wenn sie in der Zeitung nachgelesen haben, was davon zu halten ist. Sie warten auf die Kritik als Entscheidungshilfe. Deshalb muss, wie Reich-Ranicki dies sieht, jedenfalls der Kritiker sich entscheiden können, »auch auf die Gefahr hin, dass man ihn für anmaßend hält«. So mag der Rezensent zu einer Art von Ein-Mann-Tribunal werden: Ankläger, Verteidiger und Richter in einer Person.

Rezensionen und Kritiken, »jene selige Schmarotzer-Kunst« (Friedrich Luft), vereinen alle journalistischen Darstellungsformen in sich: Sie sind Bericht, Reportage, Kommentar in einem. Dies macht das Schreiben so reizvoll – und auch das Lesen, gerade wenn der Kritiker mit spitzer Feder schreibt und ein Verriss einen nicht selbst betrifft.

Kritiken und Rezensionen zählen zu den freien Formen des Journalismus, und ähnlich wie bei einer Reportage gibt es daher für sie kein starres Formprinzip. Dies macht ihre Gestaltung »kreativ«, erschwert aber Ratschläge für den Aufbau. Natürlich sind Kritiken aller Art in erster Linie auch Informationen für den Leser: Wer hat wann was geschrieben? Wo ist wann was über die Bühne gegangen? Und dann natürlich auch das »Wie«: Wie hat es dem Kritiker gefallen, was da geschrieben, gespielt, gesungen wurde? Kritik also als »Beurteilungskunst«, dieses Wort stammt von Lessing. Oder als »sachkundiges Urteil«, wie Virginia Woolf dies verlangte.

Bei der Buchbesprechung schuldet man dem Leser natürlich die Angabe dessen, was ihn bei der Lektüre des Buches erwartet, also eine kurze Zusammenfassung des Inhalts. Der Kritiker als »Vorkoster«, hat Virginia Woolf das genannt. Bei weniger bekannten Autoren will man wissen, wer der Verfasser ist und welche Bücher er sonst noch geschrieben hat. Ist Platz genug vorhanden, so sind auch Hinweise auf Parallel-Literatur angebracht. Und wenn auch in eine Rezension »Zitate nicht endlos einfließen« dürfen (Walter Janka), so beleben sie natürlich auch hier das Bild, da sich der Buchautor damit direkt an die Leser wenden kann. So kann man etwa mit einem Zitat beginnen:

»Diese Höhen sind still. Selbst der Sturmwind macht auf ihnen kaum so viel Geräusch wie eine Eidechse. Der Staub, der rot ist, steigt in dicken Fahnen auf. Er nimmt hundert Formen an – ein Pferd, ein Riese, ein Irgendwas –, die er in der Luft spazieren trägt. Dann klatscht das Ding auf den Boden und ist weg. Und gleich wieder da. Und überall der Geruch. Durchdringend, als hätte man irgendwo einen riesigen Bock losgelassen. Der Geruch kommt vom wilden Wermut und von der Straße, von den grauen Pflanzen, die in der Sonne schmoren...« Mit dieser eindringlichen Landschaftsbeschreibung beginnt der französische Schriftsteller Jean Giono die Geschichte vom namenlosen Findelkind Monsieur F. F., der in allen Denkweisen und Weltanschauungen Wurzeln fasst, um sich so eine sichere Existenz zu bauen, bis er wieder von der Bildfläche verschwindet. (*Süddeutsche Zeitung*)

In einer Film-Kritik kann man Bilder und Szenen mit Worten für den Leser nachmalen:

»Die Pistole hält der alte Mann in einer Papiertüte verborgen, damit der Hund nicht merkt, was ihm droht. Das Tier weiß es trotzdem. Sein Schmerz sitzt schon in den Augen, während es dem Herrn hinterdrein trottet und zweifelnd zu ihm aufsieht. Ein Abschied – und weit und breit kein Trost in der kargen Landschaft am Skagaf-Fjord, wo das Moos grünsatt ist von Nässe und geballte Wolken über den Klippen hängen. Spontan nehmen die ersten Bilder des isländischen Films ›Children of nature‹ von F. T. Fridriksson gefangen, in dem unabweisbar die Natur eine Hauptrolle spielt.« (Hans-Dieter Seidel, *Frankfurter Allgemeine Zeitung*)

Oder man blättert ein besprochenes Buch ohne Vorrede gewissermaßen vor dem Leser auf:

»Fritz J. Raddatz führt in seinem Roman ›Der Wolkentrinker‹ in das zerstörte Berlin der 40er, 50er Jahre. Bernd Walther, Schüler und Vollwaise, der bei seinen Pflegeeltern in West-Berlin lebt, wird der Geliebte seiner Geschichtslehrerin Dr. Ivonne Bärenbach.« (*Frankfurter Rundschau*)

Natürlich kann auch eine Reflexion über das Thema des Buches am Anfang der Besprechung stehen. Etwa, wenn es zu Beginn einer Rezension über das Buch »Polnisches Mittelalter« von Antonina Jelicz heißt:

»Das Mittelalter hat Konjunktur. Im Schatten von Umberto Ecos Bestseller ›Der Name der Rose‹ schießen die Bücher über jene Zeit wie die Pilze aus dem Boden. Aus einem Verlagshaus erreichte uns eine ›Einladung ins Mittelalter‹, aus einem anderen gar die Mitteilung: ›Wir alle leben im Mittelalter.‹« (*Frankfurter Allgemeine Zeitung*)

Die Neugier anregend ist auch eine ironische Reflexion, etwa wenn es zu

Beginn einer Besprechung über das Buch »Ich bin du« von Elisabeth Badinter heißt:

> »Fast alle modernen Bücher über menschliches Verhalten sind nach dem gleichen Muster verfasst wie die Bibel und die marxistische Heilserwartungslehre: Im Anfang der Menschheitsgeschichte war alles paradiesisch-schön. Dann trat der Sündenfall ein, bei Marx die Erfindung des Privateigentums, in feministischer Argumentation das Patriarchat; aber inzwischen bewegt sich die Menschheit wieder auf ein neues, dieses Mal auf ein ewiges Paradies zu. So auch in dem neuesten Buch der 1944 geborenen Elisabeth Badinter.« (*WELT*)

Auch eine kritische Vorstellung des Autors oder der Autorin kann sich als Auftakt einer Buchbesprechung anbieten:

> »Vor etwa fünfzehn Jahren gelang der damals achtundzwanzigjährigen Brigitte Schwaiger ein aufsehenerregendes Debüt. Ihr Roman ›Wie kommt das Salz ins Meer?‹, der die desaströsen Wirkungen einer konventionell bürgerlichen Ehe schilderte, fand nicht nur bei den Anhängerinnen der Frauenbewegung Anklang. Reinhard Baumgart konstatierte ein Jahr nach Erscheinen des Buches respektvoll, sogar ›alte österreichische Literaturkavaliere‹ seien begeistert gewesen, obwohl diesen doch bekanntlich jede Art Emanzipation entweder wurst oder total zuwider sei. In der Zwischenzeit hat Brigitte Schwaiger eine ganze Reihe von Romanen, Gedicht- und Erzählungsbänden veröffentlicht, mit denen sie allerdings nicht an ihren fulminanten Anfangserfolg anknüpfen konnte. Ihr neuestes Buch, für dessen Titel sie die Goethe-Zeile ›Tränen beleben den Staub‹ gewählt hat, erscheint kaum geeignet, dem Renommée der Autorin frischen Glanz zu verleihen.« (*Frankfurter Allgemeine Zeitung*)

Eng nebeneinander finden sich Lob und Tadel auch in diesem »Einstieg« zu einer Musikkritik:

> »Der Züricher Mozart-Zyklus, betreut von Nikolaus Harnoncourt als Dirigent und Jean-Pierre Ponelle als Regisseur, gilt als eine der großen Attraktionen auf der internationalen Opernszene. Mit der Premiere des Don Giovanni allerdings wurde die Erfolgsserie abrupt gestoppt. Ponelle, der das Stück schon mehrfach höchst eindrucksvoll auf die Bühne gebracht hat, wollte völlig neue Wege gehen, doch die führten in die Irre.« (*WELT*)

Wie in kaum einer anderen Sparte entscheidet bei der Kritik das Temperament des Journalisten, wie er mit Lob und Tadel umgeht, ob er das Florett oder den Säbel schwingt, ob er seine Anerkennung hinaushaucht oder lauthals ausruft. »Brillant loben ist schwer, kritisieren ist einfacher«, hat einmal jemand geschrieben, der es wissen muss. Vielleicht liegt es daran, dass die Verlockung zur scharfzüngigen Kritik groß ist. Außerdem – der Rezensent kann hier den ganzen Fächer seiner Überlegenheit entfalten – und nebenbei gesagt lesen die meisten gerne Bosheiten, deren Ziel sie nicht sind. Dabei muss der Kritiker sich freilich davor hüten, von der Selbstgefälligkeit übermannt zu werden. Der Respekt vor dem fremden Werk, der Arbeit des anderen, seiner Leistung darf nie verloren gehen: Gerade auch wenn der Kritiker meint, dass es keine Leistung ist, die es da zu würdigen gilt. Über einen Literaturkritiker ist einmal gesagt worden, er sei durchaus zu scharfer Kritik fähig, seine eigentliche Leidenschaft aber sei es, zu loben, und Friedrich Luft hat von sich selbst gesagt, seine liebste Beschäftigung sei das Bewundern. Das mag manchem vielleicht zu positiv klingen. Für Kritiker und Kritisierte wäre es aber eine höchst bedenkliche Sache, wenn die Leidenschaft zu tadeln überhand nähme. Weder »Tadel-Institut« noch »Beifall-Statistik« war die Theaterkritik denn auch für (den Theaterkritiker) Theodor Fontane.

Kritik als Loblied...

In den Regionalzeitungen, wo das kulturelle Leben bisweilen ebenso überschaubar ist wie das Verbreitungsgebiet, ist die »Leidenschaft des Lobens« oft sehr lebendig und übermannt bisweilen auch den Kritiker.

»Voller Charme, leicht und heiter war der Melodienreigen der Trachtenkapelle beim Osterkonzert im Kurhaus. Das Publikum in dem bis zum letzten Platz gefüllten Saal war von dem musikalischen Osterangebot begeistert und honorierte die geschlossene, harmonische Orchesterleistung und virtuos ausgefeilte Solistenparade mit großem Beifall und mit stehenden Ovationen. Die Zuhörer spürten bereits bei den ersten Takten, dass die Trachtenmusiker ein besonders schön verziertes musikalisches Osterei präsentieren wollten und die Farben (sprich Kompositionen) und die Interpretation auf das Beste miteinander in Einklang standen. So macht Blasmusik Freude, wenn sie mit Schwung, locker und federnd, spritzig wie ein Glas Sekt und voller Fingerspitzengefühl, melodienselig, ohne in Kitsch abzugleiten, serviert wird.«

Dieser Gefahr, in Kitsch abzugleiten, kann eine solche Musikkritik allerdings durchaus einmal erliegen. Aber der gute Wille, der auf allen Seiten spürbar ist, und die Häufigkeit, mit der man im Nahfeld einander begegnet, ist für die Entwicklung kritischer Gedanken nicht eben förderlich. Und so fließt denn das Wohlwollen wie Tinte aus der Feder, wenn der Kritiker wild entschlossen ist, eine Aufführung für gelungen zu halten und diesen Eindruck in wuchtiger Sprache mitzuteilen:

»›Nun seid bedankt...‹, so möchte man mit Richard Wagner die sängerische Leistung gebührend würdigen. ›Wir singen, weil es uns gefällt‹, hieß das Motto des Konzerts, eines der besten der letzten Jahre, das der Gesangverein S. in J. gab: Was hier an Prägnanz, Aufmerksamkeit und Homogenität, vor allem aber an Tonreinheit im Ganzen präsentiert wurde, rechtfertigte die stürmischen Beifallskundgebungen.«

»Mit geschlossenen Augen, ganz dem Hören hingegeben, war das kleine Konzert am Pfingstmontag in der Wallfahrtskirche in S. eines der bisher schönsten in dieser Reihe. Der reizvolle Kontrast, hier Bachsche Orgelklänge, dort Posaunenschall verschiedener Komponisten von Telemann über Peeters bis hin zu Beethoven und Bruckner, ließ den Zuhörer neugierig werden, die gesetzten Akzente unvoreingenommen aufzunehmen. Die Neugierde wurde nicht enttäuscht.«

Oder, nun fast schon in hemmungsloser Bewunderung:

»Einem Naturereignis gleich überflutete ihre Musik die Konzertgänger und riss sie mit auf der Woge der Begeisterung.« (*Acher- und Bühler Bote*)

Ein wahres Highlight des Lobes ist es, wenn der Kritiker vor dem Künstler gewissermaßen die Waffen streckt. Etwa wenn er sagt: »In den Augen des Rezensenten hat dieses Werk nur ein Manko: Er hätte es gern selbst geschrieben (und so nicht gekonnt).«

Ganz besonderes Wohlwollen, und dies durchaus zu Recht, finden Aufführungen aller Art, an denen Jugendliche beteiligt sind. So heißt es etwa unter der Überschrift »Rauschhaftes Finale eines jungen Orchesters«:

»Bei ihrem Auftritt im Bürgerhaus... spielten sich die jungen Musikerinnen und Musiker des Landesjugendorchesters... bald in die Herzen der Zuhörinnen und Zuhörer... Und es war bewundernswert, mit welcher Frische, Unbekümmertheit und doch schon hoher Professionalität die 13- bis 23-jährigen Orchestermitglieder die Werke angingen.«

Ganz nebenbei bemerkt zeigt diese Kritik auch anschaulich, wie da jemand »politisch korrekt« das sprachlich so schwierige Thema meistert, dass es meist Männer *und* Frauen sind, die bei solchen Anlässen zusammenkommen. (Wie ist das aber nur mit dem ärgerlichen Wort »Mitglieder«?)

Aber auch ausländische Kritiken können vor Lob geradezu überschwappen. Von einer Londoner Aufführung des Musicals »42nd Street« hieß es etwa in der »Daily Mail«:

»Finally it's here. The father and mother of all showbizz musicals... Fresher and faster if that were possible, than I remember it on Broadway. Never in all lifetime's theatre going have I seen a ›chorus with more youth...‹«

... und als Spottgesang ...

Am anderen Ende des Spektrums steht etwa eine in eiskalter Ironie gehaltene Kritik über eine Aufführung von Kleists »Prinz von Homburg«:

»Wenn die preußische Generalität in österreichischen Uniformen in einem von neun Pferdehintern umstandenen Freiburger Stall einen ganz und gar aussichtslosen Kampf gegen Kleists Stück und Sprache führt, der Kurfürst hie und da in ein Neon-Kabinett am Bühnenhimmel kraxelt, alle anderen aber heulen, gellen, schreien, greinen, kriechen, zucken – und der Prinz von Homburg hierauf, bevor noch der Vorhang fällt, zum Revolver greift, um sich diesen an die Schläfe zu setzen, hat der Mann da nicht recht?«

Ob eine Opernkritik, die sich in einem juristischen Handbuch zum Presserecht findet, echt ist oder erfunden, steht nicht ganz fest:

»Als Othello Desdemona im letzten Akt endlich erwürgt, ging eine Welle der Zustimmung durch das Haus.«

Aber dass solche Ironie tödlich sein kann, weiß jeder, und wusste vor allem Oscar Wilde, als er einmal von der einzigen objektiven Musikkritik sprach, die ihm jemals unter die Augen gekommen sei: »Erschießen Sie nicht den Pianisten, der Mann tut doch nur sein Bestes.«

Unter den Kritikern der zwanziger Jahre sei Alfred Polgar der »behutsamste« gewesen, hat Joseph Roth einmal gesagt. Und Siegfried Melchinger, der diesen Satz zitiert, hat hinzugefügt: »Sein Urteil war erbarmungslos; doch bereitete es ihm kein Vergnügen.« Über Alfred Kerr hat Joachim Kaiser geschrieben, er sei der berühmteste und – seiner Macht, seiner

Selbstgefälligkeit, seiner Manierismen wegen – »auch der meistgehasste Theaterkritiker gewesen, der im 20. Jahrhundert in Deutschland gewirkt hat«. Mit dem früheren »Reichsgericht« hat Kerr die Kritik in einer Hauptstadt verglichen und sich wohl als dessen Präsidenten gesehen. Und diese Rollensicht mag auch seinen Satz erklären, er »krieche« nicht in einen Autor hinein, sondern stelle dessen »Persönlichkeit die eigene gegenüber«.

Natürlich sind es bei jeder Rezension zwei Persönlichkeiten, die da aufeinander treffen: die des Autors und die des Kritikers. Aber dieser Kritiker muss sich stets bewusst sein, dass es *fremde* Maßstäbe sind, die er am eigenen Maßstab prüft. Daran erinnerte Jurek Becker zu Recht, als er einmal über eine Rezensentin sagte: »Ich habe das Gefühl, dass ich nicht das Buch schreiben möchte, das sie von mir erwartet.« Denn das braucht er ja auch wirklich nicht – es langt ja durchaus, wenn er *sein* Buch schreibt. Oder jemand *seinen* Film dreht. Oder ein Schauspiel oder eine Oper auf *seine* Weise in Szene setzt.

Was sich die Kritik an ätzender Schärfe verkneift, mag manchem Leser an seinem Amüsement abgehen, kann aber zugleich der Sachlichkeit dienen, dem Bestreben, einer fremden Leistung gerecht zu werden. Aber wie an manchen Beispielen gezeigt, wird auch heute, wie zu Kerrs Zeiten, weiter »scharf« kritisiert, wenn auch besser nicht »erbarmungslos«. Und scharf darf Kritik auch sein, da sie sich ja mit Menschen befasst, die auf einer Bühne stehen, auf die oft genug andere Kritiker sie gestellt haben.

Ist es aber wirklich so, wie Adolf Muschg das beobachtet hat, dass »in keiner Sprache der Welt schneidender verachtet, infamer kommentiert und hämischer rezensiert wird, als in der deutschen«? Dass sie »verrissorientiert« ist, wie Bernhard Schlink dies beklagt? Jedenfalls wäre das für diese Sparte des Journalismus kein gutes »Made in Germany«.

»(Ken) Russell ist wirklich ein Scharlatan, ein harmloser Spinner.« So urteilte die *ZEIT* über den Film »Gothic«, der eine Fantasie über die Entstehung des Romans »Frankenstein« enthält. Und dieses Urteil betont seine Endgültigkeit und Allgemeinverbindlichkeit noch durch den vorausgehenden Satz: »Jetzt steht es fest.«

»Wenn Lessings Stück in Düsseldorf auch keinen zu Tränen rührte: Es war zum Heulen.«
Hier hatte der Kritiker einer Aufführung von »Miss Sara Sampson« seinem Beitrag die bissige Überschrift vorangestellt: »Hans Hollmann vergreift sich an ›Miss Sara Sampson‹.«

Auf eine nicht besonders angenehme Weise verliebt in die eigene Boshaftigkeit liest sich eine Kritik über eine andere Othello-Aufführung:

> »Mag B. auch in der Rolle des Schreihalses phänomenal sein, als Interpret lyrischer, ›unheiserischer Partien‹ ist er eine Niete, und gerade darauf kapriziert er sich diesmal und heult drauflos wie eine ganze Koppel Schlosshunde. Verwegen stürzt er sich gegen Schluss mit der Arie… neuerlich auf Othello, der sich dergleichen verständlicherweise nicht gefallen lässt.«

Ziemlich ungnädig hat sich Gaetano Donizetti einmal über eine Opern-Besetzung geäußert:

> »Wir haben eine deutsche Primadonna, einen Tenor, der stottert, einen Buffo mit der Stimme eines Ziegenbocks und einen französischen Bassisten, der wenig taugt.«

Und auch bei dem Vergleich, das Falsett Iwan Rebroffs habe die »Tonlage eines gefolterten Kapauns«, hat das Wohlwollen kaum Pate gestanden – was es freilich auch nicht muss. »Ich denke, dass ein zentrales Motiv des Kritikers wie auch seiner Leser Schadenfreude ist, Schadenfreude und Rache«, hat Hellmuth Karasek einmal geschrieben. »Rache für erlittene Qualen beim Betrachten eines schlechten Films, beim Lesen eines langweiligen Buchs. Und Schadenfreude an der verdienten Abreibung, die der Kritiker dem Urheber dieses Ärgernisses verpasst. Und je amüsanter, polemischer diese ausfällt, umso besser.« Arrogant und polemisch konnte Karasek schreiben, wenn er dies wollte. Aber dass Kritik »wirklich wehtun kann«, hat er auch geschrieben, nachdem er dies am eigenen Leibe erfahren hatte. Und dann sagte er über seine Kollegen von der Kritik höchst kritisch: »Ich merke, dass wir ein Gesindel von Neidbolzen und ein Rudel von Hass erfüllten Wölfen sind.« Amüsant ist dieser Satz nicht gerade – aber durchaus polemisch.

Meist aber spielen sich die Rezensionen zwischen Lob, Tadel und Verriss ab, wobei gerade der Verriss gerne gleich an den Beginn der Rezension gestellt wird. Unter der Überschrift »Jürgen Goschs ›Macbeth‹ an der ›Schaubühne‹ indiskutabel misslungen« lesen wir:

> »Einen über alle Maßen mühsamen, quälend langsamen, zugleich nichts sagenden Theatertod, schließlich kaum noch mit anzusehen, ist Jürgen Goschs Aufführung von Shakespeares ›Macbeth‹ an der Berliner Schaubühne gestorben. Nach viereinhalb Stunden waren im Publikum alle Reaktionskräfte gebrochen, erschöpft sogar die Gefühle des Unmuts, die Leute sind aufgestanden von ihren Plätzen und

grußlos einfach hinausgewankt aus dem Theater.« (*Frankfurter Rund-schau*)

Und ein Stück vom »polemischen Furor« (Marcel Reich-Ranicki) schaut aus dem Satz:

»Schön wär's gewesen, wenn gleich zu Beginn die entgegen dem Titel doch vorhandene Gondel samt vorgetäuschter Leiche im Canale Grande versenkt worden wäre. Den Zuschauern hätte man eine Stunde und vierzig Minuten breitgetretenen Quark erspart.« (*Acher- und Bühler Bote*)

Das Abraten vom Besuch einer Theateraufführung oder vom Kauf eines Buches ist die schärfste Waffe, die ein Kritiker schwingt. »Ich kann das Buch nicht empfehlen«, hieß es über eine Neuerscheinung von Neil Postman.

»Es ist eine flüssig geschriebene Ansammlung oberflächlicher Verdikte eines Intellektuellen, der von der Sache wenig versteht und keine Verantwortung für die Folgen seines Geredes trägt.«

Oder weitaus härter:

»Jede ›Seele auf Erden‹ sind 214 Seiten zu viel papierene Schrift.«

So heißt es etwa in einer Rezension des Buches von Rolf Schneider, nachdem es zuvor geradezu wütend attackiert worden war:

»Kein Einfall ist schwach, kein Gedanke geschmacklos genug, um nicht sofort verwendet zu werden... dieser Roman ist eine Sprachkatastrophe. Er legt so wenig Wert auf Grammatik, Erzähllogik und Bildgebrauch, dass man bald glaubt, es mit der Stilblütensammlung eines Dilettanten zu tun (zu haben)... Also hat der erbärmliche Stil durchaus Methode.«

Der Leser will vom Rezensenten wissen, ob ein Roman oder ein Gedicht gut ist oder schlecht, so etwa hat Virginia Woolf einmal geschrieben, damit er entscheiden kann, ob er kaufen soll oder nicht. »Prägnant, präzise und meinungsfroh« müsse die Rezension sein, so sieht dies auch Siegrid Löffler, die früher im »Literarischen Quartett« mitrichtete, und sie müsse dem Leser die Frage beantworten: »Soll ich das Buch lesen oder nicht?« In solchen Rezensionen versucht der Kritiker, dem Leser seine Entscheidung leicht zu machen: Hände weg von diesem Buch!

»Rettet die Kunst, schreibt Verrisse«, so mag er sich bei seinen Zeilen vielleicht gedacht haben. Womit er freilich nicht verhindern kann, dass sich jemand – trotz oder gerade wegen des Verrisses – ein Buch kauft. Denn »kein Kritiker ist unfehlbar«, wie Fritz Kortner dies sagt, und zu guter Letzt ist jeder Leser, jeder Theaterbesucher sein eigener Geschmacksrichter. Und so mag sich auch ein von der Kritik verwundeter Autor mit der Erfahrung einer Theaterkritikerin trösten: »Nur ein ganzer Verriss bringt ein volles Komödienhaus.« Aber das Publikum amüsiere sich, wie Martin Walser klagt, gerade über witzige Verrisse. Und er spricht vom »geistigen Schenkelklopfen« und meint dies natürlich höchst abfällig.

Als ziemlich ganzer Verriss liest sich auch diese Besprechung:

»Selten ist man bei einer Kritik in der Lage, so eindeutig Stellung zu beziehen wie bei Mary Wesleys neuem Roman ›Mathildas letzter Sommer‹. In vorbildlicher Weise harmonisieren Stil und Inhalt: beide sind schlecht. Während sich der Stil jedoch lediglich durch Banalisierung und Einfallslosigkeit auszeichnet, ist der Inhalt, so man ihn in irgendeiner Form ernst nimmt, geradezu skandalös.«

Und Alfred Brendel muss sich schon in tiefer Seele geärgert haben, als er – über ein anderes Buch – in der *Frankfurter Allgemeinen Zeitung* schrieb:

»Leider muss vor dem Gebrauch gewarnt werden. Es entspricht weder fachlich noch sprachlich im entferntesten den Maßstäben, die ... an ein seriöses Musiklexikon anzulegen sind.« Und dann sprach er von »skandalösen Missständen des Textes«.

Der *Spiegel* leistete sich früher in seiner Fernsehübersicht nicht selten eine Art der Kurzkritik, die wie ein Schnabelhieb klingt, wie eine mehr oder weniger elegante Sottise. Etwa über eine beliebte, wegen ihres rollenden »R« weithin bekannte Fernsehmoderatorin:

»Die gute Nachricht: Caroline Reiber macht Urlaub. Die schlechte: Sie kommt zurück. Scharrrde.«

Oder – als Gesamturteil – über irgendwelche Sendungen:

»Riskier was: Schalt ab!«

»Geh aufs Ganze: Wirf den Fernseher weg!«

Oder, wenigstens mit einer Andeutung von Begründung:

»Frontal: In knallharten Nachrichten Journalismus, da herrscht Streit und Debattenkultur. Sagt Kienzle zu Hauser: ›Ja, ja, Hauser.‹ Kontert Hauser eiskalt mit: ›Ja, Kienzle‹.«

Das ist etwas zum Schmunzeln, und mehr an Kritik soll es wohl auch gar nicht sein. Eher schon die Verwirklichung des bekannten Spruchs eines unbekannten Kritikers: »Nicht mitzulieben, mitzulästern bin ich da.« Ob dieser unbekannte Kritiker mit einem anderen unbekannten Kritiker identisch ist, entzieht sich leider meiner Kenntnis. Von ihm ist in einem alten Scherz die Rede, den Georg Hensel zitiert. Dieser Kritiker soll sogar nach dem ersten Öffnen des Vorhangs und einem flüchtigen Blick auf das Bühnenbild den Saal verlassen haben mit dem Ausruf: »Schon Scheiße!«

... oder in der Zwischentonlage

Gelegentlich findet sich aber auch einmal Lob als Einstieg:

> »Jahrelang hielt sich hartnäckig das Gerücht, Loriot plane einen langen Kinospielfilm. Um es gleich vorwegzunehmen: Das Ergebnis mit dem Titel ›Ödipussi‹ beweist, dass sich das lange Warten gelohnt hat.« (*Süddeutsche Zeitung*)

Oder:

> »Der 1927 geborene und, um es gleich zu sagen, höchst sympathische Schriftsteller Ludwig Harig...« (*Frankfurter Allgemeine Zeitung*)

Gut wird das Dilemma der Kunstkritik zwischen dem »Hosianna« und dem »Kreuziget ihn« in folgenden Zeilen deutlich:

> »Manches Mal verflucht der Kritiker seine Aufgaben. Vor allem dann, wenn ein bemühter, ein gut gemeint-optimistischer, nur leider hoffnungsloser Abend zur Rezension ansteht. Aber auch dann, wenn man das vollkommene Glück erlebt. Von einem solchen Abend möchte man eigentlich nur lallen. Schönheitstrunken. Und das geht natürlich nicht.« (*Acher- und Bühler Bote*)

Auf einem ganz besonders »geschmäcklichen« Gebiet – der Gastro-Kritik – hat ein Kritiker seinen Zwiespalt einmal so beschrieben:

> »Selten haben wir uns bei der Bewertung eines Lokals so vor Verlegenheit gewunden wie hier; denn noch nie ist uns eine solche Diskrepanz zwischen kulinarischem Können und gastgeberischem Unvermögen begegnet. In der tristen Atmosphäre und Ausstattung eines drittklassigen Hotel-Frühstücksraums wird hochkarätige Küche aufgetragen. Die Betreuung ist korrekt, aber abweisend und unfreundlich. Die Folge: Gähnende Leere an einem zum Ausgehen einladenden Freitagabend; gerade zwei Zweiertischchen sind besetzt. Der Gast fühlt sich wie ein Eindringling in dieser Oase der Ungemütlichkeit. Dabei wird hier souverän gekocht.«

Während ein Lob durchaus für sich stehen kann, sollte als Gebot der Fairness der Tadel freilich begründet werden:

> »Eine Veranstaltung hatten sie durchlitten, der es an nahezu allem mangelt, was Theater bedeuten kann, einen Abend ohne dramatische

Bewegung, ohne sinnvolle Bildlichkeit, Schicksal, Erotik. Goschs Inszenierung walzt das Stück breit aus, ist im Zentrum aber ohne Kraft, Antrieb, Begründung. Sie erstickt die Dynamik der Tragödie, ohne dass dabei jedoch irgendein Ansatz eigener Interpretation, Deutung erkennbar würde. Mit großer Gebärde simuliert Gosch einen Stilstrich und hat doch nichts mitzuteilen.« (*Frankfurter Rundschau*)

Das ist beinahe schon jene »stille Vernichtung«, die bisweilen auch als »Kunst« gerühmt wird.

Glaubwürdig ist ein Verriss vor allem, wenn er eine Aufführung nicht in Bausch und Bogen niedermacht, sondern sich im Sinne Lessings die Aufgabe stellt, zu differenzieren. So heißt es etwa unter der Knittelvers-Überschrift. »Eine Carmen zum Erbarmen« zunächst mit einem Gongschlag:

»Wie in einer Schmierentheater-Aufführung in der Provinz wird auch in der besonders scheußlichen, in einem wässrigen Blau gehaltenen Bühneneinrichtung gespielt. Die Frage, ob manche der szenischen Einfälle... als Parodie gemeint oder nur darstellerisch misslungen waren, konnte so nie ganz geklärt werden.«

Aber dann liest man weiter:

»Ihre besten Augenblicke, diese gab es auch in Ettlingen, hatte die Carmen-Produktion mit Meral Jaclin in der Titelpartie, die fehlende erotische Ausstrahlung mit sehr differenziertem Einsatz ihres nicht allzu großen, aber in allen Registern ausgeglichenen Mezzos wettmachte.«

Oder an anderer Stelle:

»Dass die Nürnberger Symphoniker sich in ihren besten Momenten zu einer soliden Routineleistung mit schönen Episoden der Holzbläser... aufschwangen.«

Oder im Bemühen um Fairness in der Kritik:

»Das städtische Orchester folgt willig im Rahmen seiner Möglichkeiten.« (*Acher- und Bühler Bote*)

Oder in schützender Diskretion:

»Das übrige Ensemble hält sich – mit einer schauerlichen Ausnahme – anständig.« (»Badische Neueste Nachrichten«)

Wie ein Studienrat in Zeugnisnoten urteilte die österreichische Zeitung *Die Presse* über eine Aufführung der Oper »Margarete« von Charles Gounod am Wiener Burgtheater:

»Francisco Araiza ist ein tadelloser Faust, wenn kein blendender Tenor zur Verfügung steht. Ruggiero Raimondi wird in unserer Erinnerung von vielen Persönlichkeiten mühelos verdrängt. Walton Grönroos hat in einer wichtigen Staatsopernproduktion als Valentin noch nichts zu suchen...«

Diese Inszenierung war, vom Regisseur vielleicht ganz bewusst gesteuert, schon vor der Premiere skandalisiert worden. Und so war die Kritik dann vielleicht als eine Art von Quittung gedacht.

Besonders heikel kann es werden, wenn ein Künstler im Mittelpunkt der Kritik steht, dessen große Zeit wenigstens aus der Sicht des Kritikers vorbei ist. So heißt es etwa über ein Konzert von Yehudi Menuhin:

»Wer in Verehrung zu dem alten Herrn aufschaute, freute sich über das Wiedersehen, wer indes nur halbwegs aufmerksam seinem Spiel lauschte – das ist des Rezensenten Pflicht –, der litt oder ärgerte sich maßlos. Menuhin bemühte sich um Disziplin, aber wenn die Finger nicht mehr mitspielen, kann auch strengste Askese nichts bewirken. Menuhin hatte in den Ecksätzen Mühe, die von ihm selbst vorgeschlagenen Tempi durchzuhalten, und was sonst noch an Mängeln in der Intonation und der Bogenstrich- und Grifftechnik zutage trat, trieb die Interpretation ins finsterste Mittelmaß. Von jedem Musikstudenten hätte man mehr verlangt. Es fällt schwer, es so deutlich zu artikulieren: Es war ein unnötiger Auftritt, der das für einen solch großen Saal und in einer solchen Konzertreihe anzustrebende Niveau nicht im Mindesten erreichte.« (*Frankfurter Rundschau*)

Man hätte diese Kritik sicherlich auch in leiseren Tönen vortragen können, ohne »des Rezensenten Pflicht« zu verletzen. So jedenfalls war es überdeutlich gesagt. Allerdings fährt der Rezensent dann fort:

»Der Dirigent Menuhin und mit ihm die Symphonie Varsovia hatten dagegen im weiteren Verlauf des Konzerts die allergrößten Erfolge.«

Sehr viel behutsamer hatte ein Kritiker in einem Nachruf auf Rudolf Serkin einmal kleine Ausfälle des großen, alten Pianisten angemerkt, gleichsam in einer Fußnote:

»Sein letzter großer Auftritt in München fand 1987 statt; Serkin spielte die letzten drei Beethoven-Sonaten mit jener selbstverständlichen rhapsodischen Freiheit, die seine Hörer zugleich entwaffnete und beseligte. Ein paar falsche Töne störten ihn nicht und uns nicht.« (*Süddeutsche Zeitung*)

Es ist halt sehr menschlich, wenn jemand im Laufe seines Lebens älter wird. Unter der Überschrift »Mühsal ewiger Jugend« schrieb ein Kritiker angesichts solcher Beobachtungen über ein Konzert von Johnny Halliday:

»Plötzlich müht sich da oben einer im Schweiße seines Angesichts die verlorenen Jahre einzuholen, unversehens wirkt mitleiderregend, was im Frauen wie Männer einbeziehenden Lockspiel virilen Überschuss suggerieren soll.«

Recht einfühlsam nachsichtig wurde einmal eine Indisposition Herbert von Karajans beobachtet, als der Dirigent an den Folgen einer Fleischvergiftung litt:

»Sich mit Beschwerlichkeit vortastend, betritt Karajan das Podium. Mühevoll das Entgegennehmen des Beifalls und die Wendung zum Orchester, das Anlehnen an das gepolsterte Geländer – der jahrzehntelang über Musik und Medien Verfügende muss sich nun gegen andere Gewalten behaupten.« (*Frankfurter Allgemeine Zeitung*)

Ein solcher Hinweis auf die Tagesform eines Künstlers ist kein »Schmäh«, wie der Wiener sagt: Es ist schlicht und einfach etwas Menschliches zu verzeichnen.

Deutlich kühler notierte ein Rezensent hingegen bei dem Gitarristen Julian Bream eine Indisposition – oder eher doch schon »verblichenen Glanz«, wie es in der Überschrift hieß:

»Er ist es. Und doch ist er kaum wiederzuerkennen. Julian Bream darf man fast schon zu den lebenden Legenden der Gitarre zählen... Nun aber sitzt er auf der Bühne des Herkulessaals der Residenz und kämpft sich plötzlich mehr als mühsam durchs Programm... Es ist schwer verständlich, warum Bream – derart indisponiert – ausgerechnet ein auf Brillanz und virtuosen Effekt abgestelltes Stück dargeboten hat.«

Eine Art von »Alters-Milde« hat Marcel Reich-Ranicki einmal von Joachim Kaiser eingefordert, als dieser einen betagten Dirigenten streng kritisierte:

»Ich glaube, dass du mit jedem deiner Argumente Recht hast. Doch so gnadenlos darf man über einen Künstler nicht schreiben, der über 80 Jahre alt ist.«

»Schon-Zone« nennt Joachim Kaiser diesen Appell in seiner Glosse in der *Süddeutschen Zeitung*.

Keine solche »Schon-Zone« gab ein Kritiker der Sängerin Montserrat Caballé bei einem Auftritt im Baden-Badener Festspielhaus, die er als »bröckelndes Monument« vorstellte. Er sprach vom weitgehenden Verlust ihrer »stimmlichen Kompetenz«, von »scheppernden Koloraturen« und einer »durchweg entgleitenden Intonation«. Sein Fazit: »nach dem weitgehend ruinösen Abend blieb einzig der Respekt vor ihrer großen Vergangenheit.«

Wie also ist das mit der »Schon-Zone«, wenn jemand vor aller Augen scheitert? »Wer in der Öffentlichkeit auftritt, hat keine Nachsicht zu erwarten und keine zu fordern«, so mitleidlos sieht das die Schriftstellerin Marie von Ebner-Eschenbach. Wenn sie damit immer *Leistung* einfordert, hat sie Recht. Wenn aber das unbarmherzige Alter eine große Leistung schwächt, dann wäre diese apodiktische Forderung doch allzu streng.

Das »Ich« des Kritikers...

»Das Pronomen ›ich‹, mit dem sich mindere Rezensenten so gern spreizen, wird man in seinen Arbeiten vergeblich suchen«, hat Jochen Hieber über einen Rezensenten geschrieben. Zu einem guten Teil hat er damit Recht: Es gibt Rezensenten, die sich gern mit ihrem »Ich« spreizen. Aber ganz und gar unangebracht ist das »Ich« auch in der Rezension nicht, wie es auch – freilich selten – in der Reportage seinen Platz hat (siehe S. 164 ff.). Aber wie dort, muss auch hier vor einem »überhand nehmenden Ego-Trip« gewarnt werden, wie jemand dies sagte. Und wie in der Reportage, so hat das Ich aber auch hier seinen Platz, wenn die Spiegelung des Ereignisses in der Person des Journalisten unverzichtbar ist – etwa wenn ein Journalist ein Gespräch schildert, das er mit einem bekannten Politiker auf einem Spaziergang wenige Tage vor dessen Tod geführt hat. Ein wenig übertrieben oft findet sich das »Ich« in einer Besprechung des Buches »Der romantische Brief« von Karl-Heinz Bohrer. Hier sagt der Rezensent:
> »Nicht recht abfinden kann *ich mich* jedoch mit einer anderen Konsequenz dieses Einspruchs... Aber *mir* scheint hier zugleich eine andere Gefahr zu entstehen... *Ich* habe nichts dagegen, dass dieser Gedanke gedacht wird... Das sind einige Fragen zu Bohrers Buch, und *ich habe mir* noch einmal eine ganze Reihe anderer notiert, denn *ich* habe es gern gelesen.« (*Frankfurter Allgemeine Zeitung*, Hervorhebungen, auch an den anderen Stellen, vom Verfasser)

Und ist es für den Leser wirklich aufschlussreich, wenn er unter der Überschrift »Eine Pianistin kämpft« vom Kritiker vernimmt:
> »Wie gerne hätte ich hier einen Schumann gehört, der überall aus dieser Sonate hervorlugt.« (*Süddeutsche Zeitung*)

Wenig von falscher Bescheidenheit geplagt erscheint auch ein Rezensent, wenn er nach einer Aufführung von Richard Strauss' »Capriccio« in der »Ich-Form« die »eine oder andere Umbesetzung« forderte. Und es gereicht ihm dann durchaus zur Ehre, wenn er bei einer späteren Aufführung die »Rollen-Perspektive« eines von ihm gerügten Sängers besser verstand:

> »Ich muss ihm an dieser Stelle nachträglich Recht geben.« (*Frankfurter Rundschau*)

Besser noch wäre es freilich gewesen, wenn er sich beide Sätze verkniffen hätte.

Angebracht kann die Ich-Form sein, wenn ein Kritiker ein Schlüsselerlebnis beim Lesen einer Neuerscheinung beschreibt:

> »Eine Szene daraus will mir nicht mehr aus dem Sinn«,

oder einfühlsam über das Buch eines Emigranten sagt:

> »Am stärksten hat mich in dieser kleinen Erzählung... die stille Selbstverständlichkeit der Bereitschaft zum Widerstand gerührt.«

Denn hier bildet die Ich-Form eine emotionale Brücke zum Verständnis. Und dann kann es getrost von Ichs einmal nur so wimmeln, wenn etwa ein Fernsehkritiker sich über einen »Scheibenwischer« von Dieter Hildebrandt hermacht und damit zu erkennen gibt, dass hier so etwas wie ein »Fan« enttäuscht wurde:

> »Was ist geschehen, dass ich das alles nur noch matt und harmlos finde?«, um am Schluss einzuräumen, dass diese Enttäuschung vielleicht nur an ihm, dem Kritiker, gelegen hat. Hier ist die Ich-Form wie ein Durchmarsch im Skat, und sie relativiert das negative Urteil des Rezensenten. Ein wenig herablassend klingt es aber, wenn es in einer Konzertkritik heißt:

> »In der Tat, Justus Frantz spielte nicht schlecht und mit weniger Gemogel bei technisch schwierigen Stellen, als ich erwartet hatte.« (*Frankfurter Rundschau*)

Sachkundig, und durch das »Wir« majestätisch verklärt, vergleicht ein namhafter Theaterkritiker einmal unterschiedliche Rollenauffassungen:

> »Wir sahen Don Juan als grotesken Gockel (bei Benno Besson) und als impotenten Wüstling (bei Ingmar Bergman), wir trafen Hamlet als quicken Winzling (Martin Wuttke in Frankfurt) und als lethargischen Fettkloß (Martin Sperr in Freiburg). Wir haben uns an jede Überraschung gewöhnt und sind folglich durch nichts mehr zu überraschen...«

Und wenn es in einer Kritik über Thomas Bernhards »Vor dem Ruhestand« heißt:

> »Peymann hatte das Stück realistisch inszeniert, alle späteren Aufführungen, die ich kenne, ähnelten jener dort...«,

dann will der Rezensent vor allem den Vergleichsmaßstab kenntlich machen, an dem er diese Aufführungen misst. Und vom Vergleichen »lebt« schließlich auch der Kritiker – jedenfalls solange er nicht der Versuchung erliegt, sich selbst zum Maßstab aller Dinge zu machen.

Vor allem bei Musikkritiken kann gelegentlich auch einmal ein sehr persönlicher Eindruck am Anfang stehen, bei dem das »Ich« – kleidsam verschleiert – zwischen den Zeilen anklingt:

> »Noch immer ist der Rezensent wie verzaubert vom Erlebnis des Vor-abends, von dem weisen, greisen Beethoven-Magier Rudolf Serkin; von dessen Kunst, Musik aus ihrem Kern heraus zu deuten und zu zeigen, was eine Sonate oder einen Variationssatz im Innersten zusammen-hält.«

Und es ist auch nicht narzisstische Selbstbespiegelung, wenn ein Kritiker unter der Überschrift »Ein milder Donnergott« über ein Konzert des alten Vladimir Horowitz schreibt:

> »Dieses Lob... soll nun nicht etwa von pianistischen Altersschwä-chen ablenken – denn Horowitz spielte an diesem Frankfurter Sonn-tagnachmittag konzentrierter, virtuoser und schwungvoller als in Moskau oder Mailand... Nachdrücklich erinnert er an seine alte, oft beargwöhnte Rattenfängertugend, auch zweitrangige Kompositio-nen so hinreißend zu veredeln, dass einem vor lauter Hören und Sehen sämtliche hochseriösen Maßstäbe vergehen.« (*Süddeutsche Zei-tung*)

Und sparsam gebraucht, kann auch einmal eine »kritische« Liebeser-klärung am Platz sein:

> »Für mich ist das erste Buch von Richard Leising ein Ereignis.« (*Frank-furter Allgemeine Zeitung*)

oder:

> »The audience loved it, and so did I.« (*The Guardian*)

... und das Subjektive an der Kritik

Dass die Urteile von Kritikern über dasselbe Werk meilenweit auseinander klaffen können, ist eine alte Erfahrung, die zunächst einmal beweist, wie subjektiv, wie sehr »Geschmackssache« halt das Geschäft des Kritisierens ist. Und wieder war es Marcel Reich-Ranicki, der einmal darauf hinwies, dass jedenfalls bei einem Buch ein solcher Spannungsbogen in den Krit -

ken im Leser immerhin die Neugier weckt – und damit auch die Bereitschaft zum Kauf.

Aber auch sonst gehören Meinungsverschiedenheiten zum Alltag der Rezension. Gänzlich verschiedene Besprechungen hatte etwa eine Fernsehsendung ausgelöst, in der es um die Haftung und die Verantwortung für das Siechtum von Menschen ging, die mit Plutonium verseucht worden waren. Die *Frankfurter Allgemeine Zeitung* ließ kein gutes Haar an dem Bericht und gelangte zu der Feststellung:

»Gemessen an der Dürftigkeit der gebotenen Informationen hätte man freilich diesem Beitrag allenfalls ein paar Minuten zubilligen sollen. Zudem hatte es Christoph Maria Fröhder geschafft, zu keiner Zeit etwas wie Spannung aufkommen zu lassen...«

Dagegen hieß es in der *Frankfurter Rundschau*:

»Spannend wie in einem Kriminalroman legt Fröhder seine Recherchen auf... Man kann diese Art des Journalismus nicht hoch genug rühmen... Dieser Journalismus müsste die Regel werden, müsste Vorbild sein auch für die Politik-Redakteure des Fernsehens, die sich angewöhnt haben, das laute Propagandagerede der Parteienvertreter hinzunehmen und ihre eigenen Fragen niederschwätzen zu lassen.«

Und eine Mittellinie nimmt die *Süddeutsche Zeitung* ein, wenn sie sagt:

»Einmal mehr war es für den Zuschauer aufschlussreich zu sehen, wie hartnäckig die Abschirmtechnik der Atomkonzerne an der Arbeit ist. Auch am Grabe der Plutoniumopfer scheint noch immer keine vernünftige, Informationen freilegende Auseinandersetzung möglich.«

Kritik ist nun einmal subjektiv, fast könnte man sagen, sie macht die Subjektivität zur Kunst. Das sollte nicht nur die Kritiker trösten, falls sie in einer unbewachten Stunde einmal so etwas wie Selbstzweifel beschleichen, sondern natürlich vor allem die Kritisierten.

Das Schöne am Leben wie am Journalismus, so hat Herbert Riehl-Heyse einmal geschrieben, sei ja bekanntlich, dass es viele Darbietungen gibt, die man sowohl auf die eine als auf die andere Weise sehen könne. Und jeder, der sich den Luxus leistet, verschiedene Zeitungen nebeneinander zu lesen, kann sich tagtäglich von der Richtigkeit dieses Satzes überzeugen. Vielleicht setzt sich ja eines Tages die eine oder die andere Meinung durch. »Und damit sie entstehen kann, ist halt das wahrheitssuchende Gegeneinander ›subjektiver Urteile‹ nötig.« Der Kritiker, der dies schrieb, mag dabei an die Plädoyers vor Gericht gedacht haben: Wenn alles gut geht, könnten sich die besten Argumente am Ende durchsetzen.

Kritik, die Ärger macht

Bisweilen kann Kritik auch einmal dem Kritiker Ärger bereiten, und nicht nur dem Kritisierten. Bei »Großkritikern« oder bei Rezensenten auf dem Weg dorthin bleibt es eher bei der klassischen Risikoverteilung: Hier ist der Kritiker kein Opfer, aber durchaus einmal Täter. Er ist es, der die Pfeile schießt, der Kritisierte wird getroffen. Und da keine Waffengleichheit besteht, kann er nicht zurückschießen.

Anders sehen die Dinge aus, wenn ein wenig bekannter Kritiker auf einen arrivierten Künstler trifft und sich an ihm die Krallen schärft. Dann können die Pfeile, die zurückfliegen, ziemlich giftig werden. Und bleibt dann jemand auf der Strecke, ist es jedenfalls nicht der Künstler.

So geschah es, als ein freier Mitarbeiter einer großen Regionalzeitung sich an Justus Frantz gerieben hatte, der bei einem festlichen Konzert in einer Kleinstadt als Dirigent auftrat. In seiner Rezension war von »ausgebleichtem, weichgespültem Mozart« die Rede und einer »Zauberflöten-Ouvertüre ohne Zauber«. Und auch sonst hatte der Kritiker wenig Freundliches zu vermelden: Er sprach von »raumgreifender Gestik, die freilich den physischen Vorgang ›Dirigieren‹ nur spielte: Eine Art Leonhard Frantz oder Justus Bernstein sollte dabei herauskommen, nur übersah der Zauberlehrling, dass sein alter Hexenmeister noch in den zirzensischsten Luftsprüngen eine magische Kommunikation mit dem jeweiligen Orchester führte. Bei Frantz ist jeder allein – das wacker drauflosspielende Orchester, das tonbeschallte Publikum und er selbst mit seiner Maestroschau«.

Das mag nun witzig formuliert sein oder gewollt, und ob Frantz die Sottisen verdient hatte, lässt sich ohnehin nicht beurteilen, wenn man dem Konzert nicht gelauscht hatte – die Kritik zog jedenfalls einen wahren Schwanz von Entschuldigungen nach sich. Der Verleger entschuldigte sich beim Oberbürgermeister der Stadt, die Zeitung entschuldigte sich bei ihren Lesern, und ganz sicher gab es auch Entschuldigungen bei Justus Frantz. Von einer Verletzung journalistischer Sorgfaltspflichten war die Rede, von einer Fehlleistung ersten Ranges, von einem Schaden für das Ansehen der Stadt. Und von politischer Seite wurde gar von einem »hergelaufenen Musikkritiker« gesprochen und von dessen Unverschämtheit.

Und für den Journalisten, der plötzlich seine Stelle verloren hatte, blieb die Frage, ob er sich bei Mozart verhört hatte oder bei Justus Frantz versehen oder sich ganz allgemein in seinen Worten vergriffen – oder ob er es nur an einem Kniefall hatte fehlen lassen, den man – auch wieder in einem sozialen Nahfeld – einem weithin bekannten Mann zu schulden glaubte. Das wäre nun freilich schlimm – für die Meinungsfreiheit, die in den Grenzen der Schmähkritik jedem Rezensenten zusteht.

Kritik, die ärgert

Wie ist es für den, der getadelt wird, und wie fühlt sich ein Autor, dem so etwas wie »herzliche Anerkennung« zuteil wird? Thomas Bernhard hat in der *ZEIT* einmal diese Frage beantwortet:

»Bei Kritiken habe ich nie mehr ein Hochgefühl. Am Anfang ja, weil man diese Dinge alle glaubt. Wenn man aber dreißig Jahre lang dieses Auf und Ab erlebt, dieses Heimzahlen von Schuld, dann durchschaut man die Mechanismen. Da schickt einer seinen Diener und sagt: Da will ich eine negative Kritik. So geht das.«

»Ärgern Sie diese Verrisse?«

»Ja, ich falle auch heute noch in jede Grube.«

Da schickt jemand seinen Diener: Ist da von irgendwelchen Gefälligkeits-Rezensionen die Rede oder gar von Un-Gefälligkeiten?

Und wenn es so wäre: Sind dann Autoren die Opfer und Kritiker die Täter, wie Martin Walser einmal schrieb? Und wie ist es, wenn ein Kritiker sich in seinem Urteil einmal irren sollte und es doch im »Literaturbetrieb«, anders als vor Gericht, eigentlich weder Berufung noch Revision gibt? Er habe sich als Kritiker »noch nie« geirrt, hat Marcel Reich-Ranicki einmal zu Protokoll gegeben. Da war Alfred Kerr dann doch bescheidener, als er sein »Urteil« über Carl Zuckmayer einmal revidierte. »Dieser heillose Lyriker«, so hatte er entschieden, »dem manchmal ein paar schöne Verse gelingen, wird niemals einen auf der Bühne sprechbaren Satz herausbringen.« Und später räumte er dann ein, dass Zuckmayer dieses »furchtbare« Urteil nach fünf Jahren glänzend widerlegt habe. Und ein solches Eingeständnis ist dann doch eine Art von Revision.

Bei Buchbesprechungen hat Art Buchwald, der amerikanische Kolumnist, einen freundschaftlichen »Deal« einmal auf seine Weise ironisiert. »Im Verlagswesen besteht die Regel«, so sagte er, »dass kein Buch gedruckt werden kann, wenn der Verleger nicht mindestens zwanzig lobende Buchbesprechungen erhalten hat.« Und wer die anderen nicht lobt, wird selbst nicht gelobt, mit der Folge – siehe oben. Und mit welcher zitternden Spannung gerade in den USA am auflagenstärksten Samstagmorgen auf die

Zeitungen mit den Kritiken gewartet wird, hat Stefan Heym in seinem (Selbst-)Nachruf eindrucksvoll geschildert.

Wo steht der Kunst-Kritiker in der Welt des so genannten Kulturbetriebs, die mit so eigenwilligen Menschen bevölkert ist, wie Künstler es nun einmal sind? Er muss durchaus nicht von Berufs wegen »böse« sein, wie es Georg Kreissler in seinem herrlich-satirischen Lied dem *Musik*kritiker andichtet. Und es ist natürlich auch nur ein hübscher Gedanke, dass dieser Kritiker – überfüttert vom kulturellen Geschehen, wie er nun einmal ist – viel milder gestimmt wäre, wenn er wie andere auch ein »Stündchen an der Theaterkasse Schlange gestanden hätte«, um eine Eintrittskarte zu ergattern. Sein Beruf zwingt ihn weder dazu, »böse« zu sein, noch »mild«. Aber fair, das *muss* er sein, denn es ist ihm durch das Podium, auf dem er steht, viel Macht gegeben – mehr Macht vielleicht, als mancher Kritiker verkraften kann.

Zwischen Literaten und Theaterleuten und ihren Kritikern bestehe Feindschaft, ja Krieg von alters her, hieß es einmal in der *Frankfurter Allgemeinen Zeitung*, »einem absolut unzuverlässigen Ondit zufolge deshalb, weil die einen den anderen das Talent zur Anfertigung von Kunstwerken neiden«. Könnte die Sache so einfach sein? Der Rezensent als Ochse unter kräftigen Bullen? Oder doch eher die klare Rollenverteilung: Akteur und Zuschauer? Vielleicht ist es aber doch so, wie es sich Ingmar Bergmann einmal hat erklären lassen: Künstler und Kritiker stehen auf verschiedenen Seiten. Aber beide führen ihre Künste dem Publikum vor.

»Wenn mich Kritiker loben, mag ich sie«, sagt Bruno Jonas, der Kabarettist. Und der Satz bleibt wahr, auch wenn man alles Kabarettistische von ihm abzieht. Wie aber »verkraften« die von der Kritik nicht Gelobten: die Autoren, Filmemacher, Musiker, Regisseure, Maler oder Sänger die Macht, die da über ihren Köpfen schwebt? Wer behaupten würde, dass ihm gänzlich einerlei ist, wie die Kritik über ihn denkt, ist kaum noch von dieser Welt – oder er lügt. »Schlechte Kritiken haben mich immer über Gebühr gequält«, das *gesteht* Ingmar Bergmann, und der Violinist Isaak Stern erinnert sich als alter Mann daran, dass er am Beginn seiner Laufbahn nach einem Verriss stundenlang im Bus durch New York fuhr, weil er nicht mehr weiter wusste. Kritik baut auf, belebt, orientiert, spornt an, lähmt, macht mutlos oder unschöpferisch – je nachdem. Aber sie ist niemals ganz ohne Wirkung, solange der Kritiker ernst genommen wird. Eigentlich seien ihm die Kritiker »wurscht«, hat der Sänger Walter Berry einmal gesagt. Was ihn ärgere, sei aber, dass sein Fleischer oder die Milchfrau die Kritiken läsen.

Und die glaubten dann, dass er nicht gut gewesen sei. Sie leide »entsetzlich auch unter schlechten Kritiken«, hat die Sopranistin Leonie Rysanek *gestanden.* »Und«, so fügte sie hinzu, »ich habe die Schuld natürlich immer bei mir gesucht und nicht bei den Kritikern.«

Und wie ist es, wenn ein Kritisierter die Schuld einmal woanders sucht? Wie kann er sich wehren? Natürlich kann er es mit dem japanischen Autor Haruki Murakami halten, der die Dinge so sieht: »Kritiker müssen literarische Texte lesen, aber Schriftsteller müssen keine Kritiken lesen. Das ist ein wunderbares Privileg.« Und wenn er sie doch liest? An einer zuverlässigen Leporello-Liste der Handgreiflichkeiten fehlt es bislang. Bekannt geworden ist vor allem jene Ohrfeige, mit der Käthe Dorsch einmal einen ihr offenbar nicht wohlgesonnenen Kritiker bedachte. Hermann Hesse, der übrigens auch als Rezensent tätig war, ließ es gegen diese Zunft mit einem Bannfluch bewenden. »Möge diesen Kerls«, so schrieb er, »Schimmel auf der Zunge wachsen.« Und sonst? Verächtlich ist der Kunstkritiker dann, hat Marcel Reich-Ranicki einmal gesagt, wenn er keine Feinde hat. Und Freunde? Dazu warte ich einstweilen noch auf ein Zitat.

9. »Frag dich vorwärts«
oder: Die Kunst des Interviews

> »Eine gute Frage ist die halbe Antwort.«
> »Intelligenz wird daran gemessen, welche Fragen man stellt, nicht durch Erklärungen, die man abgibt.«
> *(Ratschlag einer Mutter, zitiert im Buch eines Unternehmensberaters)*

> »Fragen sind niemals taktlos, Antworten sind es bisweilen.«
> *(Oscar Wilde)*

> »Fragen genießen den Schutz der Meinungsfreiheit in gleicher Weise wie Werturteile.«
> *(Bundesverfassungsgericht, 1991)*

Interview, das ist ein Kunst*wort*. Und ein gutes Interview kann durchaus zum Kunst*werk* werden, wenn beide, Frager und Befragter, ihr Handwerk verstehen. Obwohl bei einem solchen Rede-Antwort-Spiel die Fußspuren eigentlich zu den elektronischen Medien führen, kommen heute auch Zeitungen und Zeitschriften kaum noch ohne Interviews aus, auch wenn sie nicht immer so heißen. »Wir danken Ihnen für dieses Gespräch«: Dieser Schlusssatz, mit dem ein *Spiegel*-Interview endet, ist ja längst zum geflügelten Wort geworden. Nur dass nicht alles auch gleich ein »Gespräch« ist, was sich – anderswo – so nennt.

Da das Interview, wie etwa der Fremdwörter-Duden dies sagt, eine »für die Öffentlichkeit bestimmte Unterredung« ist, fällt unter diesen Begriff jedenfalls nicht das Recherche-Gespräch, in dem sich Journalisten Informationen für ihre Beiträge verschaffen. (Einmal ganz abgesehen davon, dass es ohnehin ein matter Witz ist, wenn etwa ein Mann am Stammtisch sagt, er werde jetzt einmal seine Frau am Telefon *interviewen*, was es denn heute zum Abendessen gibt.) Interview ist, wie dies gesagt wird, eine journalistische Darstellungsform, die Informationen und Meinungen in Form einer Befragung verbreitet. Allerdings sollte es stets der Befragte sein, um dessen Informationen und Meinung es da geht, und die Aufgabe des Journalisten ist es, Fragen und Antworten wie an einer Perlenschnur vor dem Leser aufzureihen. »Sie stellen die Fragen, ich gebe die Antworten – so ist die Regel«, hat dies, die Dinge etwas vereinfachend, Bundeskanzler Gerhard Schröder gesagt, und mit zurechtweisendem Unterton einmal Günther Gaus in einem Gespräch mit Dieter Hildebrandt.

In diesem Frage-Antwort-Spiel sind wir weder bloße Stichwortgeber noch Disputanten, deren Rolle es wäre, den Gesprächspartner mit echten oder eingebildeten Argumenten niederzuwalzen. Eher schon wären wir bei bestimmten Gesprächen mit Dompteuren zu vergleichen, die ihren Gesprächspartnern die glühenden Reifen zum Springen hinhalten.

»Im Juni 1985«, schrieb Milan Kundera widerwillig in der *ZEIT*, »habe ich endgültig beschlossen: nie mehr ein Interview.« Und er liefert dafür auch eine Begründung: Zwar sei der Dialog eine bedeutende literarische Form, und er sei durchaus glücklich gewesen über einige durchdachte, gut aufgebaute und in Zusammenarbeit mit ihm redigierte Interviews. »So wie das Interview aber gewöhnlich realisiert wird, ist es etwas ganz anderes, 1: Der Interviewer stellt uns Fragen, die für ihn und nicht für uns interessant sind; 2: Von unseren Antworten verwendet er nur solche, die ihm passen; 3: Er überträgt sie in seine eigene Wortwahl, seine eigene Denkart.« Und in seinem Roman »Die Unsterblichkeit« macht er seinem Unbehagen an der Rolle des Journalisten, vor allem wenn er als Frager auftritt, in seitenlangen Passagen Luft. »Ein Journalist ist nicht jemand, der Fragen stellt, sondern jemand, der das heilige Recht hat, Fragen zu stellen, wem auch immer und wonach auch immer ... Die Macht des Journalisten beruht nicht auf seinem Recht, Fragen zu stellen, sondern auf seinem Recht, eine Antwort zu verlangen.«

Richtig daran ist: Ein Journalist hat nicht das unumschränkte Recht, Fragen zu stellen – wem er will. Auch ein Politiker braucht sich nicht zu einem Interview einzustellen, wie zu einem Appell. Und Helmut Kohl hat als Bundeskanzler oft von diesem Recht Gebrauch gemacht, »nein« zu sagen.

An einer anderen Stelle spricht Kundera von der Macht der Journalisten, Politiker zu »entthronen« – nicht mit Waffen oder durch Intrigen, sondern »durch die bloße Kraft des Fragens«. Kundera hat keine besonders gute Meinung von Journalisten, daraus macht er keinen Hehl. Freilich hat ihm niemand die Frage gestellt, ob ihm diese »Macht des Fragens« nicht sehr willkommen gewesen wäre, hätten sie Journalisten im kommunistischen Regime der Tschechoslowakei nur ausüben können.

Aber warum ist es eigentlich eine Form von Anmaßung, wenn wir Journalisten in Interviews mit dem Anspruch auftreten: »Antworte und sag die Wahrheit!« Denn wir üben diesen Auftrag ja im Namen der demokratischen Öffentlichkeit aus und haben dieses Mandat jedenfalls dann, wenn wir Machtträger befragen, die ihre Macht öffentlich verantworten müssen. Bei Privatpersonen und Künstlern, mögen sie auch vom Rang eines Milan Kundera sein, ist dies freilich etwas anderes. Aber sie können wir ja auch nur um ein Gespräch *bitten*, aber nicht zum Gespräch *zwingen*. Mit seinen sonstigen Einwänden freilich hat er zum guten Teil Recht. Darüber wird im Folgenden noch zu reden sein.

Spielarten des Interviews

Im Allgemeinen werden Interviews danach unterschieden, ob die Sache, die Person oder die Meinung im Vordergrund steht. Freilich lässt sich auch hier, wie meist im Journalismus, keine lupenreine Trennung verwirklichen, weil *Sache*, *Person* und *Meinung* wie Tabak, Pfeife und Streichhölzer für einen Raucher zusammengehören. Aber wir sollten bei der Vorbereitung des Interviews und in seinem Verlauf stets vor Augen haben, worauf wir den Schwerpunkt legen müssen, wenn wir das Informationsinteresse unserer Leser befriedigen wollen.

Man kann die Interviews aber auch auf andere Weise voneinander unterscheiden. Da wäre zunächst das *Abfrage-Interview*, in dem es meist um einfache Auskünfte geht, die ein Journalist seinem Partner abverlangt. Etwa wenn das Ziel dargestellt werden soll, das sich die Veranstalter der »Woche des Buches« gesetzt haben. »Wie kam es überhaupt zur ›Woche des Buches‹?« wird da gefragt, oder: »Wer sind die Veranstalter?«, »Wer ist für die verschiedenen Veranstaltungen vor Ort zuständig?« oder: »Worin sehen Sie die wichtigste Funktion Ihres Projektes?« Das sind kurze Fragen, auf die wir kurze Antworten erwarten und bei denen es kaum etwas zu »hinterfragen« geben dürfte, da der Gesprächsgegenstand wenigstens auf dieser Ebene wenig konfliktträchtig ist.

Oder ein Interview mit einem Fremdenverkehrsexperten:

»Wie haben Sie die Anfänge des Fremdenverkehrs in der Wildschönau erlebt?«

»Wie sehen Sie die Zukunft des Fremdenverkehrs in der Wildschönau?«

Beim *Klatsch-Interview*, dem klassischen Bereich der Regenbogenpresse, hat der Journalist die einmalige Gelegenheit, Oscar Wilde zu widerlegen, der einmal gesagt hat, dass Fragen niemals taktlos seien, Antworten hingegen zuweilen doch. Und noch immer wird ein solches Interview auch einmal frei erfunden, wie es einstmals der früheren persischen Kaiserin Soraya geschah, die daraufhin die Presserechtsprechung um ein wichtiges Grundsatzurteil bereicherte – sie erhielt ein Schmerzensgeld wegen Persönlichkeitsverletzung.

Das *Hintergrund-Interview* soll Informationen aufhellen, die sich sonst verloren vor dem Leser ausbreiten. Es wird nicht selten ein Experteninterview sein, dem man beim Sprachfluss aber auf keinen Fall anmerken darf, dass es ein Experte ist, der da befragt wird. Stets müssen wir als Frager auf der Hut sein, dass das Gespräch nicht zum reinen *Selbstdarstellungs-Interview* wird, wo der Befragte sich, in einer Art von umgekehrtem Striptease vor aller Augen ankleidet. Der *Spiegel* war es vor allem, der das *Kampf-Interview* kultiviert hat, das Gespräch also, wo Frager und Befragte sich wie Boxkämpfer umtänzeln und dem Leser zu guter Letzt die Entscheidung überlassen, wer da nach Punkten gesiegt hat. Und dann gibt es das *Gespräch*, das im besten Fall zu einem echten Gespräch wird.

Weniger spontan geht es bei der Wiedergabe von Gesprächen zu, die man indirekte Interviews nennen könnte. Hier werden lange Antworten zusammengefasst und mit verbalen Fragezeichen aufgelockert, etwa: »Wie sieht der Kanzler das Verhältnis zu den USA?« Ein solches indirektes Interview hat seine Vor- und Nachteile. Um mit den Vorteilen zu beginnen: Der

Interviewer kann das Gespräch ähnlich wie einen Beitrag gestalten, er ist unabhängig von der Reihenfolge der Fragen und auch unabhängig von seiner Tagesform und der seines Partners. Dessen Antworten kann er, wenn er dies will, aufpolieren. Dabei muss er freilich den Sinn wahren, wie Milan Kundera dies zu Recht anmahnt und wie auch die Gerichte dies einfordern. Außerdem kann er die Gesprächsatmosphäre aufzeigen, auch die Körpersprache des Befragten, seine Stimmung und den Tonfall, seine Zögerlichkeit bei den Antworten sichtbar machen. Mit Gelassenheit, so heißt es etwa über ein solches Gespräch, »bewertete Jutta Limbach Umfragen, wonach das Grundgesetz in den neuen Bundesländern eine geringere Wertschätzung genießt als in den alten«. Und an einer anderen Stelle: »Bei diesen Worten ballt sie die Fäuste und schiebt den Unterkiefer vor. Es fällt nicht schwer, sich vorzustellen, wie die Verfassungsrichterin im Zweiten Senat für ihre Überzeugungen ficht.« Im direkten Interview werden atmosphärische Hinweise nur selten und dann zumeist in Klammern eingeblendet (lacht). Das Interview ist hier so etwas wie der Rohstoff für einen neu zu strukturierenden Beitrag.

Andererseits, und hier beginnen die Nachteile, verliert das indirekte Interview die Lebendigkeit eines Gesprächs. Man ahnt mehr, als dass man weiß, wie spontan der Befragte geantwortet hat, es verliert sich die Nuance, die in der eigenen Sprachfärbung liegt, es verwässert sich der Eindruck von Schlagfertigkeit, die der Gesprächspartner, eine möglichst authentische Wiedergabe vorausgesetzt, an den Tag legt – oder auch nicht. Redlicherweise müsste also über einem solchen Interview stehen: Eindruck des Journalisten X von einem Gespräch mit dem Politiker Y – und meist verläuft sich der Leser in einer wahren Wüste von Konjunktiven.

Natürlich macht es einen gewaltigen Unterschied, ob sich bei einem Interview die Gesprächspartner gegenübersitzen oder ob ein Journalist *schriftliche* Fragen einreicht, die dann schriftlich beantwortet werden. Im bloßen Schriftwechsel bleibt so ziemlich alles auf der Strecke, was ein Gespräch lebendig macht, ganz abgesehen davon, dass dem Journalisten keine Möglichkeit bleibt, auf Antworten mit spontanen Nachfragen zu reagieren. Bisweilen muss es, aus Zeitgründen oder weshalb auch immer, bei schriftlichen Fragen bleiben. Dann kann es am Ende des Gesprächs heißen: Die Fragen stellte Hans Meier.

Welches Interview ein Journalist in der Redaktion abliefern soll, darüber entscheidet natürlich sein Auftrag. Der Auftrag hängt wiederum davon ab, für *wen* der Journalist tätig ist und *wo* das Gespräch erscheinen soll. In den Nachrichtensendungen des Fernsehens, wie sie derzeit konzipiert sind, reicht die Zeit allenfalls für grobgeschnitzte Fragen und grobgeschnitzte Antworten. Und auch von diesen Fragen und Antworten bleiben die meisten dann auf dem Schneidetisch zurück, weil der Sekundenzeiger der Uhr die schärfste aller Scheren ist. In den Magazin-Sendungen des Hörfunks, die wenigstens derzeit noch besser mit Zeit ausgestattet sind, gelingt bisweilen noch der Anflug eines Gesprächs. Der *Spiegel*, die *ZEIT* und der *stern*, aber auch viele andere Printmedien warten dagegen mit »Gesprächen« auf, die an Lebendigkeit, Informationsvermittlung, Selbstdarstellung und Selbstentlarvung oft ihresgleichen suchen. Ebenso wie manche Tageszeitungen, vor allem die *Süddeutsche Zeitung* und die *WELT*, deren Gesprächsseite mehrmals im Monat ganz erstaunliche Porträts von Menschen und Problemen bringt. Und inzwischen auch die *Frankfurter Allgemeine Zeitung*, die den »Interviews« lange Zeit ablehnend gegenüberstand.

Natürlich weiß ein jeder, dass solche Gespräche »aufpoliert« werden – so manche Schlagfertigkeit ist dem Gesprächspartner erst hinterher am Schreibtisch eingefallen. Ein solches »Glätten« ist branchenüblich geworden, und bei der Autorisierung entscheidet sich dann, welche Veränderungen beide Seiten hinnehmen (zur Diskussion über die Autorisierung siehe S. 264 ff.). Bisweilen wird aber auch das echte Interview als *Rohstoff* für eine Neufassung genommen: Die Dramaturgie des Gesprächs wird so aufgerollt, dass vom ursprünglichen Faden nicht mehr allzu viel übrig bleibt. Das kann man ungestraft tun, wenn die Beteiligten damit einverstanden sind, und manche Leser werden es zu danken wissen, falls es den Diskurs lebendig macht. Aber ein bisschen »Rosstäuschung« ist es doch, wenn Fragen und Antworten schließlich so sprühen, dass sich beide nur mit Mühe wiedererkennen. Im Fernsehen geht dies ohnehin nur sehr begrenzt – denn Bildern kann man sehr viel schwerer etwas hinzudichten.

Interviews und »Gespräche« ganz besonderer Art kann man an Wahlabenden am Bildschirm bewundern. Da werden den tibetanischen Gebetsmühlen gleich immer wieder dieselben Fragen gestellt, denen die Politiker auf dieselbe Art ausweichen – meist die alte Frage, wer-wohl-was-wird, und die alte Antwort, dass es für eine Aussage darüber derzeit noch zu früh sei. Wie immer die Frage der Journalisten aber auch lauten mag, die Antwort beginnt unweigerlich mit einem Dank an die Wähler und die Mitarbeiter im Parteiapparat, und sie beginnt auch dann damit, wenn die Journalisten, wie bei einer der berühmt-berüchtigten »Elefantenrunden«

geschehen, diesen Dank ironischerweise in ihre Begrüßungsworte aufnehmen.

Vor allem in den Kurzinterviews während der Hochrechnungen bleibt dann vom Frage-Antwort-Spiel kaum noch etwas übrig, gerät der Journalist unversehens in die Rolle eines Mikrophonständers. Und weiß natürlich genau, dass sein Gesprächspartner Fragen nach der nächsten Regierungskoalition oder der Neuverteilung von Ministerposten selbst dann nicht beantworten könnte, wenn er es wollte.

Freilich, was soll man in dieser Situation, in diesem Trubel, in diesem Gedränge, in dieser Kürze der Zeit geistvoll-anderes fragen, als ob sich der Sieger über den Sieg freue und der Verlierer den Verlust betrauere? Und worin er denn den Grund sieht: auch diese Frage liegt auf Vorrat. Aber auch die Antwort darauf ist längst programmiert – und nicht immer hat sie mit der Frage etwas zu tun.

Sind deutsche Journalisten nicht nur an diesen Wahlabenden, sondern ganz allgemein unfähig, einen Politiker in seinem Redefluss zu unterbrechen? Manche Korrespondenten ausländischer Zeitungen sind dieser Ansicht, und bis vor einiger Zeit schienen nicht wenige Fernseh-Interviews dieses Urteil zu bestätigen. Helmut Kohl vor allem war ein Meister in der Kunst, Journalisten mit ihren Fragen raumgreifend vom Bildschirm zu verdrängen: »Ich habe gar nicht vor, mit Ihnen zu diskutieren«, pflegte er bisweilen zu sagen, wenn ihm Fragen unbequem wurden. »Der Journalist saß dem Politiker gegen*unter*«, mit diesem hübschen Wortspiel hat Kabarettist Dieter Hildebrandt solche Interviewsituationen umschrieben.

Sie mag es ja heute noch geben. Aber alles in allem trifft der Vorwurf der gestylten Unterwürfigkeit heute nicht mehr so wie früher. Journalisten sind längst dabei, wie jemand ironisch sagte, sich auch in Interviews immerhin an *aufrechtes Sitzen* zu gewöhnen. Sie »entwickeln (wieder) Selbstbewusstsein, besinnen sich auf ihr kritisches Handwerk«, konnte man etwa in der *Frankfurter Rundschau* lesen. Ihre Fragen können gar nicht unbequem genug sein, wurde jungen Journalisten bei der Vergabe des Axel-Springer-Preises einmal eingeschärft. Und so konnte man gelegentlich, bis hinauf zu Interviews mit dem damals noch amtierenden Bundeskanzler Helmut Kohl, auch schon einmal trotzige Sätze hören wie: »Ich darf das zu Ende bringen?« oder »Ich möchte eine Frage stellen dürfen – einmal wieder.«

Und wie ist das in den USA? Claus Kleber, der Moderator des »heute journals«, der dort lange als Korrespondent der *ARD* war, hält die dortigen

Journalisten für die besseren Fragesteller. »Höflich, korrekt, aber unerbitt-
lich in der Fragestellung« seien sie – ohne wadenbeißerisch zu werden.
Hier seien die Kollegen meist »liebedienerisch, und dazwischen gibt es fast
nichts«. Mit dieser Ansicht hat er sich – zu Recht – manchen Widerspruch
eingehandelt.

Vom Reiz des Rollentauschs

Anders als es der Ratschlag der Mutter, der am Anfang dieses Kapitels
zitiert wurde, glauben machen will, liegt es in der Natur der Sache, dass die
Antwort oft klüger ist als die Frage. Denn der Frager will ja, stellvertretend
für die Öffentlichkeit, etwas wissen, während der Befragte in aller Regel
etwas weiß. Aber auch das Niveau der Fragen hängt ab vom Niveau des Fragenden, von seiner Reaktionsfähigkeit und von seiner Sachkunde. »Wie
schätzen Sie selbst das Intelligenzpotential Ihrer Frage ein?«, hat Franz
Josef Strauß einen Journalisten einmal gefragt. Der war ein wenig perplex
– das Rollenspiel sieht eine solche Umkehr des Fragerechts eigentlich nicht
vor. Und Grobheiten dieser Art braucht sich ein Journalist auch in solchem
Rollentausch nicht gefallen zu lassen.
    Wird die Form aber gewahrt, kann die Frage-Umkehr dem Interview
eine gewisse Würze geben, etwa wenn Heiner Geißler in einem Gespräch
mit der *WELT* einen kleinen Zwischendialog einlegt:
    »Welt: Hat da eben der stellvertretende Verteidigungsminister gespro-
chen?
    Geißler: Sind Sie der Bundeskanzler?
    Welt: Nein, wie kommen Sie denn darauf?
    Geißler: Dann kann ich Ihnen auch keine Antwort geben.«
Oder wenn die Chefin eines internationalen Callgirl-Ringes, nach den
Besonderheiten ihres »Marktes« gefragt, den Interviewer mit der Gegenfrage überrascht:
    »Monogam zu leben ist ja auch langweilig. Finden Sie nicht?« (*Spiegel*)
Oder wenn Astrid Lindgren ebenfalls in einem Interview der *WELT* gefragt
wird:
    »Glauben Sie an Gott?«
und sie darauf antwortet:
    »Das ist unmöglich zu beantworten. Ich weiß nicht. Ich weiß es nicht.
Glauben Sie an Gott?«

Da blieb dem Interviewer nur der Rückzug:

»Jetzt bringen Sie mich in Bedrängnis.«

Oder wenn Michail Gorbatschow in einem *Spiegel*-Gespräch unvermittelt die Journalisten befragt:

»Und woher kommt das? Jetzt werde ich Sie interviewen. Ich ziehe den Dialog vor.«

Ebenfalls in einem Interview mit Gorbatschow hat sich der Journalist einmal auf eine Gegenfrage mit einer Gegen-Gegen-Frage beholfen. »Wie würden Sie Ihre Frage selbst beantworten«, wollte er wissen.

»Ist der Journalismus noch zu retten?«, wurde der Reporter Cordt Schnibben einmal gefragt. Und er fragte zurück: »Was wollen Sie retten? ›Die Aktuelle‹, ›Blitz Illu‹, ›Coupé‹, ›Tango‹? Und wovor wollen Sie die retten? Vor den Lesern?«

Eine ganze Reihe polemischer Rück-Fragen also, die auch die Schlagfertigkeit des Interviewers austesten.

»Wieso, bin ich nicht prominent?«, fragte Gregor Gysi seinen Interviewer, als der wissen wollte, ob man nicht zu viel Wind für eine Partei wie die PDS mache – ohne prominente Namen auf der Liste. Oder als letztes Beispiel:

»Geben Sie hier nur Erklärungen ab oder interviewen Sie mich?«, wollte ein Politiker einigermaßen ruppig vom Journalisten wissen. Und er erhielt zur Antwort: »Ich suche Klarheiten in Ihre Äußerungen zu bringen.«

Diese Szene spielt nicht im deutschen Fernsehen, sondern in der englischen *BBC*. Dort treten, wie Beobachter dies sehen, die journalistischen »Stars den Großen dieser Welt auf gleicher Ebene gegenüber«. Und auch die »namenlosen Journalisten« machen, so heißt es weiter, »den Mächtigen das Wegtauchen schwer«. Und genau so muss es sein: Unsere Aufgabe ist es, Machtträgern das »Wegtauchen« schwer zu machen.

Und da wären wir wieder bei den englischen und amerikanischen Journalisten, die sich bisweilen wundern, wie höflich deutsche Journalisten mit ihren Gesprächspartnern umgehen – wobei das Wort »höflich« wohl wiederum eine höfliche Umschreibung dafür ist, dass sie ihnen gerade ein solches Wegtauchen ermöglichen. Denn vor allem bestünden sie oft nicht darauf, wie der britische Journalist David March einmal beklagt hat, dass die Politiker ihre Fragen beantworten, weit entfernt von der autoritären Rolle also, die Milan Kundera uns Journalisten vorhält. Auf einen früheren Chefredakteur des *ZDF* hatte Theo Sommer einmal den spitzen Satz gemünzt, er pflege Journalisten einzuladen, die Fragen zu den Antworten der Politiker geben. Und so ist es denn tatsächlich auch einmal geschehen, dass Helmut Kohl als Bundeskanzler zu diesem Journalisten sagte: »Sie nehmen mir das Wort aus dem Munde.« Oder dass Henry Kissinger in einem langen Interview zu oft seine Antwort mit dem Satz einleitet: »So ist es«, oder »das ist richtig« oder »so ist es in der Tat«.

Zwar wird auch ein Journalist gern in seiner Auffassung bestätigt, aber derart mundgerecht sollte es eigentlich nicht zugehen, und so ist es ja, wie gesagt, inzwischen doch nicht mehr. Denn nicht nur in den kurzen, sachlichen Interviews der »Tagesthemen« oder des »heute-journals« sitzen sich Frager und Befragte inzwischen durchaus in Augenhöhe gegenüber. »Die Zeiten öffentlich-rechtlicher Hofberichterstattung sind passé«, hieß es einmal in der *WELT*. Und wer bestimmte Journalisten zum Interview bitte, müsse sich auf Nachfragen gefasst machen, »die nicht jedem gefallen«.

»Gefallen« müssen die Fragen aber sowieso nicht dem Befragten, sondern den Lesern, Zuschauern und Hörern. Und ob ihnen die Antworten »gefallen«, werden sie dann selbst entscheiden. Oder ob sie feststellen müssen, dass »die Antwort das Unglück der Frage ist«, wie es einmal sehr anschaulich in der Überschrift zu einem Zeitungsbeitrag hieß.

Zugleich aber sind Sendungen auf dem Vormarsch, in denen gerade Taktlosigkeiten zum Stilmittel erhoben werden. Da ist dann die Frage an einen Ministerpräsidenten, ob er seine (übrigens neben ihm sitzende) Ehefrau schon mal betrogen habe, offenbar als neckische Begrüßung gedacht. Und da gibt es überhaupt kaum noch Bereiche im Hirn und Herzen des Gesprächspartners, in die der unbekümmerte Frager nicht hineinzuleuchten versuchte. »Verbale Schlammschlachten« wurde Derartiges inzwischen genannt. »Questions are never tactless?« Denkst' e!

Vorausdenken wie beim Schach

Auf ein Interview sollte man sich ebenso vorbereiten wie auf einen Beitrag, den man selbst zu Papier bringt. Dagegen hat der Münchner Flaneur Sigi Sommer, wie zu lesen ist, sich gerade die Blauäugigkeit, die Naivität zum Prinzip gemacht: Mit einem »leeren Rucksack« sei er zu seinen Gesprächen gegangen, um die Antworten darin einzuhamstern. Man muss einen solchen Rucksack aber schon sehr anmutig zu tragen wissen, wenn man *so* eine gute Figur machen will. Da ist es ganz gewiss sicherer, wenn man sich mit vollem Rucksack auf den Weg macht, wenn man sich auf die Person des zu Befragenden und natürlich auch auf den jeweiligen Gegenstand des Gesprächs gut vorbereitet. Der Präsident eines großen Oberlandesgerichts hat einmal eine Journalistin harsch angefahren, sie möge das nächste Mal besser vorbereitet zu ihm kommen, wenn sie mit ihm ein Gespräch wünsche. Das war weder galant noch höflich, aber immerhin nachdenkenswert: Denn Journalisten können sich zwar unvorbereitet auf Gespräche einlassen. Aber sie sind selber daran schuld, wenn sie dies tun, von ihrem Ansehen verspielen und das Ergebnis dann entsprechend mager ist.

Wenn wir also auch gut vorbereitet unserem Gesprächspartner gegenübersitzen sollten, so wäre es nun geradezu anstößig, wenn wir ihm oder unseren Lesern dieses Wissen gleichsam um die Ohren hauen würden. Unser Wissen ruht im Hinterkopf und ist der Stoff, aus dem wir unsere Fragen schnitzen. Unsere Aufgabe aber bleibt das Fragen, und wir lösen sie gut, wenn wir im Gespräch Unwissenheit auf gehobener Ebene präsentieren.

Bei allen Interviews, die einen gewissen Gedankenbogen bieten sollen, empfiehlt sich ein Fragen-Fahrplan: Wie der Schachspieler seine Züge, sollte man seine Fragen vorausplanen und sich auch darüber Gedanken machen, wie der Gesprächspartner auf diese Fragen antworten könnte.

So ergeben sich Fragen-Alternativen, die an vermutete Antworten anknüpfen. Wichtig ist bei aller Planung, dass man flexibel bleibt: dass man also jederzeit von seinem Fragen-Fahrplan abweichen kann, wenn das Gespräch unvermutet eine neue, interessante Wendung nimmt. Dennoch muss man diesen Fahrplan in der Hinterhand haben und jederzeit wieder zu ihm zurückkehren, wenn sich der Seitenzweig des Gesprächs erschöpft hat.

Sicher wäre der Philosoph Hans-Georg Gadamer entsetzt, wenn er diese Ratschläge gelesen hätte. Denn »für ein Gespräch kann man kein Konzept haben«, so sagte er zu einem Journalisten, als der seine Gesprächsunterlagen vor sich ausbreitete. Das mag sicher für philosophische Gespräche, ja für Erkenntnis-Gespräche aller Art zutreffen, und bestimmt hatte Sokrates keinen Fragen-Fahrplan in der Hand, wenn er fragend nach Erkenntnis bohrte. Aber Journalisten müssen keine Philosophen sein, und sie dürfen auch nicht »philosophisch« an ihren Beruf herangehen, wie die Dinge nun einmal sind.

Für den Anfänger kann es sogar ratsam sein, sich die Fragen im Wortlaut oder wenigstens in Stichworten aufzuschreiben. Am besten zunächst auf getrennten Karteikarten, deren Reihenfolge man jederzeit neu mischen kann. Aber auch der Anfänger sollte niemals seine Fragen vom Blatt ablesen. Der Gesprächspartner wäre irritiert über diesen Mangel an Souveränität, und außerdem würde sich unvermeidlich eine Gesprächsstarre einstellen, die viel Lebendigkeit kostet. Andererseits wird es jeder Gesprächspartner verstehen, wenn wir Stichworte von Fragen auf einem Blatt Papier vor uns liegen haben und gelegentlich ein Auge riskieren, falls wir einmal den Faden verlieren. Dieser Spickzettel ist gewissermaßen das Netz, über dem sich dann der Drahtseilakt eines Interviews vollzieht: vor allem im Fernsehen, wenn die Live-Situation gemütvolle Nachdenklichkeiten unmöglich macht.

Gelungen ist ein Interview, wenn es »rund« ist, wenn wir als Befrager das Gespräch dramaturgisch führen und den roten Faden in der Hand behalten. Wenn es nicht zu vermeiden ist, kann das »Gerüst« des Gesprächs auch einmal sichtbar werden, etwa mit dem Satz: »Dazu können wir später noch kommen« oder »Um auf diesen Punkt zurückzukommen...« Freilich sollte man mit diesen Querverweisen sparsam umgehen.

Wer mit dem Tonbandgerät unterwegs ist, sollte, so banal dieser Rat auch klingen mag, seine »Technik« zuvor überprüfen: Macht der Akku noch mit, und ist das Band richtig eingelegt? Mir selbst ist es ausgerechnet bei einem langen Gespräch mit Heinrich Böll einmal passiert, dass das Band leer blieb, weil es beim Einlegen verdreht wurde. Und ich habe Böll seine Gelassenheit nie vergessen, als er mich zum Mittagessen schickte und mir eine Wiederholung des Gesprächs am Nachmittag anbot: diesmal mit einem aufnahmebereiten Gerät.

Der Gedanke einer freien »Nachdichtung« kam also gar nicht in mir auf, von der Hellmuth Karasek im »Magazin« so sarkastisch spricht.

Welche technischen Hilfsmittel man für das Zeitungs-Interview verwendet, hängt vom Arbeitsstil ab, auch von dem Aufwand, den uns die Redaktion erlaubt, für die wir arbeiten. Beim *Spiegel*-Gespräch wird gewissermaßen mit Gürtel und Hosenträger gearbeitet: Hier schreibt ein Stenograph jedes Wort mit, und zugleich wird das gesprochene Wort auf einem Tonträger festgehalten. Die *ZEIT* beschäftigt normalerweise einen Stenographen, der schneller schreiben kann, als die meisten Menschen sprechen. Und wer von seiner Redaktion allein auf den Weg geschickt wird, sollte zumindest dann ein Kassettengerät benutzen, wenn das Gespräch im direkten Rede-Antwort-Spiel gedruckt werden soll. Aber auch beim indirekten Interview empfiehlt sich ein solches Gerät, wenn man sicher sein will, dass man sich bei der Wiedergabe von Zitaten nicht irrt.

Freilich soll es auch Gedächtniskünstler geben, die solche Hilfsmittel nicht brauchen, sondern hingebungsvoll den Antworten lauschen und sich erst dann ihre Notizen machen, wenn sie den Raum wieder verlassen haben, bisweilen gar auf der Toilette, wie eine bekannte Fernsehjournalistin einmal gestand.

Eine »freihändige« Gesprächsführung hat sicher den Vorteil, dass die Atmosphäre spontan bleibt, weil keinerlei Technik sie belastet. Ob man sich selbst freilich diese Leistung zutraut, muss jeder für sich entscheiden. Immer aber müssen wir unseren Gesprächspartner darauf hinweisen, wenn ein Tonbandgerät läuft: Denn heimliche Tonbandaufnahmen sind nicht nur unfair und heimtückisch, sie sind auch strafbar.

Dass die soeben zitierte »Gesprächsatmosphäre« für jede Kommunikation überaus wichtig ist, liegt auf der Hand. Sie hängt von beiden, vom Frager und vom Befragten, ab, und wir tragen unseren Teil zum Klima bei, wenn wir uns im Zustand kritischer Unbefangenheit halten. Weder sind wir die heilige Inquisition unseligen Angedenkens, noch sind wir – wieder sei es gesagt – Staatsanwälte, die einen Angeklagten einer Tat überführen wollen. Wir sind kritische, unbequeme Fragesteller, die einen Sachverhalt von öffentlichem Interesse für unsere Leser klären wollen und die notfalls auch einmal an einer Überführung mitwirken können: wenn es der Wahrheitsfindung dient.

Freilich müssen wir uns ganz besonders um Fairness in der Fragestellung bemühen, wenn ein Thema oder ein Gesprächspartner unsere Emotionen weckt – im freundlichen oder im feindlichen Sinne. Wir müssen beherrscht bleiben, wenn uns ein Gesprächspartner vorwirft, auch dieses Beispiel stammt von Franz Josef Strauß, unsere Frage sei eigentlich »dumm« – beherrscht, jedoch nicht wehrlos. Und wenn Helmut Schmidt auf die Bemerkung, mit einer seiner Antworten stimme man nicht überein, sagt: »Das brauchen Sie auch nicht. Sie wollten mich nur befragen und meine Antworten aufschreiben«, dann hat er – insoweit jedenfalls – Recht.

Ein Gespräch verträgt keine Kumpanei

Jede Anbiederung an den Gesprächspartner ist untersagt, auch wenn man sich dabei Vorteile für das Gesprächsklima erhofft. Das gilt auch für das »Du«, das freilich in einigen Sparten des Fernsehens seinen Platz hat. Ich erinnere mich daran, wie der Schriftsteller Ernst Herhaus einmal den ihn befragenden Journalisten bat, ihn duzen zu dürfen. Er habe seine Probleme bei diesem Auftritt und das »Du« würde ihm da so manches erleichtern. Darauf kann man natürlich eingehen, wenn der Wunsch so ernst gemeint ist und begründet wird.

Auch in Gesprächen oder Interviews mit Künstlern aller Art kommt das »Du« wie von selbst über die Lippen. Und dann wirkt es eher menschlich, wenn, wie einmal geschehen, ein Schauspieler den Interviewer erstaunt fragt, weshalb er ihn nun mit einem Male siezen müsse, wo man doch sonst schon lange »per Du« sei. Sonst aber gilt das »Sie«, auch wenn es das »Du« nur eine Zeit lang vertritt.

Andererseits ist es auch nicht ratsam, um peinliche Fragen einen allzu großen Bogen zu machen – wenn sie denn überhaupt gestellt werden müssen und nicht nur, wie in manchen Talkshows, als *Gag* für einen quotenträchtigen Einstieg dienen.

Uns interessieren hier keine »verbalen Schlammschlachten«, uns interessiert die Frage, wie *seriöse* peinliche Erörterungen in die Gesprächsatmosphäre hineinwirken. Und wir müssen wissen: Je mehr uns selbst unsere Fragen peinlich sind, desto verkrampfter kann das Gespräch werden. Aber natürlich ist das kein Freibrief für Taktlosigkeiten.

Beharrlich fragen, und wie sonst noch?

Beharrlichkeit gehört zu den Tugenden des Interviewers. Gerade bei einem Interview über strittige Fragen muss er dem Gesprächspartner unvermeidlich an den Nerv gehen. Wie ein guter Zahnarzt wird er aber so lange wie möglich am Rande der Schmerzgrenze arbeiten, gerade wenn er sich dem Nerv nähert. Denn auch ein Streitgespräch soll ja nicht um jeden Preis verletzen, sondern der Aufklärung der Leser dienen und deren Meinungsbildung fördern.

Beim Live-Interview im Hörfunk oder Fernsehen muss man alsbald zur Sache kommen. Hier ist die Zeit zu kostbar, um sie mit Fragen zu vergeuden, die wie ein Aperitif herübergereicht werden. Zeichnet man das Interview aber auf und hat man Zeit für einen sinnwahrenden Zusammenschnitt, dann empfiehlt sich allerdings auch bei einem solchen Gespräch eine Aufwärmphase, wie Sportler sie sich gönnen, bevor sie ihre Muskeln dann mobil machen.

Unvergesslich ist mir ein Erlebnis aus meiner Anfangszeit als Reporter der »Tagesschau«. Es ging um den Grundlagenvertrag der damaligen DDR, der vor dem Bundesverfassungsgericht in Karlsruhe im Jahre 1972 von der Opposition angegriffen worden war. Egon Bahr, damals Bundesminister, war aus Bonn mit dem Hubschrauber eingeflogen worden, um in einer dort sonst unbekannten nichtöffentlichen Verhandlung den Standpunkt der Regierung darzulegen. Mein Auftrag lautete, ebenso wie der meines befreundeten Kollegen Gerd Jauch vom *ZDF*, mit dem Minister ein Interview zu führen. Während ich, in diesem Gewerbe noch gänzlich unerfahren, mein Gehirn nach einer möglichst geistreichen Anfangsfrage durchforschte und mir angesichts meiner hoch geschraubten Ansprüche schließlich gar nichts einfallen wollte, hörte ich Gerd Jauch mit der größten Selbstverständlichkeit fragen: »Herr Minister, hatten Sie einen angenehmen Flug?« Und der Herr Minister bejahte dies und war alsbald mit Jauch in ein angeregtes Gespräch verwickelt, während ich bekümmert auf das Mikrophon in meiner Hand starrte.

Aufwärm-Fragen oder Wegwerf-Fragen haben etwa dieselbe Funktion wie die Tonleiter, die ein Sänger noch einmal schnell hinaufklettert, bevor er dann auf die Bühne tritt. Ganz selten einmal hat eine solche Frage einen Eigenwert, ebenso wie die Antwort darauf. So etwa, als in einem Live-Gespräch unmittelbar nach einer früheren Bundestagswahl, der Verlierer von seinem Interview-Partner gefragt wurde: »Na, wie geht's?«, und der mit einem müden Lächeln die Schulter hob, bevor er dann etwas antwortete. Das war gewissermaßen eine Frage von Mensch zu Mensch, und auch das ist, gottlob!, bisweilen einmal zulässig.

Auch wenn manche Politiker, als Interview-Profis von Mikrophon zu Mikrophon schwebend, solche »Eisbrecher-Fragen« meist nicht nötig haben, kann es dennoch dem Gespräch eine andere Färbung geben, wenn man nicht sofort mit der Tür ins Haus fällt. Und vielleicht war es auch mitmenschliche Neugier, als ein Journalist den damaligen britischen Premierminister, John Major, am 17. Januar 1991, dem ersten Tag des Golfkriegs zu Beginn einer Pressekonferenz fragte: »Herr Ministerpräsident, wie fühlen Sie sich am Morgen dieses Krieges?«

Freilich kann man auch mit der Tür ins Haus fallen, wenn es auch nicht gerade die Frage sein muss: »Herr Minister, stimmt es, dass Sie ein ganz gemeiner Kindsverderber sind?« Aber sie stand ja auch in einem »Streiflicht« der *Süddeutschen Zeitung* und war deshalb kursiv zu lesen. Die Frage »Sind Sie in drei Monaten noch Ministerpräsident?« auf einer

Pressekonferenz an einen ins Zwielicht geratenen Ministerpräsidenten gerichtet, war wirklich sehr direkt – aber auf ihre Weise auch eine Art von Eisbrecher.

Manche Lehrbücher der Interview-Technik empfehlen, dem Befragten zu Beginn des Gesprächs Gelegenheit zu geben, alles loszuwerden, was er auf dem Herzen hat. Denn wenn er das Gefühl habe, mit seinem Standpunkt hinreichend zu Wort gekommen zu sein, bleibe er später auch für aggressive Fragen zugänglich.

Als eine Art von Paukenschlag muss es auf einer im britischen Fernsehen übertragenen Pressekonferenz einmal empfunden worden sein, als der verstorbene sowjetische Regimekritiker Sacharow von einem Journalisten gefragt wurde, ob er von Michail Gorbatschow »gekauft« worden sei. Statt seiner sprang seine Frau, Elena Bonner, auf und rief erregt ins Mikrophon: »Wir sind nicht käuflich, weder in Gorki (ihrem zeitweiligen Verbannungsort, d. Verf.) noch hier in Moskau!« Später löste die aggressive Frage allerdings aufschlussreiche Erläuterungen Sacharows aus.

Dennoch als Faustregel: Paukenschlag-Fragen sind allenfalls dann zu empfehlen, wenn der Interview-Partner besonders erfahren ist oder wenn man spürt, dass da jemandem das Herz überlaufen will. Im Allgemeinen wird es für das Klima des Gesprächs besser sein, wenn man stattdessen mit einer sachlichen, vielleicht sogar humorvollen Frage beginnt. Manche sprechen dabei von einem Fragen-Trichter: Man beginne mit einer *offenen*, möglichst allgemeinen Frage und kreise das Thema dann so lange ein, bis man, um im Bild zu bleiben, an der Spitze des Trichters angelangt ist.

Offen ist eine Frage, wenn dem Befragten mehrere Antworten bleiben. Mit offenen Fragen beginnen etwa Ärzte oder Rechtsanwälte ihre Gespräche mit Patienten oder Mandanten: »Wie kann ich Ihnen helfen?« oder »Wie geht es Ihnen?« Fragt der Arzt dann weiter, so wird irgendwann der Zeitpunkt kommen, wo er sagt: »Tut es Ihnen hier weh?« Dies ist auf geradezu klassische Weise eine geschlossene Frage, weil der Patient mit ja oder nein antworten muss, wenn er eine halbwegs zuverlässige Diagnose erwartet. *Offen* ist die Frage auch, wenn der – auch – für seine Höflichkeit bekannte Alfred Biolek sich im Stuhl zurücklehnte und sagte: »Also, wie war das damals?« Ein geradezu rührendes Beispiel für eine offene Frage bot ein junges Mädchen, das sich bei einer der ersten internationalen Pressekonferenzen, die Michail Gorbatschow gab, als Mitarbeiterin einer Schülerzeitung vorstellte und zum Podium hinaufrief: »Herr Gorbatschow, was möchten Sie der Jugend Europas sagen?«

Weniger »rührend« sind die offenen Fragen, mit der etwa Verona Feldbusch (heute: Pooth) ihre ersten Peep-Gespräche begann: »Erzähl' mir was über deine wilden Zeiten!«, oder »Wie war dein erstes Mal?«

Um dies an einem einfachen Beispiel noch einmal zusammenzufassen: »Wie wird das Wetter?« ist eine offene Frage. Ganz geschlossen ist sie, wenn man fragt: »Wird es heute regnen?«, und suggestiv fragt, wer sagt: »So lange wie jetzt kann es in Deutschland doch gar nicht schön bleiben?«, wobei zugleich gesagt werden soll, dass Suggestivfragen nur vor Gericht unzulässig sind und hier ganz besonders in englischen Kriminalfilmen, während sie in der journalistischen Praxis eher der Fairness des Interviewers anvertraut sind.

Wichtig ist, dass bei einem Interview die Sprachebenen übereinstimmen. Dabei liegt es an uns Journalisten, uns dem Gesprächspartner anzupassen und ihn zugleich auf die Verständnisebene unserer Leser, Hörer oder Zuschauer zu bringen. Es ist selbstverständlich etwas anderes, ob ich einen Politiker oder einen führenden Mann der Wirtschaft befrage oder, was mehr dem Alltag eines Berufsanfängers entsprechen mag, den Vorsitzenden eines regionalen Sportvereins oder eines Elternbeirats oder einer Bürgerinitiative. Gerade wenn wir einmal klüger sein sollten als unser Gesprächspartner, sollten wir ihn mit unserem Wissen nicht marktschreierisch überfahren. Der Talkmaster muss durchaus nicht immer dümmer sein als sein Gast, wie »Blacky« Fuchsberger dies einmal forderte. Nein, aber dümmer *scheinen*, dies darf er allerdings.

Denn sein Wissen schärft seine Fragen wie der Baumstamm die Krallen der Katze: Es ist aber nicht Aufgabe des Journalisten, in solchen Gesprächen Plädoyers zu halten, um sein Gegenüber zu überzeugen. Und je einfacheren Gemüts unser Gesprächspartner ist, umso milder sollten wir mit ihm verfahren. Allerdings sind wir für unsere Leser oder Zuschauer da, diese Aufgabe muss uns den Rücken stärken. Sowenig wir Gereiztheiten austeilen dürfen, sowenig sind wir verpflichtet, welche einzustecken oder uns mit Plattitüden abspeisen zu lassen. Es gibt eine Anekdote von einem berühmten amerikanischen Journalisten, der mit dem Blick auf die Uhr zu einem amerikanischen Präsidenten einmal gesagt haben soll: »Jetzt haben Sie schon fünfzehn Minuten unserer Sendezeit verschwendet!«

Wenn diese Geschichte nicht wahr sein sollte, wäre sie wenigstens gut erfunden, wobei die Antwort des Präsidenten leider nicht überliefert ist. Aber sie spielt in Amerika, und es ist ganz und gar unvorstellbar, dass sich ein deutscher Journalist Ähnliches herausnehmen würde.

Aber auch der Befragte darf sich – natürlich – nicht alles herausnehmen, ohne dass ihm so etwas wie eine *gelbe Karte* gezeigt werden dürfte. Zu patzig liest sich etwa diese Passage in einem Interview der *WELT* mit Brigitte Seebacher-Brandt, der Witwe von Willy Brandt:

Frage: »Haben Sie ein neues Buch in Angriff genommen?«

Antwort: »Nein.«

Frage: »Woran arbeiten Sie denn gerade?«

Antwort: »Ich gucke auf den Rhein und zähle die Schiffe.«

Frage: »Sind Sie denn damit ausgelastet?«

Antwort: »Was soll ich Ihnen auf diese dämliche Frage antworten...? Am kommenden Freitag habe ich einen Artikel im F. A. Z.-Magazin, über Europa, so was schreibt man nicht zwischen ›Tagesschau‹ und ›Wetterkarte‹.«

Nein, wirklich nicht, aber warum dann diese Ohrfeige auf eine klare Frage?

Auch den Schnabelhieb eines Politikers, es sei »schon seine Sache, ob er etwas wiederhole oder nicht«, brauchen wir *so* nicht wegzustecken. Es ist eben nicht nur *seine* Sache – es ist *unsere* Aufgabe, überflüssige Wiederholungen zu vermeiden.

Wenn aber ein Reporter dem »Busenwunder« Brigitte Nielsen sagt, sie sei doch in der Öffentlichkeit in erster Linie wegen ihres Silikon-Busens bekannt, kann man ihre Abfuhr immerhin nachvollziehen: »Geh nach Haus«, hatte sie geantwortet, »und sieh in den Spiegel, wie dumm und lächerlich du bist.«

Irgendein Journalist sei für ein offenbar recht turbulentes Interview »allzu wohlerzogen« gewesen, hieß es einmal in einem Zeitungskommentar. Damit war sicher kein Freibrief für Flegeleien angemahnt. Aber wir dürfen ruhig unsere »Erziehung« dem Erziehungsstand des jeweiligen Politikers anpassen. Unhöflichkeiten höflich zurechtzuweisen – das ist uns allemal erlaubt. Und vor richtigen Ungezogenheiten schützt jedenfalls Rundfunkjournalisten, wenn nicht ihre gute Erziehung, wenigstens der Blick auf den Rundfunkrat.

»Geben Sie mir einfach eine bessere Frage!« und: »Geht das so weiter?« oder »Haben Sie Ernsthaftes mit mir vor?« – wenn ein Politiker dem Moderator solche Sätze entgegenknurrt, kann er ruhig – souverän! – zurückknurren. Werden sie eher geschmunzelt, sollte er sich lächelnd darauf einlassen. Und dieses Lächeln sollte ein Frager auch zu retten versuchen, wenn Marcel Reich-Ranicki ihn anherrscht: »Was wollen Sie noch von mir wissen? Rasch voran!« oder bei einer Antwort nachfragt: »Haben Sie kapiert?« Wenn aber der Präsident eines afrikanischen Staates den Fragesteller anfährt: »Das geht Sie gar nichts an!«, oder sagt: »Hören Sie bloß mit Ihrer Arroganz auf!«, dann steht das Kräfteverhältnis im Interview auf dem Kopf.

Bei Interviews für ein Printmedium wird meist nur das Thema zuvor abgesprochen. Für das Fernsehen und den Hörfunk sind Vorgespräche an der Tagesordnung. Wie eingehend sie sind, hängt von den jeweiligen Gesprächspartnern ab. Ob man seine Fragen absprechen soll oder nicht, ist danach zu entscheiden, über welche Erfahrung im Umgang mit Journalisten er verfügt. Manche wollen die Fragen vorher nicht hören: dann verliert das Gespräch für sie zu viel an Spontaneität. Andere, ebenfalls erfahrene Gesprächspartner, wollen gerne wenigstens die Einstiegsfrage wissen, und natürlich gibt es keinerlei Bedenken, sie mit ihnen zu besprechen, ebenso wie man den Zeitrahmen des Interviews vereinbaren sollte. Gerät ein Zeitgenosse eher zufällig vor ein Mikrophon oder ganz allgemein in eine Interviewsituation, sollte man gemeinsam mit ihm den Rahmen abstecken, in dem sich das Frage-Antwort-Spiel bewegen wird. Niemals allerdings sollten wir einen Gesprächspartner »vorführen«: Je weniger gewandt er ist, umso mehr sollten wir darauf achten, ob er sich unversehens um Kopf und Kragen redet, nachdem er sich vertrauensvoll in unsere Hände begeben hatte.

Politiker brauchen unsere Fürsorge da allerdings meist weniger. Im Gespräch mit ihnen ist es schon eher unsere Aufgabe, Situationen zu vermeiden, wie sie ein erfundener Dialog zwischen zwei Politikern wiedergibt: »Herr Kollege, was sagten Sie doch neulich über die Jugendarbeitslosigkeit?« »Ich, nichts.« »Das ist mir schon klar. Ich wollte nur wissen, wie Sie es formuliert hatten.« Diese Sottise erinnert an den Satz von Karl Kraus, der ihn freilich nicht auf Politiker münzte: »Keinen Gedanken haben und ihn ausdrücken können – das macht den Journalisten.«

Wenn Politiker mit vielen Worten nichts sagen, so ist es unsere Aufgabe, unermüdlich wie der Specht auf dem Baumstamm herumzuhacken, bis eine zumutbare Antwort zum Vorschein kommt. Dazu zählen freilich sicherlich nicht jene schon genannten, unermüdlichen Fragen in der Wahlnacht, wie denn der Bundeskanzler sein Kabinett zu besetzen gedenke oder welche Rolle sich ein Politiker im Berliner Geschäft vorstelle. Wer hier den Specht spielt, verschwendet die Geduld des Befragten und die Zeit der Zuschauer.

Ein eindrucksvolles Beispiel für eine beharrliche Fragestellung findet sich in Samuel Becketts Schauspiel »Warten auf Godot«:

WLADIMIR Wollen Sie ihn loswerden?

POZZO Er will mich kleinkriegen, aber er kriegt mich nicht.

WLADIMIR Wollen Sie ihn loswerden?

POZZO Er bildet sich ein, wenn er sich als ein guter Bürger zeigt, wäre ich geneigt, ihn auch in Zukunft in dieser Eigenschaft zu verwenden.

ESTRAGON Wollen Sie ihn nicht mehr haben?

POZZO Er trägt nämlich wie ein Schwein. Es ist nicht sein Fach.

WLADIMIR Wollen Sie ihn loswerden?

POZZO Er malt sich aus, dass ich meinen Entschluss bedauern würde, wenn ich ihn so unermüdlich sehe. Das ist seine elende Berechnung. Als ob ich Mangel an Knechten hätte... So. Ich glaube, auf Ihre Frage geantwortet zu haben. Haben Sie noch andere?

WLADIMIR Wollen Sie ihn loswerden?

POZZO Schließlich hätte ich in seiner Haut stecken können und er in meiner: Wenn der Zufall es nicht anders gewollt hätte. Jedem das Seine.

WLADIMIR Wollen Sie ihn loswerden?

POZZO Wie bitte?

WLADIMIR Wollen Sie ihn loswerden?

POZZO In der Tat.

Hier ist der Frager ein »Dranbleiber«, bleibt »bei der Stange«; er überhört alle Ablenkungen und lässt sich mit seiner Frage nicht abschütteln. Freilich ist dies Dichtung. Aber ein bisschen von dieser Hartnäckigkeit sollten wir getrost auch in die Lebenswirklichkeit hinüberretten. »Werden Sie doch bitte etwas konkreter«: Diese Mahnung an den Gesprächspartner sollte man sich nicht allzu oft verkneifen. Denn vielleicht könnte uns ja einmal das Wunder gelingen, die Wahrheit herauszulocken, die »im tiefsten Inneren des Gesprächspartners schlummert«. (*Süddeutsche Zeitung*)

Etwas mehr »Biss« hätte man sich etwa von dem Frager gewünscht, der für das F. A. Z.-Magazin einmal den damaligen Intendanten des *ZDF*, Dieter Stolte, fragte, ob nicht gelegentlich einmal Parteifunktionäre bei ihm anriefen, um sich für bestimmte Redakteure zu verwenden, deren Karriere ihnen am Herzen läge. Mit der Antwort Stoltes: »Ja, aber was besagt das!« hätte er sich besser nicht zufrieden geben sollen, sondern wenigstens nachhaken: »Nehmen Sie ihn denn?«

Oriana Fallaci, jene italienische Journalistin, die gerade ihre Interviews berühmt gemacht haben, hat einmal über die Technik dieser »Verhöre«, wie sie es nennt, geschrieben: »Ich schreie und brülle. Meine Arbeit ist eine Mischung aus meinem Temperament und meiner Geduld. Ich verliebe mich in mein Gegenüber. Ein Interview ist ein Kampf, ein Koitus.«

Man muss schon Oriana Fallaci heißen, wenn einem dieses Rezept zum Erfolg verhelfen soll. Denn einmal soll ein Interview gerade kein »Verhör« sein, und außerdem soll man sich mit seinem Gegenüber weder in Liebe noch in Feindschaft verlieren. Gerade wenn man bei einem Interview mit dem Herzen beteiligt ist, muss man ganz besonders gut auf seinen Kopf achten. Schreien und Brüllen werden sich unsere Gesprächspartner wohl selten gefallen lassen. Und das Stichwort vom »Kampf«? Es gibt, wie gesagt, diese Streitinterviews, die man natürlich auch Kampf-Interviews nennen kann. Aber sie sind im journalistischen Alltag doch die seltene Ausnahme, und deshalb sollte man den Degen meist zu Hause lassen, wenn man sich mit seinem Gesprächspartner trifft.

Und was schließlich den Koitus anbelangt, so hat der doch wohl ein anderes Umfeld.

»Duelle« nennt Milan Kundera die Gespräche der Oriana Fallaci, und er bemerkt mit einem Anflug von Mitleid: »Noch bevor die mächtigen Politiker begriffen hatten, dass sie sich mit ungleichen Waffen schlugen – denn die Fragen durften nur von ihr und nicht von ihnen gestellt werden –, wälzten sie sich schon auf dem Boden des Rings und waren k. o.«

Unsere »Kämpfe« um und in Interviews sind da schon weitaus bescheidener. Und es ist ein eher deprimierender Anblick, wenn Fernseh-Journalisten um eine Antwort »kämpfen«, die der Befragte sichtlich nicht geben will. Was nutzt uns und den Hörern dann, wenn wir dem Herrn Minister das Mikrophon durch das Autofenster hineinreichen, während er mit den Worten »Kein Kommentar« den Kopf schüttelt und der Fahrer bereits den Motor anlässt. Freilich haben wir einen juristischen Anspruch auf Auskunft, aber nicht zu jeder Zeit und an jedem Ort, sondern im Rahmen der Landespressegesetze und in der Schultergröße unseres beruflichen Ansehens, zu der wir allmählich heranwachsen. Nur ein bewusstes Vorbeireden sollten wir uns möglichst nicht gefallen lassen, so wenig wie Wladimir bei Beckett oder wie der Frager in einer Satire von Bernd Ellermann, der auf seine Weise auch am Ball bleibt:

»Herr Doktor Wiegelmann, es heißt, dass Sie Nachfolger des zurückgetretenen Parteivorsitzenden werden wollen?«

»Im Moment stehen Sach- und nicht Personalfragen im Vordergrund. Es geht vor allem um die ökonomische Prosperität im...«

»Bitte nicht ablenken. Wollen Sie kandidieren?«

»Kandidieren kann jeder, der eine adäquate Kompetenz einbringt.«

»Sind Sie nun persönlich bereit?«

»Ich würde meinen, jeder Politiker muss bereit sein, Verantwortung zu übernehmen.«

»Herr Doktor Wiegelmann, die Frage ist einfach: Bewerben Sie sich – ja oder nein?«

»Die Frage kann so nicht gestellt werden...«

Und so geht es denn weiter, bis der Interviewer gleichsam mit dem Fuß aufstampft:

»Ja oder nein?«

»Also, wenn Sie so penetrant sind: Ich habe in dieser Sache meine Frau noch nicht gefragt!«

Dabei macht uns jener »penetrante« Frager immerhin deutlich, wie man fragen soll: möglichst kurz und bündig. »Frag dich vorwärts. Eine gute Frage ist die halbe Antwort«, so heißt der Titel eines Buches zu diesem Teil der Rhetorik. Auch wenn uns noch so viele schöne Gedanken durch den Kopf gehen, das Sagen hat der Befragte und nicht der Journalist. Und ein richtiges Verständnis unserer Rolle erlaubt uns jedenfalls im Interview nur die eine Selbstdarstellung: die des wachsamen Fragers, des aufmerksamen Zuhörers – und, in Maßen, auch die des »Querdenkers«. Unser gesammeltes Wissen können wir ja immer noch im Leitartikel oder in der Glosse unter die Leute bringen.

Ein elegantes »Ausweichen« gelang dem damaligen Staatspräsidenten der UdSSR auf eine Frage Rudolf Augsteins, die dieser eher neckisch am Ende eines *Spiegel*-Gesprächs über die »Perestroika, die Russen und die Deutschen« gestellt hatte.

»Augstein: Wer führt zur Zeit die Meisterschaftstabelle im sowjetischen Eishockey an?

Gorbatschow: Am Eishockey liebe ich vor allem den Mut und das Temperament.«

Wer würde da noch weiter insistieren? Denn auch das Abschweifen gehört zum Handwerk, wie erfahrene Politiker wissen.

Kurz müssen die Fragen also sein, für Befragten und Leser einfach zu verstehen und sich so weit wie möglich einer Wertung und Stellungnahme enthalten. Allerdings ist ein so genannter Balkon manchmal nötig: eine kurze Information für den Leser oder Hörer, eine Skizze des Problems, an die sich dann die Frage anschließt. Auch dieser »Balkon« muss allerdings schmal sein und darf nicht zur »Terrasse« werden.

In Frageform monologisieren darf ein Journalist auch dann nicht, wenn er auf einen Befragten trifft, der besonders kurze und lakonische Antworten bereithält. Gustav Heinemann, der damalige Bundespräsident, war von dieser Art und konnte es bei manchen Gesprächen durchaus mit der Bibel halten, die »Ja« oder »Nein« für ausreichende Antworten hält und alles andere zum Übel erklärt. Es ist dann die Kunst des Fragers, auch einen wortkargen Gesprächspartner aufzutauen, indem er nachhakt: »Wie meinen Sie das?« oder »Würden Sie dies bitte einmal näher erläutern?« In einem Fernsehfilm bemühte sich ein bedauernswerter Journalist redlich, dem Zeichner Alfred Kubin Antworten zu entlocken. Irgendwann einmal sagte er sinngemäß, und im Film wurde diese Szene nicht geschnitten: »Es ist für mich furchtbar schwer, von Ihnen Antworten zu erhalten. Machen Sie mir doch meine Arbeit nicht so schwer. Ich möchte Sie doch unseren Zuschauern vorstellen.« Die Bitte kam an, Kubin gab sich fortan ein wenig gesprächsbereiter.

Wenn es für das Verständnis förderlich ist, kann ein Interviewer eine Antwort noch einmal kurz zusammenfassen, etwa indem er sagt: »Sie haben eben gesagt ... Sie meinen also ... Wenn ich Sie richtig verstanden habe ...« Falls er im Zweifel ist, kann er dies aber auch klar ausdrücken: »Habe ich Sie richtig verstanden?« Gänzlich mit seiner Meinung hinter dem Berg halten muss ein Journalist allerdings dann nicht, wenn er spürt, dass sein Gesprächspartner auf seine Fragen mit falscher Münze antwortet. Dann kann er durchaus sein besseres Wissen verwerten und den Gesprächspartner so lange in die Enge treiben, bis der entweder einlenkt – oder bis seine Ausflüchte so deutlich werden, dass sie auch für den Leser oder Zuschauer klar auf dem Tisch liegen. Wie dies in der kleinen Satire von Ellermann (siehe S. 260 f.) geschah, als die Ehefrau schließlich dafür herhalten musste, um der Frage den Garaus zu machen.

In ganz anderer Weise hat sich eine Ehefrau einmal in ein Interview eingeschaltet, die Frau des amerikanischen früheren Vizepräsidenten Dan Quayle. Es ging um ein Gespräch über die Abtreibung, als deren profilierter Gegner Quayle galt. Nach vielem Hin und Her kam schließlich die »Fangfrage« des Journalisten:

»Was würden Sie tun, wenn Ihre Tochter abtreiben würde?«
»Ich hoffe damit nicht konfrontiert zu werden.«

»Und was, wenn es doch passiert?«

»Ich würde Corinna unterstützen, wie auch immer ihre Entscheidung ausfällt.«

An diesem Punkt mischte sich Frau Quayle in das Gespräch ein:

»Corinna würde ein Kind auf jeden Fall austragen.«

Natürlich war dies angewandte Diplomatie. Und Corinna war bei dem Interview ja nicht zugegen.

Grenzen der Neugier beim Gespräch

Gibt es Fragen, die in Interviews nicht gestellt werden sollten, gibt es das Tabu? Nach dem unsäglichen politischen Spektakel um die Affäre des früheren amerikanischen Präsidenten Bill Clinton mit der Praktikantin Monica Lewinsky mutet diese Frage beinahe naiv an. Umso deutlicher soll die Antwort gegeben werden: Ja, es gibt – natürlich – auch hier einen Intimbereich, der der öffentlichen Neugier entzogen ist, ebenso wie in den anderen Darstellungsformen des Journalismus. Dazu zählt vor allem die Sexualität, obwohl und gerade weil sie sich auch in den Medien bekanntlich besonders gut zum Vermarkten eignet. Wenn etwa Gary Hart, der ehemalige amerikanische Präsidentschaftskandidat, im Zusammenhang mit seiner Anhörung zur Iran-Contra-Affäre von den Reportern kaum nach seiner politischen Haltung gefragt wurde, sondern stattdessen, wie es in der *Frankfurter Allgemeinen Zeitung* berichtet wurde, unablässig mit der Frage konfrontiert wurde: »Haben Sie schon einmal Ehebruch begangen?«, so war seine Antwort zwar zutreffend: »Darauf muss ich nicht antworten!« Da sich aber gerade auf diese Antwort jedermann seinen Reim machen konnte, war bereits die Frage unfair.

Anders ist es freilich, wenn, wie nicht gerade selten, Männer in diesem Bereich der Moral ins Gerede gekommen sind, die sich zuvor zu Hütern eben dieser Moral aufgeschwungen haben. Prediger amerikanischer Glaubensgemeinschaften, aber auch ausgeprägte politische Saubermänner mussten sich deshalb sicher hintergründige Fragen gefallen lassen, etwa wenn sie des Morgens gemeinsam mit einer attraktiven Frau ein Motel verlassen hatten. Wer die Moral zur Messlatte für seine Zeitgenossen macht, muss sich selbst an ihr messen lassen.

Eher neckisch liest sich eine Passage in dem Interview, das der *stern* mit dem »schönen Konsul Weyer« führte:

STERN: »Ja, und wie ist denn das Sex-Life da?«

WEYER: »Was geht Sie das denn überhaupt an?«

STERN: »Wir haben gehört, dass Sie ein bisschen schwul sind.«

WEYER: »Alle schicken Männer sind bisexuell. Ist das schlimm, oder was?«

Wer sich derart auf Intim-Klatsch einlässt, ist selbst daran schuld. Weyer hätte es getrost bei seiner Gegenfrage belassen können, was das denn alles den *stern* überhaupt angehe.

Wie das eine junge schweizerische Schauspielerin tat, die in einem Interview gefragt wurde: »Wann haben Sie das erste Mal Liebe gemacht?« und darauf zur Antwort gab: »Das geht nur mich etwas an.«

Recht hat sie, und der Interviewer sollte sich vielleicht beim nächsten Mal doch intelligentere Fragen einfallen lassen.

Wort halten – auch nach dem Interview

Bleiben einige juristische Fragen, die die Verwertung von Interviews betreffen. Es ist bis heute von den Gerichten nicht endgültig geklärt, wie das bei Schnitten in Fernseh-Interviews aussieht. Sicher ist nur, dass tagaus, tagein solche Schnitte gemacht werden und dass der Fernsehjournalist meist am Schneidetisch entscheidet, welche Passagen er verwenden will. Man wird davon ausgehen können, dass diese Bearbeitung gewissermaßen branchenüblich ist und wir das Einverständnis bei sinnwahrenden Kürzungen unterstellen dürfen. Nicht nur Informationssendungen wie »Tagesschau« oder »heute« wären sonst kaum möglich. Freilich riskiert ein Journalist bei allzu drastischen Eingriffen in das Interview den geballten Zorn seines Partners, wenn er von einem gründlich vorbereiteten Interview schließlich nur noch wenige, magere Sätze wiederfindet. Denn natürlich ist es für einen Gesprächspartner mehr als ärgerlich, wenn er zusehen muss, wie seine wohl überlegten Äußerungen »auf Nebensächliches zusammengeschnitten werden«, wie der Vorwurf dann meist lautet.

Die Theologie-Professorin Uta Ranke-Heinemann hatte es nach deftigen Beschwerden über den Zusammenschnitt eines Interviews erreicht, dass es – zugleich mit einigen Worten des Bedauerns – vom Bayerischen Rundfunk noch einmal ungekürzt gesendet wurde.

Bei allen Interviews kommt es vor allem auf die Absprache an, auf den (Interview-)Vertrag: Er muss vom Journalisten eingehalten werden, auch wenn Zeitdruck oder sonstige Zwänge des Mediums noch so sehr belasten. Hat er einem Gesprächspartner zugesagt, dass er die Endfassung des Interviews noch einmal zur Korrektur und Genehmigung erhält, muss er sich an sein Wort halten: und eine solche Vereinbarung ist bei den ausführlichen Gesprächen – etwa bei den *Spiegel*-Gesprächen – gang und gäbe. Wenn Milan Kundera deshalb in einem Beitrag in der *ZEIT* darüber klagt:

»Von unseren Antworten verwendet er nur solche, die ihm passen ...
Er überträgt sie in seine eigene Wortwahl, seine eigene Denkart«,

so ist er entweder einem besonders leichtfertigen Journalisten aufgesessen oder hat sich auf leichtfertige Weise besonders sorglos in dessen Hand begeben. Verträge sind zu halten: Das gilt auch für den Interview-Vertrag und natürlich auch für uns Journalisten.

Wie teuer ein Versehen eine Zeitung zu stehen kommen kann, hat das Magazin der *Frankfurter Allgemeinen Zeitung* einmal erlebt, als es ein Interview mit dem damaligen Ersten Bürgermeister von Hamburg, Klaus von Dohnanyi, veröffentlichen wollte. Der hatte kurz zuvor davon erfahren und erreicht, dass das Magazin noch kurz vor dem Versand der Zeitung wieder aussortiert werden musste. Warum dies so war, ließ die *Frankfurter Allgemeine Zeitung* ihre Leser bald darauf wissen. In einer Meldung in eigener Sache hieß es:

»Der Erste Bürgermeister Klaus von Dohnanyi hat den Text des als Interview für das Frankfurter Allgemeine Magazin mit Ruth von der Wrenge geführten Gesprächs nicht autorisiert. Dies war uns bis zur Herstellung des Heftes 411 nicht bekannt. Unmittelbar vor der Auslieferung dieses Magazins hat von Dohnanyi der Redaktion telefonisch erklärt, die gedruckte Fassung des Interviews gebe das Gespräch nicht richtig wieder. Eine Veröffentlichung sei für ihn politisch und menschlich nachteilig. Die *Frankfurter Allgemeine Zeitung* respektiert, dass der Hamburger Bürgermeister den Text des Interviews vor seiner Veröffentlichung prüfen wollte, damit er nicht unzutreffend interpretiert werde. Den Grundsätzen eines verantwortlichen Journalisten folgend, hat sie deshalb unter Inkaufnahme beträchtlicher wirtschaftlicher Nachteile das Heft 411 nicht ausgeliefert. Wir bitten unsere Leser und unsere Inserenten um Verständnis.«

Die Autorisierung eines Interviews mit den Änderungen am Text ist neuerdings ins Gerede gekommen. Eine »neue Lehre« setzt sich dafür ein, den Gesprächspartner beim Wort zu nehmen (»gesagt ist gesagt«), oder, um nochmals Lessing zu zitieren: Nun ist das Wort hinaus, es kann nicht mehr zurück. Bei dieser Stringenz nimmt der Journalist dem Gesprächspartner viel von seiner Spontaneität. Die Gefahr liegt nahe, dass er sich in Unverbindlichkeiten verlieren wird oder bei gestanzten Formeln bleibt, um sich nicht um Kopf und Kragen zu reden. Wenn er aber einmal *zu* spontan war, sollte man ihm keine bessere Einsicht verbauen – es sei denn, er hätte dem Journalisten freie Hand gegeben und sich damit gänzlich dessen Fairness ausgeliefert. »Die Autorisierung von Interviews hat doch so manches für sich«, so sieht dies Michael Hanfeld in der *Frankfurter Allgemeinen Zeitung*, »wenn sie nicht zur nachträglichen Veränderung des Gesagten bis zur Unkenntlichkeit missbraucht wird.« Dieser – richtige – Grundsatz gilt aber für *beide* Seiten, für den Fragesteller und für den, der antwortet.

Auch wenn die Autorisierung eines Interviews vereinbart war, steht bisweilen Aussage gegen Aussage. Wer sichergehen will, sollte sich daher von seinem Gesprächspartner die endgültige Fassung unterschreiben lassen. Denn wenn bestimmte Äußerungen Furore machen, kann die Frage, ob das Interview autorisiert wurde oder nicht, über den Ruf des Journalisten entscheiden oder über den des Gesprächspartners.

Und nicht zuletzt: Wir müssen unserem Gesprächspartner klar zu erkennen geben, dass wir uns »im Interview« befinden: Das kann wichtig werden, wenn umstritten ist, ob ein Politiker überhaupt für ihn erkennbar ein Interview gegeben hat oder ob sich ein Journalist ein »Interview« aus Redeauszügen und einigen raschen Antworten zwischen Tür und Angel gewissermaßen zusammengerührt hat.

So wird man auch den Vorwurf Milan Kunderas zurechtrücken müssen, der in jenem Beitrag in der *ZEIT* schrieb: »Dem Vorbild des amerikanischen Journalismus folgend, wird er [der Journalist, d. Verf.] nicht einmal die Güte haben, uns autorisieren zu lassen, was er uns zu sagen gezwungen hat.« Nehmen wir einmal die spöttische »Güte« beim Wort – hier geht es nicht um Güte, sondern um eine Absprache, noch genauer: um einen Vertrag, und wir Journalisten haften nicht nur mit unserem Ruf dafür, dass wir uns an solche Zusagen halten. Und was das »Zwingen« anbelangt: Ich weiß nicht, ob ein Journalist einen Schriftsteller zu etwas zwingen kann. Machtträger aller Art, wie Politiker, Manager oder Gewerkschaftsführer, lassen sich jedenfalls von uns nicht so leicht zu Aussagen zwingen – allenfalls gelegentlich einmal verlocken.

Das Bundesverfassungsgericht war es, das klärte, dass die Meinungsfreiheit auch die Fragefreiheit umfasst. Anders als Tatsachenbehauptungen, sagten die Richter, können Fragen nicht unrichtig sein. Für den Meinungsbildungsprozess spielen gerade sie eine wichtige Rolle: »Indem sie die Aufmerksamkeit auf Probleme lenken und Antworten hervorrufen, tragen sie zur Bildung von Meinungen bei, die dann ihrerseits wieder geäußert werden können.« Machen wir also von unserem sokratischen Recht Gebrauch, Fragen zu stellen, ewig neugierig, wie ein (kluges) Kind. Und halten wir es dabei mit jener Journalistin, die ihre Grundhaltung bei Interviews einmal so umschrieb: nicht analysieren oder psychologisieren, nicht vor- oder gar verurteilen, sondern »zuhören, nachfragen, neugierig bleiben – und das Ganze möglichst in einer vertrauensvollen Umgebung«.

»Das Wesentliche im Menschen hat die Form einer Frage«, hat Martin Heidegger gesagt. Und auch für Fragen gilt die Vermutung der freien Rede, wie das Bundesverfassungsgericht ausdrücklich bestätigt hat. Wenn auch nicht grenzenlos: Die Frage »Meinen Sie nicht auch, Herr Minister, dass Sie ein perfekter Trottel sind?« ginge wohl einen Schritt zu weit. Aber an eine solche Frage hätte Heidegger auch nie im Leben gedacht.

Und ganz und gar unzulässig wäre es natürlich, was eine amerikanische Zeitung einmal aus Frage und Gegenfrage im Gespräch mit einem Kardinal gemacht haben soll. Aus welch undurchsichtigen Gründen auch immer wollte man von ihm wissen, ob er bei seinem Besuch in New York auch Kinder-Bordelle besuchen wolle. Seine – erstaunte – Gegenfrage: »Gibt es hier Kinder-Bordelle?« Am nächsten Tag konnte man dann in der Zeitung lesen, die erste Frage des hohen Gastes sei gewesen: »Gibt es hier Kinder-Bordelle?«

Und wenn die Geschichte nicht wahr ist, so wäre sie jedenfalls schlecht erfunden.

Hans Leyendecker
IV. Der Journalist im Recht

1. Gerichtsreportage
oder: Als Zuschauer beim »Kampf um die Wahrheit«

> »Er fasste das ganze Leben als Drama auf,
> und die prägnanteste Form des Dramas sah er in einem
> Prozessverlauf.«
>
> *(Hans J. Fröhlich über Maximilian Harden)*

Im Gerichtssaal begegnet sich die Gesellschaft: Arbeitslose und (neuerdings auch) Millionäre, Kriminelle aus guten und schlechten Elternhäusern, Täter und Opfer. Was dort geschieht, interessiert die Öffentlichkeit nicht nur, weil die Urteile »im Namen des Volkes« ergehen. Viele Leser sind von Abgründen, Risiken, Unglücksfällen des Lebens fasziniert – das gilt für alle Zeiten.

Der Pariser Rechtsgelehrte und Advokat François Gayot de Pitaval, der im 18. Jahrhundert lebte, schrieb zur Freude seiner Zeitgenossen über »berühmte und kuriose Rechtsfälle«. Schiller übersetzte Pitavals Aufzeichnungen. Auch die Justizkarikaturen eines Honoré Daumier sind auf ihre Art »Gerichtsberichte«. Von den angeblichen »Dienern der Gerechtigkeit« hielt Daumier nicht viel. Gerechtigkeit war für sie nur ein Wort. Meist setzte er, um die Bildaussagen zu unterstreichen, ein paar kommentierende Worte unter seine Zeichnungen.

Zwei deutsche Journalisten wurden in diesem Genre durch ihre Reportagen berühmt: Paul Schlesinger, der legendäre Gerichtsreporter der Weimarer Republik, der unter dem *nom de guerre* Sling schrieb, und Gerhard Mauz, der große Reporter des *Spiegel*. Sling (das heißt Schlinge oder Tintenkleckser) starb 1928, Mauz ist 2003 gestorben.

Der eine beschrieb vor allem den Alltag im Gerichtssaal, der andere war ein mitfühlender, mitleidender Chronist der Zeitgeschichte. »Die Sachverständigen sind seit ihm und durch ihn etwas weniger sachverständig«, hat Rudolf Augstein in einer Laudatio auf seinen Gerichtsreporter gesagt.

Sling ging gegen den Missbrauch von Meineid und Meineidsprozessen

an und schrieb Miniaturen aus dem Bereich der Alltagskriminalität wie
»Der böse Mann und die böse Frau.« Nach sechs Jahren unglücklicher Ehe
hatte die Frau mit dem Beil auf den Kopf ihres Mannes geschlagen. Er
überlebte und sie kam vor Gericht.

Das Gut-Böse-Schema durchbrechen

»In dieser Ehe gab es keine Unterhaltung, kein abendliches Ausgehen, kein
Kino, keinen Tanz. Es waren zwei stille, ordentliche, aufs Sparen bedachte
Leute. Die Eintönigkeit wurde zum Feind ihrer Tugenden. Sie wussten
nicht, was sie entbehrten – das Leben mit seinen Spielen, mit seinem
Genuss. Und da sie nicht ins Kino gingen, kam es zu ihnen, mit Mord und
Totschlag. Das ungelebte Leben brach aus der Frau heraus. Von dem Ton,
der zwischen beiden herrschte, gibt ein Brief Kunde, den der Mann
geschrieben hat. Der Inhalt ist belanglos. Aber er überschreibt ihn: ›Meine
böse Frau‹, und er unterschreibt: ›Dein böser Mann.‹ Es ist so armselig
ernst gemeint, so ungeschminkt, ohne einen schmeichelnden oder besänf-
tigenden Oberton. Berlinisches Volkslied.«

Trotz des knappen Reportagestils gelang es Sling, das Schema von gut
und böse zu durchbrechen. Immer war er auf der Seite der Geschlagenen
und Getriebenen, der Opfer, die auch Täter sein können und der Täter, die
Opfer sind.

Mauz hat viele Jahre später eine Geschichte über eine Familie, deren
Sohn getötet wurde, so begonnen:

Eva und Karl-Hermann Schmidt, 53 und 56 Jahre alt, haben lebenslang.
Ihnen ist ihr Sohn, der Medizinstudent Frank Schmidt, im Alter von
23 Jahren getötet worden. Bis zu ihrem Tod werden sie im Schatten seines Verlustes leben müssen … Kinder, so erleben es doch die meisten,
die einen mehr, die anderen weniger bewusst, bedeuten unendlich viel
für die innere Entwicklung ihrer Eltern. Fast kann man sagen, dass wir
Kinder haben, um uns selbst zu begegnen, um uns selbst zu finden. Wer
ein Kind verliert … wird einer Erfahrung beraubt, für die es keinen
Ersatz gibt.

Der Täter kam nach drei Jahren Haft in den Freigang und durfte sein Medi-
zinstudium fortsetzen. Mauz schrieb über ihn:

Für den Menschen, der einen Menschen getötet hat, geht es auch dann
ums Überleben, wenn es die Todesstrafe nicht mehr gibt. Seine Tat mag

Mord oder Totschlag genannt werden, er mag die lebenslange oder eine zeitlich begrenzte Freiheitsstrafe bekommen: Er hat die einzige menschliche Solidarität gebrochen, der man gewiss sein darf – die gegenüber dem Tod. Er hat... sein Lebenslang. Gelingt es ihm nicht, aus und mit seiner Tat weiterzuleben, versteckt er sich vor ihr oder läuft vor ihr davon, so ist er nur noch ein lebender Leichnam.

Häufig zitierte der *Spiegel*-Reporter einen Text von Sling, der am 25. August 1926 in der *Vossischen Zeitung* erschienen war:

Der Mensch, der schießt, ist ebenso unschuldig wie der Kessel, der explodiert, die Eisenbahnschiene, die sich verbiegt, der Blitz, der einschlägt, die Lawine, die verschüttet. Alles tötet den Menschen, auch der Mensch tötet den Menschen.

Gerichtsreportagen sind keine Anklagen

Dass der Täter kein Monstrum ist und dass es Zufall sein kann, nicht auf der Anklagebank, sondern im Zuhörerraum oder auf der Pressebank zu sitzen, hat Mauz immer wieder betont. Auch hat er darauf verwiesen, dass es eine schwankende Definition dessen gibt, »was als Verbrechen zu gelten hat«.

»Drei Breitengrade näher zum Pol«, schrieb der französische Religionsphilosoph Blaise Pascal (1623–1662), »stellen die ganze Rechtswissenschaft auf den Kopf. Ein Längengrad entscheidet über Wahrheit, nach wenigen Jahren der Gültigkeit ändern sich die grundlegenden Gesetze. Das Recht hat seine Epochen... Diesseits der Pyrenäen Wahrheit, jenseits Irrtum.« An »Pascal ist immer wieder zu erinnern« mahnte Mauz in seinem Buch »Die Justiz vor Gericht«.

Gute Gerichtsreportagen sind keine Anklagen, sondern sie zweifeln an der totalen Sicherheit, dass der Kriminelle immer der andere sein muss.

Der Einblick in die Welt der Gerichte hat auch Schriftsteller, wie den Meister der Miniaturisten, Alfred Polgar, immer wieder fasziniert. Einstieg seiner Reportage über einen »Raubmörder in großer Zeit«:

Der Raubmörder Hirth wog 93 Kilo, als er ins Gefängnis kam. Auf der Anklagebank, ein paar Monate später, saßen nur mehr zirka 60 Kilo Hirth. Die Gerechtigkeit sagte: Noch immer um 60 Kilo zu viel! und verurteilte den Raubmörder zum Tode... Des Mörders Behauptung, dass ihm der heilige Antonius in der Zelle erschienen sei, wurde mit

Recht als Flunkerei gewertet. Derlei elende Versuche, sich bei einem österreichischen Gericht einzuschmeicheln, sind doch zu durchsichtig. Polgar wirft einen letzten, ironischen Blick auf den in seine Tat verstrickten Menschen und auf die Erbarmungslosigkeit der Gesellschaft. Gerichtsreportage kann derart mehr Aufklärung liefern als jeder politische Leitartikel.

Aber sie kann auch Kolportage sein. Denn ist sie ein Findelkind des deutschen Journalismus.

»Die Zeit liegt noch nicht weit zurück, da unter der Rubrik ›Aus dem Gerichtssaal‹ unter neckischen Überschriften – ›Ein sauberes Früchtchen‹, ›Wer andern eine Grube gräbt‹, usw. Reportage minderwertigster Art betrieben wurde und der Gehalt an tragischer Menschlichkeit, der Reichtum ethischer Kasuistik, die Fülle der Einsichten in Mängel des Rechts und seiner Handhabung, die sich im Gerichtssaal entfalten, an stumpfen Ohren ungehört vorüberzog.«

Das schrieb Gustav Radbruch, Sozialdemokrat, Justizminister in der Weimarer Republik unter Reichskanzler Gustav Stresemann im Jahr 1928. Die Berichterstattung aus den Gerichtssälen werde Journalisten anvertraut, denen man ansonsten höhere Aufgaben nicht zutraue.

Wer schreibt heutzutage über die Vorgänge im Gericht – der erfahrene, weltläufige Chefreporter oder der unerfahrene Neuling der Lokalredaktion?

Die Journalisten, die sich für Gerichtsreportagen interessieren oder für sie eingesetzt werden, hat Frauke Höbermann, die langjährige Geschäftsführerin des Deutschen Journalistenverbandes, einmal als die »letzten Rädchen im Getriebe einer Lokalredaktion« beschrieben. Untersucht hatte sie zwar nur die Verhältnisse in einer Großstadt, aber einiges an diesem Befund kann verallgemeinert werden. Der beklagenswerten Vernachlässigung der Pressearbeit vieler Gerichte, die in der schlechten Ausstattung etlicher Pressestellen noch immer sichtbar ist, entspricht die mangelhafte Aufmerksamkeit, die der Justiz von etlichen Redaktionen entgegengebracht wird.

Bei den großen Tages- oder Wochenzeitungen fällt der Befund etwas günstiger aus. Beim *Spiegel* arbeitet seit mehr als 15 Jahren Gisela Friedrichsen, der Mauz 1989 seine Nachfolge angeboten hatte. Ihre Reportagen seien »ein Lehrstück zur Moral der Agenten des Rechts« schrieb Bernhard Schlink im Vorwort eines Buches, das Gerichtsreportagen der *Spiegel*-Reporterin von 1989 bis 2004 zusammenfasst. Frau Friedrichsen ist längst nicht nur in der Nachfolge von Mauz – sie hat ihren eigenen Ton gefunden.

Bei der *ZEIT* schreibt Jutta Voigt Gerichtsreportagen, bei der *Süddeutschen Zeitung* arbeitet Hans Holzhaider als Gerichtsreporter und früher lieferte auch Jakob Augstein, einer der Söhne des legendären Journalisten, Skizzen aus dem Berliner Gerichtsalltag:

> »Die Herren S. und von M. kannten sich seit sechzehn Jahren. Sie lebten auf derselben Etage in einem dreistöckigen Haus, und ihre Wohnungstüren lagen einander genau gegenüber. Sie arbeiteten schon seit langem nicht mehr, und sie hatten viel Zeit, die sie miteinander verbrachten, weil sonst niemand da war, der mit ihnen Zeit verbringen wollte. In den Ferien fuhren sie gemeinsam weg und im Frühling besuchten sie die Baumblüte. Morgens ging Herr von M., der zwölf Jahre jünger war als Herr S., für diesen auf den Markt und kaufte ein, und dann kochte er für sich und ihn. Herr von M. bestahl seinen Freund auch, und einen Tag nachdem Herr S. deshalb bei der Polizei eine Anzeige aufgegeben hatte, fand eine Nachbarin Herrn von M. auf seinem Freund sitzend und der Freund war tot.«

Nüchterner geht es nicht, allerdings auch kaum eindrücklicher. Aber hauptamtliche Gerichtsreporter gibt es nur wenige. Die Verlage und Sender scheuen die Kosten. Bundesweite Gerichtsberichterstattung kann aufwendig sein – Reisen fallen an, Spesen auch und manchmal kommen nur kleine Geschichten heraus. Das ist den meisten Verlagen zu teuer.

»Gerichtsberichterstattung – das ist in vielen Redaktionen immer noch die Anfängerpiste für Volontäre und Freie« schrieb Frauke Höbermann. Entsprechend »viele, oft fatale Fehler« würden sich in den Gerichtsberichten finden: »Das beginnt schon mit der Einleitung. Anfänger starten gern mit einem Zitat – leider gern mit irgendeinem Spruch aus dem Mund irgendeines Prozessbeteiligten. Dabei haben Zitate – zumal in der Einleitung – eine wichtige Funktion: Sie führen in die Geschichte ein, charakterisieren eine wichtige Figur oder bereiten das Ereignis vor. Um das leisten zu können, müssen Zitate freilich sorgfältig ausgewählt und am jeweiligen Stoff orientiert werden.«

»Ungeschulte Anfänger neigen dazu«, so Frau Höbermann, »Staatsanwälte und vor allem Richter als omnipotente Vaterfiguren und Angeklagte in Strafprozessen als miese Charaktere zu sehen. Anfänger erliegen dem aktenstaubigen und zugleich einschüchternden Ambiente eines Gerichts: Es thront in schwarzen Roben auf erhöhtem Podest hinter massiven Holztresen. Man muss aufstehen, wenn es den Saal betrifft. Und manchmal darf man sich nicht einmal ein Bonbon gegen aufkeimenden Hustenreiz in den Mund schieben, ohne ermahnt zu werden.

Angeklagte werden dagegen oft mit abfälligen, herablassenden, diskriminierenden Formulierungen bedacht – und sie sind verstockt, wollen nichts einsehen und leugnen alles hartnäckig ab. Angeklagte werden verbal bereits verurteilt, bevor das Gericht entschieden hat.

Journalisten verstoßen damit nicht nur gegen den Pressekodex, sondern auch gegen geltendes Recht. Dass sie und ihre Verlage dennoch eher selten vor einem Richter stehen, liegt in der Natur der Sache: Angeklagte haben meist andere Sorgen, als sich juristisch mit einer Zeitung anzulegen.«

Im Boulevard-Journalismus werden die Angeklagten manchmal schon mit Überschriften vorverurteilt.

Ein Bericht über einen – freilich schrecklichen Mord – hatte die Überschrift:

»Der kleine Tobias – so eiskalt plante der Vater den Tod.« (*Abendzeitung*)

Und in der *Bild*-Zeitung hieß die Überschrift:

»Deutschlands grausamste Mutter«

Und weiter las man: »Tobias zerstückelt, verbrannt: Die Mutter lacht.«

Über diese Berichterstattung schrieb die *Süddeutsche Zeitung*:

»Doch was aus dem Gerichtssaal in Bamberg über die Boulevardzeitungen an die Öffentlichkeit gelangt, hat mit der Wirklichkeit nicht mehr viel zu tun. Auch da, wo die Texte korrekt sind, werden sie durch Aufmachung, Schlagzeilen und Bildunterschriften in schrecklicher Weise verfälscht.«

Die Welt der Gerichtsberichterstattung ist die Welt der Amtsgerichte, der Landgerichte. Dabei haben die Entscheidungen anderer Gerichtsbarkeiten, der Sozial-, der Arbeits- oder der Verwaltungsgerichtsbarkeiten weitreichendere Auswirkungen. Diese Welt der Justiz kommt in den Medien nur in Meldungen oder knappen Berichten vor, obwohl von diesen Verfahren bei weitem mehr Leser betroffen sind als beim Strafrecht. Aber diese Verfahren liefern keine öffentlichen Dramen.

Oft suchen Journalisten die Nähe zu den Mächtigen. Kurt Tucholsky, der in den zwanziger Jahren Gerichtsreportagen für die Weltbühne schrieb, hat immer wieder die Distanz zwischen Beobachtern und Beobachteten angemahnt, die auch in der bisweilen engen Gerichtswelt notwendig ist. Ironisch merkte er an, dass sich am Stammtisch irgendeiner

Ratsschänke neben dem Herrn Richter und dem Herrn Apotheker allzu gern der Herr Redakteur niederlasse.

Vor allem bei den Gerichtsreportagen im Lokalteil von Zeitungen wird auch heute jene »unbewusste Allianz zwischen Richtern und Journalisten« deutlich, die der kundige Karlsruher Berichterstatter der *Süddeutschen Zeitung*, Helmut Kerscher, vor Jahren schon einmal in einer Studie über Probleme der Gerichtsbarkeit notiert hat.

Der Richter erscheint als Vatergestalt, der Staatsanwalt als Racheengel und der Angeklagte als Gescheiterter, über dem sich der Zorn der Gerechten entlädt. Er stiehlt »munter drauflos«, um sich dann »vor Gericht herauszureden«, und will »zu seinem Geständnis nicht mehr stehen«.

Ihm gibt das Gericht dann auch schon einmal einen »Langfinger-Zuschlag«. Er »gibt sich bieder«, vor allem zu Beginn der Hauptverhandlung, um sich dann freilich bald als »einigermaßen skrupelloser Betrüger mittleren Kalibers, einschlägig vorbestraft, zu entpuppen«. Bisweilen besitzt er die Unverfrorenheit, mit ungedeckten Schecks zu bezahlen, und hat dann in der Gerichtsverhandlung dennoch »die Stirn, beim letzten Wort, das in einem Prozess jedem Angeklagten zusteht, seinen Freispruch zu beantragen«. Und dann fügt sich all die Vorverurteilung befriedigend zusammen, wenn der auch »noch im Amtsgericht klaut«.

Menschen werden als Bestien dargestellt. Bei dem Prozess gegen das »Satanistenpärchen« Manuela R. und Daniel R. im Jahr 2003 wurde das Ehepaar, das einen Arbeitskollegen in einer Art Ritual mit 66 Messerstichen getötet hatte, von den Kamerateams angefeuert: »Macht doch noch mal die Grimassen, den Satansgruss«. Die Angst vor dem Verbrecher und dem Verbrechen sei in der Gesellschaft der »Hort letzter Gemeinsamkeit«, hat Gerhard Mauz geschrieben.

Auch werden Ausländer, einer Studie des Duisburger Instituts für Sprach- und Sozialforschung zufolge, in der Berichterstattung »deutlich deftiger behandelt« als deutsche Straftäter. Die von Ausländern begangenen Straftaten würden durchweg »viel brutaler und gefährlicher dargestellt als die der deutschen Täter«. Auffallend häufig fänden sich Hinweise darauf, dass ausländische Kriminelle das deutsche Sozialsystem »missbraucht« hätten.

Richter kommen, so war es zumindest früher, in den Gerichtsreportagen meist gut weg. Sie bringen Angeklagte »zur Einsicht« und wehe dem Verteidiger, der ihnen in die Quere kommt. Der kann dann bisweilen lesen, er habe sich »bemüßigt gefühlt«, zu kritteln.

Polemische Boulevardblätter

Heute allerdings nehme vor allem in den Boulevardzeitungen die »unsachliche, herabsetzende Kritik an Urteilen, Richtern und Staatsanwälten« zu, behauptete der Vorsitzende des Deutschen Richterbundes, Wolfgang Arenhövel, in einem Interview mit dem Fachblatt *Zeitschrift für Rechtspolitik*. Bezeichnungen wie »Saustall Justiz« oder »Skandal-Richter« seien »nicht akzeptabel«.

Bei der Dämonisierung »bestimmter Täter« sei den Boulevardblättern »offenbar jedes Mittel recht, auch das der Verunglimpfung der Justiz und der handelnden Personen«. Die jetzige Richtergeneration arbeite »sehr sachorientiert«. Als er vor 25 Jahren in die Justiz eingetreten sei, habe es »mehr so genannte Originale gegeben, an denen man sich reiben konnte, die man, positiv oder negativ, kritisieren konnte«.

So ein Original sagte schon mal: »Das können Sie dem Christkind erzählen, aber nicht dem Amtsrichter« oder »Herr Verteidiger, wir ziehen uns ja beide die Hose net mit der Beißzange an«.

Und man konnte auch den Stoßseufzer eines im Dienst ergrauten Amtsrichters nachvollziehen, wenn der sagte: »Gott sei Dank kann ich niemand hinter die Stirn gucke, sonscht wird' s mir von dem Zwiespalt zwischen dem, was gedacht und dann gesagt wird, an jedem Verhandlungstag paar Mal schlecht.«

Auch der Rat »Bevor Se auf der Milz weiter trinke, weil die Leber kaputt is, sollte Se vielleicht doch etwas dagege unternehme«, kann ja einmal angebracht sein, wenn der Richter zum wiederholten Male einen Mann wegen Alkohols am Steuer vor sich stehen hat.

Solche Spruchweisheiten kann der Gerichtsreporter weitergeben. Ihre »Farbe« ist so lange unbedenklich, als sie den Angeklagten nicht in Häme tunkt. Und sollte der Richter dies einmal tun, sollte der Journalist das auch anmerken. Die Bemerkung eines Richters in der mündlichen Urteilsverkündung: »Im kommenden Winter sind Sie gut aufgehoben«, sollte kritisiert werden, statt die zynische Bemerkung auch noch durch die Überschrift des Beitrags aufzuwerten: »Für warmes Plätzchen in der Zelle gesorgt.«

Vorsicht bei der Wertung

»Mit den Urteilssprüchen des Richters war man meist zufrieden«, hieß es einmal in einem Porträt. »Nur auf dem Weg dorthin blieb im Prozessverlauf so manche verletzte Seele zurück.« Denn die Verhandlung sei geprägt von »cholerischen Ausfällen, wüsten Beschimpfungen der Angeklagten, menschenverachtenden Bemerkungen vor allem Ausländern und Arbeitslosen gegenüber«. Ein solcher Verhandlungsstil verlangt unbedingt einen Kommentar des Journalisten – einerlei, ob er mit dem Urteilsspruch »zufrieden« ist oder nicht.

Ohnehin ist Vorsicht geboten, wenn sich der Journalist an die Wertung des Strafmaßes heranmacht. »Der große Griff ins Dunkle« wurde die Festsetzung der Strafe einmal genannt und diese Dunkelheit wird nicht geringer, wenn die journalistische Messlatte angelegt wird.

Hat man genügend Platz, so sollte, wie bei jeder Reportage, auch bei der Gerichtsreportage Augenschein vermittelt werden. Der Leser soll zumindest ahnen können, was der Zuschauer im Gerichtssaal gesehen, gehört hat:

»Warum ist es so peinigend, dieser kraftlosen, weinerlichen Stimme zuzuhören? Warum fällt es so schwer, dem hoch aufgeschossenen bleichen jungen Mann zu glauben, dessen Verteidiger fast beschwörend ankündigt, heute werde der Angeklagte ›mit sich ins Gericht gehen‹, das ›Unaussprechliche aussprechen‹ und die Grenze überschreiten, die es ihm erlaube, Dinge zu äußern, die er ›mit der eigenen Person nicht in Verbindung‹ habe bringen können? Warum quält jedes Wort nicht nur den, der es ausspricht, sondern auch den, der es hört? Es quält, weil Magnus G., 28, noch längst nicht so weit ist, sich hinzustellen und zu bekennen: Ja, ich habe das Schlimmste getan, was Menschen einander antun können, ich habe ein Kind getötet, ich bin mies und feige, ich habe diesen armen reichen Jungen Jakob von Metzler in eine Falle gelockt und grausam umgebracht, weil ich nach Geld gierte.«

Derart einprägsam begann Gisela Friedrichsen ihre Reportage über den »Prozess um den Tod des elfjährigen Jakob von Metzler«.

Klischeehaft hingegen ist dieser Anfang einer in einem Regionalblatt erschienenen Gerichtsreportage:

»Der Angeklagte ist leichenblass. Zwei scharfe Falten stehen ihm senkrecht auf der Stirn. Seine gepflegten Hände hält er wie zum Gebet gefaltet, hin und wieder seinen breiten Goldring am Finger drehend. Wenn er einmal aufsehen würde, dann sähe er direkt in die fragenden Augen seiner Schwiegermutter, die ihm gemeinsam mit ihrem Mann als Nebenkläger gegenübersitzt. Doch G., des Mordes an seiner schwangeren Frau abgeklagt, wagt diesen Blick auch am neunten Verhandlungstag vor dem Schwurgericht in A. nicht.«

Was da an Beobachtungen zusammengetragen wird, ist oberflächlich. »Leichenblass« wird jemand leicht, der längere Zeit in Untersuchungshaft gesessen hat. »Scharfe Falten« psychologisiert das Nichts und wenn einer seinen Goldring am Finger dreht, gesteht er damit noch lange nicht, dass er schuldig ist.

Berichten und nicht richten

Bei der Deutung der Körpersprache von Angeklagten muss deshalb ganz besonders vor vorschnellen Urteilen gewarnt werden. Denn niemand ist fürs Gefängnis geboren. Es ist nur menschlich, wenn sich der Angeklagte vor Gericht unsicher ist und wenn diese Situation auf Haltung und Gebärden abfärbt.

»Gerichtsberichterstattung ist eine furchtbar unbequeme Angelegenheit«, hat Gerhard Mauz einmal gesagt. Schwarz sei »eben nicht nur schwarz und weiß eben nicht nur weiß«. Wie kaum anderswo komme es im Grau des Gerichtssaals auch auf die Zwischentöne an. Aufgabe sei es, den Lesern deutlich zu machen, »dass ein Täter nicht einfach ein rabenschwarzes Schwein ist, sondern auch menschliche Züge hat, dass er der Nachbar von nebenan sein könnte«.

Dies gilt nicht nur für die großen Strafprozesse, sondern gerade auch für die kleinen Prozesse in den kleinen Gerichten der Provinz, wo es um den Nachbarn gehen kann.

Der Gerichtsreporter soll berichten und nicht richten. Er soll beobachten, den Fall in seiner rechtlichen und sozialen Bedeutung schildern und auch einen Eindruck vom Klima im Gerichtssaal vermitteln. In der Tradition von Sling, der nach eigenem Bekenntnis »kein ernsteres Bestreben« hatte, »als die Dinge so zu zeichnen, wie ich sie sehe«.

Der Journalist könne nicht mehr tun, als bei einigen, die ihn lesen, hören oder sehen, Nachdenklichkeit auszulösen, sagte Mauz. Aber er fügte hinzu:

»Er kann – vielleicht – erreichen, dass der eine oder andere seine gefestigte Meinung einmal von außen betrachtet, um sie herumgeht und prüft, ob sie nicht gar zu fest, ob sie nicht möglicherweise zu starr, erstarrt ist und ein wenig Bewegung braucht.«

Mehr können Journalisten ohnehin nicht bewirken – nicht im Gerichtssaal und auch sonst nicht.

2. »Schnüffler oder Wachhunde« oder: Die investigative Recherche sucht schrittweise nach der Wahrheit

Es gibt in Deutschland vorzügliche Reporter, gute Redakteure. Wer den Leitartikel schreiben darf, im Presseclub sitzt, hat den Ausweis höchster Professionalität erreicht. Geehrt werden die Dichter und Denker. Aber die Zeitungen und die Sender beschäftigen nur wenige Rechercheure.

Die Schwierigkeiten mit diesem Genre fangen hierzulande schon bei dem Begriff an. Recherche meint nachforschen, ermitteln, und da das Erkunden von Sachverhalten wichtiger Bestandteil jeder journalistischen Arbeit sein sollte, versteht mancher Publizist die Bezeichnung als einen Pleonasmus. Es ist ja auch eine Selbstverständlichkeit, dass der Maurer mauert und der Fliesenleger Fliesen legt.

»Wir recherchieren doch alle«, rief ein Chefredakteur bei einer Podiumsdiskussion empört, als die Rede auf Recherchejournalismus kam. Er verstand darunter, dass er ohne Hilfe seiner Sekretärin fehlerfrei eine Telefonnummer finden konnte. Manche Redakteure nennen Googlen im Internet Recherche oder die Anrufe bei Experten, die sie immer angerufen haben.

Im Fachblatt *Medium-Magazin* wurde der Begriff Recherche mal so definiert:

»Recherche ist die Basis für Berichterstattung jeglicher Art und setzt umfassende Informationen voraus. Eine Recherche hat unvoreingenommen zu sein und darf sich nicht mit einer einzigen Quelle zufrieden geben. Idealerweise wird die eigene Beobachtung ergänzt sowohl durch die Suche im Archiv als auch durch Interviews. Presse-Mitteilungen müssen überprüft, ergänzt und im Zweifelsfall verworfen werden, sonst verkommt der Journalismus zu einem Verlautbarungs- und

PR-Instrument. Das Ziel der Recherche ist objektive Genauigkeit der Darstellung. Dazu sind die kompetentesten Quellen auszuschöpfen, auch wenn sie nicht in das ursprüngliche Konzept einer Geschichte passen.«

Leitmotiv bei der Recherche sind Zweifel, Skepsis und Distanz. Tugenden, die der verstorbene ehemalige Tagesthemen-Moderator Hanns-Joachim Friedrichs jungen Journalisten gepredigt hat. Sein Credo:

»Einen guten Journalisten erkennt man daran, dass er Distanz zum Gegenstand seiner Betrachtung hält; dass er sich nicht gemein macht mit einer Sache, auch nicht mit einer guten Sache; dass er immer dabei ist, aber nie dazugehört.«

Der recherchierende Journalist sammelt Informationen, prüft die Glaubwürdigkeit der Quellen und ermittelt ihre Motive, um zu einem eigenen Urteil zu gelangen.

»Rechercheur zu sein bedeutet in der Regel zunächst einmal, über sehr viel Geduld, eine logische Denkweise, Einfühlungsvermögen und möglichst gute Nerven zu verfügen.« Das jedenfalls behaupten Matthias und Frank Brendel in ihrem Buch »Richtig recherchieren«. »Die wirklich wichtigen Informationen« lägen in der Regel nicht auf der Straße, sondern müssten »mühsam gesucht und gefunden werden«.

Aller Anfang ist schwer, sagt ein Sprichwort aus Ostfriesland. Nur nicht beim Steinesammeln. Was zunächst leicht erscheint, wird nach und nach immer schwerer. Mit der Recherche ist es ähnlich. Das Sammeln von Hinweisen, Informationen mit all ihren Widersprüchlichkeiten, kann nach einer Weile ganz schön anstrengend sein. Am Ende erweist sich manchmal der erste Verdacht als falsch und es kann passieren, dass keine Geschichte herausgekommen ist. Viel Aufwand, kein Ertrag – das ist für viele Journalisten ein Schreckensszenario.

»Journalisten sagen lieber gleich ihre Meinung, statt zu recherchieren, Kommentatoren argumentieren über die Köpfe des Publikums hinweg«, schrieb der damalige ZDF-Redakteur und heutige Intendant des Deutschlandradios, Ernst Elitz, bereits in den achtziger Jahren.

Damals erschien auch eine Studie der Kommunikationswissenschaftlerin Barbara Baerns, die Beiträge aus Zeitungen, Hörfunk und von Nachrichtenagenturen nach der Quellenlage geprüft hatte: 85 Prozent aller Fälle hatten als Basis nur eine Quelle: Informationen aus einer Pressekonferenz oder PR-Mitteilungen, die ungeprüft verarbeitet worden waren.

Nach einer Untersuchung des Kommunikationswissenschaftlers Siegfried Weischenberg aus dem Jahr 1994 recherchierte ein Viertel der deutschen Journalisten am Tag nicht mehr als eine Stunde; ein knappes Drittel nahm sich ein bis zwei Stunden Zeit.

Die ökonomische Krise der Verlage hat die Lage in Redaktionen und Archiven nicht verbessert. »Wer Journalisten durch qualitativ hochwertige Zulieferungen Arbeit abnimmt und damit den Verlagen Kosten erspart, dringt mit seinem Anliegen wesentlich leichter durch als derjenige, der nicht in die Aufbereitung von Informationen investiert«, schrieb die Düsseldorfer DIKOM-Agentur im Jahr 2002 in einer Untersuchung.

In Sendern und Zeitungen verwalten immer wenige fest angestellte Redakteure Themen, Seiten und Sendungen, und sie haben kaum Möglichkeit, sich ein paar Wochen aus dem Innendienst zurückzuziehen, um eine Geschichte gründlich zu recherchieren. Ein freier Autor, der einer Zeitung oder einem Sender eine rechercheintensive, ernsthafte Geschichte anbieten will, wird sich die Sache dreimal überlegen müssen, ob er die Geschichte wirklich durchzieht. Am Ende kommt vielleicht dabei nichts raus, und was ist dann?

Freie Journalisten bekommen ein festes Honorar. Steigt der Aufwand, sinkt der Stundenlohn. Kein Ergebnis, kein Geld.

Auch stimmen oft die Begriffe nicht. Exklusiv ist, was für einen Moment lang als exklusiv gilt. Jedes Jahr gibt es eine Top-Liste der Blätter, die mit angeblichen Exklusivgeschichten aufgefallen sind. Wer die meisten Nominierungen erzielt, hat folglich am besten und am meisten recherchiert. Niemand prüft, ob diese prämierten Meldungen überhaupt stimmten oder ob sie recycelt wurden.

Regeln der Recherche

Der Leipziger Journalistik-Professor Michael Haller hat diese Entwicklung geschichtlich begründet:

> In Deutschland habe es einen Kampf um Meinungsfreiheit gegeben, woraus ein Journalismus erwachsen sei, der die Gesinnung des Journalisten ins Zentrum stelle. Man schreibt für die Gemeinde, und das von allen erwartete Ereignis gilt als Recherche, was die ohnehin überzeugten Anhänger nicht selten als Enthüllung feiern.

Haller, der früher für *Spiegel* und *ZEIT* arbeitete, hat in seinem Handbuch für Journalisten mit dem Titel »Recherchieren« versucht, die Formen der Recherche nachvollziehbar zu machen und die Regeln zu erklären.

- *Schritt eins*: Die Relevanz des Themas muss geprüft werden – ist es wichtig und interessant, welche Tragweite hat es, und taugt es für das Publikum?
- *Schritt zwei*: Was sind die Fakten? Wie glaubwürdig sind die Informationen – dabei gilt in der Regel, aber nicht immer: Jede Quelle ist umso zuverlässiger, je distanzierter sie zum Sachverhalt steht. Die Recherche muss von außen nach innen geführt werden. Neutrale, die einen größtmöglichen Abstand zum Geschehen haben, sollen zunächst befragt werden.
- *Schritt drei*: Hat sich das Thema erhärten lassen, stimmt es? Die vorliegenden Fakten müssen überprüft werden. Die Quellen auch. Was ist über das Ereignis und die beteiligten Personen bekannt – können Motive und Handlungen präzise und detailliert aufgezeigt werden? Wo soll die Recherche hinführen? Der Weg führt zumindest erst mal in Archive und Bibliotheken.
- *Schritt vier*: Kontrolle des vorliegenden Materials. Lässt sich das Geschehen präzise, zutreffend und detailliert darstellen? Die Subjekte und Objekte des Geschehens sollten zu Papier gebracht werden, untergliedert nach Grad der möglichen Verwicklung. Eine Hypothese sollte gebildet werden, um den Konflikt, in den die Personen verwickelt sind, zu erklären.
- *Schritt fünf*: Ergebnisoffen wird das bislang vorhandene Material gesichtet und geprüft, ob es die bisherige These belegt. Wenn es Lücken und Fragen gibt, müssen die Experten und Akteure speziell befragt werden.
- *Schritt sechs*: Nach dem Prüfen, Ordnen, Sichten und Gewichten wird die Hypothese des Beitrags entwickelt. Verantwortliche und Betroffene sollten ebenso wie Ursachen und Folgen benannt werden.
- *Schritt sieben*: Die Hypothese wird überprüft. Die wichtigsten Personen werden noch einmal befragt. Insbesondere die Gruppe der »Neutralen« (Experten, Augenzeugen), um die bisherigen Ergebnisse besser einschätzen zu können.
- Den eigenen Ergebnissen misstrauen, Fakten bewerten, jede Quelle mehrmals auf ihre Glaubwürdigkeit überprüfen – das gehört zum Recherchejournalismus. »If your mother says she loves you –

check it out« verlangte der Lokalchef einer Tageszeitung in Chicago von seinen Mitarbeitern. Er hatte den Spruch auf seinem Schreibtisch.

Solche Tipps seien »so wahr wie schwer zu befolgen« sagt der Recherche-Journalist Thomas Schuler, der kluge Aufsätze über den amerikanischen Journalismus und ein recherchiertes Buch über die Familie Mohn publiziert hat. »Denn schließlich gilt es zunächst, das Vertrauen einer Quelle zu erringen. Wie soll das je funktionieren, wenn man der Quelle von Beginn an zweifelnd gegenübertritt?«, fragt Schuler.

Der Rechercheur sollte das Vertrauen einer Quelle gewinnen und er muss ihr gleichzeitig misstrauen – das ist in der Tat ein Spagat.

Ob ein Informant den Vorgang nur vom Hörensagen kennt oder ob er eine wirkliche Primärquelle ist, muss von dem Rechercheur festgestellt werden. Die Quelle sollte auf jeden Fall gefragt werden, wer ihre Angaben bestätigen kann.

Die Qualität einer Quelle, so Haller, lasse sich feststellen: »Erstens: Je offener der Informant über seine Motive spricht, desto eher darf ihm Vertrauen geschenkt werden. Zweitens: Je authentischer (Idealfall: Zeuge) und kompetenter (Idealfall: Experte) er ist, desto zuverlässiger sind seine Angaben.«

Wichtig ist es, den oder die Betroffenen gegen Ende der Recherche ausführlich mit dem Vorwurf zu konfrontieren. Der Rechercheur sollte fair sein. Das bedeutet: Er sollte die Gegenseite zu den Vorwürfen hören und ihre Aussagen ernst nehmen, aber nicht blind übernehmen.

In seinem Lehrbuch »The Reporter's Handbook« rät der amerikanische Journalismus-Professor Steve Weinberg, den Quellen jene Teile zu zeigen, die sie selbst betreffen. Davor schrecken viele Journalisten zurück, weil sie Furcht haben, die Quellen könnten ihre Aussagen zurücknehmen. Weinberg sagt aber, er habe nur gute Erfahrungen mit dieser Methode gemacht.

Die Stimme im Kopf

Nach dem Schreiben und vor der Veröffentlichung geht bei anspruchsvollen Recherchen die Arbeit weiter: »Suchen Sie Ihr Quellenmaterial zusammen – Notizbücher, Interviewmitschriften, Tonbänder, Bücher, Studien« schrieb der amerikanische Journalistik-Dozent Chip Scanlan in einem

Aufsatz. »Gehen Sie dann jedes einzelne Wort ihres Artikels durch und vergleichen es mit der Originalquelle. Das ist sehr zeitaufwendig, aber Sie schlafen danach ruhiger.

Dann schreibt er, was jeder Rechercheur in seinem Leben schon mal erfahren hat:

»Hören Sie auf die Stimme in Ihrem Kopf! Immer wenn ich einen Fehler gemacht habe, konnte ich mich an den Augenblick erinnern, in dem er entstanden war. Normalerweise dann, wenn ich eine falsche Vermutung angestellt oder eine Frage nicht gestellt hatte. Es gibt beim Schreiben Momente der Wahrheit, an denen man entweder den falschen oder den richtigen Weg einschlagen kann.«

Für die Informationsüberprüfung hat die amerikanische »Society of Professional Journalists« eine Checkliste zusammengestellt. Die wichtigsten Punkte:

- Können Sie alle Tatsachen belegen, sind alle dokumentiert?
- Haben Sie für alle Schlüsselinhalte die Gegenprobe gemacht?
- Sind Sie sich ganz sicher, dass alle in ihrem Artikel enthaltenen Tatsachen der Wahrheit entsprechen?
- Sind Sie darauf vorbereitet, Ihre Inhaltskontrolle öffentlich zu verteidigen oder auf sonstige Maßnahmen zur Überprüfung Ihres Textes zu antworten?
- Sind die Zitate in Ihrem Text korrekt, in ihrem richtigen Zusammenhang präsentiert?
- Zitieren Sie anonyme Quellen? Wenn ja, warum? Sind Sie darauf vorbereitet, sich öffentlich für die Verwendung solcher Quellen zu rechtfertigen?
- Verwenden Sie Material, Dokumente oder Bilder von anonymen Quellen? Warum? Wie groß ist Ihr Vertrauen in die Gültigkeit dieses Materials? Sind Sie darauf vorbereitet, die Verwendung dieses Materials öffentlich zu rechtfertigen?

In Deutschland wird Undercover-Journalismus gelegentlich als Krönung des recherchierenden Journalismus verstanden. Das ist falsch.

Musterbeispiel ist der Fall des Günter Wallraff, der einmal ironisch zum »Helden der Recherche« ernannt wurde, als er sich unter dem Tarnnamen Hans Esser in einer Redaktion der *Bild*-Zeitung anstellen ließ.

Der Journalist, der später seine Erfahrungen in dem Buch »Der Aufmacher« schilderte, war unter einer Tarnkappe eingedrungen, und in späteren Verfahren musste geklärt werden, was die Gerichte davon hielten.

Die Richter fanden verschiedene Antworten: Der Bundesgerichtshof hielt zwar grundsätzlich ein solches Einschleichen für rechtswidrig. Dennoch wurde die Klage des Springer-Verlages zunächst abgewiesen, weil Wallraff Missstände bei der *Bild*-Zeitung offen gelegt habe, deren Aufklärung und Bewertung zu den Aufgaben gehöre, »um derentwillen das Grundgesetz die Meinungsfreiheit garantiert und durch die die Rechtsordnung stärker betroffen würde als durch die illegale Informationsbeschaffung«.

Diese Entscheidung wurde allerdings vom Bundesverfassungsgericht wieder aufgehoben. Die dortigen Richter kamen zu dem Schluss, illegal erlangte Informationen dürften nicht schon dann veröffentlicht werden, »wenn die Information Zustände und Verhaltensweisen offenbart, die ihrerseits nicht rechtswidrig sind; denn dies deutet darauf hin, dass es sich nicht um Missstände von erheblichem Gewicht handelt, an deren Aufdeckung ein öffentliches Interesse besteht«.

Recherchejournalismus ist kein investigativer Journalismus

Auf einen einfachen Nenner gebracht: Die Verfassungsrichter verlangten ein *überragendes* öffentliches Interesse, während der Bundesgerichtshof ein *überwiegendes* für ausreichend gehalten hatte. Dieser Undercover-Journalismus darf nur die Ausnahme sein. In Deutschland wird gewöhnlicher Recherchejournalismus oft mit investigativem Journalismus gleichgesetzt. Das ist ein weiteres Missverständnis.

Ziel von beidem kann es sein, Missstände aus Politik, Wirtschaft oder Gesellschaft aufzudecken. Beim investigativen Journalismus müssen allerdings durch Recherche bisher unbekannte Sachverhalte von politischer oder wirtschaftlicher Bedeutung öffentlich gemacht werden, die Einzelne, Organisationen oder staatliche Institutionen verbergen möchten.

Diese von dem 1975 gegründeten amerikanischen Berufsverband Investigative Reporters & Editors (IRE) aufgestellten Kriterien grenzen sich von Enthüllungen ab, wie sie in Deutschland üblich sind: Hierzulande beschaffen sich Journalisten Akten staatlicher Stellen oder Unterlagen aus Rechtsverfahren und werten diese mit ein wenig zusätzlicher Recherche aus.

Wenn durch solche Geschichten beispielsweise nur die Gerichtsverhandlung vorweggenommen wird, handelt es sich nicht um enthüllenden

Journalismus. Es kann sich sogar um Vorverurteilungs-Journalismus handeln.

Manfred Redelfs, der bei Greenpeace die Recherche-Abteilung leitet und sich in diversen Werken mit dem Phänomen des investigativen Journalismus in den USA beschäftigt hat, kommt zu dem Schluss, dass »die Übertragung des Begriffs auf bundesrepublikanische Verhältnisse problematisch« sei.

Investigativer Journalismus in den USA sei:

- »geprägt von einer aktiven Reporterrolle,
- gekennzeichnet durch Rechercheergebnisse, die in erster Linie auf die Arbeit des Journalisten zurückgehen, nicht aber auf die Veröffentlichungen Dritter (Polizei, Staatsanwaltschaft, Untersuchungskommissionen etc.),
- in seiner im weitesten Sinne politischen Dimension abzugrenzen von unterhaltungsbetontem Klatsch- und Sensationsjournalismus, der sich möglicherweise gleicher Recherchemethoden bedient,
- eine konflikthafte Form des Journalismus, die Missstände in Politik, Wirtschaft sowie Gesellschaft aufdecken will und so der Machtkontrolle dient.«

Im Jahr 2003 erschien an der Universität Eichstätt eine Diplomarbeit mit dem Titel »Schnüffler oder Wachhund?«, die investigativen Journalismus in Deutschland und den USA verglich. Fazit: Einige der Befragten erklärten, es gebe gar keinen investigativen Journalismus in Deutschland – jedenfalls keinen, der diesen Namen verdiene. Das »methodische Recherchieren« sei unterentwickelt, es fehle am Willen der Verleger und Intendanten, aufwendige investigative Geschichten zu finanzieren. In Deutschland würden investigative Journalisten als Schnüffler verdächtigt, in den USA hingegen würden sie geschätzt.

Der wichtigste Preis in den USA ist der Pulitzer-Preis, mit dem besonders gute Recherchen ausgezeichnet werden. Ein kleines Blatt wie die US-Lokalzeitung *Toledo Blade* beispielsweise bekam im Frühjahr 2004 den Pulitzer-Preis, weil sie die blutige Spur einer US-Eliteeinheit im Vietnamkrieg nachgezeichnet hatte. Es waren monatelange, teure Recherchen eines Journalisten-Teams gewesen – aber dem Verleger lag daran, dass seine Leute die Wahrheit ans Licht brachten. In Deutschland wäre das nicht vorstellbar.

Der wichtigste journalistische Preis in Deutschland war zumindest viele Jahre der Kisch-Preis, mit dem gute Schreiber gewürdigt werden. Der

Eichstätter Untersuchung zufolge gibt es in Deutschland etwa fünfzig hauptberuflich arbeitende Recherchejournalisten – in den USA sind es Tausende. Dies führe dazu, resümiert eine Autorin, dass der deutsche Recherchejournalismus »vornehmlich Domäne von Einzelkämpfern ist«. Der Verein IRE in den USA hat rund 5000 Mitglieder, das deutsche Netzwerk Recherche 300 Mitglieder.

Keinen deutschen Reporter kann man mit US-Reporter Seymour Hersh vergleichen, dem besten investigativen Journalisten unserer Tage. 1969 enthüllte Hersh das Massaker von My Lai, danach recherchierte er ein Kompendium fast aller großen amerikanischen Skandale. Er deckte auf, dass Richard Nixons Außenminister Henry Kissinger das Flächenbombardement in Kambodscha befohlen hatte, schrieb über das israelische und das pakistanische Atomprogramm, den Folterskandal im US-Militärgefängnis Abu Ghraib und die geheimen Vorbereitungen der US-Militärs für einen möglichen Krieg im Iran.

Nur einmal scheiterte Hersh mit einem Projekt. Bei den Recherchen zu seinem Buch über John F. Kennedy, das er 1997 veröffentlichte, hatte er sich zunächst auf gefälschtes Material berufen. Das hat ihm lange geschadet.

Er ist ein Handwerker und hat ein dichtes Netz von Informanten in den Verwaltungen. Hersh schaut, wer in den Behörden eine abweichende Meinung verfolgt, wer originell, wer wichtig ist. Den gewinnt er als Informanten. Die Großen der Politik braucht er nicht, die hassen ihn. Er ist ein Einzelkämpfer. Die *New York Times* holte ihn in den siebziger Jahren, um der *Washington Post* bei der Watergate-Affäre Paroli zu bieten, doch er wollte sich nicht dem Chefredakteur des Blattes unterordnen und ging.

Die Watergate-Affäre

Watergate ist zum Synonym für investigativen Journalismus geworden. Der Einbruch in das Hauptquartier der Demokraten und die Vertuschung durch die politisch Verantwortlichen waren einer der größten Skandale der Nachkriegszeit. Für die *Washington Post* waren die jungen Reporter Bob Woodward und Carl Bernstein im Einsatz, die akribisch jeder Spur nachgingen. Die Aufdeckung ist in dem Film »Die Unbestechlichen« nachgezeichnet worden.

Bis heute ist nicht bekannt, wer jene »deep throat« war – die »Urquelle«, das ist der Informant, der die Recherchen mit immer neuen Häppchen von Hinweisen mitsteuerte. Journalisten müssen ihre Quellen unter allen Umständen schützen. Woodward und Bernstein schrieben alles mit. »Sogar auf dem Klo habe ich noch geschrieben«, sagte Woodward. Am Ende aller Enthüllungen trat Präsident Nixon zurück.

Die Watergate-Recherchen beflügelten den amerikanischen Recherchejournalismus. Gemeinnützige Institutionen, Vereine wurden gegründet, um Recherchen zu unterstützen. Das Center for Public Integrity etwa schaltete für Themen wie: Wem gehört das Wasser auf dem Globus? Wer kann den Wasserhahn auf- und zudrehen? Journalisten in aller Welt ein. Das Ergebnis publizierte etwa die *Washington Post*.

Ergebnisoffen recherchieren

Im April 2004 veröffentlichte das Institut eine Studie über Korruption in mehr als zwei Dutzend Ländern. In Deutschland gibt es keine Mäzene, die solche Arbeit unterstützen.

Auch fehlt es an der Nachbearbeitung großer Affären. Als einer der ganzen großen Skandale hierzulande gilt der Fall des früheren schleswig-holsteinischen CDU-Ministerpräsidenten Uwe Barschel, der sich schließlich das Leben nahm.

Barschel stand im Verdacht, er habe in der Kieler Staatskanzlei kriminelle Machenschaften gegen seinen politischen Widersacher Björn Engholm angestiftet. Der erste Untersuchungsausschuss nach dem Tod Barschels war von der Schuld des früheren Kieler Ministerpräsidenten überzeugt. Von »Barscheleien« und »Waterkantgate« war die Rede. Barschel wurde als überführt betrachtet.

Der zweite Untersuchungsausschuss kam zu einem völlig anderen Ergebnis: So gibt es beispielsweise keinen Beleg dafür, dass der damalige Ministerpräsident Telefonterror, eine anonyme Steueranzeige und Detektivüberwachung gegen Engholm veranlasst hatte.

Vieles spricht dafür, dass ein verkrachter Journalist, der in der Pressestelle der Staatskanzlei einen befristeten Job hatte, Watergate spielen wollte. Aber der gründliche Befund des zweiten Ausschusses wurde weitgehend ignoriert.

Barschel war gescheitert, weil er am Ende Mitarbeiterinnen zu falschen eidesstattlichen Versicherungen anstiftete. Auf seiner »Ehrenwort«-Pressekonferenz hatte er gelogen – und das zählte. Kaum ein Blatt hat die neue Geschichte des Uwe Barschel erzählt, und es ist auch fraglich, ob sich das Publikum dafür interessiert hätte.

Es verlangt von den Rechercheuren hartes Nachsetzen, verliert aber dann bei komplizierten Stoffen rasch die Geduld. Leser, Hörer, Zuschauer winken ab: Nicht schon wieder. Man hat ja noch andere Interessen. Aber recherchierender Journalismus braucht ein Auditorium, das Beharrlichkeit schätzt und bereit ist, vom eigenen Vorverdacht loszulassen. Gute Recherche muss ergebnisoffen bleiben.

Rudolf Gerhardt
Nachklang

»Man kann mit vollem Ernst sagen, dass die Presse, dieses erste und letzte aller Dinge, für den Menschen ein völlig neues Leben geschaffen hat, ein Leben des Fortschritts mit seinen Vorteilen und seinen Problemen. Diese Stimme weckt uns jeden Morgen damit auf, dass sie uns sagt, wie die Menschheit am Vortage gelebt hat. Sie verkündet einmal große Wahrheiten, dann wieder erbärmliche Lügen, verzeichnet aber jeden Schritt des Menschen und läutet jede Stunde des Gemeinwesens. Ist das nicht etwas Großartiges trotz allen Schmutzes und Elends, von dem man auch erfährt?«

Diese Sätze stammen von George Sand, der französischen Schriftstellerin, und sie handeln allein von »der Presse«, da in jener Zeit an das Fernsehen nicht im Traume zu denken war. Aber sie enthalten im Kern schon alles Lob und allen Tadel, den wir Journalisten auch heute noch einstecken müssen, und heute noch eher als damals. Die Hoffnung bleibt, dass wir, die wir einmal die »ständig mäkelnden Nabobs des Negativismus« genannt wurden, im Grunde unseres Herzens lieber nur »Großartiges« verkünden würden, statt »Schmutz und Elend«. Aber unsere Aufgabe ist es, das Leben abzubilden, wie wir es tagtäglich so vorfinden. Tun wir das, bemühen wir uns wenigstens darum?

»Schreibst du's, wie's in der Zeitung steht oder wie's im Leben ist?«, wird jemand in Reiner Kunzes »Wunderbaren Jahren« gefragt. Der bleibt in dem Buch stumm. Würde man unsereinen fragen, wäre die Antwort schon viel: »Ich bemühe mich jeden Tag darum, dass beides nicht allzu weit auseinander fällt.«

Journalistisches Credo

Presse ist ein Pluralwort. In seiner Einzahl heißt es Zeitung oder Zeitschrift. Der Plural von Presse heißt Massenkommunikationsmittel. Der Plural von Massenkommunikationsmittel heißt Bertelsmann. Der Plural von Bertelsmann heißt Fusionskontrolle.

Gegenstand des Pressewesens ist der Handel mit Nachrichten und Meinungen. Beides sind überaus problematische Waren. Nachrichten sind heikel wie Frischobst. Als leicht verderbliche Güter sind sie nicht lagerungsfähig, sondern zum alsbaldigen Verbrauch bestimmt. Zu spät serviert, rufen sie beim Leser ein Völlegefühl hervor. Aber auch zu früh gepflückt, können sie ernsthafte Beschwerden verursachen. In manchen von ihnen sitzt der Wurm drin. Meinungen hingegen sind haltbarer. Es gibt Journalisten, die meinen am nächsten Morgen noch, was sie tags zuvor geschrieben haben. Meinungen kann nur äußern, wer welche hat. Meinen manche. Aber die verstehen nichts vom Metier. Meinungen sind zerbrechlich wie Glas. Lässt man sie fallen, gehen sie meist kaputt. Zwar kann man auch Glas kleben. Aber bekanntlich ist der Klang dann weg. Wenn eine Meinung sich verhärtet, wird sie zur Überzeugung. Es gibt Menschen, die bereit sind, für ihre Überzeugung zu sterben. Journalisten leben von ihr. Bisweilen gelingt es ihnen sogar, ihre Leser zu überzeugen. Man spricht sodann von der »Macht der Presse«.

Die Presse hat, so kann man allenthalben lesen, eine öffentliche Aufgabe. Aber diese hat der Verkehrspolizist auch. Allerdings ändert die Presse weniger oft ihre Richtung. Im wissenschaftlichen Schrifttum wird die Presse bisweilen auch als vierte Staatsgewalt bezeichnet. Wohl dem Staat, der mit dieser Gewalt Staat machen kann.

Die Presse zerfällt in Redaktionsmenschen und Verlagsmenschen. Jede dieser beiden Gruppen ist von der Überzeugung durchdrungen, dass sie allein das Geld verdient, das die anderen mit vollen Händen ausgeben. Daher rührt denn auch das höfliche Misstrauen, mit dem sie einander begegnen.

Presseleute sind Menschen, die das Schild, das sie bisweilen vor dem Kopf tragen, gelegentlich an der Windschutzscheibe ihres Autos anbringen. Ein Journalist ist ein Mann, dem die Suppe nur dann schmeckt, wenn er Haare darin findet; der am kalten Büffet mit vollem Mund auf den Gastgeber schimpft, um dann doch etwas Gutes an der Sache zu finden, wenn er erst an der Schreibmaschine sitzt. Redakteure sind Menschen, die den Korrespondenten stets genau jene Stellen aus den Manuskripten streichen, die Anlass des Artikels waren. Korrespondenten sind Menschen, die diese Stellen so tarnen, dass niemand sie entdeckt.

Journalismus ist, trotz allem, im Grunde eine herrliche Sache.

Literaturverzeichnis

Allgemeine Grundlagen

Breunig, Christian (Hg.): Studienführer Publizistik, Journalistik, Kommunikation. München 1989

Dovifat, Emil; Wilke, Jürgen: Zeitungslehre. Berlin 1976
- 1. Bd.: Theoretische Grundlagen, Nachricht und Meinung, Sprache und Form.
- 2. Bd.: Redaktion, die Sparten, Verlag und Vertrieb, Wirtschaft und Technik, Sicherung der öffentlichen Aufgabe.

Dovifat, Emil: Handbuch der Publizistik, 3. Bd. Berlin 1969/71

Gillessen, Günther: Auf verlorenem Posten. Frankfurt am Main o. J.

Holzberger, Rudi: Zeitungsdämmerung – Wie Journalisten die Welt verpacken. München 1991

Maassen, Ludwig: Die Zeitung – Daten, Deutungen, Porträts – Presse in der Bundesrepublik Deutschland. Heidelberg 1986

Noelle-Neumann, Elisabeth; Schulz, Winfried; Wilke, Jürgen (Hg.): Fischer Lexikon Publizistik Massenkommunikation. Frankfurt am Main 2002

Pürer, Heinz: Einführung in die Publizistikwissenschaft. München 1998

Sonderhüsken, Hermann: Kleines Journalisten-Lexikon. München 1991

Schultz, Hans-Jürgen: Warum wir schreiben. Stuttgart 1988

Lehrbücher

Durth, Rüdiger Karl: Praktische Zeitungslehre: Journalismus im Grundriß. München 1974

LaRoche, Walther von: Einführung in den praktischen Journalismus. München 16. neubearbeitete Auflage 2003

Mast, Claudia (Hg.): ABC des Journalismus. Konstanz 10. Auflage 2004

Meyer, Werner: Journalismus von heute. Loseblattausgabe, hg. von Jürgen Frohner. Percha am Starnberger See 1992

Meyer, Werner: Zeitungspraktikum. Auszug aus der Loseblattausgabe Journalismus von heute. Hg. von Jürgen Frohner. Percha am Starnberger See 1997

Praktischer Journalismus: Ein Lehr- und Lesebuch. Hg. von der Deutschen Journalistenschule München. München 1974

Pürer, Heinz (Hg.): Praktischer Journalismus in Zeitung, Radio und Fernsehen. München 1996

Reifenrath, Roderich: Die Blattmacher. Frankfurt am Main 2003
Ruß-Mohl, Stephan; Göpfert, Winfried: Wissenschaftsjournalismus – Ein Handbuch für Ausbildung und Praxis. München 4. aktualisierte Auflage 2000
Schneider, Wolf; Raue, Paul-Josef: Handbuch des Journalismus. Hamburg 1996

Spezialliteratur

Nachricht und Bericht

Schneider, Wolf: Unsere tägliche Desinformation. Wie die Massenmedien uns in die Irre führen. Hamburg 1992
Schulz, Winfried: Die Konstruktion von Realität in den Nachrichtenmedien. Freiburg/München 1990
Weischenberg, Siegfried: Nachrichtenschreiben. Journalistische Praxis zum Studium und Selbststudium. Opladen 1999
Wilke, Jürgen; Rosenberger, Bernhard: Die Nachrichten-Macher. Zu Strukturen und Arbeitsweisen von Nachrichtenagenturen am Beispiel von AP und dpa. Köln/Weimar/Wien 1991

Reportage und Feature

Friedlaender, Hugo: Interessante Kriminalprozesse. Berlin 1910 ff.
Haller, Michael: Die Reportage. Konstanz 1997
Hemingway, Ernest: Reportagen 1920–1924. Hamburg 1990
Kisch, Egon Erwin: Nichts ist erregender als die Wahrheit. Reportagen aus vier Jahrzehnten. Hg. von Walter Schmieding. 2 Bd. München 1983
Kisch, Egon Erwin: Der rasende Reporter. Berlin/Köln 3. Auflage 2001
Klassischer Journalismus – Die Meisterwerke der Zeitung, gesammelt von Egon Erwin Kisch. Berlin 1982
Mauz, Gerhard: Die Gerechten und die Gerichteten. Berlin 1968
Mauz, Gerhard: Das Spiel von Schuld und Sühne. Düsseldorf 1975
Tochtermann, Erwin: Die Leichen im Keller der bayerischen Justiz. München 1982
Wallraff, Günter: Neue Reportagen. Köln 1986
Schnibben, Cordt: Seltsame Berichte aus der Welt der Bundesbürger. Hamburg 1988

Interview und Recherche

Brendel, Matthias; Brendel, Frank: Richtig recherchieren. Frankfurt am Main 5. Auflage 2002
Haller, Michael: Das Interview. Konstanz 3. überarbeitete Auflage 2001
Haller, Michael: Recherchieren – Ein Handbuch für Journalisten. Konstanz 6. Auflage 2004
Langenbucher, Wolfgang R.: Journalismus und Journalismus. Plädoyers für Recherche und Zivilcourage. München 1980

Wachtel, Stefan: Überzeugen vor Mikrophon und Kamera. Frankfurt am Main, New York 1999

Wallraff, Günter: Der Aufmacher – Der Mann, der bei Bild Hans Esser war. Köln 1997

Rundfunk und Fernsehen

Arnold, Bernd-Peter: ABC des Hörfunks. Konstanz 1999

Arnold, Bernd-Peter: Hörfunk-Information. Hinter den Kulissen des schnellsten Nachrichtenmediums. Opladen 1981

Arnold, Bernd-Peter; Quandt, Siegfried (Hg.): Radio heute – Die neuen Trends im Hörfunkjournalismus. Frankfurt am Main 1991

Koch, Thilo: Unser Mann in... Auslandskorrespondenten des deutschen Fernsehens berichten. Würzburg 1981

LaRoche, Walther von; Buchholz, Axel (Hg.): Radio-Journalismus. München 8. neubearbeitete Auflage 2004

Schult, Gerhard; Buchholz, Axel (Hg.): Fernseh-Journalismus. München 6. aktualisierte Auflage 2000

Thomas, Carmen: Hallo Ü-Wagen. Rundfunk zum Mitmachen. Erlebnisse und Erfahrungen. München 1984

Wachtel, Stefan: Schreiben fürs Hören – Sprechen und Moderieren im Hörfunk. Konstanz 3. Auflage 2003

Lokales

Höbermann, Frauke: Der Gerichtsbericht in der Lokalzeitung – Theorie und Praxis. Baden-Baden 1989

Jonscher, Norbert: Einführung in die lokale Publizistik. Theorie und Praxis der örtlichen Berichterstattung. Opladen 1995

Projektteam Lokaljournalisten (Hg.): ABC des Journalismus. München 1990

Rezensionen

Reich-Ranicki, Marcel: Lauter Verrisse. München 1994

Reich-Ranicki, Marcel: Lauter Lobreden. Stuttgart 1993

Reisejournalismus

Aigner, Gottfried: Ressort: Reise. München 1992

Kaiser, Joachim: Den Musen auf der Spur. Reiseberichte aus drei Jahrzehnten. München 1986

Sand, George: Ein Winter auf Mallorca (Paris 1842). Frankfurt am Main 1999

Geus, Theodor: Reisebücher
- Asien. Frankfurt am Main 1984
- Mittelmeer. Frankfurt am Main 1985
- Amerika. Frankfurt am Main 1986
- Nach Norden zu. Frankfurt am Main 1989
- Deutschland. Frankfurt am Main 1999

Journalismus und Sprache

Benckiser, Nikolas (Hg.): Modenschau der Sprache. Frankfurt am Main 1969

Eppler, Erhard: Kavalleriepferde beim Hornsignal. Frankfurt am Main 1992

Gleiss, Alfred: Besseres Deutsch mit lebendigen Beispielen. Stuttgart 1976

Leonhardt, Rudolf Walter: Auf gut deutsch gesagt. München 1986

Reiners, Ludwig: Stilfibel. Der sichere Weg zum guten Deutsch. München 1998

Reiners, Ludwig: Stilkunst. München 1991

Schneider, Wolf: Deutsch für Profis – Wege zu gutem Stil. Hamburg/München 1999

Schneider, Wolf: Deutsch für Kenner. Hamburg 1998

Schneider, Wolf: Unsere tägliche Desinformation. Hamburg 1992

Schneider, Wolf: Wörter machen Leute. München 1999

Süskind, W. E.: Vom ABC zum Sprachkunstwerk. Zürich 2001

Süskind, W. E.: Dagegen hab' ich was. München 1973

Wermelskirchen, Axel (Hg.): Kritik aus dem Glashaus. Frankfurt am Main 1999

Recht für Journalisten

Branahl, Udo: Medienrecht. Wiesbaden 4. überarbeitete Auflage 2002

Damm, Renate: Presserecht. Auszug aus der Loseblattausgabe Journalismus von heute. Percha am Starnberger See 1998

Fricke, Ernst: Recht für Journalisten. Konstanz 1997

Janisch, Wolfgang: Investigativer Journalismus und Pressefreiheit. Baden-Baden 1998

Löffler, Martin; Ricker, Reinhart: Handbuch des Presserechts. München 4. neubearbeitete Auflage 2000

Löffler, Martin: Presserecht. München 1997

Mathy, Klaus: Das Recht der Presse – Ein Handbuch für die Redaktionsarbeit und für den Umgang mit der Presse. Köln 1988

Prinz, Matthias; Peters, Butz: Medienrecht. Die zivilrechtlichen Ansprüche. München 1999

Raue, Peter: Persönlichkeitsrecht. Frankfurt am Main 1998

Soehring, Jörg: Das Recht der journalistischen Praxis. Stuttgart 1990

Wenzel, Karl Egbert: Das Recht der Wort- und Bildberichterstattung. Köln 5. überarbeitete Auflage 2003

Journalistische Berufsethik

Bentele, Günter; Ruoff, Robert (Hg.): Wie objektiv sind unsere Medien? Frankfurt am Main 1982

Boventer, Hermann (Hg.): Medien und Moral – Ungeschriebene Regeln des Journalismus. Konstanz 1988

Boventer, Hermann: Ethik des Journalismus. Zur Philosophie der Medienkultur. Konstanz 1985

Erbring, Lutz; Ruß-Mohl, Stephan; Seewald, Berthold; Sösemann, Bernd: Medien ohne Moral – Variationen über Journalismus und Ethik. Berlin 1988

Gerhardt, Rudolf; Steffen, Erich: Kleiner Knigge des Presserechts. Frankfurt am Main 1997/2002

Gerhardt, Rudolf; Peifer, Hans-Wolfgang (Hg.): Wer die Medien bewacht. Frankfurt am Main 2000

Kalt, Gero (Hg.): Schlecht informiert. Wie die Medien die Wirklichkeit verzerren. Frankfurt am Main 1993

Karmasin, Matthias: Medien und Ethik. Stuttgart 2002

Riehl-Heyse, Herbert: Bestellte Wahrheiten. München 1989

Literatur, Feuilleton, »Kleine Form«

Altenberg, Peter: Wie ich es sehe. Berlin 1928

Altenberg, Peter: Der Nachlass. Zusammengestellt von Alfred Polgar. Berlin 1925

Altenberg, Peter: Ausgewählte Werke in zwei Bänden. Aphorismen – Skizzen und Geschichten, hg. von Dietrich Simon. München 1982

Altenberg, Peter: Das Glück der verlorenen Stunden. München 1961

Benckiser, Nikolas (Hg.): Zeitungsschreiber. Frankfurt am Main 1966

Friedell, Egon: Aphorismen zur Geschichte. Hg. aus dem Nachlass von Walter Schneider. Stuttgart/Wien 1955

Friedell, Egon: Selbstanzeige. Wien/München 1985

Friedell, Egon: Wozu das Theater. München 1969

Friedell, Egon: Goethe und die Journalisten. Wien 1986

Gerhardt, Rudolf:
- Von Fall zu Fall. Baden-Baden 1980
- Von Mensch zu Mensch. Baden-Baden 1983
- Von Zeit zu Zeit. Baden-Baden 1985
- Wenn man's Recht betrachtet. Köln 1988
- Augen-Zeuge. Baden-Baden 1989
- Wenn ein Richter sich verrechnet. Heidelberg 1993
- Menschen vor Gericht. Frankfurt am Main 1994
- Tiere vor Gericht. Frankfurt am Main 1995
- Der verrückt gewordene Grenzstein. Frankfurt am Main 1998
- Von Scheidung keine Rede. Frankfurt am Main 2000
- Das Lächeln der Justitia. Köln 2005

Hacke, Axel; Meyer, Claus H.; Riehl-Heyse, Herbert; Stephan, Rainer; Unterstöger, Hermann (Hg.): Das Streiflichtbuch. München 1994

Kerr, Alfred: Gruß an Tiere. München 1955

Kirn, Richard: Tagebuch. Frankfurt am Main 1977

Kraus, Karl: Auswahl aus dem Werk. Frankfurt am Main 1961

Polgar, Alfred: Ansichten. Berlin 1933

Polgar, Alfred: Kleine Schriften. Hg. von Marcel Reich-Ranicki. Hamburg Neuausgabe 2004

Polgar, Alfred: Handbuch des Kritikers. Wien u. a. 2. Auflage 2004

Polgar, Alfred: Auswahl. Prosa aus vier Jahrzehnten. Hg. von Bernt Richter. Hamburg 1968

Scherer, Hans: Tanzen zwischen den Krisen. Frankfurt am Main 1991

Scherer, Hans: Lauter Zwischenstationen. Frankfurt am Main 1989

Schultz, Hans Jürgen: Journalisten über Journalisten. München 1980

Sieburg, Friedrich: Nur für Leser. München 1961

Sinclair, Upton: Der Sündenlohn – Eine Studie über den Journalismus. Berlin 1929

Sommer, Sigi: Blasius, der letzte Spaziergänger. München u. a. 1985

Torberg, Friedrich: Die Tante Jolesch und ihre Erben. München Neuauflage 2004

Torberg, Friedrich: Kaffeehaus war überall. München 2. Auflage 2002

Torberg, Friedrich: Apropos. Nachgelassenes – Kritisches – Bleibendes. Frankfurt am Main 1988

Torberg, Friedrich: Pamphlete – Parodien – Post Scripta. München/Wien 1976

Tucholsky, Kurt: Und überhaupt – Eine neue Auswahl. Hg. von Mary Gerold-Tucholsky. Hamburg 1962

Witter, Ben: Müßiggang ist allen Glückes Anfang. Hamburg 1985

Fischer Lexikon
Publizistik / Massenkommunikation

Herausgegeben von
Elisabeth Noelle-Neumann, Winfried Schulz,
Jürgen Wilke

Band 15495

Dieser Band gibt Auskunft über die Geschichte von Presse, Rundfunk und Film, rechtliche und wirtschaftliche Strukturen des Mediensystems, Journalismus als Beruf, Theorien und Methoden der Kommunikationsforschung, die Wirkung der Massenmedien ...

»Alles in allem lösen die Autoren
den Anspruch überzeugend ein, auch die vierte
Auflage des Fischer Lexikons seit 1971 möge zugleich
als Einführung und Nachschlagewerk dienen. 87 Seiten
Bibliographie erschließen die Literatur und verzeichnen
auch Internet-Adressen, so dass das Lexikon nicht nur
Publizistik-Studenten ein unentbehrliches Vademecum
bleibt, sondern allen, die sich für Presse, Rundfunk,
Film und Internet sowie für das Wirkungs-
geflecht von Journalismus, Politik und
Öffentlichkeit interessieren.«
Frankfurter Allgemeine Zeitung

Fischer Taschenbuch Verlag

Norbert Franck
Handbuch Presse- und Öffentlichkeitsarbeit
Band 15865

Das Handbuch vermittelt das Know-how und Handwerks-
zeug, das notwendig ist, um

• verständliche und interessante Pressemitteilungen,
  Selbstdarstellungen und Faltblätter zu schreiben,
• Pressekonferenzen und Interviews erfolgreich
  zu meistern,
• die Bedeutung der Arbeit eines Verbands herauszustellen,
• ein positives Image und Vertrauen aufzubauen,
• von den Anliegen einer Organisation zu überzeugen.

Unverzichtbare Informationen, Tipps und Anregungen für
alle, die ihre Presse- und Öffentlichkeitsarbeit verbessern
wollen.

Fischer Taschenbuch Verlag

fi 15865 / 1

Erich und Hildegard Bulitta
Wörterbuch der Synonyme und Antonyme
18000 Stichwörter mit
200000 Worterklärungen
Sinn- und sachverwandte Wörter und Begriffe
sowie deren Gegenteil und Bedeutungsvarianten

Band 15754

Ein hilfreiches Wörterbuch, das auf den Schreibtisch eines
jeden gehört, der differenzierter mit der deutschen Sprache
arbeitet! Die Wortgegensätze werden umfassend in den verschiedenen Bedeutungsvarianten aufgeführt und einander
zugeordnet. Der Begriff der Antonyme ist dabei weit gefasst
und bezieht auch Bereiche ein, auf die der Suchende nicht
so leicht gekommen wäre. Auch werden schwierige, nicht
sofort erkennbare Bedeutungsvarianten der Gegenwörter
aufgeführt. Ob Redner, Schriftsteller, Wissenschaftler,
Lehrer, Studenten, Schüler, Journalisten, Redakteure oder
Texter – sie alle können mit Hilfe dieses Buches ihre Sprache
bewusster und variationsreicher einsetzen, Kreativität beweisen. Das »Wörterbuch der Synonyme und Antonyme«
gibt dem Benutzer Anregung, Hilfe und Unterstützung im
täglichen Leben. Es verleiht Sicherheit im Umgang mit der
deutschen Sprache und aktiviert den passiven Wortschatz.

Fischer Taschenbuch Verlag